DAL CATALOGO

T.B. Brazelton, S.I. Greenspan
I bisogni irrinunciabili dei bambini
Ciò che un bambino deve avere
per crescere e imparare

D.J. Siegel, M. Hartzell
Errori da non ripetere
Come la conoscenza della propria storia
aiuta a essere genitori

Vasudevi Reddy

Cosa passa per la testa di un bambino

Emozioni e scoperta della mente

Edizione italiana
a cura di Lavinia Barone

Raffaello Cortina Editore

www.raffaellocortina.it

Titolo originale
How Infants Know Minds

Traduzione
Francesca Lionetti

Copertina
Studio CReE

ISBN 978-88-6030-342-4

Milano, via Rossini 4

Prima edizione: 2010

Stampato da
Consorzio Artigiano LVG, Azzate (Varese)
per conto di Raffaello Cortina Editore

Ristampe

0	1	2	3	4	5	6	7
2010	2011	2012	2013	2014	2015		

Indice

Prefazione all'edizione italiana

Colwyn Trevarthen

Questo libro racconta l'avventura scientifica di una psicologa che si pone nella sua condizione primaria di essere umano tra altri esseri umani.

L'inizio di questa avventura si colloca temporalmente circa 35 anni fa in India, all'Università di Osmania, nella città di Hyderabad. L'allora studentessa di psicologia Vasudevi Reddy, spinta dal suo insegnante E.G. Parameswaran, aveva cominciato a cimentarsi nel confronto critico con alcuni aspetti culturali predominanti della psicologia occidentale. Nell'intraprendere questo percorso aveva avuto il sostegno di un dipartimento dell'Università di Edimburgo, ai tempi al centro di proposte innovative di ordine teorico ed empirico nel campo della psicologia dello sviluppo. Successivamente, è stata profondamente influenzata dalla tradizione ecologica e dal pensiero di un professore anglosassone di psicologia, Alan Costall.

Fin dall'inizio Reddy ha manifestato un interesse di natura provocatoria rispetto al tema di come i desideri e le intenzioni vengono espressi e negoziati tra le persone. Il suo dottorato a Edimburgo era espressamente indirizzato a capire come bambini appartenenti a due diverse culture, rispettivamente anglosassone e indiana, mostrassero atteggiamenti di non collaborazione e riuscissero a negoziare di poter osservare o meno le regole dettate dai genitori. Un cambiamento importante è poi intervenuto con l'esperienza della maternità, con la scoperta in prima persona delle risposte date a quei primi inarticolati ma irresistibili e affascinanti richiami dei suoi bimbi a coinvolgersi con loro. Quell'acume intellettuale e quella trascinante apertura emotiva che i suoi figli le offrivano era qualcosa di nuovo e lei si era ritrovata a rispondervi in maniera spontanea e immediata, con interesse e partecipazione emotiva per entrambi gli aspetti. Insieme al marito, Kevan Bundell, anche'egli psicologo, avevano così cominciato a redigere un diario e a effettuare riprese video della loro prima bambina, Shamini, registrandone il modo giocoso, vigile e affettuoso di accostarsi alla vita; con Rohan, arrivato successivamente e con una diversa personalità, gli studi sono proseguiti con la stessa attenzione. Ne è nato un programma di ricerca e di collaborazione che mette in discussione alcuni aspetti delle posizioni predominanti relative alla cognizione sociale infantile, che sfida una filosofia della mente arroccata su se stessa e tesa a ricercare esclusivamente spiegazioni razionali rispetto ai processi di acquisizione cognitiva delle informazioni e che separa la mente dal corpo e dal comportamento, e le menti tra loro, facendo coincidere l'autoconsapevolezza con ciò che l'"Io" afferma di se stesso.

Come fanno i bambini piccoli a essere così capaci e fiduciosi in se stessi? Che conoscenze o pensieri possono avere senza alcuna esperienza del loro corpo e del mondo, senza alcun sapere sugli oggetti che soddisfi le loro intenzioni? E, soprattutto, come possono comunicare avendo una consapevolezza rudimentale che non può contare sul linguaggio verbale – dal momento che non hanno ancora imparato a parlare per superare quel gap che separa sé e l'altro? Soprattutto, come possono i bimbi piccoli essere così allegramente curiosi e così divertiti nelle loro prime forme di coinvolgimento con gli altri; così astuti nei rituali conversazionali che padroneggiano dalle prime settimane – come possono mostrare iniziative di questo tipo? La letteratura scientifica più recente ha offerto risposte innovative a questi interrogativi. Alcuni ricercatori hanno dato ai bambini la possibilità di esprimere le loro preferenze per stimoli differenti, trovando evidenze che dimostrano come i bambini nascano già con una coscienza personale integrata e capace di discriminare tra le cose del mondo e, dato ancora più straordinario, grazie allo studio dei filmati di lattanti in interazioni con le loro madri, hanno rilevato abilità interpersonali specifiche. È così venuta alla luce l'esistenza di un'intera nuova gamma di possibilità di conoscere e fare in modo condiviso e giocoso.

Reddy, come psicologa impegnata a livello accademico presso l'Università di Portsmouth, ha iniziato a registrare le occasioni in cui i piccoli "prendono in giro, scherzano, provocano", osservando gli altri bambini con lo stesso rispetto e la stessa attenzione che aveva dedicato ai suoi figli, e chiedendo ai genitori di riferire di situazioni analoghe che avevano avuto occasione di notare. I risultati hanno confermato come i bambini piccoli riescano sia a essere consapevoli sia a schermirsi di fronte all'attenzione degli altri; come si mostrino perspicaci nei loro incontri giocosi con le persone che conoscono e di cui si fidano – fortemente motivati a coinvolgersi con intenzioni e sentimenti. Trovando studenti e collaboratori interessati a condividere l'esplorazione delle più complesse emozioni morali ben prima della comparsa del linguaggio, si è basata, analogamente a quanto prima di lei aveva fatto Darwin, sulla descrizione scrupolosa dei momenti di scambio interattivo. Suoi sono anche gli studi sugli effetti che differenti disturbi dello sviluppo, come l'autismo, hanno sul comportamento mostrato negli scambi relazionali. In ciascuno di essi Reddy mostra come esista un livello di consapevolezza interpersonale e di vitale senso di compagnia negati da quegli studi impostati in maniera rigidamente controllata e volti a testare un'ipotesi alla volta rispetto al modo infantile di rispondere a stimoli e situazioni date. La diversità dei bambini affetti da autismo sta proprio nel loro modo di incontrare la presenza dell'altro – è interessante che le caratteristiche proprie del ridere o del divertirsi nella quotidianità mostrino importanti differenze rispetto al modo di accordarsi con le intenzioni e le emozioni degli altri.

Alla fine di questo percorso si arriva a pensare che lo spirito dell'essere umano in azione, la sua mente, possiedano un ritmo, un tono e un colore espressivo contagioso, capace di conquistare in maniera semplice la fiducia delle altre menti, rendendo possibile quella che William Condon ha chiamato "intersincronia" e Daniel Stern definisce la condivisione di "involucri narrativi dinamici", regolata da "emozioni relazionali" con il loro potere estetico e morale – non le sensazioni di piacere e contentezza autocentrate e nascoste nelle cavità del corpo e del cervello di un essere razionale di stampo cartesiano o con un inconscio turbolento di memoria freudiana. Un'amicizia giocosamente creativa, talvolta limitata da dolorosi fraintendimenti, forgia tutti i significati condivisi. Le parole sono qualcosa di più che un codice lessicale per etichettare oggetti colti da singole menti. Si basano sulle metafore, sugli aggettivi e gli avverbi che designano il modo in cui noi ci comportiamo in quanto "agenti" e riconosciamo l'altro come "persona in relazione", secondo le parole di John Macmurray contenute nel libro *Field of the Personal.* Wittgenstein aveva ragione. Il linguaggio non è un affare privato, per quanto possa risultare nelle nostre menti come effetto o ripetizione di un'esperienza condivisa. La coscienza individuale è viva grazie al senso di compagnia dell'altro e dei suoi giudizi.

Come afferma Jerome Bruner, dell'University School of Law di New York, il libro "contiene riflessioni preziose, valide per essere condivise con le scienze del comportamento, la filosofia, l'antropologia e discipline affini".

Introduzione all'edizione italiana

Lavinia Barone

È per me un piacere presentare Vasudevi Reddy al lettore italiano. Come scrive Colwyn Trevarthen nella Prefazione a questa edizione, si tratta di un'autrice che è entrata nel mondo accademico e scientifico della psicologia dello sviluppo in maniera discreta e originale, lasciando di sé e delle sue proposte teoriche un segno che è difficile ignorare. Lo stile e i contenuti del libro sembrano adottare una scelta per il piccolo (non solo in riferimento ai neonati!), per il chiaro e il concreto come chiave privilegiata per rileggere le grandi teorie dello sviluppo. Di fronte a un momento culturale in cui il rischio di riproporre il mito positivista della verità assoluta trapela da alcune posizioni che riconoscono al cervello la spiegazione e la giustificazione di molta parte del nostro agire psicologico (Legrenzi, Umiltà, 2009), Reddy mette in atto un'operazione apparentemente minimalista che parte dalle emozioni per riscoprire, e direi appropriarsi, di grandi temi cari all'approccio evolutivo contemporaneo: la coscienza, l'intenzionalità, i percorsi della referenza e dei significati, la Teoria della Mente o conoscenza degli stati mentali, solo per citare i più ricorrenti. E lo fa interrogando costantemente se stessa e il lettore, in un atteggiamento che sembra ispirarsi al dialogo socratico per fare emergere il significato dall'incontro interpersonale e manifestando la sua decisa avversione per i discorsi che non ammettono replica. Nelle sue pagine troviamo infatti numerosi riferimenti ai dati della ricerca, alle posizioni teoriche che la sostengono e che da essa scaturiscono raccontati in uno stile agile e amabile, che coinvolge il lettore "portandolo dentro" gli interrogativi aperti e facendolo partecipare alle osservazioni tratte dalle interazioni di bambini ancora pre-verbali con le loro madri e con i loro padri, ossia con le persone che naturalmente costituiscono l'universo affettivo di riferimento. È all'interno di queste relazioni, di una loro lettura secondo quello che viene definito un approccio "in seconda persona", che possiamo cogliere alcuni significati altrimenti relegati a una dimensione di inaccessibilità e di "oscurità" della mente; la mente infantile non solo è, ma diventa, trasparente e immediatamente percepibile se riusciamo ad accostarci a essa sperimentando le risposte emotive che evoca. L'essere trattati come un tu consente all'io di esistere a livello psicologico. La dimensione pubblica e intersoggettiva è evolutivamente propedeutica rispetto a quella privata e individuale e l'approccio ecologico gibsoniano risulta funzionale a ribadire la profonda interconnessione esistente tra estero- e propriocezione: "Vedo sentendo". Alla base di questa visione c'è un sé infantile in cui la coscienza di sé o autoconsapevolezza è presente fin dall'inizio grazie alla naturale apertura emotiva che porta il piccolo a essere da subito in intima connessione con sé e con gli altri che lo circondano. Gli echi delle grandi lezioni di Heidegger, Husserl, Ricoeur e Merleau-Ponty si colgono nell'argomentare di Reddy non solo attraverso esplicite e puntuali citazioni del loro pensiero, ma soprattutto grazie alla loro rivisitazione alla luce delle più recenti scoperte neuroscientifiche sulle basi neurali dell'intersoggettività (Rizzolatti, Sinigaglia, 2006) e sul loro indicare lo stretto nesso esistente tra i processi implicati nella percezione e quelli implicati nell'azione. È significativo a questo proposito che Reddy non dedichi uno spazio specifico e delimitato al tema dell'emozione; pur percorrendo l'intero argomentare dei diversi capitoli in cui si articola il volume, l'emozione non è mai trattata come un oggetto a sé, ma testimonia nel proprio manifestarsi precoce come il significato si dispieghi in maniera pre-riflessiva nel modo specifico che ogni bambino ha di aprirsi emotivamente al mondo relazionale circostante e di entrare in relazione con gli altri. L'emozione coincide cioè con le diverse qualità che assume la mente infantile nel contatto partecipato con le altre menti.

Ma vediamo più nello specifico quali sono gli scenari relazionali a cui Reddy ci introduce nel suo discorso. Ne citerò per ragioni di spazio solo alcuni che, per significatività, possiamo considerare rappresentativi dello spirito di fondo che alimenta l'intero argomentare dell'autrice. Il primo esempio di contatto e accesso reciproco tra le menti viene individuato nel fenomeno dell'imitazione, in cui la domanda di fondo è oggi non tanto come i neonati siano capaci di imitare alcune semplici azioni o espressioni sin dalle prime ore di vita, quanto piuttosto per quale ragione lo facciano in maniera così competente, decisa e flessibile. Attraverso una ricognizione accurata e minuziosa della letteratura scientifica più recente, scopriamo che i piccolissimi mettono in atto delle vere e proprie strategie per tenere agganciato l'altro attraverso l'imitazione, usando quest'abilità con una certa versatilità sin dai primi tentativi di sperimentarla e, soprattutto, riservandola in maniera privilegiata a quei momenti di scambi interattivi in cui l'adulto rivolge benevolmente la sua attenzione su di loro. L'imitazione sembra perciò innanzitutto funzionale ad aprire spazi di condivisione emotiva, in cui le informazioni si trasmettono e si creano grazie al coinvolgimento reciproco e partecipato tra adulto e bambino. Ed è sorprendente come alcune scoperte che si sono rivelate fondamentali per la disciplina psicologica siano avvenute proprio sperimentando in prima persona quei fatti, spesso osservandoli nel proprio ambiente domestico con le persone a noi familiari. È con questo tipo di osservazioni che Reddy propone una lettura di tre aspetti centrali del comportamento infantile – le prime conversazioni pre-verbali, la timidezza o ritrosia e la provocazione giocosa (vedi anche Reddy, 2005) – sottolineando come non sarebbero potuti entrare negli ambiti di interesse della psicologia se non grazie all'apertura mentale di alcuni psicologi che hanno accettato di analizzare gli effetti del loro interagire partecipato con i propri bambini. È questo, infatti, uno dei metodi che lei stessa adotta nel corso del volume, in cui accanto ai dati della ricerca e alle riflessioni teoriche (vedi Reddy, 1991, 2000, 2001, 2003, 2005, 2007, 2008; Reddy et al., 2002) il testo è animato da numerose osservazioni partecipate in "seconda persona" con i propri figli e da quelle riportate da altri genitori a proposito dei loro bambini. Attraverso questi stralci di vita relazionale "partecipata" scopriamo come i bambini piccoli siano abilissimi nel prendere in giro, nel fingere, nell'ingannare, nel burlarsi degli altri, nello scherzare, nel mettersi in mostra volontariamente e nel condividere intenzioni e stati di attenzione. Un mondo infantile straordinario, in cui l'accesso precoce alle emozioni considerate morali (come la timidezza, l'imbarazzo e la vergogna) ci svela come la presenza e il comportamento dell'altro rappresenti una pre-condizione per un pieno sviluppo di qualsiasi forma di autoconsapevolezza. Una testimonianza fondamentale di come il piano dello sviluppo emotivo risulti inestricabilmente intrecciato con quello dello sviluppo morale e relazionale (Barone, Bacchini, 2009).

Le suggestioni che Reddy ci propone diventano particolarmente interessanti quando si spingono a indagare modalità di funzionamento psicologico atipico, come per esempio il caso dell'autismo, cui dedica pagine di illuminanti osservazioni sui meccanismi relazionali capaci di aprire varchi importanti nella comprensione di quel particolare funzionamento mentale.

A conclusione di quest'avventura personale e scientifica sembra che l'invito a partecipare si traduca in un sentimento di "simpatia" che stimoli il confronto scientifico in modo costruttivo e appassionato. È questo l'auspicio con cui si è voluto presentare il libro curandone l'edizione italiana. Se saremo riusciti a coinvolgervi nell'impresa vorrà dire che, non a caso, lo sguardo curioso e penetrante e il "fare" dei bambini possono ancora insegnarci molto.

Bibliografia

BARONE, L., BACCHINI, D. (2009), *Le emozioni nello sviluppo relazionale e morale*. Raffaello Cortina, Milano.

LEGRENZI, P., UMILTÀ, C. (2009), *Neuro-mania*. il Mulino, Bologna.

REDDY, V. (1991), "Playing with others' expectations: Teasing and mucking about in the first year". In WHITEN, A. (a cura di), *Natural Theories of Mind*. Blackwell, Oxford, UK, pp. 143-158.

REDDY, V. (2000), "Coyness in early infancy". In *Developmental Science*, 3(2), pp. 186-192.

REDDY, V. (2001), "Positively shy! Developmental continuities in the expression of shyness, coyness and embarrassment". In CROZIER, R.W., ALDEN, L.E. (a cura di), *International Handbook of Social Anxiety: Concepts, Research, and Interventions Relating to the Self and Shyness*. John Wiley and Sons, New York, pp. 77-99.

REDDY, V. (2003), "On being the object of attention: Implications for self-other consciousness". In *Trends in Cognitive Sciences*, 7(9), pp. 397-402.

REDDY, V. (2005), "Feeling shy and showing-off: Self-conscious emotions must regulate self-awareness". In NADEL, J., MUIR, D. (a cura di), *Emotional Development*. Oxford University Press, Oxford-New York.

REDDY, V. (2007), "Getting back to the rough ground: Deception and social living". In NATHAN, E., CLAYTON, N., FRITH, C. (a cura di), *Social Intelligence: From Brain to Culture*. Oxford University Press, Oxford-New York, pp. 219-244.

REDDY, V. (2008), "Experiencing others: A second-person approach to other-awareness". In MÜLLER, U., CARPENDALE, J.I.M., BUDWIG, N., SOKOL, B. (a cura di), *Social Life and Social Knowledge: Toward a Process Account of Development*. Lawrence Erlbaum Associates, New York, NY, pp. 123-144.

REDDY, V., WILLIAMS, E., VAUGHAN, A. (2002), "Sharing humour and laughter in autism and Down syndrome". In *British Journal of Psychology*, 93(2), pp. 219-242.

RIZZOLATTI, G., SINIGAGLIA, C. (2006), *So quel che fai*. Raffaello Cortina, Milano.

A mia madre e mio padre
e a Shamini e Rohan, naturalmente.

Ringraziamenti

Scrivere questo libro è stato un impegno che ha avuto lo stesso impatto – sulla mia vita e su quella della mia famiglia – della nascita di ognuno dei miei bambini. Kevan, mio marito, ha reso entrambe le cose possibili. Il suo interesse per l'infanzia e per la risoluzione di questioni fondamentali connesse alle origini mi ha orientata verso quest'area; mi ha costretta a fare i conti con il dibattito teorico attuale (e in modo particolare con le controverse idee di Colwyn Trevarthen) e supportato attraverso le molte versioni di questi capitoli. Senza di lui nulla di tutto ciò sarebbe stato possibile.

Il libro deve molto a diverse persone, le cui voci potranno essere ascoltate al suo interno – mia sorella Chitti (per essere stata la mia prima vera cavia!); i miei studenti per avermi ascoltato e stimolato; il professore "Parry" Parameswaran per avermi per primo ispirato un atteggiamento trasgressivo in psicologia; Alan Costall, per avermi consentito di non abbandonare questo atteggiamento; Colwyn Trevarthen, per aver osservato tutte quelle cose a cui altri non credevano e per il suo coraggio nel continuare a farlo. Molti colleghi e amici mi hanno aiutata in modo straordinario: Doug Brandon con la sua poesia e sensibilità per le parole, Sue Leekam e Corina Hatzinikolau con la loro perspicacia; Paul Morris, Giannis Kugiumutzakis e Karl Nunkoosing per le numerose conversazioni su argomenti psicologici, Fiona Reed e Adeline Burrell per il loro pragmatismo e molti altri ancora. I miei ringraziamenti vanno a Annette Karmiloff-Smith che per prima mi ha invitata a scrivere un libro sull'umorismo infantile e che, insieme a Jerry Bruner e a Elizabeth Knoll, mi ha sopportata per tutto il tempo che ho impiegato a scrivere questo libro con più fiducia di quanta io talvolta non abbia avuto in me stessa. I miei ringraziamenti vanno anche a Margaret Donaldson e a Peter Hobson, i cui libri sono stati per me di ispirazione. Ho un debito particolare con Suzanne Zeedyk, per il suo essere stata una "levatrice" – mi *ha fatto* finire questo libro con una passione e una forza per cui non la ringrazierò mai abbastanza, né mai la dimenticherò. I miei più sentiti ringraziamenti vanno a tutti i bambini che hanno partecipato ai miei studi – vi ricorderò sempre per come eravate!

1

Una questione aperta

> Conosco l'altro in quanto persona solo entrando in una relazione personale con essa. Diversamente, posso conoscerlo tramite osservazione o inferenza; solo come oggetto.
>
> JOHN MACMURRAY, *Persons in Relation*[1]

Come fanno i bambini piccoli[2] a capire gli altri? Hanno consapevolezza della mente altrui? Vedono l'altro come "persona", cioè come soggetto psicologico? Ho sempre pensato che i bambini piccoli fossero poco intriganti. Non li trovavo né teneri né interessanti. A cinque anni, invece, mi sembravano straordinari; erano capaci di fare cose sorprendenti, di avanzare innocenti commenti inopportuni e, soprattutto, erano in grado di sostenere una conversazione. Poi sono nati i miei figli e il loro linguaggio mi ha sedotta. Mi sembrava che lasciandomi coinvolgere e imparando il loro linguaggio si sarebbe aperto un mondo nuovo, un mondo sconosciuto ai libri di testo. La cosa più sorprendente che mi stavano rivelando era che riuscivano a comprendere me e gli altri in quanto persone. Ci prendevano in giro, si mostravano burloni o dispettosi nei confronti dei nostri atteggiamenti, interessi o aspettative comportandosi in maniera timida o sfrontata ben prima di saper parlare. Comprendere la mente altrui non sembrava essere un problema per loro.

Eppure, quando iniziai a pubblicare gli studi relativi a queste abilità infantili, mi scontrai con un ostacolo inaspettato. I colleghi psicologi commentavano con interesse, e a volte anche con sorpresa, le osservazioni proposte, ma consideravano inaccettabile l'interpretazione che ne davo, ossia che questi studi evidenziassero la consapevolezza da parte dei neonati delle intenzioni, delle aspettative o delle attenzioni degli altri. L'invito più ricorrente che mi veniva rivolto era un richiamo alla cautela – come nei cartelli della metropolitana in cui si avverte: "*Mind the gap*!".[3] I bambini piccoli, mi veniva detto, possono percepire i *corpi* degli altri, ma mancano loro le competenze cognitive necessarie per comprenderne le *menti*. L'idea di questo gap mi lasciava perplessa. Perché questa barriera? Come mai la mente doveva necessariamente essere preclusa ai bambini piccoli? Stavo forse semplicemente scontrandomi con il fatto che l'odierna indagine scientifica sulla comprensione delle persone non riusciva a prendere come fondate le conoscenze che scaturiscono nell'ambito della relazione diretta tra le persone? Oppure si trattava di una determinazione salda e convinta della disciplina psicologica nel tenere separati mente e corpo? Provando a rispondere a queste domande, scoprii che i bambini erano un entusiasmante "banco di prova" non solo per una delle questioni centrali della psicologia e della filosofia della mente – come comprendiamo le menti – ma anche per i metodi che le discipline psicologiche utilizzano per capire le persone.

La posizione che cercherò di sostenere in questo libro – un "approccio in seconda persona" alla conoscenza delle menti – è parte di una più ampia prospettiva epistemologica, qualcosa di rilevante non solo per la questione relativa a come i bambini comprendono le persone ma anche a come gli adulti – e le persone che provengono da culture diverse – possono comprendersi l'un l'altro. Fa inoltre parte di una filosofia delle relazioni interpersonali: in quale maniera si può – e si deve – essere reciprocamente accessibili nelle nostre relazioni adulte, genitoriali, terapeutiche, educative o lavorative. In un certo senso il libro è un invito a cambiare prospettiva. Le cose *possono* essere considerate in modo diverso. Ed è necessario farlo se vogliamo andare oltre gli approcci tradizionali e superare quell'impostazione che, in maniera non dichiarata, resta ancorata al dualismo che afferma di aver abbandonato e, più apertamente, a metodi di ricerca che sa essere più appropriati per lo studio di soggetti non senzienti.

Utilizzerò osservazioni tratte dalla vita quotidiana dei bambini che, se da una parte possono non assecondare i nostri desideri di evidenze sperimentali e suscitare un certo scetticismo, dall'altra costituiscono il mezzo più vicino di cui disponiamo per studiarli nella loro realtà. Se vogliamo cogliere il significato di questi eventi nella vita dei piccoli, e la consapevolezza che essi ne hanno, credo sia essenziale superare il confine tra la vita raccontata dalla letteratura scientifica e quella vissuta in prima persona.

Bombi, tonni e bimbi piccoli: problemi simili?

Quando mia figlia aveva nove mesi ho videoregistrato un usuale momento del pasto familiare per mostrarlo a un corso universitario che stavo tenendo sullo sviluppo del linguaggio pre-verbale. Nel filmato era contenuta un'interazione che a tutti in famiglia sembrava un "dispetto". Mentre riguardavo il video – e osservando quanto mia figlia mostrasse consapevolezza di ciò che gli altri si aspettavano o volevano da lei – mi sono trovata di fronte a una delle questioni centrali del momento: "Per quale ragione dover introdurre il termine consapevolezza trattando fenomeni come intenzioni, attenzione e aspettative?". Una domanda comune nel mondo accademico. "Perché non parlare solo di consapevolezza del comportamento? O definire questi fenomeni semplicemente come reazioni circolari terziarie o apprendimento?" Commenti di questo tipo erano frequenti a seguito delle mie osservazioni: "Perché non chiamarli condizionamento? O riflessi? Perché tirare in ballo il termine *consapevolezza*?". Di qualunque natura fosse il problema, era sostanziale e intrigante. Come mai introdurre il termine "solo" e sottintendere che voglia significare "semplicemente"? Perché sostenere che i bambini sono consapevoli di aspetti mentali e psicologici (e non soltanto fisici) suscitava questo tipo di obiezioni? La mia posizione sembrava essere incompatibile o in contraddizione con altre sostenute all'interno della disciplina psicologica. Le diverse soluzioni adottate per dare ragione dei modi ingegnosi e notevoli di impegnarsi attivamente nell'interazione che hanno i bambini piccoli sembravano finalizzate a *giustificarli*.

Il problema presenta alcune somiglianze con un'antica – e probabilmente non veritiera – storia raccontata a proposito del volo dei bombi. Esistono versioni che sostengono, a questo proposito, come alcuni scienziati svizzeri, facendo vari calcoli e modelli matematici sul retro delle buste mentre si incontravano nei bar, avevano stabilito che non esisteva spiegazione che giustificasse come, sulla base dei modelli aerodinamici, i bombi potessero volare; i loro corpi rotondi e pesanti e le ali sottili non sarebbero in grado di sostenere la spinta necessaria ad alzarsi in volo. Ma, di fatto, i bombi *volano*, e con una velocità di 3 metri al secondo! Analoghe considerazioni si ritrovano nella storia raccontata da Andy Clark sui tonni dalle pinne blu.[4] Se si tiene conto dell'effettiva potenza muscolare di questi pesci, essi sembrano troppo deboli per nuotare velocemente e per mettere in atto rapide accelerate e abili manovre. Eppure, nel nuoto sono dei veri e propri prodigi.

Quando la scienza sostiene che i neonati non possono capire gli altri se non come entità fisiche (nonostante si comportino come se ne fossero capaci), ci troviamo forse in una situazione analoga? Nel caso dei bombi e dei tonni dalle pinne blu, l'errore deriva dal fatto di presupporre che le capacità individuali possano essere considerate al di fuori del contesto ambientale nel quale esse operano. I tonni dalle pinne blu nuotano così bene perché riescono a sintonizzare perfettamente i loro movimenti con i mulinelli d'acqua che creano con la coda. La situazione è simile per i bombi, che volano sfruttando i vortici creati nell'aria attraverso i loro rapidi battiti d'ala. Se si considerano le abilità natatorie o di volo come interne al tonno e al bombo, se si guarda cioè all'organismo separato dall'ambiente in cui opera e se ne analizzano le capacità senza considerare come effettivamente questo interagisca con il suo ambiente, si arriva a concludere che il bombo non può "realmente" volare e il tonno non può "realmente" nuotare. E questo è assurdo. Se invece si considerano le stesse capacità come appartenenti a un organismo che è parte attiva del suo ambiente, non si cade in questa contraddizione.

Possiamo pensare di risolvere anche la questione relativa ai bambini reinserendo questi ultimi all'interno del mondo interpersonale? È frequente da parte degli psicologi pensare e parlare di comprensione degli altri come se si trattasse di una persona completamente isolata – e di una mente completamente isolata – che cercasse di comprendere un'altra persona, un'altra mente. Non tendiamo a parlare delle persone e delle menti come se fossero intrinsecamente connesse. E se invece lo facessimo? Che cosa ne trarremmo? Che cosa succederebbe se pensassimo che il punto di partenza della comprensione degli altri non è l'isolamento o l'ignoranza, bensì una relazione emotiva e una consapevolezza psicologica? Partire dalla relazione emotiva potrebbe trasformare in modo decisivo la questione relativa al come si arriva a comprendere le menti. Piuttosto che rappresentare una mera conseguenza di una comprensione interpersonale costruita a livello razionale, il coinvolgimento emotivo costituirebbe l'occasione di sperimentare quei momenti d'intimità in cui si manifesta e si costruisce una significativa consapevolezza dell'altro. Qualcosa di simile a ciò che Daniel Stern ha chiamato "momento presente", durante il quale non solo si crea a livello soggettivo un'inedita forma di consapevolezza, ma la stessa relazione cambia, generando nuovi significati.[5]

In questo senso, l'elemento critico della questione è proprio la tendenza a considerare il bambino come *dis-connesso* dal mondo delle altre menti (e perciò dal mondo degli oggetti e delle attività in cui le menti vivono). Ma esiste un problema ancora più profondo rispetto al modo in cui i bimbi comprendono la mente – un problema connesso al *dis-incarnare* la mente? In fondo, gran parte della teorizzazione psicologica considera quest'ultima come un'entità privata e opaca, *nascosta* dietro la maschera del corpo, a volte manifestata attraverso i comportamenti e a volte inaccessibile. Molti psicologi, infatti, definiscono il mentale precisamente nei termini della sua separazione dal fisico. I libri di testo sostengono la non necessaria concordanza tra la mente e le azioni del corpo (altrimenti la mente sarebbe colta attraverso la percezione); sembrano cioè avere dis-incarnato la mente. E da qui ha inizio la vera questione. Se le menti fossero davvero così nascoste, allora è evidente che i bambini piccoli non riuscirebbero a comprenderle. Non possedendo le competenze cognitive e le abilità inferenziali degli adulti, quando osservano le altre persone (stando all'assunto secondo cui la mente è nascosta) cos'altro potrebbero percepire se non movimenti fisici e suoni? Se ciò fosse vero, l'accesso all'esistenza psicologica degli altri sarebbe preclusa ai più piccoli.

Questi due problemi (la dis-connessione e il dis-incarnamento) rendono davvero difficile elaborare una spiegazione coerente di come si arrivi a comprendere le menti – non solo da parte dei bambini, ma anche degli adulti, degli animali e degli stessi psicologi. Se si potesse accedere alla mente solo per via inferenziale sarebbe impossibile acquisire dati certi e la psicologia stessa diventerebbe un'impresa dubbia, se non addirittura magica – riempita di teorie poco difendibili, immaginari "Rubiconi" che i bimbi si troverebbero a dover varcare e, fatto fondamentale, incapace di prendere sul serio l'azione.

Spesso facciamo riferimento a un doppio standard per valutare il significato delle azioni e delle interazioni. Ciò che si considera plausibile per spiegare la conoscenza che i bambini più grandi hanno della mente non lo si considera tale per i più piccoli nel loro primo anno di vita, quando non sarebbero ancora capaci di un analogo tipo di comprensione. Significati immediatamente accessibili negli scambi interpersonali della vita di tutti i giorni – quegli impercettibili segnali di coinvolgimento emotivo come le occhiate reciproche, gli sguardi d'intesa, i sorrisi sfrontati, gli improvvisi silenzi e gli slanci emotivi – tendono, quasi con un certo imbarazzo, a essere messi da parte nei report scientifici che trattano il tema della comprensione interpersonale. Questi doppi standard valutativi sollevano alcune questioni fondamentali. Fino a che punto è opportuno adottare una posizione distaccata (come quella degli studi accademici) per comprendere le menti degli altri? È questo il nostro modo di farlo nella vita quotidiana? Capiamo la mente dell'altro attraverso i dettagli dell'esperienza vissuta o cogliendola attraverso una teoria, attraverso le nostre azioni o attraverso il nostro teorizzare? Chi è l'esperto quando si tratta di comprendere gli altri? Lo scienziato distaccato o la persona comune, calata nella vita di tutti i giorni? La contraddizione tra cosa i piccoli effettivamente comprendono e ciò che la scienza sostiene essi non possano capire potrebbe essere superata re-inserendo il bambino nella relazione psicologica con l'altro e re-incarnandone la mente? Quanto conta ciò che la scienza dice della prima infanzia?

Tutto questo conta?

Quanto conta il fatto che la scienza ritenga che i bimbi più piccoli non possano comprenderci quando i genitori la pensano diversamente? Dopotutto, da millenni genitori e figli si relazionano vicendevolmente con successo senza l'aiuto di filosofi o di psicologi, senza le loro teorizzazioni o false supposizioni.

Credo che tutto questo conti molto. Le posizioni sostenute dal mondo scientifico e filosofico influenzano infatti il modo di comportarsi delle persone e questo accade anche rispetto a questioni basilari come il modo di entrare in relazione con i bambini. La psicologia ingenua e la cultura genitoriale scambiano informazioni e valori con il sapere degli "esperti", le cui raccomandazioni si trasformano alla stessa velocità con cui la moda cambia i gusti sulla larghezza dei pantaloni. Le posizioni che si assumono rispetto alla questione del comprendere le menti altrui influenzano non solo il nostro modo di capire i bambini, ma anche come *agiamo* e ci comportiamo nei loro confronti. Se riteniamo che i bambini piccoli posseggano meno competenze, ci impegneremo meno per capire e rispondere a quei segnali cui invece risponderemmo se li pensassimo come espressione di pensieri o sentimenti. In fondo non è passato molto tempo da quando la saggezza popolare riteneva che i bambini piccoli venissero al mondo senza essere in grado di vedere o sentire, e capaci solo di "sbavare e piangere in braccio alla nutrice ", come affermava Shakespeare.[6] Poco tempo è trascorso anche da quando la scienza medica sosteneva (senza che i genitori potessero controbattere) che i bambini appena nati non potevano sentire dolore, e così facendo giustificava un certo numero di pratiche intrusive come gli interventi chirurgici senza anestesia.

Affermare che i bambini piccoli non possono comprendere la *nostra* mente ha implicazioni ancora più immediate: se pensiamo che i piccoli abbiano una scarsa possibilità di accedere alle nostre emozioni e ai nostri pensieri, allora faremo pochi sforzi per esprimerli (magari quando sono positivi) o per mascherarli (magari quando negativi). Creeremo così un'interazione adeguata per un bambino che *non* è in grado di capirci – lo osserveremo, educheremo, cercheremo di renderlo felice, ma non stabiliremo con lui una relazione basata effettivamente sul *coinvolgimento* reciproco.

Ma il coinvolgimento è vitale. Le sue conseguenze si riflettono in modo immediato sulla possibilità di offrire o di negare al bambino le esperienze che potrebbero nascere da questo tipo di interazione e anche, ovviamente, sulla possibilità di offrire o negare ai *genitori* stessi l'esperienza di un piccolo che cresce all'interno di una relazione di questo tipo. Le possibilità di conoscere l'altro dipendono da quanto consentiamo a noi stessi di coinvolgerci attivamente: è come dire che più ci coinvolgiamo attivamente più *sapremo* dell'altro.

Pur non avendo intenzione di indicare cosa si "dovrebbe" o "non si dovrebbe" fare nel nostro stare insieme con i bambini, il libro tratterà di diversi aspetti di base che descrivono questo tipo di esperienze. Partiremo dalla premessa che il coinvolgimento emotivo è importante – non solo per i più piccoli, ma anche per gli adulti, per gli animali e per gli psicologi stessi impegnati a conoscere la mente. Né i bambini, né gli adulti o gli animali avranno molte possibilità di comprensione se assumono un atteggiamento distaccato, osservando l'altro senza alcuna partecipazione emotiva.

Cercare di rispondere alle questioni sopraesposte è stato più entusiasmante di quanto avessi immaginato. Non sarebbe possibile farlo senza sfatare l'assunto filosofico che facciamo circa le menti, i bambini piccoli e il loro comportamento – assunto che non possiamo ignorare. Sarà questo l'argomento da cui partirò nel prossimo capitolo. Chi non fosse particolarmente interessato a interrogativi di natura filosofica, può passare direttamente al terzo capitolo, dove propongo un approccio alternativo per comprendere la consapevolezza delle menti altrui.

2

Il gap e l'opacità della mente

> È come se, avendolo dinanzi agli occhi, uno dicesse: "Non è un elefante"; mentre poi quello si allontana, sorgesse il dubbio; nel vedere infine solo le orme, si radicasse il convincimento; tale è stato l'errore della mia mente!
>
> KALIDASA, *Sakuntala*[1]

Pur ritenendo impossibile "vedere" le menti, riusciamo comunque ad averci a che fare in modo piuttosto semplice. Due sono le questioni che affronterò in questo capitolo. In primo luogo, mi occuperò di esaminare su cosa si basi l'assunto secondo cui la mente sarebbe sostanzialmente opaca e di difficile accesso. È davvero un presupposto così indispensabile? Occorre realmente tenere conto del gap mente/corpo come mi è stato fatto notare più volte? Esso rende difficile non solo spiegare come i bambini comprendono gli altri, ma anche come lo possano fare gli adulti in generale e gli stessi psicologi. In secondo luogo prenderò in esame le possibili risposte alla domanda rispetto a come – se accettiamo l'esistenza del gap in questione – arriviamo a comprendere le menti. Le soluzioni che convenzionalmente sono state offerte possono essere raggruppate in due tipologie che, per colmare il gap, propongono rispettivamente un approccio in prima e in terza persona. Discuterò le ragioni per cui non le considero soddisfacenti. Entrambe, infatti, piuttosto che considerare la persona un partecipante attivo e coinvolto nella relazione, guardano al soggetto unicamente come a uno spettatore esterno. Sia l'approccio in prima sia quello in terza persona, pur con modalità diverse, sostengono che la ragione della sostanziale opacità delle altre menti risieda nell'esistenza di un "gap". La mia proposta è per una spiegazione alternativa, che approfondiremo nel corso del prossimo capitolo, definibile come "approccio in seconda persona". Prima tuttavia vorrei chiarire cosa intendo per gap.

L'(impossibile) gap

Il richiamo al gap tra mente e comportamento l'ho ascoltato più volte laddove ho sostenuto che i bambini piccoli, attraverso il loro modo di comportarsi in maniera attiva e partecipe, mostrano di comprendere le menti degli altri. Ma in cosa consiste esattamente questo gap? Sembra essere qualcosa che distingue il comportamento dalle capacità mentali, il fisico dallo psicologico, il superficiale dal profondo. I bambini piccoli sarebbero in grado di accedere a ciò che è superficiale, a ciò che è fisico e al comportamento, ma non alla dimensione psicologica, mentale o profonda. Tutto ciò è davvero sconcertante. Negli ultimi decenni la psicologia ha riconosciuto come i bambini molto piccoli possano accedere a diversi tipi di conoscenza: per esempio come riconoscano la gravità, la solidità, il numero e la grandezza. Se viene dunque loro riconosciuta la capacità di comprendere aspetti elementari di ordine fisico e matematico, perché la semplice comprensione psicologica dovrebbe essere così fuori dalla loro portata? Perché essi dovrebbero utilizzare unicamente i comportamenti per porsi in relazione con noi e non anche la dimensione mentale? Per quale motivo si sostiene che esiste un gap che confina le menti in una condizione di non visibilità e quindi di fondamentale inaccessibilità? Tutto questo è particolarmente sconcertante se si pensa che proviene proprio dalla disciplina psicologica la quale, già almeno mezzo secolo fa, aveva respinto il dualismo mente-corpo.

Secondo alcuni autori il gap riguarda il rapporto *tra le diverse menti*. A grandi linee, la questione può essere espressa in questi termini: "Riesco a comprendere la mia mente, ma la tua costituisce un problema". Si può sostenere che Piaget fosse vicino a questa posizione, come oggi lo sono molti sostenitori della "teoria della simulazione".[2] Per altri invece il gap riguarderebbe la distinzione tra *fisico e mentale*; in questo caso la questione diventa: "Sono in grado di percepire il tuo corpo (e il mio) ma non ho alcun indizio che in esso dimori una mente". Si tratta della posizione di partenza degli odierni sostenitori della "teoria della mente". Accettare sia l'una sia l'altra tipologia di gap risulta difficile al fine di comprendere la mente altrui; infatti, per entrambe le posizioni essa risulterebbe opaca e non percepibile.

Un modo attuale di formulare il problema che unisce le due tipologie di gap e ripropone un interrogativo profondamente frustrante è il seguente. Come fanno i bambini a capire che quanto avvertono in loro stessi – le sensazioni corporee, le informazioni "interne" riferite ai propri movimenti e ai vissuti di disagio, ai sentimenti e alle percezioni – può essere esperito anche da un'altra persona, se si suppone che essi ne possano percepire solo l'"esteriorità"? In che modo i bambini piccoli stabiliscono una connessione e riconoscono come simili le informazioni propriocettive che provengono dal sé e quelle percettive distali riferite agli altri? In altri termini, come fanno a mettere in relazione le informazioni dirette che provano in "prima persona" con le informazioni indirette "in terza persona" che colgono riguardo agli altri? In realtà, il problema non è molto diverso da quello che aveva sollevato Cartesio.

Il problema di Cartesio

Cartesio sosteneva che nel mondo esistono due tipi di sostanze, una mentale e l'altra fisica. La prima – *res cogitans* – è capace di pensiero, mentre la seconda – *res extensa* – è caratterizzata essenzialmente dall'estensione nello spazio. Pensiamo di poter percepire la sostanza fisica (i corpi, gli alberi, i tavoli e le stelle), ma l'evidenza che ci proviene dai sensi potrebbe essere di carattere illusorio – come accade nei sogni o nelle allucinazioni. Le nostre sensazioni e convinzioni riguardo alla realtà esterna sono infatti inaffidabili. Eppure, quando riflettiamo su questo e avvertiamo uno stato di incertezza, stiamo in realtà facendo esperienza proprio della sostanza psichica. Ne deriva, come sosteneva Cartesio, che l'unica cosa di cui possiamo essere certi è l'esistenza del nostro dubbio e della nostra mente pensante. Da qui la celebre frase "penso dunque sono", *cogito ergo sum.* Alla luce di queste argomentazioni, concludere con un "cvd"[3] sembra più che legittimo.[4]

Il problema posto da Cartesio era il seguente: se le menti sono aperte solo all'esperienza *privata*, come può una persona essere certa che esistano anche *altre* menti? Di fatto questo non è possibile, almeno non con certezza. Non si può esserne certi così come non è possibile essere sicuri che il mondo esista – si possono solo formulare ipotesi e avanzare supposizioni. Per Cartesio la mente è un'entità isolata, ultraterrena e disincarnata, che non può avere accesso ad altro se non a se stessa. Ne deriva che le singole menti, ossia le persone, devono superare questo profondo gap non solo per conoscere ed entrare in relazione con le altre menti, ma anche per conoscere ed entrare in relazione con il mondo che le circonda. Le interazioni che si stabiliscono sono necessariamente condizionate dalle – forse anche illusorie – *idee* sul mondo e sulle altre menti. Com'era possibile secondo Cartesio sopravvivere in un mondo così singolare? La soluzione trovata tirava in causa la fiducia in un Dio che non lo avrebbe ingannato mettendolo in condizioni di speculare sull'esistenza del mondo intorno a sé o delle altre menti, se queste non fossero realmente esistite. Ma, almeno in termini psicologici, concludere con una soluzione di questo tipo costituisce di certo un modo per eludere il problema.

L'odierno dualismo tra mente e comportamento

Oggi più nessuno adotta soluzioni che si appellano all'intervento divino per conoscere le altre menti, o aderisce all'idea cartesiana che esista un dualismo tra mente e corpo: quella posizione allora sostenuta è stata bandita e mandata in esilio al pari di concetti come quello di flogisto, energia vitale o altre simili nozioni di natura esoterica. Inoltre, fatta eccezione per alcune posizioni estreme, la maggior parte delle teorie della percezione riconosce un certo grado di realismo: l'organismo, almeno in una certa misura, è in grado di ottenere informazioni direttamente dal mondo fisico piuttosto che costruirlo. L'attuale rifiuto del dualismo, tuttavia, non è privo di contraddizioni. Mentre viene sostenuta con decisione l'esistenza di una profonda connessione tra mente e corpo, con la stessa intensità si rimarca la *distinzione* tra i termini *mente* e *corpo* e, ancora più inspiegabilmente, si tende a considerare la prima opaca, il secondo visibile e direttamente accessibile. Sembra dunque che il dualismo cartesiano tra mente e *corpo* sia stato rifiutato, ma non uno dei suoi corollari – il dualismo tra mente e *comportamento*. Nei manuali universitari che trattano di tecniche di osservazione del comportamento, il primo principio che compare è quello per cui la descrizione va distinta dall'interpretazione; in altri termini, il movimento fisico è separato dal suo significato psicologico. Si ritiene che i movimenti del corpo siano direttamente accessibili all'osservatore, ma non il loro significato "mentale" e "intenzionale", che sarebbe invece opaco e acquisibile unicamente tramite interpretazione o per via inferenziale. Solo alle matricole si perdona la confusione tra il comportamento e il suo "significato".[5] La convinzione della sostanziale inaffidabilità di una connessione comportamento-mente è spesso sostenuta con la stessa forza di un dogma religioso.

È curioso che in psicologia tutto questo sia stato proposto da due scuole di pensiero con posizioni diametralmente opposte. Agli inizi del XX secolo il comportamentismo ha di fatto avallato il concetto di dualismo rifiutando di fare riferimento agli aspetti mentali. Alla fine del XX secolo il cognitivismo, opponendosi al primo, ha spostato il focus d'indagine sul mentale come oggetto di studio privilegiato ed escluso dall'analisi le azioni del corpo – il comportamento – riproponendo in questo modo nuovamente lo stesso tipo di dualismo.[6]

Ed è ancora più assurdo che le due posizioni, apparentemente opposte, non solo risultino compatibili dal punto di vista teorico, ma si implichino a vicenda: il cognitivismo ha bisogno di reggersi sulle spalle del comportamentismo per spiegare fenomeni secondari, subordinati. Per esempio, per descrivere lo sviluppo di un'abilità cognitiva complessa di tipo rappresentazionale, come potrà il ricercatore spiegare le competenze che si manifestano *prima* del suo sviluppo? Servirà una spiegazione che renda conto non solo di come evolva la rappresentazione cognitiva, ma anche di cosa è accaduto nei momenti precedenti. A tal fine, lo psicologo cognitivista deve inevitabilmente ricorrere a spiegazioni che coinvolgono il comportamento "semplice" ed "esteriore" e la "comprensione" basata sull'associazione, l'apprendimento e il condizionamento. Questi fenomeni primari, pur non considerati come "verità" rispetto a ciò che si vuole comprendere, costituiscono comunque passaggi intermedi (diretti precursori) o semplicemente "pseudo" abilità, descritte ogni volta in termini comportamentali. Sembrerebbe dunque che il cognitivismo debba necessariamente presupporre l'esistenza di uno stadio comportamentista nello sviluppo! Rispetto alla comprensione delle menti, questo implica la presenza di un periodo, superato poi dallo sviluppo concettuale, durante il quale non è possibile riconoscere aspetti mentali, ma solo percepire il comportamento e le sue regolarità. Questa posizione emerge in modo piuttosto esplicito in diversi testi – il neonato inizia la sua vita come comportamentista e solo crescendo diventa cognitivista. La stessa cosa si ripresenta anche nelle spiegazioni di tipo evoluzionistico – i macachi e i babbuini possono essere paragonati agli "etologi" (semplicemente osservano e descrivono il comportamento), mentre le grandi scimmie antropomorfe agli "psicologi" (interpretano il comportamento in termini mentalistici). Vi è qui una meta-teoria che pone – sia sul piano evoluzionistico sia su quello ontogenetico – la comprensione in termini comportamentali e quella in termini cognitivisti su un unico percorso di sviluppo di tipo sequenziale, arrivando a concludere che la prima costituisca un passaggio (necessario) per la seconda.[7]

Non si tratta solo di una questione metafisica (distinguere tra "leggere il comportamento" e "leggere le menti" implica considerare queste ultime come radicalmente dis-incarnate) o di una questione che concerne lo sviluppo e l'evoluzione (è davvero molto complicato spiegare in modo convincente come avvenga il salto dalla semplice osservazione del comportamento alla percezione della presenza delle menti); qui il problema è anche di ordine metodologico. Se si tratta di due categorie concettuali distinte e separate, non è possibile testare una contro l'altra – ogni sfera di spiegazione è di per sé completa. Ci si trova così con un quadro dello sviluppo a livello sia ontogenetico sia filogenetico insoddisfacente, in cui le spiegazioni rappresentazionali che si possono dare costituiscono mere congetture. Nella psicologia contemporanea il dualismo mente e corpo è dunque ancora presente e il dilemma cartesiano sopravvive con forza. Anche quando gli scienziati sono ben contenti di descrivere la mente in termini fisici – per esempio, come software rispetto all'hardware rappresentato dal cervello –, tuttavia continuano a considerarla in ultima analisi come inaccessibile (se non provando ad avanzare consapevoli congetture). È implicito in modelli di questo tipo come l'utente non possa leggere il software, ma solo conoscerne gli effetti e agire in interazione con essi. A differenza dei software computazionali, direttamente progettati e letti dall'esperto, se seguiamo il ragionamento, quelli relativi al mentale non possono essere letti neanche dall'esperto – eccetto, secondo alcuni, attraverso una competenza neuroscientifica del futuro. Quando sono coinvolte le menti sia gli psicologi sia l'uomo comune sono pensati all'oscuro dei contenuti di questo presunto software mentale, sul quale sembra si possano solo avanzare supposizioni. Per queste ragioni il modello in questione non si discosta molto dalla posizione cartesiana che postulava l'esistenza di un gap tra mente e comportamento; pur rifiutando in termini ontologici la loro distinzione, dal punto di vista dell'effettiva teoria della conoscenza praticata questa viene in realtà sostenuta con fermezza.[8] Le menti degli altri sono, secondo entrambi i modelli, invisibili e inaccessibili se non attraverso congetture. Perché affermazioni di questo tipo costituiscono un problema? Affronterò a questo proposito tre questioni nel corso del capitolo: l'incertezza, il disincarnamento e la tematica della privatezza.

I problemi associati al gap

L'incertezza è intollerabile

Il primo problema è quello che riguarda la certezza. Non è possibile accettare la "soluzione" cartesiana, la quale rimanda le nostre congetture sul mentale a una conferma divina. La scienza contemporanea è decisamente empirista, e ritiene che la conoscenza debba passare attraverso l'esperienza sensoriale. Come conseguenza, avere delle certezze sulle altre menti è diventato un problema difficilmente risolvibile a livello scientifico. Se è possibile conoscere solo ciò che viene esperito direttamente con i sensi e l'unica mente di cui si può fare esperienza è la propria (o, se anche per la comprensione della propria mente viene adottata la posizione conosciuta come *theory-theory*), ne segue con una logica inevitabile l'assoluta impossibilità di conoscere l'esperienza degli altri.[9] Non è possibile avere alcuna comprensione certa delle altre menti, né sapere nulla della loro natura ed *esistenza*. Quanto fin qui riassunto è l'essenza della questione conosciuta come il "problema delle altre menti": stando agli assunti sopra esposti, conoscerle sarebbe impossibile; eppure, se si pensa alla vita sociale di tutti i giorni, è un dato di fatto che si riesca a farlo. Si è scritto che l'estremo esercizio del dubbio aveva reso Cartesio vittima di se stesso – argomentava in maniera scrupolosa cercando di convincere le altre menti di non essere così certo della loro stessa esistenza.[10] Si potrebbe pensare che questioni di questo tipo non abbiano molta importanza nella vita quotidiana. Le persone comuni non sono scienziati impegnati nel tentativo di stabilire la verità circa l'esistenza e la natura delle altre menti. La certezza non è centrale per la loro vita come è stato sostenuto che lo sia per un filosofo o uno scienziato. Tuttavia, anche le persone comuni non sarebbero in grado di sopravvivere o di funzionare in caso di reale incertezza.

Durante un corso il cui titolo era "Conoscere le altre menti", mi aveva colpito constatare il senso di frustrazione che inevitabilmente, alla seconda settimana di lezioni, nasceva negli studenti. La maggioranza interveniva in aula sostenendo fermamente che era impossibile avere certezze sui "contenuti" della mente altrui. Allo stesso tempo quegli stessi studenti si dicevano certi di due cose: in primo luogo non avevano alcun dubbio sul fatto che le persone accanto a loro *avessero* una mente; inoltre, a volte capitava loro di essere certi di pensieri o sentimenti provati dagli altri. Le ragioni della prima posizione sostenuta dagli studenti erano ovvie: pensavano che le menti fossero invisibili, inaccessibili, e che del loro "contenuto" pertanto nessuno avrebbe *mai* potuto essere certo. Apparivano chiare anche le ragioni della seconda e della terza posizione: nelle relazioni che quotidianamente stabilivano con gli altri consideravano l'esistenza e la natura della mente altrui come un dato di fatto, piuttosto che assumerla come un'ipotesi dotata di una certa probabilità. E, poiché non si può pensare di essere contemporaneamente in uno stato di certezza e di incertezza riguardo alla medesima questione, la loro frustrazione proveniva proprio dal non riuscire a trovare alcuna via d'uscita soddisfacente a questa contraddizione. Nonostante fossero convinti dell'indiscutibile natura privata delle menti, erano altrettanto profondamente persuasi della possibilità di comprendere e avere fiducia negli altri; l'idea di avere (seguendo la loro logica) dei dubbi sull'esistenza delle altre menti li lasciava sconcertati.

In realtà, non è inusuale incontrare convinzioni contraddittorie circa la trasparenza del mentale. Molte culture ne hanno sostenuto l'impenetrabilità. Si pensi per esempio al proverbio russo "L'anima dell'uomo è un mistero insondabile" o al detto in lingua urdu "Raschiando puoi analizzare l'oro, ma non l'uomo" o anche alla frase di Shakespeare "Non c'è arte che insegni a scoprire nel volto la costruzione della mente".[11] Tutti noi sappiamo, in base all'esperienza personale, come sia facile ingannare, e come spesso questo accada proprio nelle relazioni più intime. Allo stesso tempo attribuiamo un grande valore alle nostre conoscenze e alla certezza circa i sentimenti e i pensieri che provano gli altri. C'è una scena contenuta in *Anna Karenina* di Tolstoj in cui una giovane coppia di innamorati, Lev e Kitty, invitata a un formale e affollato ricevimento della Russia dell'epoca, si entusiasma intuendo il reciproco linguaggio in codice e scoprendo la sorprendente intimità che può nascere dalla conoscenza dei pensieri non tradotti in parole. Trascorriamo gran parte della nostra vita conoscendo i pensieri e i sentimenti delle persone che ci circondano, e non sollevando dubbi o ipotesi sulla loro natura. Non potremmo mai accettare ciò che deriverebbe dal fatto di non poter conoscere le menti a noi care. La vita non sarebbe degna di essere vissuta se fossimo totalmente soli o se dominasse questo tipo di incertezza. Ci troveremmo a vivere in un mondo a metà, di colore grigio, che sarebbe e diventerebbe solo ciò che noi pensiamo esso sia. Come dice Ursula Le Guin: "C'è un fringuello nel poema di T.S. Eliot che sostiene come l'umanità non possa sopportare molto a lungo il peso della realtà; ma l'uccello si sbaglia. Un uomo può reggere il peso dell'universo intero per ottant'anni. È l'irrealtà ciò che non può sopportare".[12]

La questione tuttavia è più complessa dell'insostenibile solitudine dell'incertezza. Se davvero vivessimo all'interno di una struttura alimentata dai dubbi, non potremmo mai realmente funzionare né essere aperti al coinvolgimento interpersonale attivo. Se non la certezza almeno l'assenza di *in*certezza è indispensabile per *fare* cose con gli altri, affinché sia possibile per loro – e per noi – continuare a esistere in quanto menti e progredire nello sviluppo.

L'impossibilità del disincarnamento

La seconda questione che si pone nell'ambito del dualismo tra mente e comportamento è costituita dal disincarnamento. È possibile separare l'osservazione di un comportamento dalla sua interpretazione? Considerare i movimenti del corpo distinti dalla mente risulta impraticabile. "O corpo governato dalla musica, o sguardo splendente, come possiamo distinguere chi danza dalla danza?" si chiedeva W.B. Yeats, riflettendo sulla difficoltà di considerare la persona come disgiunta dalle sue stesse azioni.[13] Se non possiamo separare l'azione intesa come forma ideale (la danza) dalla manifestazione contestualizzata dell'agire stesso (il ballare), com'è possibile nella quotidianità distinguere la nostra dimensione mentale nella sua forma ideale e inespressa (la mente) dalla sua effettiva manifestazione (il comportamento)? Si può davvero considerare la prima in maniera disgiunta rispetto al secondo?

Per Cartesio il corpo non serve a comprendere le menti. Egli ha per così dire "de-animato" il corpo. Tuttavia, per altre correnti filosofiche come la fenomenologia, lungi dall'essere visto come un congegno depersonalizzato e inaffidabile soggetto al comando della mente, il corpo era considerato di per sé dotato di intenzionalità. Era intenzionale, nucleo espressivo del nostro essere. Ed era l'intrinseca *connessione tra* corpi a formare la base della conoscenza delle altre menti. Il fenomenologo francese Maurice Merleau-Ponty scrive: "È appunto il mio corpo a percepire il corpo dell'altro: esso vi trova come un prolungamento miracoloso delle sue proprie intenzioni, una maniera familiare di trattare il mondo".[14] Le odierne neuroscienze, con la scoperta dei cosiddetti neuroni specchio, si avvicina in maniera sostanziale a colmare il gap che separa i corpi (eppure è ancora un tabù sostenere che la percezione dei movimenti degli altri corpi permetta di percepirne le menti). Anche per Darwin, interessato agli aspetti di continuità nell'evoluzione della mente, il corpo costituiva un'entità intenzionale in sé. Dal punto di vista dell'evoluzionismo sarebbe stata un'assurdità considerare l'esistenza di un meccanismo diverso (ossia separato dal sistema di percezione dei movimenti) per interpretare questa intenzionalità.[15] Posta in questi termini, la mente diventa la *modalità* in cui un corpo vivente agisce, piuttosto che qualcosa di separato o nascosto dietro di esso e che ne consente l'azione. Prendendo in prestito la frase di Gilbert Ryle, la mente è come un avverbio che qualifica l'azione piuttosto che esserne il nome. Per esempio, noi stiamo seduti con ansia, facciamo passi con attenzione, ci muoviamo con sicurezza, ci fermiamo pensierosi, osserviamo con precisione, cerchiamo qualcosa intenzionalmente e così via. Il mentale in questi esempi è una qualità dell'atto stesso e non un processo separato dall'azione. L'implicazione che questa posizione ha per la comprensione delle altre menti è a questo punto ovvia. Se le menti sono infatti ciò che il corpo fa, allora sono visibili e non private. Per accedervi non servono inferenze, teorizzazioni o racconti; esse sono trasparenti alla percezione. Questo non vuol dire che sempre e necessariamente i bambini piccoli (o gli adulti, gli altri animali o gli psicologi) percepiscano le qualità dell'azione. Per poterlo sostenere dovremmo possedere evidenze di specifiche abilità di discriminazione e comprensione del significato. Ma, almeno in linea di principio, ciò è possibile.

Un altro modo in cui si è disincarnata la mente è stato rappresentandola non come un'entità cifrata nascosta dietro la maschera del corpo, ma come un puro concetto, il "mentale rappresentazionale" – qualcosa che si può inferire attraverso un atto cognitivo, che esiste perciò in forma di "rappresentazione". Si tratta di una posizione condivisa da alcuni approcci contemporanei, che considerano la mente come "reale" solo se raggiunta attraverso l'immaginazione o processi di natura inferenziale.[16] Definire il mentale o lo psicologico come entità ipotetiche piuttosto che reali rende problematico spiegare come gli organismi che possiedono una mente si relazionino con il mondo. Ciò che ne deriva tuttavia è simile: finché nello sviluppo non viene raggiunta la capacità di ipotizzare e immaginare aspetti non fisici della realtà, avere accesso alle menti è impossibile. Altri autori, pur senza porre particolare enfasi sulla realtà puramente concettuale, considerano l'abilità rappresentazionale come l'attività mentale fondamentale.[17] Secondo questa posizione, il compito dei bambini che si avvicinano alla comprensione delle menti sta nell'accedere alle loro rappresentazioni. Tuttavia, se è vero che quest'ultima costituisce una tra le diverse attività mentali, considerarla l'unica rende complesso capire come i bambini più piccoli e le persone in genere possano stabilire interazioni sul piano psicologico e anche come di fatto possa nascere la rappresentazione stessa. Una posizione di questo tipo, come vedremo in alcuni dei prossimi capitoli, porta a trascurare in modo fuorviante il concetto di azione.

La dimensione privata dei fenomeni psicologici

La terza questione che affronterò riguarda la dimensione privata dei fenomeni psicologici. Se possiamo percepire la qualità mentale delle azioni altrui – il pensiero che si affaccia alla mente di qualcuno nel mezzo di una conversazione, il tentativo di nascondere un sorriso di fronte alla gaffe di una persona durante un incontro, la concentrazione che traspare sul volto di un bimbo alle prese con un pezzo di un puzzle che non sa dove posizionare, la gioia nel sorriso mostrato di fronte a una torta al cioccolato o l'intenzione di ingannare nel frettoloso tentativo di nascondere un biscotto sotto la scatola dei giochi – in che senso allora le menti sarebbero private? Certamente vi sono esperienze mentali che *possono* essere private, ma lo sono sempre *necessariamente* e anche da un punto di vista *evolutivo*? Vi sono due fondate ragioni per mettere in discussione ciò che si pensa a proposito dell'attaccabile posizione circa il carattere privato delle nostre esperienze. Una è di ordine evolutivo e l'altra (essenzialmente associata a questa) è di ordine culturale.

La questione evolutiva. Di norma per spiegare come avvenga la comunicazione degli stati mentali – se nella privatezza o nella condivisione – il punto di partenza viene collocato nella prima condizione, anche se quasi mai in modo adeguato. Dal punto di vista dello sviluppo, tuttavia, questo non è vero. Prima di tutto, sempre parlando in termini evolutivi, è più difficile trovarsi in una condizione di privatezza che non di esposizione pubblica. Sappiamo che questo è vero in diverse situazioni. Quando guardiamo infatti un bambino piangere o sorridere, voltarsi a guardare o aggrottare le sopracciglia, non vi è alcun dubbio sul fatto che i segni di disagio, gioia o interesse siano pubblicamente visibili. Se nel caso di un adulto non è possibile essere altrettanto certi del reale significato di un'azione o di un'espressione, diverso è quando si tratta di un bimbo piccolo. Questa è una differenza importante. In secondo luogo, da un punto di vista evolutivo, il fenomeno dell'attenzione congiunta e la condivisione delle esperienze rappresentano i precursori della capacità di comunicare le esperienze private. È possibile raccontare a un'altra persona i propri pensieri, sentimenti, percezioni e intenzioni solo dopo una lunga storia di condivisione nel corso della quale, progressivamente, si svelano pensieri, sentimenti, percezioni e intenzioni reciproche. Ad avallare ulteriormente questa tesi si aggiunge la chiara evidenza di come la nascita di uno scambio comunicativo in privato sia possibile solo dopo una comunicazione nata in pubblico.[18] Questi elementi di ordine evolutivo – ossia che dubitare degli stati mentali è più appropriato nel caso dello sviluppo più avanzato e che la comunicazione sugli stessi avviene solo dopo un periodo di condivisione attiva – suggeriscono come sia in realtà possibile capovolgere la situazione rispetto alla posizione tradizionale e modificare così la direzione delle influenze. La storia acquisisce maggior senso in termini evolutivi se si considera dunque come sia proprio la condivisone di esperienze mentali a *rendere possibile* la privatezza. La dimensione "pubblica" – condivisa – è il passo essenziale per raggiungere la dimensione "privata" – nascosta –, non una via per aggirarla. Il coinvolgimento autentico – il reciproco contatto sul piano psicologico – favorisce una comprensione del sé che non sarebbe altrimenti possibile.

La questione culturale. Esiste un'altra dimensione a cui è possibile fare riferimento per affrontare la questione della privatezza: la variabile cultura e le differenti pratiche culturali che caratterizzano le esperienze di tipo privato piuttosto che condiviso. Nella cultura occidentale, e in genere in tutte quelle occidentalizzate, è così radicata la convinzione che le persone siano individui separati con problemi, esperienze e reazioni marcatamente individuali, che risulta difficile credere che questo sia solo uno tra i tanti modi possibili di vivere. In molte culture le preoccupazioni, il lutto, le difficoltà, i successi, il dubbio, l'indecisione e il disagio non sono considerati aspetti appartenenti unicamente al singolo, bensì questioni che riguardano al contempo tutti coloro che vivono accanto a lui. È un concetto difficile da capire (e con cui è *molto* difficile convivere!) se le proprie esperienze di vita sono confinate all'interno della cultura occidentale. Ma, poiché personalmente ho un piede in due culture diverse, ogni volta mi sorprendo della differenza che riscontro nel fare esperienza degli avvenimenti quando questi non vengono considerati solo eventi privati. Per esempio, è abbastanza tipico della cultura occidentale esprimere la propria solidarietà verso una persona che ha subito un lutto chiedendole come si senta. Nelle culture cosiddette "collettiviste" questo non è altrettanto comune. Non sentirsi mai chiedere dalle persone in visita "come ti senti?" ha un certo peso, in quanto allevia la responsabilità di sentirsi i soli a provare quel sentimento e solleva dal peso del dolore. Rende l'evento, i sentimenti e le responsabilità per ogni azione inevitabilmente condivise. Il fatto che chi ti è vicino sia consapevole e direttamente "immischiato" negli eventi che appartengono alla "tua" vita può in effetti cambiare quanto la vita mentale *possa* ritenersi pubblica o privata.

Nico Frijda e Batja Mesquita hanno condotto uno studio innovativo sul ruolo delle differenze culturali nelle aspettative individuali riguardo alla natura dei pensieri e dei sentimenti altrui. Hanno osservato come soggetti appartenenti a culture più tradizionali cerchino di ottenere un numero maggiore di informazioni sul vissuto emotivo e sullo stato mentale altrui rispetto a quanto non facciano soggetti di moderne culture industrializzate.[19] In sé questa differenza potrebbe non avere alcun valore. Fare supposizioni su un argomento non vuol dire conoscerlo. Eppure, questo rivendicare informazioni caratterizza proprio quei gruppi in cui è elevata l'aspettativa di fare qualcosa, di aiutare a risolvere i problemi che coinvolgono *altre* persone. Ora il punto è questo: intervenire con una certa intensità e frequenza nelle "situazioni" altrui potrebbe rendere effettivamente meno privati gli stati mentali in quelle situazioni? Può sembrare un insolito modo di porsi la domanda, ma ha un certo effetto. Se due persone si trovano a condividere da vicino la responsabilità dei loro problemi, sia nella conoscenza degli stessi sia nelle azioni intraprese, quanto privati potranno mai essere gli stati mentali? Anche le fantasie e l'immaginazione finirebbero per diventare aspetti condivisi.

Il problema non è da porsi nei termini "possono esistere esperienze private?". È ovvio che sì. La questione è meglio riformulabile in questo modo: "L'esperienza è sempre un fatto privato?", "in che condizioni non lo è?". Sembrerebbe che le esperienze mentali diventino maggiormente pubbliche – cioè riconoscibili da altri – quanto più la situazione stessa è pubblica, ossia costituisce un'esperienza condivisa in termini di azioni intraprese insieme e rappresenta un momento di compartecipazione alle responsabilità. Quanto più le azioni hanno un carattere di privatezza, tanto più anche le esperienze stesse sul piano mentale diventano tali. Vi è qualcosa nell'atto di condividere le azioni che rende ciò essenziale ai fini della conoscenza reciproca.

Si tratta di un elemento che risulta evidente non solo se si pensa alla differenza tra culture diverse, ma anche osservando le relazioni interpersonali. Quando per un lungo periodo di tempo si condividono in maniera stretta attività e si affrontano in modo condiviso alcune situazioni, si viene a conoscenza di molte cose che riguardano i pensieri, le intenzioni e i modi di percepire che giocano un ruolo proprio all'interno di questo tipo di interazioni. Qualcuno sostiene che l'esistenza dell'inganno nelle relazioni intime testimonia contro il valore del condividere le esperienze di vita per conoscere l'altro. Ma si tratta di una debole argomentazione. La variabilità che esiste tra le diverse esperienze di vita è enorme e cambia nella misura in cui differenti aspetti sono condivisi. Si possono trascorrere cinquant'anni con una persona, e vivere ugualmente ciò che ci accade in solitudine. Si tratta di una condivisone di spazi e tempi piuttosto che di eventi di vita. Prendendo a prestito un'affermazione di Margaret Donaldson, per condividere la vita è necessario condividere interessi e propositi.[20] Fare cose insieme – coinvolgersi nel corso del tempo – non solo svela le esperienze "private", ma *crea* realmente maggiori esperienze pubbliche. La condizione di privatezza sembra senza dubbio essere un aspetto problematico per il coinvolgimento – da una parte lo previene, dall'altra riduce le esperienze mentali.

Dunque questi sono i problemi associati al gap – l'incertezza, il disincarnamento e la privatezza. Ma dal momento che si sostiene che questo gap esista, cosa si propone per superarlo?

Modi per superare il (presunto) gap

Come farebbero i neonati – i bambini, gli adulti o altri animali (e gli psicologi stessi!) – a comprendere gli altri in quanto esseri psicologici se si suppone che esista realmente questo profondo gap? Le risposte più frequenti a questa domanda si muovono lungo due direzioni.[21] Una è definibile come l'*approccio in prima persona*, e sostanzialmente afferma che la conoscenza delle altre menti sia possibile partendo dal sé. Conosciuto genericamente in filosofia come il *ragionamento per analogia*, o nel suo moderno adattamento come *teoria della simulazione*, l'approccio in prima persona sostiene come, guardando attraverso il gap, la persona veda un altro corpo e vi riconosca una somiglianza con (o qualcosa di) sé.[22] Ciò che permette di riconoscere il prossimo come persona è percepire se stessi negli altri. Diversa è la prospettiva assunta da quello che potremmo definire l'*approccio in terza persona*, conosciuto in termini filosofici come "the best fitting hypothesis"[23] e, attualmente, ampiamente diffuso con l'espressione *teoria della mente*. In questo caso l'ipotesi sostiene che il bambino, guardando sempre attraverso il gap, percepisca alcuni pattern comportamentali sia in sé sia nell'altro. Interpretando tali schemi di azione e le diverse co-occorrenze, arriverebbe così a formulare ipotesi (passibili di continua trasformazione) circa l'esistenza e la natura delle altre menti. È attraverso un processo di deduzione logica che il piccolo arriva a conoscere progressivamente le persone come tali.

Entrambe le posizioni condividono l'assunto del gap, ossia l'idea che non esista accesso diretto alle altre menti, se non attraverso un ponte che le unisca. Questo ponte, per collegare le menti poste alle sue estremità, deve essere fatto di sostanza mentale o, per utilizzare termini più attuali, di rappresentazioni mentali. Esse si differenziano invece rispetto a due elementi: la *provenienza* di tali rappresentazioni (dall'esperienza derivante dal sé oppure dall'osservazione dell'altro) e la loro *modalità* di sviluppo (con riferimento al sé o tramite controllo di ipotesi). Ciascuna posizione offre un contributo di conoscenza importante per capire alcuni aspetti implicati nel processo di comprensione interpersonale e nel superamento del gap sopraccitato. Tuttavia, ciascuna presenta anche alcuni elementi di problematicità sia rispetto all'adeguatezza logica delle formulazioni teoriche avanzate sia rispetto al tipo di spiegazione evolutiva proposta.

L'analogia: partire dall'esperienza in prima persona

John Stuart Mill è riconosciuto come il primo sostenitore di argomenti a favore del modello per analogia. Ipotizzando, come Cartesio, che sia possibile avere accesso diretto almeno ai *propri* stati mentali, Mill descrive il processo attraverso cui, per esempio, capiamo il sentirsi arrabbiato di un'altra persona: mentre lo vediamo agitare con vigore i pugni e battere i piedi per terra ricordiamo precedenti occasioni in cui abbiamo eseguito le stesse azioni e sperimentato anche noi rabbia. Inferiamo così, attraverso l'analogia della nostra stessa esperienza, che altri corpi possono avere stati mentali della stessa natura. Dato che si tratta di un meccanismo comune nella vita di tutti i giorni, tendiamo ad accettarlo facilmente come credibile. È frequente infatti pensare come solo sperimentando in prima persona una situazione traumatica – un divorzio, la morte di un figlio o di un genitore, o il passare dall'essere bambino all'essere adolescente – sia possibile comprenderne il significato reale. Tutti ricordiamo momenti in cui abbiamo avuto difficoltà nel capire cosa una persona stesse provando a causa della nostra limitata esperienza in un particolare ambito o, al contrario, abbiamo colto immediatamente quali fossero i sentimenti di un altro sulla base della loro somiglianza con qualcosa di analogo vissuto da noi in passato.[24]

Ma la capacità di stabilire analogie è davvero la *base* per la conoscenza delle altre menti? Sembra troppo fragile per essere il ponte verso la consapevolezza della loro esistenza. La strada dell'analogia solitamente funziona solo attraverso un processo di generalizzazione di pochi casi comprovati. Tuttavia, se davvero avessimo accesso unicamente a ciò che proviamo in prima persona, la conoscenza degli altri costituirebbe un'enorme generalizzazione da un caso singolo. Se la nostra esperienza ha un carattere tanto solipsistico, perché mai dovremmo essere portati a pensare per estensione che anche le altre menti esistono? E ancora, se fosse vero che l'unica via di accesso per comprendere gli altri è quella dell'analogia, tutto dipenderebbe dalla nostra esperienza individuale.

Il filosofo Ludwig Wittgenstein ha messo in discussione in maniera sostanziale l'idea per cui l'"accesso privilegiato al sé" rappresenta la fonte della conoscenza della mente. La sua argomentazione aveva come oggetto il linguaggio e il rifiuto della tesi a sostegno del carattere privato di quest'ultimo; un'argomentazione di grande importanza per quanto stiamo sostenendo. Nella sua visione, la condivisione delle esperienze mentali costituirebbe il prerequisito, piuttosto che la conseguenza, della conoscenza dei propri stati mentali. Se ci accorgessimo di provare rabbia solo a livello privato e individuale, e non la conoscessimo negli altri o nel rapporto con gli altri, come conoscerla *in quanto* qualcosa? Il nostro sentimento di rabbia va al di là della nostra consapevolezza di qualcosa. È solo perché possiamo condividerla come parte del nostro coinvolgimento interpersonale che essa diventa un'entità, qualcosa che può essere denominato e condiviso anche in seguito.

La teoria che prende il nome di *simulazione* costituisce una riformulazione recente della tesi basata sull'analogia; utilizza concetti più sofisticati, ma di fatto ne propone una versione molto simile spiegando come i piccoli sviluppino la capacità di comprendere gli altri in termini psicologici. Riconoscendo movimenti corporei simili ai propri, l'individuo accede all'esperienza mentale soggettiva che li accompagna e la utilizza come modello interno per capire l'esperienza dell'altro. Identificando le situazioni in cui l'altro si trova, mette in atto una "simulazione" di ciò che proverebbe nella medesima situazione e, attraverso tale simulazione, arriva a sentire o pensare ciò che l'altro sente o pensa. La comprensione della mente altrui consisterebbe in un processo di attribuzione basato sul sé.

Come riusciamo a riconoscere queste somiglianze per mettere in atto un processo di simulazione? Come fa il bambino a cogliere che l'informazione percettiva che proviene dall'altro è connessa all'informazione propriocettiva e (apparentemente) allo stesso tipo di esperienza che egli ha? Una risposta che viene data a questi interrogativi chiama in causa le rappresentazioni di somiglianza o rappresentazioni "come me". Conservando intatto il gap psicologico tra il sé e l'altro, siffatta risposta sostiene che la consapevolezza degli stati mentali altrui sia il risultato di un processo di attribuzione piuttosto che di percezione. Viene tuttavia abbandonata l'idea di un gap corporeo tra il sé e l'altro. Il riferimento per colmare tale gap consiste nel possesso, a livello neurologico, di uno "schema corporeo" che consente il riconoscimento degli altri "proprio come me". Il passo successivo è l'imitazione delle azioni altrui, attraverso la quale il piccolo genera in se stesso uno stato soggettivo i cui stati mentali distintivi possono poi essere attribuiti per analogia agli altri.[25] Le altre versioni esistenti presentano solo lievi differenze rispetto a quanto appena esposto: invece dell'immediato riconoscimento dell'analogia delle azioni, viene postulata un'innata tendenza a riconoscere gli altri "uguali a me" come fattore responsabile del fatto che il bambino attribuisca loro quanto già esperito soggettivamente. Lo sviluppo della conoscenza sui propri stati mentali procederebbe perciò parallelamente alla capacità infantile di attribuirli anche agli altri.[26] Non è solo l'approccio in prima persona in realtà il depositario di questo tipo di risposte; anche l'approccio definito "in terza persona" ipotizza un rimando al sé come forma primaria di conoscenza o come "precoce teoria dell'azione".[27]

Recentemente alcuni ricercatori dell'Università di Parma, rifacendosi alla scoperta dei neuroni specchio, hanno teorizzato l'esistenza di una modalità molto più diretta attraverso cui sarebbe possibile "fare esperienza" dello stato mentale di un'altra persona. Vittorio Gallese sostiene che, attraverso la condivisione dello stesso stato neurale e di un set di sensazioni analoghe evocate in due persone diverse, chi osserva l'azione si trova nella condizione "come se" la stesse producendo lui stesso, facendo sì che l'"altro-oggetto" diventi un "altro-sé". Queste teorie poggiano sull'importante significato psicologico del condividere lo stesso corpo con altre persone.[28] Si tratta di un passaggio necessario per colmare il gap, ma non è *sufficiente* per il bambino essere in grado di riconoscere gli altri come simili o saper riconoscere "sé nell'altro". Questo non basta per motivarlo a coinvolgersi attivamente e a comunicare, non basta per spiegare quella responsività emotiva che alimenta il coinvolgimento infantile stesso. Occorre qualcosa di più, qualcosa che non si limiti unicamente a considerare la relazione tra corpi, come fa questa proposta teorica. Serve un approccio che, non rappresentando le azioni corporee come unici riferimenti per percepire analogie di natura psicologica, riesca a individuare una strada che dia conto della responsività e della capacità di entrare in relazione con gli altri.

La teoria: partire dall'osservazione in terza persona

Per superare alcune questioni connesse al modello dell'analogia e andare oltre all'opinabile assunto che prevede una sorta di accesso privilegiato alla propria esperienza soggettiva, una proposta teorica è quella di negare la possibilità di qualsiasi accesso diretto agli stati mentali altrui, che diventerebbero in tal senso inferibili solo attraverso processi di natura deduttiva, considerati (in linea di massima) più affidabili. Non ci limiteremmo perciò alla conoscenza di un caso particolare, ma potremmo partire considerando il significato del comportamento osservabile al pari di un mistero intellettuale, quindi ipotizzare o teorizzare che ciò che vi sta "dietro" sia qualcosa chiamato mente, testare l'ipotesi nella vita di tutti i giorni e, in base alle evidenze, abbandonarla o riformularla e accettare la versione che meglio si accorda con i dati osservati. In questo modello le menti rappresentano pure speculazioni ipotetiche – postulati teorici – e non la sostanza "reale" esperibile, di derivazione cartesiana, sostenuta dal modello per analogia. Nella vita si tenderebbe a convivere con le ipotesi più accettabili che si riesce a formulare, comportandosi in parte come nel lavoro scientifico in cui si testano le ipotesi plausibili e si abbandonano progressivamente quelle poco sostenibili. Ciò con cui abbiamo a che fare, trattando con gli altri, sarebbe solo un insieme di ipotesi su di essi.

Il fatto che non sia difficile rintracciare nella quotidianità esempi di questo modo di procedere spiega perché questo tipo di argomentazione possa risultare condivisibile. A molti sarà sicuramente capitato in alcuni momenti della vita di cercare disperatamente ragione del perché gli adolescenti protestino, gli uomini evitino di affrontare i problemi ecc. Tutti abbiamo inoltre fatto esperienza dello sforzo di trovare una teoria che ci aiutasse a comprendere meglio noi stessi: con pensieri del tipo "mi viene sempre da piangere, quindi devo essere depresso" oppure "forse non è vero che voglio davvero partire per questa vacanza – continuo a rimandare la prenotazione del volo". Le teorie non permettono solo di fare previsioni passibili di controllo, ma comportano anche cambiamenti sul piano concreto; se ritengo che piangere frequentemente sia indicativo di uno stato depressivo, o il rimandare un'azione sia segno di avversione verso qualcosa, adotterò anche comportamenti coerenti – per esempio, cercherò di ridurre le tensioni oppure di cancellare quella vacanza su cui stavo rimandando la decisione. Le teorie sulle menti, al pari di quelle sui casi clinici, risultano funzionali non solo per capire perché le persone fanno ciò che fanno, ma anche per comprendere quale sia il modo migliore di *agire con* gli altri (e anche con se stessi).

Sin dalla versione proposta alla fine del XX secolo, questo approccio ha conquistato la psicologia dello sviluppo. La formulazione teorica conosciuta come teoria della mente (o più in breve *theory-theory*) sostiene che i bambini possono avere accesso alla mente propria e a quella altrui a partire circa dai quattro anni di età. Esistono attualmente molte versioni della *theory-theory*.[29] Ciò che le accomuna tutte è l'idea che abbiamo bisogno di una via razionale deduttiva per giungere alle menti degli altri: per cogliere aspetti di natura psicologica è necessario un procedimento di astrazione (che si tratti di concetti, ipotesi o teorie) a partire da dati sensoriali, privi altrimenti di significato. Prima che si inneschi questo processo riflessivo, i dati a disposizione si trovano come mischiati in un calderone in modo confuso: sono caotici e disordinati. Una volta trasformati, questo tipo di conoscenza permette il riconoscimento delle menti e rende possibile individuare il significato delle azioni. Il possesso di una teoria (o di altre abilità riflessive) è considerato come *prerequisito* per interagire attivamente con le menti degli altri e fare esperienza della propria. Il bambino pre-teorico non potrebbe dunque comprendere il significato delle azioni altrui – da lui percepite unicamente come una sequenza di pattern comportamentali – né giocare con, o rispondere a, gli stati psicologici dell'altro.

Più recentemente, altri autori hanno considerato il bambino un attento osservatore delle singole azioni corporee, capace di cogliere ogni tipo di evidenza a livello fisico, ma non in grado di avere accesso al *mentale*. Secondo questa posizione, il piccolo nascerebbe con un'innata predisposizione a entrare in contatto con chi se ne prende cura, stabilendovi un'interazione basata sullo scambio affettivo. Tuttavia, tale repertorio primario è concepito solo come un dispositivo di tipo evoluzionistico volto a fornire la cornice socio-intenzionale alla successiva "scoperta" teorica della mente da parte del piccolo: gli scambi che hanno luogo sul piano affettivo non rappresentano indici della consapevolezza da parte del bambino di quale sia lo stato soggettivo altrui, o persino che l'altro esperisca uno stato soggettivo. La riluttanza preconcetta nel guardare al lattante come capace di intersoggettività può avere senso solo se letta alla luce del dualismo cartesiano tra mente e corpo. E ancora, l'avversione per l'ontologia cartesiana è così forte che queste teorie, a volte, descrivono la stessa intersoggettività alla stregua di una nozione neo-cartesiana. La confusione qui è profonda: considerando l'intersoggettività come un'attribuzione della propria soggettività all'altro, siamo all'interno di una concezione di stampo neo-cartesiano. Al contrario, il considerare l'intersoggettività come frutto di uno scambio tra soggettività se ne discosta profondamente. La riluttanza nel riconoscere come propria al bambino molto piccolo la dimensione dell'intersoggettività e la convinzione che questa sia necessariamente associata a un accesso privilegiato unicamente al sé hanno un'origine comune: l'assunto di base secondo cui non è possibile accedere direttamente agli aspetti psicologici dell'altro. Si tratta di una visione dualistica neo-cartesiana secondo cui il piccolo saprebbe cogliere sequenze comportamentali ma non gli stati mentali; sarebbe predisposto a percepire i comportamenti affettivi delle persone che si prendono cura di lui ma non le loro emozioni; sarebbe portato a ricercare e gioire di un senso di controllo nel produrre *effetti* sul comportamento contingente di chi si prende cura di lui, ma non *risposte* a esso.[30]

La ragione di questa distinzione viene spesso imputata all'invito scientificamente comprensibile a essere parsimoniosi.[31] Il principio di parsimonia, tuttavia, ha senso in un preciso contesto teorico: se, e solo se, si ritiene sia più semplice percepire aspetti fisici piuttosto che mentali da parte del bambino, allora è più parsimonioso affermare che i piccoli possano percepire solo le qualità fisiche. Ma se rifiutiamo l'opzione dualistica che separa mente e corpo (come ha fatto parte della moderna psicologia), allora è decisamente più parsimonioso, e senza dubbio più coerente, rifiutare il dualismo che separa la percezione del corpo dalla percezione della mente.

D'altronde, anche se in definitiva davvero i bambini fossero in grado di percepire solo gli aspetti fisici della realtà, possiamo davvero comprendere le esperienze soggettive formulando teorie su di esse? I *qualia*, come vengono chiamate in filosofia le qualità dell'esperienza soggettiva, possono essere stati d'animo come sentirsi di arrossire, di avere il cuore che batte più forte, o sentire il calore salire nel corpo. Come si può riuscire a cogliere questo tipo di sensazioni elaborando una teoria su di esse? I sostenitori dell'approccio in prima persona hanno perfettamente ragione nell'essere convinti che l'esperienza diretta sia il punto di partenza per conoscere le altre menti. Su questo aspetto si differenziano radicalmente da coloro che abbracciano le tesi sostenute nell'ambito della *theory-theory*. È solo facendo direttamente esperienza di una sensazione che è possibile avere accesso ai sentimenti che a questa si associano. Ma, come avrò modo di discutere nel corso del capitolo 3, se si ritiene realmente che l'unica via di accesso all'esperienza degli altri sia sentire le *stesse cose* provate da loro, un approccio in prima persona in senso stretto elude l'interrogativo relativo a come si possano comprendere le esperienze altrui attraverso *risposte* spesso diverse da quelle degli altri.

Diversamente dall'approccio in prima persona, le difficoltà che la *theory-theory* incontra non riguardano solo il piano delle sensazioni, ma anche la dimensione dell'emotività. Come può una persona formulare una teoria sulle emozioni senza averle mai sperimentate prima? Sarebbe come dire che un marziano – o ancora meglio uno dei freddi e impassibili Vulcaniani della famosa serie *Star Trek* – di fronte al compito di comprendere la psicologia umana – non potrebbe fare altro che formulare una teoria piuttosto distaccata su quelle che sono le stranezze dell'uomo, le sue vulnerabilità e gli eccessi emotivi. La comprensione delle emozioni da parte dei "Vulcaniani" sarebbe necessariamente diversa – si potrebbe dire più povera – rispetto alla nostra, perché priva sia dell'esperienza diretta delle emozioni nel proprio sé, sia dell'esperienza del coinvolgimento emotivo con l'altro. Si tratterebbe quantomeno di una comprensione simile a quella che può nascere in un osservatore esterno piuttosto che in un soggetto partecipe. La posizione *theory-theory* sposa necessariamente una comprensione distaccata di questo tipo.

La *theory-theory* costituisce soprattutto un'impresa di tipo razionalistico. Richiama critiche analoghe a quelle avanzate nei confronti delle posizioni di Piaget relative alla visione dello sviluppo intellettivo – sia a livello individuale sia evoluzionistico – coronato dall'emergere del pensiero decontestualizzato, astratto e scientifico: una sorta di etnocentrismo. Allo stesso modo la *theory-theory* pratica un'altra forma di cultura parziale e autoreferenziale, sintetizzando la più grande credenza errata degli psicologi: dato che da psicologo osservo e comprendo le persone attraverso un processo distaccato di controllo delle ipotesi e di formulazione di teorie, questo deve essere vero anche per le altre persone. Siamo di fronte, curiosamente, a un perfetto esempio di uso della teoria per analogia e, quindi, soggetto allo stesso tipo di critiche già avanzate nei confronti di questo tipo di ragionamento!

Ecco il problema: se si postula l'esistenza di un gap, non è più possibile superarlo

Una volta assunta l'esistenza di una o dell'altra versione del dualismo cartesiano, le strade aperte nel tentativo di colmare la distanza tra le menti si rivelano inadeguate al compito. La via proposta dall'approccio in prima persona – che passa dal sé per conoscere l'altro – sottolinea la necessità di sperimentare gli stati mentali per riconoscerli nell'altro. Ma, nonostante il tentativo di chiudere il divario a livello dei corpi, lascia aperto quello tra le menti. Il salto che permette l'accesso a queste ultime continua a essere visto come una sorta di processo *attribuzionale* a partire dall'esperienza del proprio sé. E, nonostante le più recenti formulazioni considerino che l'*azione* sia fondamentale per la scoperta delle similitudini tra sé e l'altro, un approccio in prima persona non è in grado di spiegare in modo convincente le *inter*azioni o il coinvolgimento dialogico. Il dialogo richiede qualcosa in più del cogliere delle similitudini, ossia coinvolge la capacità di riconoscere le differenze e di rispondervi in modo adeguato.

La strada indicata dall'approccio in terza persona, formulando teorie sulle menti, affronta alcuni tra i problemi sopraelencati – per esempio, il fatto che laddove l'esperienza sia limitata non esiste un'autentica base di riferimento per comprendere l'altro –, ma si imbatte in difficoltà ancora meno superabili. Dato che non tiene in alcuna considerazione la base esperienziale della conoscenza della mente, la *theory-theory* deve definirsi in termini totalmente attribuzionali, risultando così meno fondata della proposta della simulazione e ancora meno capace di spiegare il coinvolgimento attivo dei bambini. Trascurando il ruolo dell'esperienza diretta, quest'approccio risulta senza parzialità – le teorie di uno sconosciuto o di un osservatore esterno sono buone o cattive come quelle di chiunque altro. Ma, come avrò modo di illustrare nei prossimi capitoli, le teorie sulle menti che possono essere formulate da un osservatore esterno rappresentano solo un povero surrogato dell'esperienza che può farne un partecipante attivo. Entrambi gli approcci, anche nel momento in cui affermano che la fonte essenziale di informazione risiede nell'interazione, corrono il rischio di contrapporre osservatore e osservato, e di pensare così alla questione della "lettura della mente" come a un processo "da spettatore".[32] Sia l'approccio in prima persona sia quello in terza persona considerano la conoscenza della mente dell'altro come un processo attribuzionale – un processo che richiede dunque qualcosa in più della semplice percezione di aspetti psicologici. Ma c'è una via alternativa, e questa inizia dal mettere in dubbio l'esistenza di quel gap profondo che separerebbe le menti. Nel prossimo capitolo mostrerò come questa alternativa – l'approccio in seconda persona – modifichi il modo di concepire il "gap" e suggerisca inoltre la necessità di cambiare i metodi tradizionalmente utilizzati in psicologia per comprendere le persone. Come vedremo nel corso del libro, esso offre una spiegazione più adeguata per comprendere cosa i bambini fanno con le persone nella vita di tutti i giorni.

3

Menti che partecipano: un approccio in seconda persona

> Lo vedo sentendolo.
> WILLIAM SHAKESPEARE, *Re Lear*[1]

Re Lear chiede al conte di Gloucester, divenuto da poco cieco, come possa sostenere di riuscire a vedere. La convincente risposta di quest'ultimo – che lui vede "sentendo" – può servire come brillante metafora di ciò che intendiamo per via alternativa alla conoscenza delle altre menti. Gli approcci in prima e in terza persona postulano l'esistenza di un gap, e affermano perciò che la "conoscenza" dell'altro si realizzi o attraverso un processo di generalizzazione a partire dalla propria esperienza soggettiva o dall'esterno attraverso l'osservazione, l'inferenza o la formulazione di ipotesi. Esiste un'alternativa rispetto a queste posizioni che chiamerò approccio in seconda persona,[2] il quale suggerisce come sia possibile percepire gli altri in quanto *altri* attraverso la partecipazione emotiva diretta e come questo modo di vedere renda meno problematico risolvere la "questione delle altre menti". Nella prima parte del capitolo mi occuperò di esplorare i presupposti e la logica che caratterizzano questo approccio, quindi nella seconda metà esaminerò le profonde implicazioni che esso comporta rispetto alla scelta dei metodi utilizzati in psicologia.

L'approccio in seconda persona

Tre sono gli assunti di fondo che caratterizzano l'approccio in seconda persona. *Primo*, esso non accetta che esista un "gap", rifiutando perciò il dualismo discusso nel corso del capitolo precedente, secondo cui le menti sarebbero opache alla percezione e unicamente accessibili grazie a congetture o attraverso meccanismi di varia natura come l'inferenza, la modellizzazione del comportamento o la formulazione di teorie su di esso. L'approccio in seconda persona ritiene che le menti siano trasparenti grazie a (e nei limiti di) meccanismi percettivi che funzionano in maniera attivamente partecipe a livello emotivo. *Secondo*, quest'approccio declina l'altro al plurale, respingendo l'assunto secondo cui talvolta si parla del mentale al singolare – "*l'*altro". Dato che sono possibili diversi tipi di partecipazione emotiva, ciò che percepiamo varia in funzione del grado e della tipologia di tali partecipazioni. Esistono (almeno) due tipologie di "altro" con cui è possibile entrare in relazione: la prima riguarda i casi in cui utilizziamo la seconda persona, rivolgendoci agli altri (e loro a noi) con l'uso del tu, e la seconda i casi in cui ci relazioniamo in terza persona, parlando degli altri (e loro di noi) come di lui o lei. La partecipazione in seconda persona ci consente di sperimentare gli altri attraverso le nostre risposte emotive nei loro confronti, considerandoli come altri specifici – un'esperienza che va oltre il semplice riconoscimento delle similitudini tra sé e l'altra persona. *Terzo*, esso considera quest'attiva partecipazione emotiva tra le persone non solo un mezzo per scambiare informazioni, ma come elemento di costituzione – o creazione – delle menti che ciascuno arriva a possedere e a sviluppare. In cosa consiste quindi la differenza tra gli approcci in seconda e in terza persona? Immaginate come potreste sentirvi se qualcuno di cui siete innamorati inaspettatamente vi guardasse e vi sorridesse. L'emozione e la sensazione di sentirvi mancare il fiato quando si *riceve* quel sorriso sono piuttosto diverse da quelle che potreste avvertire se *osservaste* lo stesso sorriso rivolto a un'altra persona. Provate a pensare a quando vostra madre vi guarda con un'espressione accigliata e a come vi sentite davanti al suo sguardo di disapprovazione. Ora provate a immaginare vostra madre che si rivolge con lo stesso sguardo di rimprovero nei confronti di vostro fratello. Immaginate poi se una bimba scoppiasse a piangere proprio mentre voi, chinandovi verso di lei per salutarla, cercate di incontrare il suo sguardo. Provate invece a pensare se la stessa bambina si mettesse a piangere al saluto di un'altra persona. È di fondamentale importanza se l'"altra mente" che state osservando si rivolge a voi, coinvolgendovi, piuttosto che a un altro. Le espressioni del volto – la disapprovazione, il sorriso, le lacrime – sono letteralmente le stesse, ma le informazioni che se ne ottengono e il vissuto soggettivo che si sperimenta possono essere incredibilmente diversi. Quando esiste una partecipazione diretta non solo l'esperienza dell'altro ha un carattere di immediatezza e potenza maggiori, ma richiede a *voi* stessi un modo diverso di essere, una responsività immediata, una risposta alimentata da ciò che provate, e un sentirvi in dovere di "rispondere" alle azioni di quella persona.

Il termine *seconda persona* è di uso grammaticale: lo si utilizza parlando direttamente con qualcuno e considerandolo come soggetto degno di essere riconosciuto come tale, in grado di rispondere e di capire. In alcune lingue – come nel greco – la forma in seconda persona si esplicita in un preciso caso vocativo e il nome stesso della persona cambia in funzione di ciò (il nome *Cristopheros*, per esempio, diventa *Cristhophere* se usato per rivolgersi direttamente al soggetto). Diversamente, riferirsi all'altro interpellandolo come "lui" o "lei" in alcune culture è un segno di mancanza di rispetto, specialmente se questo accade in loro presenza. Una curiosa espressione di critica pungente tipica della cultura anglosassone ne esemplifica bene il senso: "Chi è 'lei', la mamma del gatto?". In questo caso vengono violate le regole della buona educazione e ci si rivolge in terza persona a qualcuno presente utilizzando il "lei" (o a seconda dei casi il "lui"). L'uso della terza persona generalmente esclude l'altro dal coinvolgimento, relegandolo nella posizione di osservatore esterno. Naturalmente, la stessa cosa può verificarsi anche quando si utilizza il "tu": si può essere comunque trattati come un oggetto o un esemplare di una categoria, e non realmente ascoltati in quanto persona. Può accadere di venire interpellati, con gradi diversi di presa di distanza, con le etichette di indiani, studenti, docenti o giocatori di rugby. L'effetto a volte può lasciare sconcertati o addirittura sminuiti. Sappiamo anche quanto sia difficile sentirsi apertamente osservati – sia nella condizione in cui discutiamo seriamente con un amico sia in quella in cui facciamo "conversazione" di fronte a un pubblico di studenti numeroso. L'osservatore si trova in posizione esterna rispetto all'interazione e occupa una posizione impersonale (anche se magari appare cordiale). Naturalmente talvolta questa posizione può rivelarsi più facile da sostenere, come nel caso in cui le emozioni in gioco siano troppo intense per essere gestibili. Il vantaggio offerto da una relazione impersonale (in terza persona) rispetto a una in seconda persona è rappresentato dal fatto che la prima non richiede coinvolgimento e consente una certa distanza. L'utilizzo della forma in seconda persona rivela infatti un coinvolgimento personale che va al di là del semplice uso del "tu", e chiama in causa aspetti psicologici come l'apertura mentale – e l'intimità – di chi parla verso chi ascolta.

Chi ha ben colto questa differenza è il teologo ebreo Martin Buber, che la propone nel suo famoso (anche se in parte criptico) libro dal titolo *Ich und Du* (solitamente tradotto con *Io e Tu*). Egli distingue tra due modi di entrare in relazione e conoscere un'altra persona o una cosa, ossia la via

Io-Tu e la via *Io-Esso*. La prima implica l'aprirsi in maniera diretta a un'altra persona o cosa senza che intervenga il filtro dei processi riflessivi di valutazione, anticipazione e teorizzazione; significa cioè essere coinvolti nell'"adesso" dello scambio, non assumere il ruolo di spettatore ma "sentire" l'altra persona. Buber vede quest'apertura (cioè vedere/sentire/percepire emotivamente l'altro così come egli è in quel momento) come un aspetto decisivo perché ci sia dialogo autentico (piuttosto che mero monologo) e, insieme a lui, altri pensatori come John Macmurray (nel campo del personale), Max Scheler (rispetto all'empatia) e Michail Bachtin (rispetto al dialogo) sostengono il valore di questa posizione.[3] Esiste un'inevitabile circolarità nel modo in cui tale dialogo costituisce al tempo stesso la condizione e il prodotto del riconoscimento dell'altro come persona. Ma come funziona questa percezione degli altri come *persone*?

Percepire gli altri partecipando attivamente

Percepire non significa semplicemente osservare. Ogni percezione è profondamente radicata nel vivere e nel fare. Nello schema esplicativo di derivazione cartesiana, il significato trae origine dall'unione di elementi di base acquisiti tramite un atto percettivo disinteressato. Al contrario, per filosofi come Martin Heidegger (in accordo con quanto sostiene il suo autorevole interprete Hubert Dreyfus), se si inibiscono gli aspetti del coinvolgimento e dell'azione nelle concrete esperienze di vita ciò che resta sono i nudi fatti, "oggetti del mero guardare": percepire le cose in modo distaccato si discosta notevolmente dal cogliere come queste sono nella realtà.[4] All'interno di tale approccio fenomenologico anti-cartesiano, per avere significato la percezione richiede sempre una partecipazione. Ciò è cruciale, ovviamente, quando si tratta di percepire le persone, il che implica come solo entrando in relazione diretta con loro possiamo conoscerle realmente per ciò che sono. La psicologia della Gestalt, quasi un secolo fa, sosteneva una posizione molto simile – l'organismo percepisce un tutto dotato di significato piuttosto che le singole parti. Gli aspetti che risultano percettivamente significativi variano tra i singoli individui, le differenti specie e le diverse tipologie di relazione e, nonostante la Gestalt non parli del concetto di coinvolgimento in sé, tali aspetti variano anche in relazione alla natura del coinvolgimento stesso. All'interno di una condizione di partecipazione attiva le cose assumono un'"importanza" che dall'esterno non possiedono. Così, uno sguardo di disapprovazione in risposta a un'affermazione può non aver alcun significato per chi non ha pronunciato quest'ultima o per chi non ha guardato a quel modo. O se anche lo avesse fatto, questo sarebbe solo un derivato e assumerebbe una diversa accezione (probabilmente di tipo statistico e associazionista) rispetto a quella che riveste per molti di noi.

Ma come può funzionare questo meccanismo di percezione interessata se è attraverso un gap che guardiamo alle altre menti? Come stabiliamo una connessione di tipo psicologico, per utilizzare un linguaggio più attuale, tra l'esperienza in prima persona dei nostri stati mentali e la percezione in terza persona del comportamento degli altri?[5] Se adottiamo un approccio in seconda persona la risposta cruciale che possiamo dare è di considerare questo problema senza reale fondamento: il gap tra la percezione e la propriocezione non è infatti così evidente come potrebbe sembrare. La percezione coinvolge sempre la propriocezione e la partecipazione influenza inevitabilmente la modalità in cui la prima si associa alla seconda. La rivoluzione dell'approccio ecologico di J.J. Gibson degli anni Sessanta e Settanta ha contribuito a rendere comunemente condivisa l'idea che l'esterocezione (ossia la percezione del mondo esterno) implica sempre la propriocezione (la percezione che l'organismo ha del proprio stato interno) e viceversa – la propriocezione implica sempre la percezione del mondo circostante. Il termine di nuovo conio *estero-propriocezione* (*ex-proprioception*) ben rappresenta la simultanea presenza di entrambi i processi.[6] L'esperienza percettiva dello sguardo accigliato, del sorriso o delle lacrime di un'altra persona deve pertanto necessariamente includere l'esperienza propriocettiva dello stato del proprio corpo e, soprattutto, del nostro stato affettivo e motivazionale. Viceversa, l'esperienza propriocettiva delle nostre azioni, reazioni e sentimenti coinvolge sempre la percezione di ciò che di rilevante stanno facendo, pensando o sentendo emotivamente gli altri. Come sostiene lo psicologo John Shotter, i due processi si trovano in una condizione di costante interconnessione e mescolanza.[7] Ne consegue allora che la natura della relazione emotiva che stabiliamo con gli altri è di essenziale importanza rispetto al modo in cui li percepiamo. Quando l'"altro" percepito è qualcuno con cui abbiamo stabilito un coinvolgimento emotivo diretto, diventa ancora meno plausibile pensare a una differenza tra dati percettivi raccolti da osservatore (in terza persona) e dati raccolti attraverso i propri stati interni (in prima persona). Quando invece la nostra percezione-propriocezione è frutto di un'osservazione di tipo distaccato, l'intreccio tra l'informazione percettiva e propriocettiva è più debole e spesso anche diverso in termini qualitativi. La linea di confine tra l'esperienza del sé e dell'altro è dunque qualcosa di molto permeabile. All'interno di una partecipazione attiva e connotata emotivamente, la nostra percezione dell'altro implica sempre l'esperienza propriocettiva di sentire sé-per-l'altro, e la nostra propriocezione di sé implica sempre la percezione del sentire-dell'-altro-per-sé. Può essere giunto il momento di coniare una nuova espressione che indichi questa condizione di simultanea percezione/propriocezione/emotiva.

La posizione tradizionale in psicologia distingue tra colui che conosce e ciò che viene conosciuto. Se si concepisce l'"altra mente" come separata dal soggetto conoscente, l'unica alternativa è adottare uno dei due approcci convenzionali che abbiamo presentato. Questo retaggio cartesiano è ciò che alimenta l'opposizione, ancora attuale nelle nostre teorie sui processi cognitivi e percettivi, tra approccio in prima e in terza persona.[8] Eppure, ogniqualvolta si percepisce un'altra persona, soprattutto se si è coinvolti, si crea un legame emotivo che non può che costituire esso stesso un aspetto di ciò che viene percepito. Se sono coinvolto conosco l'altro a un livello non accessibile con la semplice osservazione dall'esterno. Se mi sento guardata in cagnesco, il mio carpire il significato di irritazione da quello sguardo implica anche la mia reazione di paura, di minaccia o di turbamento. Il riconoscimento di un sentimento di disapprovazione nell'altro necessariamente prende forma e si colora in relazione al mio vissuto emotivo e alla situazione in cui stiamo agendo. Se siamo interpellati in maniera diretta da ciò che qualcun altro fa o esprime, la nostra risposta emotiva e l'azione che ne segue – sia essa conclusa o sul punto di compiersi – crea un potente legame tra il sé e l'altro. Si tratta certamente di un legame basato sul riconoscimento delle somiglianze tra il sé e l'altro sul piano espressivo, come mette in luce l'approccio in prima persona, ma va oltre quest'aspetto coinvolgendo anche la *reazione* del soggetto verso l'altro – una reazione che può essere molto diversa dall'atto che si è percepito sia nella forma sia negli effetti. Scompare in tal modo l'idea di un gap profondo che separa le menti, sostituita da un legame percettivo consistente in un'attiva responsività di tipo emotivo. Ma la partecipazione diretta nella relazione con gli altri non solo fornisce informazioni psicologiche estero-propriocettive, è anche in grado di *crearle*.

Il ruolo costitutivo della partecipazione in seconda persona

Un'estate Naomi, una delle due pecore che avevamo "adottato" da un centro di soccorso per animali, morì. L'altra pecora, Isis, era rimasta sola e belava senza tregua. Così decidemmo di portarla in giardino, ed essa iniziò a esplorare il fabbricato annesso e la cucina. Iniziò a terrorizzare il cane collie entrando in casa e avvicinandosi alla ciotola, posizionandosi all'entrata della porta e scalpitando con gli zoccoli sul pavimento come un toro inferocito appena il povero cane tentava di avvicinarsi per salvare il suo pasto. Da quel momento per noi giocare con lei era diventato qualcosa di interessante, forse perché la solitudine in cui Isis si era trovata l'aveva resa più curiosa delle cose di quanto non fosse stata prima. Ma a partire dal momento in cui le avevamo procurato una nuova compagna e lei aveva fatto ritorno nel suo prato, era tornata a essere una pecora muta e oziosa; per noi era difficile credere che fosse proprio lo stesso animale interessante e dinamico di pochi giorni prima. La complessità che caratterizza diversi ambienti sociali può realmente stimolare e generare azioni complesse e intelligenti.[9] Il senso di rivalsa di Isis era rimasto nascosto e celato fino a quell'interludio di tempo, per poi scomparire rapidamente appena il suo coinvolgimento con noi era cambiato.

Ma in che modo la storia raccontata a proposito della pecora può aiutare a chiarire le implicazioni del coinvolgimento sul piano psicologico? Essa è rilevante rispetto alla questione di cosa sia "naturale" nell'ambiente in cui noi – e gli animali – cresciamo. Questa storia presenta un interessante parallelismo con il recente dibattito sulla differenza tra le abilità mostrate da uno scimpanzé allevato dall'uomo e quelle mostrate dallo stesso animale cresciuto in ambiente naturale. Si potrebbe argomentare che le competenze complesse che sviluppa il primo, ossia la capacità di comprendere le credenze e le intenzioni degli altri, non siano realmente competenze a lui proprie – affidate come sono alle interazioni *simil umane* messe in atto con lui. Ma, come hanno fatto notare molti primatologi, un'obiezione di questo tipo è assurda, in quanto le abilità umane non vengono forse fuori da contesti di scambi umani?[10] Sia che si stia parlando di uno scimpanzé in grado di comprendere le intenzioni dell'uomo sia che si tratti della comprensione che il bambino piccolo ha di fenomeni psicologici, le competenze e la consapevolezza nella partecipazione attiva emergono solo all'interno di un contesto di scambi emotivi partecipati. In termini di conoscenza della mente siamo di fronte a una circolarità: quello che sappiamo delle menti degli altri dipende dal nostro coinvolgimento con esse, ma questo coinvolgimento deve a sua volta dipendere da quello che conosciamo di esse. È una reciprocità completa e spaventosa – più ci si coinvolge con gli altri, più c'è motivo di farlo. Come scrisse E.M. Forster riguardo all'indole degli inglesi, "le emozioni possono essere incessanti. Più le esprimiamo, più dobbiamo esprimerle".[11]

Comincia così ad avere significato quanto affermato da numerosi pensatori, ossia che essere trattati come un *Tu* permette all'Io di esistere. Finché ci si trova nella posizione di essere il "soggetto cui rivolgersi", per usare l'espressione del popolare filosofo russo Michail Bachtin, non è possibile iniziare a diventare una persona.[12] Hegel afferma infatti che per diventare "coscienza" occorre essere riconosciuti dalle "coscienze" degli altri. Bisogna essere riconosciuti, percepiti o confermati come persone per divenire tali. Cercando nella storia individuale di ognuno di noi, tutti probabilmente potremmo trovare degli esempi di come la nostra maturazione e crescita in una certa direzione siano state influenzate dalla percezione della fiducia che qualcun altro aveva per noi. L'essere considerati brillanti, competenti, attraenti o affidabili può effettivamente aiutarci a divenire tali. Chiaramente esisteva un limite alla nostra possibilità di trasformare Isis in una "persona": la pecora era diventata più interessante semplicemente perché era aumentata la varietà e la connotazione emotiva delle sue risposte. Ma non vi è alcun dubbio che, se Isis non fosse mai entrata in contatto con le complesse stimolazioni che provengono da un contesto umano, una trasformazione di questo tipo non sarebbe stata possibile. Nell'idea che è necessario essere trattati come un soggetto per divenire tali vi è un'implicazione cruciale: perché il "rivolgersi" che proviene dall'altro funzioni, è necessario che il destinatario riconosca questo rivolgersi come tale. I bambini piccoli devono avvertire la percezione che gli altri hanno (di loro come persone) per potervi rispondere. Sono in grado di farlo? Riescono a percepire le relazioni interpersonali come tali piuttosto che considerarle meramente interazioni sul piano fisico? Si tratta di una domanda cui è necessario trovare risposta se si vogliono valutare le affermazioni e i presupposti alla base dell'approccio in seconda persona. Queste sono dunque le questioni che approfondirò nei prossimi capitoli, facendo riferimento ai differenti contesti in cui ha luogo la partecipazione diretta del bimbo piccolo.

Quali metodi per l'approccio in seconda persona?

La psicologia, il distacco e i metodi dell'approccio in terza persona

Assumere una prospettiva in seconda persona porta con sé notevoli e inevitabili implicazioni di ordine metodologico per la psicologia. Se accettiamo l'idea che per le persone comuni la differenza nella conoscenza delle altre "menti" dipenda dalla qualità del coinvolgimento instaurato con loro, allora questo *deve* necessariamente avere un effetto sulla psicologia, la cui attività principale è comprendere le "altre menti". Se la conoscenza deriva dalla relazione che si stabilisce con ciò che si cerca di conoscere, e se una relazione basata sulla partecipazione attiva permette di ottenere una conoscenza degli altri profondamente personale, allora i metodi tradizionali a cui la psicologia ricorre, basati sull'osservazione distaccata e la sperimentazione, possono solo dare risposte piuttosto parziali – e pregiudizievoli – ai quesiti sulla conoscenza interpersonale.

Gli psicologi non hanno mai realmente adottato l'introspezionismo – definibile come un approccio in prima persona – ma hanno fortemente investito in tecniche che potremmo chiamare metodi in terza persona. La disciplina psicologica è stata spesso descritta come un modo di ricercare distaccato, poiché l'opzione metodologica forte di tipo sperimentale si basa sulla distanza tra il ricercatore e il "soggetto", accogliendo l'assunto per cui l'uomo di scienza, per conoscere ciò che è personale, deve necessariamente essere *im*personale. Come afferma John Shotter, la nascita ufficiale della psicologia accademica è il formalismo e il distacco, non il coinvolgimento. Si tratta, come già era stato suggerito almeno un centinaio di anni fa, di un'infelice confusione tra il significato del termine "sperimentale" e quello del termine "empirico", quest'ultimo ricondotto, senza alcuna necessità, al distacco proprio del metodo sperimentale.[13] In che modo invece lo scienziato entra in interazione con le persone se assume un approccio metodologico orientato in seconda persona? Integrando le informazioni che provengono dai dati con le proprie percezioni, intuizioni e sentimenti, e rispondendo con cura alle azioni del "soggetto" per poterlo comprendere meglio.

Non si tratta di una via semplice per la psicologia contemporanea: le sue conseguenze sono infatti così radicali da sembrare a molti un metodo inutilizzabile a livello scientifico. L'antropologia ha accettato già da molto tempo come per studiare culture diverse non si debba solo "stare alla finestra a osservare"; bisogna vivere e lavorare con le persone che vogliamo conoscere, ma anche mettere in gioco la nostra compartecipazione empatica nei loro confronti. Questo è ciò che era riuscito a realizzare Malinowski negli studi condotti sugli abitanti delle isole Trobriand. La psicologia, nonostante il suo recente impegno nel sostituire il termine "soggetto" con il termine "partecipante" e l'altrettanto recente adozione di un approccio metodologico di tipo qualitativo, continua a incontrare difficoltà nell'utilizzo dell'osservazione partecipante e di una modalità di conoscenza basata sulla relazione. Tuttavia, se le variabili del coinvolgimento e della relazione influenzano potentemente i meccanismi percettivi e conoscitivi – i loro processi e contenuti e, effettivamente, anche le loro ontologie – allora occorre prendere coraggio e chiedersi: la psicologia deve ripensare alla sua impostazione impersonale se vuole comprendere ciò che è personale? Sono necessari ulteriori accorgimenti sui suoi metodi?

Le metodologie in seconda persona non sono nuove in questa disciplina – perlomeno in ambito clinico. Susan Lanzoni riporta a questo proposito il modo in cui la psichiatria europea tra gli anni Quaranta e Cinquanta del secolo scorso si è occupata, a proposito della diagnosi della schizofrenia, dello sviluppo di un metodo controverso definito *Gefühldiagnose*, ossia "diagnosi basata sul sentimento". Seguendo questo metodo il clinico, per rilevare la condizione di distacco dalla realtà che caratterizza la schizofrenia, utilizza le sue reazioni emotive nei confronti del paziente (che alcuni potrebbero definire come "sentimento precoce", termine derivato da *dementia praecox*).[14] Questo è ciò che probabilmente porta i clinici, inevitabilmente coinvolti nei confronti dei loro pazienti, a riconoscere l'importanza che la relazione o aspetti di essa – i propri sentimenti nei confronti del paziente – rivestono per comprendere le persone. La posizione di Peter Hobson, psicoanalista e ricercatore, rappresenta una recente eccezione alla posizione standard adottata in ambito accademico. Le sue meravigliose descrizioni delle sensazioni provate in risposta all'agire del paziente, la convinzione che "*nulla è più importante dei sentimenti*" per comprendere l'autismo, e il riferimento ai sentimenti anche in contesti sperimentali, esemplificano una modalità concreta attraverso cui può avvenire l'applicazione della "diagnosi tramite intuizione".[15]

Questa discussione riguarda la letteratura così come la psicologia: quanto un autore sia vicino ai suoi personaggi (e di conseguenza lo sia anche il lettore) varia in relazione al metodo che utilizza. Marcel Proust, nonostante la scelta di temi intimi e la doviziosa analisi delle memorie personali (la vista e l'odore delle *madeleines* nella sua fanciullezza restano ancora impresse nella mente) potrebbe in questo senso non essere riuscito nell'intento di offrire un vero accesso alla lettura intima dei suoi personaggi a causa del suo oscillare poco agevole tra l'uso di metodi descrittivi in prima e in terza persona. La tecnica da lui usata era distante dalla dimensione della partecipazione attiva – non vi erano rimandi alla propria reazione – e per questo egli offriva ai lettori una conoscenza prevalentemente di tipo distaccato. Riferendosi ai personaggi, Proust tendeva ad assumere la posizione di spettatore esterno e li guardava attraverso questo vincolo. Anche nel momento in cui scriveva di sé assumeva stranamente la posizione di un osservatore distaccato, senza segni di coinvolgimento. A differenza di Dostoevskij, per esempio, il cui metodo era fondamentalmente basato sul dialogo reciproco tra autore e personaggio.[16]

Il disimpegno è inevitabile e di grande valore

Tuttavia, anche la partecipazione attiva ha i suoi limiti: il disimpegno non solo è inevitabile, ma fornisce alla conoscenza sorta grazie al coinvolgimento una dimensione di grande valore. Buber, mettendo a confronto i due modi di conoscere rappresentati dal rapporto carico di intimità *Io-Tu* e da quello meno diretto *Io-Esso*, fa notare (in maniera poetica) come sia inevitabile utilizzare anche quest'ultimo: il coinvolgimento autentico è un fenomeno limitato nel tempo.

> Nel fatto che ogni tu nel nostro mondo debba diventare un esso sta la sublime malinconia della nostra sorte. Per quanto il tu fosse presente in modo esclusivo nella relazione immediata, appena essa ha smesso di operare, o è stata interrotta da un mezzo, il tu diventa oggetto tra gli oggetti, forse un oggetto rilevante, e tuttavia sempre uno di essi, determinato e limitato.[17]

Se si va oltre la singolarità del linguaggio utilizzato da Buber, ciò che egli sostiene è come non sia possibile coinvolgersi continuativamente in maniera diretta con persone o cose senza distogliere l'attenzione e disimpegnarsi. Credo che la tristezza velata nelle sue parole sia qualcosa di simile a ciò che si può sperimentare quando si scopre che la perfetta armonia di un nuovo amore viene meno, interrotta da un pensiero interferente non condiviso (né condivisibile) o quando ci si accorge che il totale assorbimento del nostro bimbo di due mesi rapito dal rapporto con noi si è spezzato per il crescente interesse da lui mostrato per ciò che lo circonda nella stanza in cui entrambi ci troviamo.

Il disimpegno è infatti inevitabile. Anche quando lo scambio di sguardi e la responsività reciproca sono più intensi, ci sono momenti in cui si distoglie l'attenzione per poi ritornare a essere reciprocamente coinvolti. In tutte le conversazioni, probabilmente in proporzione diretta al grado di interesse e intensità, sono comuni momenti di silenzio durante i quali si pensa, si riflette e si riformula la questione; questo è vero anche nei piccoli di due mesi che talvolta sospendono la sintonizzazione con l'adulto. Molte e differenti abilità umane richiedono un bilanciamento tra coinvolgimento e disimpegno. L'umorismo costituisce un caso emblematico in proposito: è un'abilità che dipende dalla rapida fluttuazione tra l'una e l'altra di queste condizioni e, come vedremo nel corso del capitolo 9, è qualcosa che possiedono anche i bimbi prima dell'anno di età. Per ottenere la risata bisogna riuscire ad allungare il momento del coinvolgimento – ma solo per un po' di tempo. Inoltre, riuscire a disimpegnarsi è fondamentale per liberarsi da un presente cui ci si vuole sottrarre. Se non fosse possibile sospendere il coinvolgimento, ci si troverebbe bloccati in una trappola, come quei bambini affetti da disturbi neurologici che si ritrovano esausti in seguito ai loro tentativi fallimentari di distogliere l'attenzione dagli stimoli che li circondano. Diventeremmo vittime inermi davanti a ogni cosa ci arrechi dolore, noia o semplicemente dispiacere. Non potremmo accordarci una tregua per una "temporanea anestesia del cuore", né prendere distanza dalla sofferenza psicologica o mutare le cose grazie alla riflessione che ci fa identificare ciò che vogliamo cambiare.[18] Semplicemente, non saremmo in grado di tenere in considerazione le cose in tutta la loro ampiezza. Il disimpegno, dunque, sembra essere necessario quanto il coinvolgimento per conoscere le persone.

Ma non si tratta di distacco; il disimpegno nasce all'interno della partecipazione attiva e con questa si avvicenda. La disciplina psicologica ha bisogno di un equilibrio tra i due – prima l'uno e poi l'altro. Anche i bambini piccoli si impegnano mentre esplorano il loro ambiente – provocando e mettendone alla prova i confini, come vedremo in seguito nei capitoli 8 e 9. Ma in queste loro sperimentazioni non vi è alcun distacco, semplicemente si tratta di un temporaneo uscire dal quadro per poterlo esplorare meglio. Ciò è in netto contrasto con quanto mettono in atto i bambini con disturbi dello sviluppo i quali, quando usano comportamenti provocatori, lo fanno senza assonanza rispetto agli altri e senza capire come e quando smettere. La psicologia può sviluppare un metodo sperimentale che derivi dalle conoscenze acquisite tramite il coinvolgimento emotivo con i suoi partecipanti?

In sintonia con l'organismo

Come la psicologia ha già avuto modo di sperimentare diverse volte, un eccesso di formalismo e disimpegno è pericoloso. Assumere una posizione di distacco rispetto a ciò che pensano e provano i soggetti partecipanti a un esperimento è rischioso; gli studi di Stanley Milgram[19] ci hanno fatto conoscere bene i pericoli in cui si può incorrere. È auspicabile che siano note le conseguenze insite nel trascurare la dimensione sociale connaturata alla condizione sperimentale in psicologia – ossia la natura fondamentalmente interpersonale dell'esperienza – considerando le numerose revisioni linguistiche e concettuali resesi necessarie nella psicologia dello sviluppo post-piagetiana.

I rischi che si associano all'adozione di atteggiamenti formali ed emotivamente distaccati non riguardano solo la psicologia, ma anche altre discipline scientifiche meno legate allo studio degli aspetti personali. William Bateson, nel 1908, metteva in guardia i biologi sul pericolo che correvano nel trascurare fenomeni inusuali e rari. "Date valore alle eccezioni!", scriveva. "Quando non ce n'è alcuna, il lavoro diventa così noioso che nessuno vuole continuare a occuparsene. Le eccezioni sono come le imperfezioni nella muratura di un palazzo in costruzione; mostrano come ci sia molto di più da controllare quando si lavorerà alla prossima costruzione."[20] Gli esperimenti (sia in psicologia sia in ogni altra scienza) focalizzati sull'individuazione delle medie ci portano a dimenticare questa lezione. E corriamo anche il rischio di non accorgerci come sia di vitale importanza entrare in relazione con le persone che vi partecipano – coinvolgerci con loro – per conoscere realmente ciò che accade nel corso dello sviluppo della situazione stessa. Il premio Nobel Barbara McClintock ha affermato che è stata proprio la capacità di entrare in "sintonia con l'organismo" – di tutti i tipi, comprese le pannocchie di granturco – a consentirle di cogliere ciò che era atipico o diverso e a portarla alla scoperta dell'esistenza di porzioni di DNA in grado di spostarsi da un cromosoma a un altro.[21]

Molto eloquenti per capire quali metodi sono "culturalmente" accettati all'interno della comunità scientifica psicologica sono i giudizi critici degli studenti universitari rispetto a ciò che propongono alcuni autorevoli autori. Le due più comuni critiche teoriche rivolte a Piaget, per esempio, riguardano il fatto che le sue osservazioni siano uniche e non ripetibili e il suo potenziale coinvolgimento con i soggetti partecipanti. La prima critica sottolinea nello specifico la necessità di dati replicabili e la scarsa affidabilità di quelli tratti da esempi unici e non pianificati, non usuali e non quantificabili attraverso una stima della media. Quando si discute in aula di queste osservazioni mosse a Piaget, le biro degli studenti si bloccano immobili a mezz'aria sopra la parola "aneddoti" (sebbene, come sostiene il primatologo Richard Byrne, la differenza tra i miei dati, le tue osservazioni e i suoi aneddoti sia piuttosto soggettiva!).[22] Ci possono essere più motivi per non considerare affidabili osservazioni isolate: può accadere che siano state mal registrate, oppure costituire semplicemente delle anomalie e non essere rappresentative dell'aspetto indagato; potrebbe inoltre essere complesso individuare l'influenza del contesto che le circonda. Ma la sfiducia e la presenza di aspetti di disturbo nella disciplina vanno ben al di là di queste legittime preoccupazioni e riguardano *tutti* i metodi impiegati in psicologia – gli esperimenti, l'osservazione distaccata così come la metodologia basata sul coinvolgimento. E spesso è proprio attraverso il coinvolgimento personale dell'osservatore e dello scienziato che è possibile ottenere ricche informazioni sul contesto e su aspetti tipici.

Si tratta il più delle volte di un equilibrio difficile da raggiungere. Ma è paradossale che a Piaget venga mossa la critica di coinvolgimento eccessivo. Nonostante le sue osservazioni siano meravigliose e rivelino una potente empatia verso le intenzioni dei bimbi in relazione con il mondo fisico, egli stranamente non era interessato alle relazioni dei piccoli con il mondo sociale. Si pensi alla descrizione delicata che fa di Jacqueline a 10 mesi d'età:

> Oss. 63. J. a 0; 10 (3) avvicina il naso alla guancia di sua madre e finisce con l'incollarvelo, ciò che la obbliga a respirare assai più energicamente. Essa s'interessa subito a questo fenomeno, ma, invece di ripeterlo semplicemente, o di farlo variare per studiarlo, lo complica ben presto per diletto: si stacca di qualche centimetro, avvicina il naso, aspira e soffia alternativamente con grande energia (come se si soffiasse il naso), poi di nuovo si precipita sulla guancia della madre, con grandi risate. Questi gesti sono stati ripetuti ritualmente per più di un mese, almeno una volta al giorno.[23]

Nella descrizione di Piaget, l'attenzione è focalizzata sulle azioni individuali di Jacqueline e sugli interessi della piccola a livello sensoriale. Non sono presenti invece riferimenti alle reazioni che provengono dagli altri né a quelle dello stesso Piaget (anche se presenti, Piaget le avrà certo giudicate irrilevanti rispetto al fenomeno osservato). In questo specifico caso, tuttavia, è difficile credere che la madre della bambina non abbia mai reagito; sulla sua guancia sentiva il respiro e il contatto fisico della figlia e nelle sue orecchie risuonavano le vigorose risate della piccola di 10 mesi. È difficile anche pensare che in occasioni successive non ci siano mai state reazioni da parte di altre persone, o che queste non abbiano agito in alcun modo sulle azioni e gli interessi di Jacqueline. La descrizione che Piaget fa di Jacqueline, nonostante contenga osservazioni acute sulle intenzioni, curiosità e vivacità della piccola, la raffigura come separata e non coinvolta in alcun modo nella relazione con lui.

E quell'assenza di coinvolgimento conta per la scienza. In questo specifico esempio, la rilevanza dei sentimenti e delle reazioni associate alla dimensione interpersonale è stata completamente trascurata. Eppure, il divertimento dell'osservatore nel guardare la scena gioca un ruolo importante nel permettere all'osservatore stesso di riconoscere che la bambina è *contenta* di farli divertire; avrebbe sensibilizzato l'osservatore a rilevare le connessioni motivazionali ed emotive del fenomeno. I sentimenti che si provano nell'osservare sensibilizzano la nostra stessa osservazione.

La conoscenza relazionale è una lama a doppio taglio: senza la relazione non possiamo conoscere nulla (o almeno conosciamo ciò che conosciamo in modi molto diversi e distorti). Ma stando all'interno della relazione possiamo conoscere solo ciò che è a essa attinente. Dewey coglie bene questa tensione che costituisce uno stimolo euristico e al tempo stesso un vincolo per la nostra conoscenza:

> Uno che sia completamente indifferente al risultato non segue e non riflette affatto su quel che sta succedendo. Dal fatto che l'atto di pensare ha origine nel senso di partecipazione alle conseguenze degli avvenimenti, proviene uno dei paradossi principali del pensiero. Nato nella parzialità, esso deve raggiungere un certo imparziale distacco per poter compiere la sua funzione.[24]

La relazione è probabilmente la principale "verità scomoda" (prendendo in prestito una frase di Al Gore) che la psicologia deve abbracciare: imparare a riconoscerla, a utilizzarla e a gestirla è un aspetto centrale per la conoscenza. L'unica soluzione metodologica adeguata potrebbe essere un processo sostenibile di alternanza tra momenti di sospensione del coinvolgimento e momenti di nuovo coinvolgimento all'interno della relazione. Nessun tipo di osservazione, sia condotta tramite simulazione sia tratta da processi deduttivi, può farci decollare verso la conoscenza degli altri se in primo luogo non riusciamo a stabilire un'interazione basata sul coinvolgimento (sia che si tratti dei bambini piccoli, degli psicologi, di manager o terapeuti). Ci troveremmo imprigionati in un mondo bizzarro fatto di cose irrilevanti.

Nella mia attività di ricerca con i bambini sono partita osservando situazioni, spesso fortemente connotate in senso emotivo, in cui i miei stessi figli erano coinvolti con me o con altri membri della famiglia. Se non avessi mai prestato attenzione ai sentimenti che provavo nell'osservare le azioni dei miei piccoli, non avrei mai trovato il coraggio per considerarle seriamente, né la fiducia per ampliare le mie conoscenze sulla storia del loro sviluppo. Se i sentimenti che provavo non mi avessero "toccato" a questo modo (o, per usare le parole di Barbara McClintock, se non fosse stato per la mia "sintonia con l'organismo") non avrei mai, per esempio, individuato la connessione tra l'atto di distogliere lo sguardo mentre si sorride dei piccoli di due mesi e lo stesso comportamento mostrato dai bambini più grandi – chiamato comunemente timidezza o emozioni autoconsapevoli. Se non mi fossi mai sentita stuzzicata e presa in giro dalla mia piccola di nove mesi, o se non l'avessi mai vista (e anche filmata) mentre si divertiva a prendere in giro e a farsi beffe di mio marito, non avrei mai preso davvero in considerazione il termine "prendere in giro" che tutti in famiglia usavano per descrivere quel comportamento. Né mai mi sarei occupata di studiare il fenomeno in sé, che ho scoperto poi essere intrigante e, dal punto di vista delle teorie tradizionali, anche anomalo. Ripensando a tutte le volte in cui non sono stata in grado di coinvolgermi, a quando ero così assorta nell'"osservare" da dimenticare di rispondere, o a quando scordavo che la mia osservazione era essa stessa un'azione a cui la mia piccola rispondeva, mi è chiaro quanto la natura della relazione personale con chi sta tentando di comprendere sia cruciale per gli aspetti psicologici della persona che è oggetto di studio. La psicologia, che si occupa di ciò che è personale, non può ragionevolmente ignorare ciò che è personale per raccogliere i suoi dati.

Nel selezionare quali risultati riportare in questo libro, perciò, ho scelto di inserire sia quelli provenienti da condizioni sperimentali con descrizioni maggiormente distaccate, sia osservazioni condotte in contesti di coinvolgimento. Spesso le informazioni che si ottengono da questi due metodi si completano a vicenda. Ciascuno di essi gioca un ruolo vitale nella nostra comprensione delle altre persone. La percezione che nasce in contesti di partecipazione emotiva attiva, poiché permette di avere accesso all'altro attraverso l'esperienza diretta, è essenziale, ma è confinata in modo frustrante a singole relazioni, interazioni talmente cariche emotivamente da ostacolare una visione più distanziata di pattern, tendenze e relazioni sociali meno strette. La sfida sta nell'identificare il contributo che ogni metodo può portare in momenti e situazioni diverse, nell'individuare in che modo essi possano lavorare sinergicamente e come differiscano tra loro; da che punto di vista i problemi che si presentano in una "modalità" del conoscere possano influenzare l'altra. La psicologia non deve solo occuparsi delle *idee* sulle persone ma delle persone stesse. E per farlo è necessario un enorme impegno nel coinvolgimento autentico. Il gioco non funziona se entrambi i giocatori non sono realmente "lì"!

I bambini piccoli, l'approccio in seconda persona e il resto del libro

Ma quando e come si manifesta tutto questo coinvolgimento psicologico tra i bambini e le persone che li circondano? Se i piccoli non percepiscono che l'altro si sta rivolgendo loro come un Tu, non possono raggiungere questa condizione. Quando i bimbi diventano capaci di cogliere la differenza tra le relazioni in seconda e in terza persona? Cosa recepiscono effettivamente della percezione che gli altri hanno di loro? Si tratta di una questione centrale in questo libro. Una volta William James scrisse che la punizione più crudele che si potesse immaginare era avere libero accesso alla società ma rimanere del tutto inosservati. I sentimenti di rabbia e di impotenza che si potrebbero provare se non si riuscisse a trovare nessuno a cui rivolgersi quando si entra o si risponde, quando si parla o ci si preoccupa sul da farsi, sarebbero peggiori di ogni altro tipo di tortura fisica inflitta. Almeno, se venissimo torturati, riceveremmo un qualche tipo di riconoscimento della nostra esistenza.[25] Cosa c'è di così importante nell'essere tenuti in considerazione? Si tratta forse semplicemente del fatto che essere riconosciuti ci fa accorgere di avere un impatto sul mondo – comprendiamo di essere reali? O c'è qualcosa di ancora più speciale nell'essere notati dagli altri? Se i bambini non fossero riconosciuti dalle altre persone, cosa diventerebbero? Nel corso del libro ci occuperemo di cosa i bambini *fanno* con gli altri, in un coinvolgimento diretto, sia in interazioni del tutto naturali sia in contesti sperimentali, per capire come arrivino a comprendere gli altri. Ci chiederemo quindi se, sulla base di questi dati, i bambini siano davvero ciechi rispetto alle menti degli altri. Esamineremo inoltre diversi fenomeni che rappresentano, come attesta la letteratura, aspetti cruciali implicati in questo processo – l'imitazione, la comunicazione, l'attenzione, l'intenzionalità, l'umorismo, l'autoconsapevolezza, la conoscenza e l'inganno. Indagheremo infine come le capacità che i piccoli dimostrano di avere in questi ambiti possano aiutarci a raggiungere una comprensione della mente intesa non tanto stabilmente chiusa persino agli adulti bensì gradualmente accessibile anche ai bambini piccoli e agli animali.

Nei prossimi capitoli mi occuperò di approfondire il concetto di approccio in seconda persona alla conoscenza delle altre menti, esaminando differenti domini nella vita dei più piccoli. Se rispondere al prossimo è davvero importante, e se costituisce davvero un collegamento vitale con le altre menti, allora dovremmo essere in grado di trovare prove a sostegno di tale affermazione negli scambi emotivi dei bambini con le altre persone. Elementi a supporto di ciò possono provenire sia dalla sequenza cronologica dello sviluppo nelle diverse aree, osservando come l'esperienza sul piano psicologico diretta verso il sé preceda le altre esperienze di tipo più indiretto, sia da aspetti atipici dello sviluppo nell'ambito delle diverse aree, dove i problemi che il bambino incontra nell'esperienza psicologica a lui diretta predicono ulteriori difficoltà successive. In ciascun capitolo prenderò in esame un ambito, in genere attualmente oggetto di dibattito, in cui i bimbi sembrano essere in grado di mettere in atto coinvolgimenti attivi con gli altri sorprendentemente complessi, e rispetto ai quali gli interrogativi relativi alla consapevolezza della mente costituiscono un quesito aperto. Il capitolo 4 è dedicato al difficile fenomeno dell'imitazione neonatale, il 5 agli scambi conversazionali dei piccoli di due mesi, il 6 alla questione della comprensione dell'attenzione *prima* dello sviluppo dell'attenzione condivisa, l'8 all'analisi della provocazione come esempio di violazione delle intenzioni altrui da parte dei bambini, il 7 e il 9 alle precoci espressioni di emozioni autoconsapevoli e all'umorismo, e infine il 10 alla comparsa molto precoce dell'inganno. Rispetto a ognuna di queste tematiche suggerirò come un approccio in seconda persona sia la chiave per comprenderne lo sviluppo e il funzionamento nel tempo.

Alcuni potrebbero stupirsi del fatto che nel libro manchi un capitolo dedicato in modo specifico alle emozioni. Si tratta di un'omissione voluta. Penso infatti che sia problematico considerare il concetto di emozione separatamente dagli altri aspetti che concernono la mente e le sue capacità. Se questo fosse stato un libro dedicato allo sviluppo del concetto di mente, allora avrebbe avuto senso inserire un capitolo separato dedicato allo sviluppo emotivo. Tuttavia, il coinvolgimento con le altre menti e il divenire consapevoli di esse è un processo emotivo dall'inizio alla fine. La consapevolezza dell'attenzione, delle intenzioni, del divertimento e delle credenze coinvolge sempre infatti la comprensione delle emozioni. *Sentire* le altre menti è in sé un processo emotivo. In alcuni capitoli viene affrontato in modo esplicito il tema delle emozioni – come nella discussione sulla comprensione delle espressioni facciali altrui a due mesi (capitolo 5) e nel capitolo in cui viene discusso lo sviluppo delle emozioni autoconsapevoli (capitolo 7). Ciò che illustrerò è come le emozioni, piuttosto che essere frutto dello sviluppo concettuale che ha luogo nel secondo anno di vita, siano presenti già a partire dal primo anno in forma semplice, per gestire l'esposizione del sé all'altro, e come siano cruciali per dar forma all'emergente concezione del sé e dell'altro che il bambino matura.

Vi è poi un'ulteriore ragione per cui ho scelto di non dedicare un capitolo specifico allo sviluppo emotivo: sebbene possa apparire eccessivamente semplicistico parlare di una distinzione di questo tipo, vi sono motivi per credere che la partecipazione e il coinvolgimento in emozioni negative e positive influenzi in modo diverso il processo del conoscere e questo, se fosse vero, agirebbe sulla modalità attraverso cui avviene la conoscenza di *tutto* ciò che concerne le menti degli altri. Barbara Fredrickson suggerisce come emozioni positive – quali la gioia, l'amore, l'attrazione o la soddisfazione – accrescano la nostra prontezza a impegnarci in interazioni con le altre persone e con le cose, rendendoci maggiormente premurosi e disponibili e più capaci di integrare tra loro i diversi aspetti di cui abbiamo esperienza.[26] Al contrario le emozioni negative, piuttosto che "ampliare", "limiterebbero" le reazioni e l'apertura delle persone nei confronti del mondo. Dal momento che le emozioni positive, a ogni età ma soprattutto nell'infanzia, sono vissute con maggior intensità all'interno di contesti di coinvolgimento interpersonale, sembra chiaro che più il bimbo sperimenta vissuti emotivi positivi, più diventa aperto al coinvolgimento interpersonale e alla conoscenza. Le emozioni positive inoltre incrementano l'attrazione dei piccoli verso gli altri, e questa condizione a sua volta aumenta la partecipazione attiva – un danno potenzialmente doppio nel caso in cui si incontrino difficoltà nel coinvolgimento o nell'esperienza di un'emotività positiva durante i primi momenti di vita. Nei prossimi capitoli descriverò differenti tipologie di coinvolgimento positivo – di cui si hanno dati a disposizione – che sembrano supportare lo sviluppo nel bambino piccolo della comprensione di diversi aspetti delle capacità mentali.

Una nota ulteriore: nel corso del libro includerò alcuni riferimenti all'autismo e al confronto tra i comportamenti dei bimbi autistici e quelli dei bimbi con sviluppo tipico. Perché questo è importante? In qualche maniera al tema dell'autismo è imputabile l'ondata di interesse relativamente recente che circonda la questione della comprensione delle altre menti da parte dei bambini. Ma le prime formulazioni teoriche, che individuavano una profonda e talvolta sconvolgente co-relazione tra abilità-chiave e differenze tra la categoria dei bambini con autismo e quella dei bambini con sviluppo tipico, sono ora in qualche maniera superate. Non possiamo infatti né guardare ai primi come se fossero membri di una categoria a parte, né considerare le loro abilità come se fossero capacità di tutt'altro tipo. La grande mole di dati raccolti negli ultimi vent'anni sulle differenze nel funzionamento tra coloro che si trovano all'interno e all'esterno dello spettro autistico sono interessanti e davvero sorprendenti. Farò riferimento ad alcuni di questi studi non per il valore che possono avere rispetto a una definizione categoriale dell'autismo, ma perché lo spettro autistico mette in risalto una dimensione realmente importante che permette di approfondire come arriviamo a comprendere gli altri: la dimensione della partecipazione. Laddove i bimbi autistici mostrano le loro difficoltà nel partecipare al coinvolgimento richiesto nella quotidianità, in cui entrano in gioco vari aspetti del funzionamento delle capacità mentali – sia perché per loro sopraffacente o minacciante o troppo diverso rispetto alle modalità attraverso cui fanno esperienza delle cose e degli eventi –, le loro difficoltà mettono in luce quello che potrebbe essere implicato in uno sviluppo più tipico: un coinvolgimento più semplice con gli altri. I percorsi di sviluppo (così come la conoscenza) sembrano essere influenzati dalla partecipazione in maniera sostanziale.

4

Stabilire il contatto: l'imitazione

> Sebbene il *Tu* non sia un *Esso*, non è neppure un "altro Io". Colui che tratta una persona come un "altro Io" non vede realmente quella persona, ma solo un'immagine proiettata del proprio sé. Una relazione di questo tipo, nonostante il sentimento personale sia "più caloroso", è realmente del tipo *Io-Esso*.
>
> MARTIN FRIEDMAN, *Martin Buber: The life and dialogue*[1]

Ricordo di essere rimasta colpita – e molto commossa – dal film *Gorilla nella nebbia*, in cui l'attrice Sigourney Weaver, che interpreta il ruolo dell'intrepida primatologa Diane Fossey, dopo mesi trascorsi a seguire le tracce di un gorilla e a cercare di familiarizzare con lui, riesce ad avvicinarcisi tanto da "parlargli". Come cominciare? Cosa fare? Inizia a imitarlo. Il grande gorilla Silverback grugnisce e lei ripete il verso; si batte i pugni sul torace e lei lo copia; volta la testa lateralmente e così fa lei. Lui poi si rilassa, la ignora e si mette a sedere; e lei fa lo stesso. Per qualche ragione, l'imitazione aveva reso possibile stabilire un contatto. Il gorilla, dopo quei deboli primi approcci, comincia a cercare e ad accettare sempre più lo scambio comunicativo e l'interazione.

In questo capitolo mi occuperò di esaminare se l'imitazione, quando ci confrontiamo con ciò che è sconosciuto, sia la prima forma di contatto che è possibile stabilire sul piano psicologico. Se essa è realmente un potente mezzo per creare un collegamento sul piano psicologico, occorre allora chiedersi cosa davvero comporti. Che aspetti vi sono implicati se anche i bambini appena nati ne sono capaci? Studi recenti in ambito neuropsicologico supportano l'idea che l'imitazione neonatale sia la prima dimostrazione dell'esistenza di una connessione psicologica tra sé e l'altro. Ma perché i neonati imitano? La risposta sembra trovarsi nel concetto di partecipazione emotiva o coinvolgimento – su quelle linee indistinguibili che separano l'imitare e l'essere imitati nel contesto di uno scambio comunicativo.

Il contatto psicologico con gli estranei

Prima di parlare dei piccoli appena nati, affronterò il tema dell'imitazione riferendomi a due ulteriori ambiti: il suo utilizzo con le disabilità comunicative e nella comunicazione tra culture diverse. L'imitazione può infatti essere impiegata con successo dai professionisti che lavorano con bambini e adulti affetti da deficit comunicativi. Phoebe Caldwell è una di questi esperti; ha contribuito a sviluppare un sistema (flessibile e comunicativo) di imitazione per, come lei stessa ha dichiarato, "imparare il linguaggio" di coloro che sono di norma considerati irraggiungibili. Il suo successo è stato sorprendente, tanto che la casa editrice Pavilion e l'associazione Joseph Rowntree Foundation[2] l'hanno messa alla prova, proponendole di filmarla al lavoro con il suo "caso" più difficile. Gabriel era un giovane con disturbi dello spettro autistico estremamente severi; trascorreva gran parte della giornata intento a muovere le braccia in cerchio e a far rumore; secondo il parere degli specialisti era considerato fondamentalmente un caso disperato. Di fatto non si riusciva a stabilire alcun contatto psicologico da parte dei professionisti. I tentativi di Phoebe in questa direzione – tutti documentati nel filmato – durarono tre giorni. Il primo giorno di lavoro, nel giro di venti minuti, imitando i piccoli e ripetitivi movimenti di Gabriel con le braccia, Phoebe riuscì a sintonizzarsi su un aspetto specifico di questi – l'interesse sensoriale del giovane quando colpiva con la mano sinistra qualunque oggetto gli si trovasse vicino – e iniziò perciò a ripetere con la sua mano lo stesso movimento. Gabriel quasi magicamente cominciò a uscire dalla condizione di assorbimento in se stesso in cui si trovava aprendosi verso un centro di interesse esterno più tranquillo, lanciando occasionali occhiate ai gesti della mano di Phoebe, mentre entrambi muovevano le braccia in cerchio. Nel giro di due giorni (nel complesso circa cinque ore di lavoro) Phoebe e Gabriel iniziarono a condividere lunghi periodi di contatto e sguardi reciproci e silenziosi. Era stato così semplice che sembrava impossibile crederci. Proprio quando ormai tutti i tentativi apparivano senza alcuna speranza, rispondere con l'imitazione ai movimenti di Gabriel aveva reso possibile aprire un canale di conversazione. Phoebe trascorse poi l'ultimo giorno con i suoi familiari, mostrando loro come fare per interagire con lui, seguendo una strategia simile.[3]

Sembra che l'imitazione sia la strada privilegiata anche dai viaggiatori e dagli esploratori a contatto con popolazioni "primitive". Un episodio famoso è quello che narra dell'incontro tra Darwin e gli abitanti della Terra del Fuoco durante il viaggio a bordo del *Beagle*. Darwin, dopo una descrizione dettagliata del colore della pelle, degli abiti e del comportamento, racconta del primo contatto avuto con un membro della tribù:

> Il loro aspetto era abietto e la loro espressione diffidente, stupita e spaventata. Dopo aver donato loro un po' di panno rosso, che si avvolsero immediatamente intorno al collo, diventarono buoni amici e il vecchio ce lo dimostrò battendoci leggermente il petto ed emettendo una specie di suono chiocciante, come quello che si fa quando si dà da mangiare ai polli [...]. Egli scoperse poi il petto perché potessi restituirgli il complimento e dopo che l'ebbi fatto ne sembrò molto soddisfatto.[4]

Che l'imitazione possa essere un mezzo per stabilire un contatto in assenza di un linguaggio comune è chiaro. Essa sembra fissare qualcosa di condiviso, un terreno comune sul quale entrambi i partecipanti all'interazione possono trovarsi. Ancora più semplicemente, è il mezzo attraverso cui, se uno imita e l'altro accetta di essere imitato, si può entrare psicologicamente in contatto. È come un varco psicologico attraverso il quale si viene immediatamente portati in quel mondo fatto di atteggiamenti relazionali rivolti a un'altra persona.

È questo il mezzo che permette ai bambini piccoli di prendere coscienza degli stati mentali altrui? Può essere il ponte che permette di oltrepassare il presunto gap tra le persone? Ma i neonati possiedono capacità di questo tipo?

Il neonato e l'imitazione

Intorno a questa tematica si è sviluppato un dibattito inaspettatamente acceso: i neonati sono capaci di imitare? Nella prima metà del XX secolo, alcuni autori hanno riportato delle osservazioni effettuate con bambini molto piccoli: lo psicologo francese Zazzo, per esempio, ha filmato il figlio di 25 giorni di vita intento a imitare, e ha poi condotto uno studio coinvolgendo i genitori come diretti osservatori del processo di imitazione della protrusione della lingua in bambini di appena 7-15 giorni di vita. Si racconta che Henri Wallon, il suo maestro, fosse rimasto sbigottito di fronte alle affermazioni dell'allievo, che considerava ridicole.[5] Le osservazioni di Zazzo rimasero sconosciute, o comunque vennero ignorate dalla psicologia angloamericana. Piaget e molti tra gli psicologi empiristi sostenevano come fosse impossibile parlare di imitazione nei neonati per due ragioni: (1) sarebbe necessaria un'abilità piuttosto complessa per saper cogliere ciò che è simile tra sé e la persona o l'animale che si vuole imitare, capacità non presente alla nascita in quanto non esiste ancora sufficiente esperienza di sé e degli altri; e (2) l'imitazione di specifiche azioni richiederebbe la capacità nel piccolo di riconoscere le similitudini tra sé e l'altro nelle parti del corpo che producono quei movimenti – apprendimento che in alcuni casi richiede di riconoscersi allo specchio, esperienza non ancora accessibile al neonato. Così, per esempio, se batti una mano sul petto e io faccio lo stesso, devo essere in grado di cogliere che entrambi siamo simili almeno rispetto al fatto che io e te possiamo fare le stesse azioni (io posso vedere il tuo braccio e il tuo petto così come i miei). Ma se tu tiri fuori la lingua e io faccio lo stesso movimento, ho bisogno in aggiunta di aver visto la mia lingua allo specchio, preferibilmente mentre la stavo muovendo e sentendo, per realizzare che ciò che altrimenti potrei solo sentire nella mia bocca è lo stesso di ciò che osservo sul tuo volto. Entrambe queste considerazioni riportano alla vecchia questione del divario o gap. Ossia, prima di tutto come facciamo a sapere che l'altra persona è in qualche modo a noi simile, e come possiamo riconoscere che le informazioni visive (esterocettive) provenienti dagli altri sono analoghe alle informazioni cinestesiche (propriocettive) che provengono dal nostro corpo? Senza la possibilità di un apprendimento concreto, che il neonato ancora non ha sperimentato, né la strada tradizionale presentata dal *ragionamento per analogia* né la via proposta dalla *theory-theory* riconoscono l'esistenza dell'imitazione neonatale, sebbene potrebbe certamente farlo il moderno approccio in prima persona, dal momento che individua una connessione sé-altro a livello neurale.

Nonostante ci siano alcuni dubbi sul fatto che questo sia teoricamente possibile, i neonati di fatto imitano alcuni movimenti del volto e i gesti delle mani di altre persone – e non sono solo loro a farlo ma, come ormai sappiamo, lo fanno anche gli scimpanzé e sorprendentemente, considerato il loro stadio evolutivamente primitivo, persino i macachi rhesus.[6] Sembra che in qualche modo i piccoli di primate, anche alla nascita, quando non hanno avuto ancora alcuna esperienza delle altre persone né hanno mai visto specchi, siano in grado di stabilire una relazione tra le azioni altrui e i loro potenziali movimenti, imitando attivamente la mimica espressa sul volto dell'uomo. Per ironia, la prima sfida rivolta alla teoria di Piaget (che sosteneva come l'imitazione degli "invisibili movimenti del proprio corpo" potesse aver luogo solo a partire dagli otto mesi di età) nacque proprio all'interno della sua scuola, con Olga Maratos, specializzanda greca. In un intervento tenuto durante la conferenza annuale della British Psychological Society nel 1972, Olga raccontò a una scettica platea di psicologi come avesse osservato i piccoli di un mese di vita tirare fuori la lingua imitando un suo analogo gesto. Quando poco dopo tornò a Ginevra ne discusse con Piaget, che si allarmò per il fatto che questo risultato fosse così profondamente in disaccordo con la sua teoria. Le chiese di poter vedere con i suoi occhi quelle registrazioni. Insieme, nel laboratorio di Pierre Mounoud, guardarono in silenzio i filmati. Alla fine Piaget esclamò: "Ma imitano davvero!" e quando lei presa dal panico gli chiese "cosa dovrei fare adesso?" lui con calma le rispose che sarebbero stati proprio gli studiosi del futuro come lei a sviluppare ulteriormente la sua teoria o a formularne di nuove che integrassero i risultati ottenuti. Il grande e ormai anziano studioso aveva colto nel segno; ma trent'anni dopo, nonostante siano state proposte nuove teorie (nessuna tuttavia alla sua altezza), ancora ci si scontra discutendo se questo fenomeno sia "reale" o meno. Eppure Piaget non aveva mai dubitato dei dati. A Ginevra, a pubblica difesa di Olga durante la discussione della sua tesi di dottorato, aveva ribadito a suo modo che non si trattava di un mero riflesso arcaico, bensì di imitazione. Tra il pubblico, interessato a quale fosse la posizione sostenuta da Piaget rispetto a questi risultati così importanti, si trovava il giovane Andy Meltzoff, che diventerà in seguito famoso proprio studiando questo fenomeno.[7]

Per fornire qualche dato al riguardo, ricordiamo che attualmente sono circa un centinaio gli studi sull'imitazione neonatale; vi è unanime accordo sul fatto che i piccoli siano in grado di imitare la protrusione della lingua, ci sono evidenze di rilievo per quanto riguarda la riproduzione dei movimenti di apertura della bocca, e alcuni indizi rispetto alla capacità di riprodurre i movimenti delle dita, lo sbattere delle palpebre e anche un particolare suono vocale – un prolungato "aaaa". Più controversi sono invece i risultati di quei pochi studi che documentano l'imitazione di alcune espressioni (e non solo semplici movimenti) facciali, in particolar modo dell'espressione di sorpresa, con l'inarcamento delle sopracciglia e lo spalancarsi degli occhi. Il dibattito, che si presenta tutt'oggi entusiasmante come sempre è stato, si è spostato attualmente sulla questione se sia legittimo o meno utilizzare il termine "imitazione" per fare riferimento a questo tipo di movimenti. Ciò che si desume dalla veemenza con cui viene sostenuta in ambito accademico la possibilità – o l'impossibilità – che il neonato sia capace di imitare è quanto segue: la questione sembra trovarsi al cuore di alcune convinzioni decisamente cruciali nell'ambito della disciplina psicologica.

L'imitazione, un'abilità paradossale

L'ambivalenza e il fervore che si riscontrano nell'interpretare il fenomeno dell'imitazione non sono nuove. Si tratta di un'abilità autenticamente paradossale. Non è raro, per esempio, riferirsi a qualcosa come a una "mera" imitazione. Dopotutto, le scimmie ne sono capaci. E anche gli "indigeni". Etichettare le loro azioni con il termine di "imitazione" non significava considerarle un atto intelligente, al contrario si intendeva l'esatto opposto.[8] Un etnologo americano molto discutibile scrive in proposito: "Sembra che i neri riescono a imitare qualunque cosa facciano i bianchi, ma non sanno *fare* nessuna di quelle cose di cui i bianchi risultano capaci".[9] Il fatto che Darwin si interrogasse rispetto a ciò che aveva visto sulla spiaggia della Terra del Fuoco nel 1832 è stato inteso a sostegno dell'idea che imitazione e condizione non civilizzata si equivalessero. Darwin avanzava infatti l'idea che la capacità di imitare denotasse una forma di acutezza di tipo sensoriale, non proprio un indice di acume intellettuale quanto piuttosto un indice di assenza dello stesso:

> Potevano ripetere in modo perfettamente corretto ogni parola di ogni frase che rivolgevamo loro e ricordavano queste parole per un certo tempo. Eppure tutti noi europei sappiamo come sia difficile distinguere separatamente i suoni di una lingua straniera. Chi di noi, per esempio, potrebbe seguire un indiano d'America in una frase lunga più di tre parole? Tutti i selvaggi sembrano possedere in modo non comune la facoltà di imitazione. Mi fu detto, quasi con le stesse parole, che questa comica usanza esiste fra i cafri e anche gli australiani sono noti da lungo tempo per la loro capacità di imitare e di descrivere l'andatura di chiunque, tanto da poter riconoscere la persona che viene imitata. Come si può spiegare questa capacità? È forse una conseguenza del maggior uso della percezione e di sensi più acuti, comune a tutti gli uomini allo stato selvaggio, in confronto a quelli civilizzati da lungo tempo?[10]

Un'analoga considerazione dell'imitazione in termini spregiativi può essere rintracciata nella tradizione psicoanalitica, che la considera una forma di ostilità difensiva verso l'altro o come un'azione meramente "superficiale" e indicativa di "adesività". L'imitazione veniva considerata significativamente distinta da quel contatto più profondo con l'esperienza dell'altro che può aver luogo nell'ambito di un processo di identificazione autentico. Non è difficile cogliere il parallelismo che esiste nella distinzione tra imitazione "superficiale" e "autentica" e il dualismo comportamentomente descritto nel precedente capitolo. Né rintracciare una similitudine tra il termine dispregiativo "mera imitazione" o l'espressione altrettanto sminuente "mero comportamento", con la quale l'agire interpersonale apparentemente intelligente viene sottovalutato se a portarlo avanti è chi, secondo questo modo di vedere, è troppo piccolo. Ritorniamo perciò all'importanza centrale del problema cartesiano: l'imitazione è "comportamentale" o in qualche maniera "mentale"?

Al giorno d'oggi, nell'ambito della psicologia post-piagetiana e grazie al rinnovato interesse per il problema delle altre menti, l'imitazione ha acquisito un profilo e uno statuto più elevato. È trattata cioè come una questione seria e scientificamente rilevante. Ma l'ambivalenza sul suo significato è ancora evidente quando essa si manifesta proprio dove si pensa non possa esistere – come, per esempio, nei neonati. E così la psicologia reagisce emotivamente: scettica o sprezzante come gli esploratori del XIX secolo oppure difensiva e irrazionale come i teologi di allora di fronte alla teoria dell'evoluzione.

Nella psicologia odierna, l'imitazione mette in discussione la convinzione cruciale secondo cui per stabilire una connessione interpersonale sarebbe necessaria una sorta di collegamento-ponte di natura cognitiva (come sostiene la posizione in terza persona). Se crediamo che l'imitazione implichi l'esistenza di un qualche tipo di terreno psicologico comune tra le persone, e riteniamo al tempo stesso che i neonati non siano in grado di percepire tale connessione né di esperire questo terreno condiviso, allora come potrebbero essere in grado di imitare? Le spiegazioni oggi proposte per descrivere l'imitazione sono in qualche maniera più sofisticate che il semplice atto di liquidare il tutto definendolo "primitivo": i livelli di imitazione vengono distinti in base al grado in cui variano gli aspetti superficiali e il carattere "meramente comportamentale" delle azioni imitate (tuttavia il numero del livello considerato critico varia: per alcuni coincide con il livello quattro, per altri con il dieci, e altri ancora semplicemente individuano spiegazioni alternative per escluderla).[11] Una volta accettato il carattere non accidentale di questa capacità, la posizione più accreditata tra quelle che la vedono come attività non autentica nel neonato (e dovremmo poi cercare di capire cosa realmente significhi "autentico") propone di considerarla un processo automatico, l'esito di un meccanismo innato di rilascio o di un pattern fisso di azioni. I neonati cercano dunque di stabilire una qualche sorta di contatto con gli adulti con cui si trovano a interagire (letteralmente), in maniera analoga rispetto a quanto tentavano di fare Diane Fossey con il suo gorilla o i "selvaggi" con l'uomo bianco sulla Terra del Fuoco? O più semplicemente (e in modo meno entusiasmante) questa capacità di imitare è guidata da un qualche tipo di potente riflesso? Per affrontare le questioni relative a come interpretare l'imitazione neonatale è prima necessario rispondere a queste domande.

L'imitazione neonatale è un riflesso automatico?

I bambini già alla nascita sanno fare di più che agire con semplici riflessi. Possono inseguire gli oggetti con gli occhi e muovere la testa di 180 gradi, esprimere una preferenza per le espressioni del volto e voltare il capo, essere in grado di apprendere (anche per esempio passi particolari di poesia mentre sono nell'utero!) e succhiare al seno intenzionalmente muovendo il volto e le braccia per provocare determinati effetti. Un'ingegnosa serie di esperimenti condotta da Audrey van der Meer ha mostrato come i piccoli a un mese di vita muovano di più le braccia se questo permette a un raggio di luce di accendersi o se essi vedono i loro movimenti ripresi in un video, anche se ciò richiede un grande sforzo in termini fisici.[12] Studi tramite ultrasuoni condotti alla quindicesima settimana di gestazione hanno permesso di individuare come, ancora in utero, i piccoli siano capaci di quindici differenti configurazioni di movimenti non automatici e ben coordinati, come alcuni movimenti indipendenti delle dita, rapidi e lenti movimenti di apertura della bocca, movimenti con le mani, contatti ripetuti tra dita e bocca e, a partire dalla ventiquattresima settimana, espressioni facciali delicatamente modulate e movimenti oculari a palpebre aperte.[13] Sembra dunque che sia incontestabile non solo la capacità dei neonati di compiere azioni intenzionali, ma anche che tale intenzionalità nei movimenti sia motivata dalla curiosità e dall'interesse piuttosto che semplicemente da bisogni di natura fisiologica. Ma questo non significa che tutte le loro azioni abbiano inevitabilmente questa caratteristica e che, quindi, anche l'imitazione neonatale sia necessariamente un'azione intenzionale. L'ipotesi deve ancora essere testata: le imitazioni dei neonati sono qualcosa di più che atti dovuti a un riflesso automatico?

Evidenze a favore di un meccanismo innato di rilascio?

Alcune evidenze sembrano suggerire che sia questo il caso. I neonati non solo imitano la protrusione della lingua, ma "imitano" il movimento di protrusione di una biro o di una palla sempre tirando fuori la lingua (sebbene ciò accada meno di frequente rispetto ai casi in cui l'imitazione riguarda la lingua vera e propria).[14] Il fatto che essi non riescano a essere selettivi tra gli stimoli (dato statisticamente significativo) è stato addotto a giustificazione dell'ipotesi secondo cui si tratterebbe di un "rilascio". Anisfeld, l'esponente che più autorevolmente sostiene che l'imitazione neonatale sia guidata da meccanismi innati di rilascio (*innate releasing mechanism*, IRM) piuttosto che dalla consapevolezza (più complessa sul piano cognitivo) della similitudine tra sé e l'altro, afferma che l'insieme degli studi a oggi disponibile dimostra come la protrusione della lingua sia l'unico gesto imitativo su cui si hanno evidenze attendibili di un suo incremento in corrispondenza dell'osservazione di un gesto analogo.[15] Le sue conclusioni si basano su una serie di ragioni: alcune ricerche (ma non tutte) non sono riuscite a dimostrare una apertura significativamente maggiore della bocca in risposta all'adulto che fa da modello rispetto alla condizione in cui sono presenti altri modelli. Inoltre, complessivamente la frequenza di apertura della bocca (*mouth opening*, MO) è notevolmente inferiore – sia rilevando i valori di baseline sia in seguito all'esposizione a un modello – rispetto alla frequenza di protrusione della lingua. Per esempio, come appare dal classico studio di Moore e Meltzoff del 1977, anche se il piccolo apre di più la bocca in risposta a un modello MO rispetto ad altri modelli, il numero effettivo dei movimenti in questione è comunque inferiore alla frequenza di protrusione della lingua, e in ogni caso incredibilmente basso – non più di otto su un totale di dodici bambini. Se la protrusione della lingua fosse l'unico gesto che possiamo considerare con certezza un'imitazione, perderebbe forza l'idea che quest'ultima nel neonato sia guidata da capacità più globali o sia basata sul riconoscimento della similitudine tra sé e l'altro. Tuttavia, qui intervengono importanti questioni di ordine metodologico; infatti sia nei piccoli di uomo sia negli scimpanzé il numero di imitazioni aumenta se le azioni presentate sono di natura sensibile e responsiva, mentre ciò non accade utilizzando procedure maggiormente rigide e distaccate.[16] L'adozione di un metodo in "seconda persona" sembra dunque che porti a ottenere risultati differenti nei diversi studi – e nelle differenti specie – rispetto al metodo in terza persona. Il dibattito relativo all'esistenza del fenomeno è perciò strettamente connesso a quello sui metodi impiegati per esplorarlo.

Diversi ricercatori hanno sostenuto che l'imitazione neonatale si interrompe dopo i primi due mesi di vita per riapparire solo in seguito, verso la fine dell'anno di età, come già era stato rilevato da Piaget.[17] Molti altri riflessi dei piccoli appena nati – per esempio la "camminata" (quando si tiene un bimbo piccolo sollevato con i piedi che sfiorano la superficie del terreno questi tende a muovere le gambe come se stesse camminando), la presa palmare (appoggiando un dito sul palmo della mano il piccolo lo afferra con sufficiente saldezza da caricarvi sopra tutto il suo peso, tanto da poter essere sollevato), e il riflesso di Moro (se il piccolo percepisce che un supporto è venuto meno apre le braccia e le gambe e tira indietro il collo) – scompaiono poco dopo la nascita (salvo che la loro produzione venga volontariamente incoraggiata), per ripresentarsi successivamente in una forma più graduata e controllata. Il fatto che l'imitazione neonatale sembri scomparire è stato interpretato come segnale del carattere automatico e di natura sottocorticale di questo fenomeno, e considerato perciò di scarsa significatività per lo sviluppo e la vita quotidiana del neonato.

Attualmente si è messa in dubbio l'ipotesi che, per questi riflessi, ci sia un passaggio da un livello di controllo subcorticale a uno di tipo corticale dato che, per esempio, il riflesso della marcia automatica si mantiene intatto se il neonato è immerso con le gambe in acqua, grazie al supporto che questa offre ai muscoli immaturi impegnati a sostenere un'ossatura in progressivo accrescimento.[18] Oltre a questo caso specifico, si è messo in discussione che davvero l'imitazione sia un fenomeno che scompaia. In uno studio longitudinale condotto in contesti di interazione naturali, Giannis Kugiumutzakis a Creta ha mostrato che ciò che cambia non è il *fatto* dell'imitazione, ma *quello* che viene imitato. Alla nascita, le imitazioni più probabili sono innanzitutto il movimento di protrusione della lingua e a seguire l'apertura della bocca. A partire dal secondo mese di vita l'imitazione dei movimenti della lingua e della bocca diminuiscono (seguendo l'andamento di una curva a U), ma permane l'imitazione dei movimenti oculari. Nel frattempo l'imitazione dei vocalizzi inizia a diventare sistematica e ad aumentare, segno di un incremento progressivo di salienza del canale vocale (piuttosto che orale) per lo sviluppo della comunicazione.[19]

Ulteriori evidenze suggeriscono come l'imitazione neonatale sia diversa rispetto a quella che si presenta in seguito; è dunque discutibile che queste osservazioni supportino l'ipotesi di un meccanismo innato di rilascio (IRM). In un ulteriore studio longitudinale, Mikael Heimann e Eva Ullstadius hanno osservato come differenze individuali riscontrate a tre mesi si associno a quelle rilevate in corrispondenza dei dodici mesi, mentre lo stesso non accade se si confrontano le imitazioni alla nascita e quelle tra i tre e i dodici mesi di età. Questa mancanza di continuità di "stile" potrebbe corrispondere a una diversità nei meccanismi che controllano l'imitazione rispettivamente alla nascita e a tre mesi, o essere la conseguenza di fattori situazionali (come lo stress o la novità dello stimolo) che giocano un ruolo più importante alla nascita e falsano o distorcono altre differenze nello "stile" adottato.[20] In realtà, facendo riferimento a dati rilevati in ambito patologico (in base ai quali adulti con specifiche lesioni focali nella parte inferiore dei lobi frontali sono incapaci di inibire l'imitazione) George Butterworth suggerisce che il bambino appena nato può presentare una maggiore propensione a imitare proprio per il mancato funzionamento dei lobi frontali alla nascita.[21] Anche se nei neonati con lesioni frontali l'imitazione non assume quel carattere di compulsività che ha nei soggetti adulti, ma appare più sostenuta e intenzionale, Butterworth afferma che la capacità di inibizione – sia rispetto all'imitazione sia a ogni altra azione – inizia a svilupparsi nel corso dei primi mesi di vita.

In aggiunta, non si imita sulla base di immagini statiche. Il neonato infatti non risponde se si trova di fronte a una persona con la lingua già fuori o con la bocca già aperta; è solo l'osservare l'azione che produce l'imitazione.[22] L'imitazione nei piccoli di uomo potrebbe non essere più complessa del movimento di un piccolo di gabbiano che apre il becco alla vista di un cilindro bianco con un puntino rosso? O essere paragonabile al movimento della rana che tira fuori la lingua ogni volta che vede qualcosa muoversi nel suo campo visivo? Questi comportamenti esibiti dagli animali sono semplici riflessi non flessibili. L'imitazione nel neonato si riduce solo a questo? Vi sono diverse prove che vanno contro a questa conclusione.

Prove contro l'interpretazione dell'imitazione come riflesso automatico

Prima di tutto, come già hanno osservato Meltzoff e Moore, perché l'uomo avrebbe dovuto sviluppare un meccanismo automatico di rilascio per gesti apparentemente privi di significato, come la protrusione della lingua? Sostenere che questa sia un riflesso funzionale all'alimentazione, provocato da stimoli simili al seno, non risolve la questione: la protrusione marcata della lingua non accompagna normalmente comportamenti di alimentazione, né è mai stata descritta in un contesto di allattamento vero e proprio. In ogni caso, non sembra esserci un meccanismo di rilascio coerente: non tutte le stimolazioni "simili al seno" funzionano – il movimento in avanti di una penna nera provoca nel neonato la protrusione della lingua, ma lo stesso non accade se usiamo un cilindro marrone.[23]

In secondo luogo, il neonato non sembra usare questa abilità in modo automatico al pari di quanto accade in altre azioni conosciute come riflessi o come movimenti guidati da meccanismi innati di rilascio. Per esempio, l'imitazione può presentarsi dopo un periodo di attesa. In uno degli studi condotti da Andrew Meltzoff, un succhiotto veniva messo nella bocca di un neonato mentre l'adulto giocava il ruolo di modello compiendo movimenti con la bocca o con la lingua. Quando questi terminavano e il ciuccio veniva rimosso, i neonati erano ancora in grado di riprodurli in maniera corretta.[24] In un esperimento simile, a neonati di sei settimane un adulto mostrava specifici movimenti facciali impedendo loro di riprodurli. Il giorno dopo la stessa persona si recava a visitare il bambino, ma questa volta con un'espressione neutra sul volto. Perfino dopo un intervallo di 24 ore il neonato era in grado di riprodurre gli stessi movimenti ritrovandosi faccia a faccia con quella stessa persona.[25] Anche senza mezzi artificiali (come il ciuccio nella bocca) che impedissero l'imitazione istantanea dei movimenti, i neonati nello studio di Kugiumutzakis non sempre imitavano in modo immediato e automatico. Molti di loro infatti, prima di riprodurre i movimenti, si concentravano per alcuni secondi con grande attenzione, osservando i movimenti del volto. È interessante notare come gli intervalli fossero più lunghi nel caso dei neonati prematuri, il che suggerisce come questi bimbi debbano dedicare maggiore impegno e tempo all'elaborazione.

In un importante studio condotto con un neonato al suo primo giorno di vita Emese Nagy, giovane studentessa ungherese di medicina, ha mostrato come l'intervallo di tempo che intercorre prima dell'imitazione non sia una semplice dilazione temporale, ma abbia lo scopo di provocare l'interazione. Nel suo studio, i neonati producevano la protrusione della lingua, l'apertura della bocca e movimenti delle mani non solo in risposta all'adulto che per primo compiva quei movimenti ma, se lo stesso adulto si rivolgeva al piccolo con sguardo amichevole, anche dopo un intervallo di tempo. Ciò che rendeva tali imitazioni differite "provocatorie" era la loro associazione con una frequenza del battito cardiaco totalmente differente rispetto a quello tipico associato all'imitazione: il cuore rallentava la sua frequenza, segno di una condizione di preparazione nel corso della quale il focus attentivo veniva orientato verso le azioni dell'altro; nelle altre condizioni, invece, l'imitazione era caratterizzata da una chiara accelerazione del battito.[26] I riflessi, al contrario, sono solitamente immediati e non si presentano dopo che lo stimolo scompare, certamente non a 24 ore di distanza, né si manifestano con l'obiettivo di provocare una risposta da parte dell'altra persona.

In aggiunta, l'imitazione nel neonato non è inevitabile né prevedibile. Non sempre ha luogo, neppure quando la medesima azione viene osservata dallo stesso bambino o da altri bambini. Ossia lo stesso bambino qualche volta imita, altre volte no, e pochi sono i neonati perfettamente attenti e con sviluppo tipico che non producono alcuna imitazione.[27] Non è del tutto chiaro perché questo accada. Le significative differenze individuali che a partire dalla nascita influenzano molti aspetti del comportamento e del temperamento del neonato – inclusa l'imitazione – possono spiegare, stando a Mikael Heimann, l'apparente inafferrabilità del fenomeno imitazione nei neonati e la sua "scomparsa" in base a quanto risulta dalla media delle risposte dei bimbi piccoli.[28] Al contrario, i riflessi sono per definizione prevedibili. Se non chiudiamo gli occhi quando una luce diretta li colpisce, se non cerchiamo di riprendere aria quando emergiamo dall'acqua e non scoppiamo a piangere quando veniamo al mondo, è perché sono implicati elementi di ordine neuropsicologico. Non è così nel caso dell'imitazione neonatale.

Terzo, le imitazioni dei neonati rivelano spesso impegno e creatività piuttosto che essere azioni eseguite senza alcuno sforzo. Questo è chiaramente visibile nell'imitazione dei movimenti di apertura e chiusura dell'occhio (non si tratta mai di un'azione semplice per i piccoli), che richiedono al neonato uno sforzo che coinvolge i muscoli dell'intera faccia. In aggiunta, i piccoli non si limitano semplicemente a un'unica imitazione per poi fermarsi. Infatti, come emerge dagli studi di Kugiumutzakis, appena nati mostrano già diversi pattern di imitazione. Alcuni si cimentano in più imitazioni, una dopo l'altra, ognuna delle quali progressivamente diventa sempre più precisa; altri invece sono in grado di riprodurne una perfetta al primo tentativo, seguita da riproduzioni più deboli del movimento.[29] Nel tentativo di testare ulteriori tipologie di imitazione, Meltzoff ha mostrato a piccoli di sei settimane di vita un modello di protrusione della lingua laterale piuttosto che indirizzata in avanti; alcuni neonati gradualmente correggevano il movimento della lingua inizialmente orientata davanti, e cercavano perfino di riprodurre il movimento in maniera corretta tirando fuori la lingua diritta davanti a sé e voltando invece la testa![30] I riflessi e tutti quei pattern fissi di azione presenti nel regno animale (compresi quelli mostrati dagli uomini) non sono così complessi, solitamente si caratterizzano per essere stereotipati, cambiano solo in minima parte con l'esercizio e necessitano apparentemente di poco sforzo per essere eseguiti. Diversamente da quanto accade nell'imitazione neonatale, quando l'organismo esegue un pattern di azione fisso e prestabilito non si corregge per cercare di raggiungere un determinato risultato.

Un'altra interessante spiegazione per la scomparsa dell'imitazione della protrusione della lingua è considerare questo movimento come un tentativo di esplorazione orale presente quando il piccolo ancora non è capace di raggiungere gli oggetti e portarli alla bocca per esplorarli effettivamente con la lingua. I lavori di Susan Jones mostrano come non solo la protrusione della lingua si presenti in risposta a ogni tipo di stimolo visivo di interesse per il neonato, ma anche come questa esplorazione "virtuale" con la lingua si interrompa appena questi inizia a raggiungere gli oggetti con le mani. La ricercatrice conclude che l'"imitazione" neonatale del movimento di protrusione della lingua non è un riflesso né un movimento intenzionale; semplicemente non si tratta di imitazione.[31] Questa argomentazione avrebbe un peso notevole se l'imitazione nel neonato fosse limitata al solo movimento della lingua. Ma non sembra che le cose stiano così. Mentre può certamente fornire una risposta al perché scompaia la protrusione della lingua dopo il primo mese di vita, non è in grado di spiegare il dato per cui altri tipi di imitazione scompaiano per poi ricomparire alla fine del primo anno d'età.

Le argomentazioni si susseguono. Probabilmente, la ragione di tanto fervore (da entrambe le parti) sta nel fatto che a questo fenomeno si associano implicazioni di una certa portata: se i neonati già a pochi minuti dalla nascita sono in grado di riconoscere le similitudini tra sé e l'altro, non solo non esiste alcun gap evidente tra le persone, ma anche quello tra la mente e il comportamento diventa irrilevante. Per escludere del tutto che si tratti di un fenomeno associato ai riflessi, tuttavia, occorre spiegare come sia possibile che un bimbo che non ha mai visto il suo stesso viso, la sua bocca e la sua lingua possa imitare i movimenti del volto, della bocca e della lingua di un'altra persona. Almeno questo mistero sembra trovarsi sulla strada giusta per la soluzione.

L'imitazione neonatale e il gap

Se esistesse realmente quel gap tra sé e gli altri di cui psicologi e filosofi hanno postulato l'esistenza e sul quale hanno a lungo dibattuto, un divario che presuppone per il suo superamento ampia esperienza e osservazione delle somiglianze sé-altro, non avremmo capacità di imitazione nel neonato o, se anche la avessimo, questo fenomeno coinvolgerebbe solo le parti "visibili" del corpo (come le braccia e le gambe), cioè le parti rispetto alle quali la somiglianza con gli altri è più direttamente accessibile. Eppure l'imitazione neonatale esiste, e coinvolge in primo luogo le caratteristiche non visibili del corpo. Sia che siano implicati puri riflessi sia che si tratti di forme di combinazione più complesse, ciò indica come già a partire dalla nascita esista una qualche forma di connessione in grado di superare il divario ipotizzato. Ma in cosa consiste di preciso questa connessione? E cosa ci dice della natura di quel gap che essa sembra mettere in discussione?

Connessioni di natura neurofisiologica per superare il gap?

La scoperta dei "neuroni specchio" nelle scimmie è stata la prima chiara evidenza empirica di una base neurofisiologica nel riconoscimento della similitudine sé-altro. Le voci al riguardo riferiscono che la scoperta in questione fu piuttosto casuale (come accadde tempo prima con la penicillina). Un ricercatore che lavorava nel laboratorio – oggi rinomato – di Giacomo Rizzolatti a Parma stava misurando su un macaco rhesus la scarica di uno specifico neurone situato nella corteccia premotoria e implicato in un movimento finalizzato. Il neurone in questione, collegato a un altoparlante, scaricava (intensamente) ogni volta che la scimmia prendeva una nocciolina e la portava alla bocca. Il ricercatore, spossato per la calura italiana, uscì un attimo per prendere un gelato. Rientrato nel laboratorio iniziò a leccarlo lentamente e questo gesto attivò nel cervello della scimmia il neurone monitorato, nonostante non avesse compiuto l'azione del prendere la nocciolina, ma avesse semplicemente guardato l'uomo sollevare il gelato. Questo accadde un'altra volta, e poi ancora e ancora, senza che vi fosse stato alcun errore nei dispositivi di registrazione. Osservare un'azione dunque innescava la stessa attività neuronale coinvolta nel compierla – almeno nelle scimmie. Sembra perciò che sia presente una forma di "risonanza" diretta tra l'azione e l'osservazione e, quindi, tra l'azione di un soggetto e il movimento di un altro. Questa risonanza potrebbe rappresentare il ponte per oltrepassare il presunto gap?

La scoperta dei neuroni specchio e il suo potenziale impatto sulla psicologia è stata paragonata alla scoperta del DNA per la biologia: il recente fiorire della letteratura neuroscientifica che ha fatto seguito a questa scoperta certamente supporta quest'affermazione.[32] Tuttavia, quando si tratta dell'imitazione neonatale, i neuroni specchio diventano un argomento irrilevante, a cui si ricorre solo per sviare da altro l'attenzione: innanzitutto, la loro attivazione non può spiegare l'imitazione che ha luogo in differita a 24 ore di distanza dal fenomeno osservato, né può rendere conto dei tentativi di autocorrezione osservati nei neonati degli studi di Meltzoff e Kugiumutzakis e neppure dare ragione delle strategie di provocazione messe in atto dai piccoli ungheresi e americani delle ricerche di Nagy e Meltzoff. I neuroni specchio non sono sufficienti per superare il cosiddetto gap.

Due ulteriori tipi di risultati sul funzionamento neurologico e muscolare offrono un quadro più complesso. Uno si riferisce al fatto che le aree premotorie (dove sono stati identificati i neuroni specchio) alcune volte si attivano anche quando colgono solo un "breve prefisso del movimento", che può essere riconoscibile e a cui si può rispondere involontariamente.

Rizzolatti e Arbib offrono al riguardo una spiegazione complessa e basata più sul processo per dare conto di questa sintonizzazione motoria reciproca e dell'inizio di una forma di dialogo primitiva:

> Questo (il prefisso del movimento) influenzerà sia l'attore sia l'osservatore. L'attore riconoscerà un'intenzione nell'osservatore, e l'osservatore si accorgerà che la sua risposta involontaria influenza il comportamento dell'attore. Lo sviluppo della capacità da parte dell'osservatore di controllare il suo sistema a specchio è cruciale per emettere (volontariamente) un segnale. Quando questo accade, si stabilisce una forma di dialogo primitivo tra l'osservatore e l'attore. Questo dialogo costituisce l'anima del linguaggio.[33]

L'altro risultato riguarda un insieme di ricerche che mostra un più ampio collegamento percettivo-motorio tra il compiere un'azione in prima persona e il vederla eseguire da un altro. Studi condotti sull'uomo utilizzando tecniche di *imaging* magnetico (sono ovviamente inutilizzabili elettrodi collocati in profondità per registrare l'attività di specifici neuroni) hanno permesso di riscontare evidenze di una possibile unione tra l'attività neurale a livello percettivo e a livello motorio. Le aree cerebrali che si attivano eseguendo alcune azioni, ossia la corteccia motoria e i lobi parietali inferiori destro e sinistro, si attivano anche osservando o immaginando le stesse azioni.[34] In aggiunta, durante l'osservazione di un movimento, non solo vi è un'attivazione a livello corticale, ma viene coinvolto anche l'intero sistema motorio. Guardare una persona afferrare un oggetto, per esempio, porta a un aumento dei potenziali evocati motori nella mano dell'osservatore così come nella corteccia premotoria; ascoltare un discorso incrementa il livello di eccitabilità dei muscoli della lingua. Questi risultati richiamano le screditate previsioni (comportamentiste) degli inizi del XX secolo rispetto alla supposta attività delle corde vocali durante le attività del pensiero.[35] Essi suggeriscono come ogni tipo di collegamento ipotizzato per colmare il supposto gap tra sé e l'altro debba necessariamente coinvolgere i corpi, non solo le menti.

Alcuni tentativi di colmare il gap

Diverse sono le spiegazioni proposte per dar conto di come queste connessioni neurologiche e corporee più ampie possano colmare il gap che separa il sé dall'altro. Andy Meltzoff e Keith Moore chiamano in causa un meccanismo chiamato appaiamento intermodale (AIM) per spiegare come, già in utero, i movimenti fetali ("i balbettii del corpo") forniscano un feedback propriocettivo che permette di mappare un'"azione spaziale" (nella quale nuove posture possono essere inserite per confronto); questi movimenti vengono memorizzati a livello "intermodale" – ossia senza essere vincolati a una specifica modalità sensoriale. Gli autori suggeriscono come tale rappresentazione del feedback propriocettivo e visivo nello stesso spazio costituisca il collegamento richiesto: sarebbe infatti responsabile dell'AIM dei movimenti altrui con i propri.[36] Non solo permette di riconoscere le somiglianze tra sé e l'altro, ma rende inoltre possibile l'imitazione neonatale; in aggiunta, attraverso un progressivo processo di apprendimento (dell'appaiamento tra gli stati comportamentali e mentali nel sé) e di ragionamento (sul probabile abbinamento tra gli stessi comportamenti e gli stessi stati mentali negli altri), il bambino comprende la relazione che intercorre tra i comportamenti osservabili degli altri e le loro stesse menti.

Nonostante gli apparenti abiti cognitivisti, l'ipotesi AIM si avvicina alla tesi basata sull'analogia. Le intenzioni, in questo modello, non sono legate al movimento; sono viste come entità concettuali, identificabili attraverso l'inferenza. Il modello considera le menti come essenzialmente inosservabili. Pertanto, il compito del neonato è di svilupparsi superando ciò che è meramente comportamentale, maturando la consapevolezza che le persone sono anche entità psicologiche, e non solo "mere sacche di pelle dinamiche che posso imitare e che mi imitano".[37]

Diversamente, un'altra proposta teorica che proviene dall'approccio in prima persona e dall'idea di Vittorio Gallese di uno "spazio primitivo noi-centrico" presente fin dalla nascita evita il ricorso a inferenze e sviluppa una più convincente ipotesi esplicativa.[38] Lo spazio condiviso può costituire quel collegamento che permette di ricongiungere il divario tra sé e l'altro e spiegare il senso di *self-ness* che "attribuiamo" agli altri. Gallese considera questo spazio condiviso come ciò che può consentire il traino sociale di tutto lo sviluppo; costituisce un potente mezzo per discriminare percettivamente la presenza di regolarità, coerenza o prevedibilità all'interno delle interazioni, facilitando in questo modo la sintonizzazione delle intenzioni e delle emozioni. Nonostante tale concetto sia cruciale nell'approccio in seconda persona, esso comunque non è sufficiente. Non è infatti ancora in grado di spiegare l'esistenza dello spazio "Io-Tu" nel quale l'altro è riconosciuto come *differente* dal sé, qualcosa verso cui il neonato è attratto e da cui viene indotto a *rispondere*.

Alcuni autori mettono in relazione non solo la percezione dell'atto con la sua esecuzione, ma anche l'azione con l'intenzionalità che a questa si associa. Jean Decety per esempio, utilizzando la tecnica della risonanza magnetica, mostra come almeno negli adulti la percezione dell'atto sia codificata in modo diverso a seconda dell'intenzione di colui che percepisce l'azione. Se il soggetto che percepisce ha intenzione di imitare l'azione osservata, le configurazioni che si attivano a livello cerebrale sono più simili ai pattern attivati quando quell'azione viene effettivamente eseguita piuttosto che non a quelli presenti durante la semplice osservazione. Anche nel momento in cui l'azione viene immaginata, l'attivazione dei pattern a livello cerebrale varia, a seconda che l'azione venga immaginata come eseguita da sé (si attiva in prevalenza il lobo parietale inferiore di sinistra) o da un'altra persona (si attiva maggiormente il lobo parietale inferiore destro). Un'indicazione promettente che deriva da questi risultati segnala come l'azione sia una sorta di fenomeno singolare; piuttosto che variare in relazione alla sua natura si modifica in base a differenti aspetti, ossia in relazione al fatto che la persona agisca, pianifichi, immagini o osservi, ed è supportata da un substrato neurale comune.[39] Questo tipo di spiegazione è in grado di eliminare la distinzione dualistica tra l'intenzione e l'azione e quella tra il senso di sé (*self-ness*) e dell'altro (*other-ness*).[40] Una concezione come questa può declinare il gap in base a differenti fattori: il grado in cui sono presenti il sé e l'altro nell'azione, il grado in cui l'azione è immaginata o percepita, il grado in cui un'azione è percepita o eseguita, e così via.

Non somiglianza ma rilevanza

Questi risultati e queste interpretazioni sono utili per spiegare (in modo chiaro) come avvenga il processo di combinazione[41] tra sé e l'altro; il che significa che siamo vicini a descrivere come avvenga l'identificazione dell'equivalenza sé-altro in termini neurologici. Ma non basta illustrare semplicemente questo aspetto. I piccoli fanno molto di più che "confrontarsi" con il mondo che li circonda. Agiscono in modo appropriato in un mondo fisico che non assomiglia al loro corpo, ricorrono ad azioni che sono differenti, e non solo simili, alle azioni e configurazioni di ciò che li circonda.[42] Per esempio, si allungano per colpire una palla tenuta ferma davanti a loro, voltano la testa per seguire visi che si muovono, localizzano nello spazio suoni mai uditi in precedenza, succhiano con maggior forza il ciuccio per elicitare nuovamente luci e immagini. Kevan Bundell, un allievo di Colwyn Trevarthen, si chiede, per esempio, come sia possibile riuscire realmente a percepire le *affordances* presenti nel mondo (una questione ancora non risolta nell'ambito della teoria classica di Gibson[43]) prima di aver messo in atto specifiche azioni, o come sia possibile conoscere il significato di qualcosa, per esempio l'afferrabilità di un oggetto, prima di averlo effettivamente afferrato. Facendo riferimento alla teoria di Bernstein, secondo cui la pianificazione dell'azione ne precede l'esecuzione e non vi è alcuna differenza reale tra pianificare un atto e metterlo in pratica (eccetto che, nel secondo caso, il corpo si muove), Bundell sostiene (in disaccordo con la posizione di Meltzoff e Moore) che non è necessario *compiere* un'azione per conoscerne il significato. Perché il corpo sia un agente dotato di vitalità, esso deve essere costantemente rappresentato associato all'azione potenziale in pattern neuronali attivabili (dinamici e analoghi) e nello stesso codice neuronale deve essere dinamicamente rappresentato anche il mondo percepito. Le informazioni così condivise consentono di percepire unitarietà tra il corpo potenzialmente pronto all'azione e il mondo nel quale quest'ultima ha luogo. Eppure, anche questa spiegazione non riesce a rendere conto della reciprocità dell'agire interpersonale. Per quale motivo siamo portati a fare qualcosa di più che semplicemente imitare gli altri?

I neonati, quando interagiscono con le persone non solo imitano, ma rispondono. Reagiscono con interesse o indifferenza, con attenzione o evitamento e, nel giro di qualche settimana dalla nascita, rispondono emotivamente in modo reciproco piuttosto che imitativo. Si è detto che possiamo considerare le interazioni imitative come qualcosa che non va solo pensato come tale e che le azioni messe in atto per imitare non sono mai identiche a quelle osservate. Spesso coinvolgono (anche nei neonati, come vedremo tra poco) diversi gradi di approssimazione, esitazione e cambiamento: si tratta di *rispondere* all'altro piuttosto che *imitarlo*. Negli studi sperimentali di Nagy e Molnar e in quelli di Meltzoff, inoltre, a volte le imitazioni mostravano l'intento di provocare una reazione e svolgevano la funzione di stimolo rivolto all'altra persona. Si potrebbe obiettare che l'imitazione – a meno che non sia fatta in modo robotico – è *sempre* una risposta. Ancora non è disponibile una spiegazione a questo fenomeno: le rappresentazioni "come me", i neuroni specchio e le rappresentazioni per analogia del mondo e del corpo possono spiegare *come* avviene il fenomeno dell'imitazione, ma non giustificano il *perché*. Ancora meno possono rendere conto di come il neonato riesca a rispondere con azioni differenti e reciproche. Ciò di cui abbiamo bisogno è una teoria della *rilevanza sé-altro*. Il concetto di rilevanza richiede una spiegazione della significatività e dell'appropriatezza piuttosto che della sola somiglianza e, così facendo, apre immediatamente la porta a spiegazioni che si interrogano e rispondono su questioni legate alla motivazione.

Per capire l'imitazione molte sono le domande aperte relative al ruolo giocato dall'intenzionalità. Come fa per esempio chi imita a decidere quale aspetto di un atto imitare?[44] Ogni imitazione di successo deve in larga misura presentarsi all'interno di un terreno condiviso di significati che permetta, per esempio, di riconoscere che il movimento di protrusione della lingua è diverso dall'azione del voltare la faccia. Questa "conoscenza" comune potrebbe già essere un ulteriore esempio del "background fortemente interpretativo" coinvolto nella questione dell'apprendimento del linguaggio, ossia "come fanno i bambini piccoli a sapere che la parola 'coniglio' si riferisce all'animale nel suo insieme e non alle orecchie o alla coda?".[45] Il riferimento all'interpretazione del significato deve ritrovarsi non solo alla base del riconoscimento di intenzionalità, ma anche nel coinvolgimento nel processo imitativo stesso. L'imitazione, per definizione, coinvolge due giocatori. Come suggerito da Ina Uzgiris, importante personalità della psicologia dello sviluppo piagetiana e post-piagetiana, potrebbe essere più costruttivo, vista la fragilità e la condizione di dipendenza dell'imitazione, considerare quest'ultima come un'attività primariamente interpersonale, e interrogarsi su quale sia la motivazione sottesa e la sua funzione. Adottando un approccio interpersonale l'imitazione sarebbe vista come un processo bi-direzionale (ossia, colui che agisce da modello e colui che imita si trovano uniti in una condizione di reciproca fusione, con una inevitabile alternanza di ruoli e influenze) in cui non avvengono azioni arbitrarie ma di grande rilievo per l'interazione. Un processo che incanala lo scambio lungo precise direttrici e, soprattutto, un'attività culturale in grado di generare significati sociali più ampi. Per comprendere cosa succede nell'imitazione neonatale, occorre interrogarci sulla motivazione che la sottende: perché i neonati imitano?

Perché i neonati imitano?

Le azioni che i neonati imitano sono in una certa misura bizzarre, eccetto che per quegli aspetti del corpo che sono specificamente adattati nella forma e nella tempistica alla comunicazione – facciale, vocale e gestuale. Le persone di solito non vanno in giro conversando con chiunque in modalità faccia-a-faccia, tirando fuori la lingua e restando così per alcuni secondi, o aprendo la bocca e alternando movimenti lenti e veloci. Colwyn Trevarthen avanza l'ipotesi che sia proprio il carattere inusuale e poco maneggevole di queste azioni all'interno dello scambio conversazionale a renderle capaci di suscitare risposte marcate da parte dei piccoli. Quando si interagisce faccia-a-faccia in maniera meno esagerata o comunque "comprensibile" – sia tra adulti familiari sia tra l'antropologo e il "selvaggio" – non si osservano risposte esagerate. È il comportamento insolito che risalta ed evoca un commento responsivo.

Ma perché si *imita*? Due sono le spiegazioni attualmente disponibili: un tentativo razionale di testare l'identità del proprio interlocutore e/o un tentativo di conversare. Andy Meltzoff sostiene che il comportamento è una specie di firma gestuale per le persone e suggerisce che il neonato, dopo aver compreso che una certa azione è ciò che fa la persona X, tenta di riprodurre l'atto guardando ancora quella persona al fine di testarne l'identità o per ripristinare un "gioco" interattivo specifico o di routine. Dall'altra parte una spiegazione maggiormente connotata in termini diadici e reciproci, considera i contributi del neonato e dell'adulto come parte della stessa unità conversazionale. Facendo eco a Merleau-Ponty, secondo cui l'imitazione è sia condivisione del corpo dell'altro sia completamento delle sue azioni, Kugiumutzakis suggerisce che quella neonatale costituisce una semplice forma di comunicazione con un modello. Il neonato, nell'imitare, risponderebbe al tentativo di comunicazione avanzato dall'altro, completandone l'azione interpersonale abbozzata.

Vi è qualche prova empirica che corrobora quest'interpretazione. Negli esperimenti di Kugiumutzakis, lo sperimentatore-modello presentava l'azione da imitare un massimo di 5 volte, con un ritmo di circa una volta ogni tre secondi, ma si interrompeva se il piccolo imitava l'azione prima delle 5 presentazioni previste. Più dei tre quarti dei bambini reagiva dopo la quinta presentazione, anche se avrebbero potuto interrompere prima la sequenza. Considerando questo risultato insieme all'interesse e alla concentrazione che i piccoli mostravano, Kugiumutzakis considera questo modo di rispondere come un indicatore importante della semplice alternanza di turno; il neonato risponde all'azione comunicativa dell'adulto solo dopo che questo si ferma e cede il turno. Analogamente, il fatto che una procedura sperimentale più incentrata sulla conversazione e meno rigida comporti più facilmente la messa in atto di un comportamento di imitazione (almeno negli scimpanzé) suggerisce come l'interazione faccia-a-faccia (e non solo la percezione del modello che agisce) sia importante per innescare l'imitazione nel neonato. In aggiunta, la differenza riscontrata in quest'ultimo tra il ritmo cardiaco che accompagna le azioni imitative e quelle provocative mette in luce come almeno i movimenti di provocazione siano l'inizio di qualcosa di interpersonale – dei tentativi di creare una forma di scambio comunicativo rudimentale. Nagy e Molnar suggeriscono come queste due azioni presentino un buon grado di somiglianza con le due componenti implicate in tutti i processi motivazionali conosciuti in etologia: la fase appetitiva, aperta alle trasformazioni e plastica (l'azione provocativa) e la fase consumatoria, rigida e chiusa (l'imitazione). Una risposta conversazionale o comunicativa alla domanda sulla motivazione potrebbe essere cognitivamente molto meno onerosa che un "test di identità" individualistico. La comunicazione sembra, inevitabilmente, essere all'ordine del giorno nelle discussioni sull'imitazione neonatale. È al cuore delle questioni sul gap.

L'imitazione neonatale è un'attività interpersonale?

Le descrizioni di Darwin e di Fitzroy (il capitano del *Beagle*) sull'imitazione dei "selvaggi" e degli europei a bordo del *Beagle* possono esserci di aiuto qui. Darwin descriveva l'imitazione come un processo più o meno unidirezionale. Il marinaio provocava. Il "selvaggio" mimava. Il fenomeno che si credeva richiedesse una spiegazione era l'eccezionale abilità mimica presente "dentro" il "selvaggio". Le descrizioni di Fitzroy, meno meticolose ma forse anche meno preoccupate di garantire una certa coerenza teorica, offrono un'interpretazione diversa: "Esprimevano la loro contentezza e cordialità strofinando o tamburellando con le dita prima sul proprio corpo poi sui nostri; ed erano molto compiaciuti dai giochi dell'uomo dell'equipaggio della barca, che era abile nella danza e un buon imitatore".[46]

Usando le parole di Michael Taussig possiamo chiederci: chi è a imitare e chi è a essere imitato? Il marinaio o il "selvaggio"? È interessante, sostiene quest'autore, che il vecchio problema se sia nato prima l'uovo o la gallina si ripresenti parlando dell'interazione dei bambini con gli adulti:

> Gli adulti imitano quello che ritengono essere il linguaggio dei piccoli o il tono di voce infantile e le espressioni, e si inseriscono in quello che considerano il "mondo dei bambini", giocano con loro, a volte con il proposito di controllarlo, o di insegnare al bambino in modo tale che il piccolo imiti l'adulto che imita un'azione – il cane si accarezza in questo modo e non in quello, si mangia in questo modo, non in quell'altra maniera, e così via [...]. E il bambino? Risponde imitando l'imitazione? E in primo luogo in cosa consiste l'imitazione dell'adulto – una realtà vera, come potremmo descrivere semplicisticamente il problema, come il tono di voce o il comportamento del bambino? O invece l'adulto imita l'imitazione che il neonato fa dell'imitazione dell'adulto?[47]

Ci stiamo avventurando in acque ancora sconosciute. Non è così rara la circolarità quando si riproduce un modello o vi si risponde: accade conversando tra amici, quando si riproduce specularmente la postura altrui o l'azione di uno richiama quella dell'altro e viceversa, oppure un'imitazione apprezzata incoraggia colui che gioca il ruolo di modello ad agire ancora, imitando l'imitatore. Nel caso dell'adulto e del neonato, le imitazioni (se si presentano naturalmente e al di fuori di condizioni sperimentali rigidamente controllate) sono anch'esse collocate in un contesto interattivo. Non potrebbe essere diversamente. Come in ogni altra interazione, l'adulto non può fare a meno di essere influenzato dalla reazione del neonato e così di seguito.

La psicologa francese Jacqueline Nadel (allieva di Zazzo) ha presentato un paradigma originale per esplorare gli effetti dell'essere imitati, nel quale mostra chiaramente questa interconnessione globale che si crea tra chi imita e chi viene imitato. Nei suoi filmati, dove lei imita in qualità di adulto e sperimentatore la postura del corpo le azioni e i movimenti dei bambini autistici, è possibile osservare come gli effetti dell'essere imitati siano particolarmente potenti tanto da accrescere la curiosità del bambino e motivarlo alla comunicazione. E subito diventa molto difficile individuare in modo chiaro la linea che separa chi imita da colui che viene imitato. Inoltre è complesso stabilire – in modo decontestualizzato – i criteri in base ai quali un atto può essere considerato o meno un'imitazione. Eppure, quest'ultima è stata pensata come una capacità intraindividuale. Di che cosa è capace il neonato? Che cosa può vedere? A che cosa è interessato? L'"oggetto" di cui ci stiamo occupando è stato in gran parte definito come un processo interno al bambino. Ma se consideriamo la nozione (wittgensteiniana) di coinvolgimento come essenziale per darne una definizione, allora la domanda andrebbe formulata in questo modo: "Accade che i neonati imitino la protrusione della lingua se non sono coinvolti?" e ancora "i genitori sporgerebbero all'esterno la loro lingua se non stessero cercando di coinvolgere i loro piccoli (pur in modo un po' strano)?". Kugiumutzakis e i suoi colleghi hanno mostrato come le azioni imitative che hanno luogo tra il neonato e il genitore siano, come l'autore sostiene, un "nuotare nell'emozione". Sorrisi sul volto del neonato e del genitore compaiono prima, durante e dopo tali azioni.[48] Bambini più grandi o soggetti con disabilità mostrano un progressivo incremento di sorrisi durante momenti di scambi imitativi.[49] Sembra dunque che non solo l'imitazione sia un'esperienza piacevole, ma che questo a sua volta serva a incrementarne l'uso. Questo tipo di circolarità, tenendo conto di quanto attestato dalle ricerche sugli effetti positivi delle emozioni, diventa più difficile da mantenere durante la fanciullezza e l'età adulta, rendendosi responsabile della riduzione delle opportunità di interazione e comprensione reciproca. L'imitazione, intesa come attività emotiva, sembra essere essenzialmente reciproca. I recenti risultati ottenuti da Teresa Farroni e dai suoi colleghi di Londra possono aiutare a chiarire meglio queste considerazioni. Occupandosi di analizzare vari aspetti comportamentali e neurologici implicati nell'atto di percepire la direzione dello sguardo altrui in neonati di appena due-cinque giorni di vita, questo gruppo di ricercatori ha scoperto che già alla nascita i piccoli mostrano una chiara preferenza per i volti il cui sguardo è rivolto verso di loro rispetto a volti che guardano altrove. A partire dai quattro mesi di vita, vi sono evidenze di una elaborazione neuronale più avanzata dello sguardo diretto sul piccolo piuttosto che di quello diretto altrove.[50] L'idea che sia implicato un coinvolgimento Io-Tu nell'imitazione neonatale non sembra essere più tanto inverosimile.

A che cosa serve l'imitazione?

Solitamente i genitori non si accorgono dell'imitazione, anche se, come è stato dimostrato, i neonati la usano un po' anche in interazioni naturali. Contrariamente alle accuse di solito mosse nei loro confronti, secondo cui i genitori sarebbero sempre pronti ad attribuire ai loro piccoli le abilità più complesse, sembra in realtà che essi tendano a sottostimare – piuttosto che a sovrastimare – le imitazioni occasionali dei loro piccoli, liquidandole superficialmente come azioni fatte per caso. Ma quando si accorgono del fenomeno dell'imitazione, questo diventa una tra le poche strategie interpersonali a cui ricorrono per coinvolgere, mettere alla prova i loro piccoli e interagire con loro. È incredibilmente facile far sì che i piccoli riescano a imitare, se non nelle primissime ore subito dopo la nascita senz'altro dopo i primi due giorni quando sono vigili e svegli. Il neonato, comunque, ha bisogno di trovarsi in quello stato chiamato di quieta vigilanza: sveglio e tranquillamente attento all'ambiente che lo circonda piuttosto che in una condizione di agitazione. E per un genitore può essere divertente – un'occasione piacevole di cui hanno bisogno genitori provati da neonati esigenti o comunque non particolarmente inclini a rispondere emotivamente. Berry Brazelton riferisce qualcosa di simile osservando come si comportavano i genitori in occasione della visita di controllo di routine prevista a un mese di vita dei loro bambini. Accorgendosi di come i loro piccoli rispondevano alla sua voce, di come si voltavano quando li chiamava, gli si aggrappavano al corpo se li accarezzava, di come rimanevano concentrati sul suo viso con lo sguardo quando interagiva con loro, i genitori si dichiaravano increduli che quello fosse lo stesso bambino di cui si erano presi cura nelle loro case in maniera intensiva per tutto il mese, senza mai essersi accorti che fosse capace di una responsività e di un interesse simili.[51] Riuscire a coinvolgersi in maniera attiva richiamando l'interesse del piccolo attraverso l'invito a imitare può costituire un punto di svolta nell'interazione – uno dei primi "momenti adesso" realizzabili.[52]

Negli adulti, l'imitazione assolve a qualunque funzione interpersonale a cui possiamo pensare. Può essere spietata, essere un atto di scherno che vuol sottolineare la debolezza di qualcuno, o può essere divertente, insolente, irritante, lusinghiera, o qualunque altra cosa a seconda di come si decida di utilizzarla. Ma nell'interazione tra i neonati e gli adulti la sua funzione probabilmente è più semplice; è indicativa di una condizione di risonanza, implicita o esplicita, e riflette la sintonia verso lo stato d'animo dell'altro. È interessante osservare come l'imitazione assolva a una funzione psicologica decisiva più per colui che è imitato piuttosto che per colui che imita; come disse Jacqueline Nadel, essere imitati è un complimento sincero. È come dire alla persona che si sta imitando "ti prendo così come sei". Nella sua forma di adulazione, più o meno sincera, essa sembra comunque costituire un mezzo semplice e molto potente per "confermare" l'altro nel senso proposto da Buber e Hegel e discusso nel precedente capitolo. Il sensazionale successo che l'imitazione ha nell'elicitare la comunicazione in bambini con disabilità (si veda il metodo pioneristico di Nadel che imita i bambini con autismo, o il lavoro di Caldwell descritto in precedenza) è dovuto proprio a questa conferma interpersonale, al riconoscimento del "Tu". Essere imitati sembra stabilire una potente e immediata condizione di interesse, connessione e relazione intenzionale e, come suggerito da Suzanne Zeedyk e individuato da diversi studi recenti sulla efficacia che questa esperienza rivela in condizioni di trascuratezza e di difficoltà comunicative, è l' *essere imitati* che risulta centrale per stabilire l'intimità.[53] Per la stessa ragione, forse, l'imitazione neonatale dovrebbe essere importante nella vita quotidiana dei genitori. La sua "funzione" potrebbe essere l'effetto che ha sull'altro e il dialogo interpersonale che promuove. Nel prossimo capitolo analizzeremo ciò che è implicato e si afferma a proposito delle conversazioni precoci infantili: ciò che abbiamo chiamato proto-conversazioni in bimbi di due mesi.

5

Le prime conversazioni

> Il cantante da solo non può fare una canzone,
> occorre che ci sia qualcuno che la ascolti.
>
> RABINDRANATH TAGORE, *Broken Song*[1]

"Di tutte le faccende umane", affermava il grande pedagogista e filosofo John Dewey, "la comunicazione è quella che suscita più meraviglia".[2] Comunicazione e dialogo creano e trasformano l'individuo e il regno dei significati, ma è anche interessante che attraverso essi si dimostri di riconoscere un altro essere. Non si può entrare in comunicazione con qualcuno, infatti, senza dare per scontato, o almeno sperare, che lei o lui sia incline e capace – a un certo livello – di comprendere e rispondere. A meno che non siate Shirley Valentine che parlava con i muri o John Cleese che discuteva con la sua Mini, se vi rivolgete sul serio a qualcosa privo di intelligenza correrete il rischio di essere considerati dei pazzi.[3] Dato che in genere riserviamo il dialogo e la comunicazione a creature dotate di una mente significa che le riconosciamo in quanto tali. Ma cosa fa sì che uno scambio diventi un dialogo? Possiamo avere un dialogo senza contenuto? O intrattenere conversazioni sul nulla?

In questo capitolo mi occuperò delle proto-conversazioni dei bimbi di due mesi – quel "chiacchierare" faccia-a-faccia che avviene senza usare parole né argomenti – un fenomeno ancora controverso dopo anni di dibattito e di importanza cruciale rispetto alla questione dell'origine precoce dell'intersoggettività. Partirò dunque innanzitutto dall'interrogativo: "Che cos'è il dialogo?".

Cos'è il dialogo?

Voi a cosa pensate quando sentite la parola dialogo? Ecco alcuni esempi che vengono in mente a me: un genere di musica islamica del sud asiatico chiamata *Qawwali*, che spesso vede due gruppi di cantanti lanciarsi reciprocamente sfide musicali e poetiche, instaurando uno scambio di battute che termina solo con la vittoria di un gruppo; la conversazione continua del jazzista nei confronti degli altri musicisti del gruppo; le discussioni degli studenti sul senso dell'esistenza che durano tutta la notte; il confronto tra palestinesi e israeliani in Egitto mentre il mondo attende; le giovani coppie che parlano del più e del meno al telefono; un bimbo e una madre in interazione faccia-a-faccia, con entrambi che si godono un intenso scambio non verbale. Cosa c'è in queste diverse forme di interazione che le accomuna in qualità di dialoghi? In ognuno di questi esempi vi è perlomeno una qualche forma di mutuo riconoscimento della coscienza dell'altro, un qualche tipo di apertura nei confronti di ciò che fa e il rispetto dell'alternanza dei turni. Può sembrare una risposta ovvia, eppure ancora non vi è un accordo unanime a riguardo. E non si tratta di un dibattito confinato unicamente all'ambito accademico: i dubbi sul significato del termine dialogo e la sua rilevanza influenzano il nostro agire, e persino i genitori, nelle loro interazioni quotidiane, possono non essere certi di cosa esso significhi.

Considerate, per esempio, il seguente passaggio tratto da un resoconto osservativo che ho tenuto in forma di diario dopo la nascita di nostra figlia Shamini. Ero in difficoltà nel sapere come definire le manifestazioni di responsività che la piccola sembrava avere nei miei confronti, dato che i libri datavano ai due mesi di vita il momento in cui si verificherebbe quell'importante cambiamento evolutivo che segna la comparsa di abilità quali il sorridere o "conversare" in risposta alle manifestazioni di interesse di un'altra persona.[4]

> *19°giorno*: [...] (oggi il primo vero sorriso sociale) [...] Poco dopo l'ho presa in braccio perché si stava [...] agitando, [...] ho iniziato a parlarle (con tono sorpreso, dicendole affettuosamente "perché fai così?") e lei immediatamente mi ha sorriso di nuovo [...] poi il suo sguardo si è diretto da un'altra parte, velocemente. Non ero molto certa su come considerare quell'evento. Per la prima volta avevo avvertito una sua risposta al *mio* sorriso. *Sento* chiaramente una risposta alla mia dimostrazione di affetto. Ma ancora non posso crederci (al fatto che si tratti di questo) [...] che lei (non può ancora essere) sia pronta a questo finché (non passerà qualche altra settimana) [...].

> *Più tardi*: Stava iniziando a diventare irrequieta, così ho avvicinato il suo viso a cinque centimetri dal mio, sperando di tranquillizzarla in modo da poter continuare a leggere (ahi!). Ho visto che aveva un'espressione sorpresa, le ho detto un grande ciao e poi le ho sorriso. Lei mi ha guardata in volto e ha sorriso – un sorriso evidente, ma solo di metà faccia – su quel lato che era sollevato. Sono rimasta sorpresa, e ho chiacchierato per un po' – sempre restando in dubbio sul fatto che quel sorriso fosse davvero per me. È una risposta. Ma non sono certa che sia l'inizio di una forma di relazione con me. Non vorrei esagerare nell'attribuirle troppo.[5]

Fortunatamente, nonostante le conoscenze accademiche che possiedo, non ho dato molto credito ai miei dubbi e, coinvolta dai tentativi di comunicazione della bambina, ho continuato di fatto a chiacchierare con lei! Mi trovavo d'altronde in buona compagnia; gran parte della psicologia dello sviluppo era e continua a essere scettica rispetto all'esistenza di una forma di comunicazione autentica prima che i piccoli raggiungano l'anno di vita. Comunicare viene in genere principalmente inteso come equivalente a usare il linguaggio o le "informazioni", significati cioè esterni a entrambi i partecipanti. I semplici scambi di sorrisi o i vocalizzi sono perciò considerati privi di significato, e di frequente vengono visti come programmati biologicamente e non propriamente intenzionali.

Nella scettica atmosfera culturale della fine degli anni Sessanta e dell'inizio degli anni Settanta, Mary Catherine Bateson (grazie a un film su un neonato di nove settimane in interazione con la madre, che riferì di aver visto mentre lei stessa era incinta) fu la prima a utilizzare il termine proto-conversazioni riferendosi alle interazioni dei piccoli di due mesi di vita. Cominciava a manifestarsi un nuovo spirito culturale; il lavoro di diversi ricercatori indipendenti stava trovando interessanti convergenze sulle abilità comunicative dei bimbi molto piccoli.[6] Era il 1966 e Colwyn Trevarthen, allora giovane biologo, appena concluso il suo dottorato sulla coscienza nelle scimmie con il premio Nobel Roger Sperry, era andato a lavorare un anno a Marsiglia. Lì si erano verificati due eventi decisivi: la nascita del suo primo figlio, da cui era rimasto affascinato, e l'incontro con il dinamico e vulcanico Jerome Bruner, che a Harvard stava progettando di dare vita a un gruppo di ricerca sui bambini piccoli. Nel corso dello stesso anno era anche lui lì a collaborare con Jerome Bruner, Berry Brazelton e Martin Richards. Altre due figure decisive stavano lavorando, in laboratori indipendenti, su temi analoghi: Daniel Stern studiava gli intricati e coinvolgenti giochi di sincronizzazione delle interazioni madre-bambino, e Hanus Papousek si stava occupando delle espressioni emotive di natura comunicativa di neonati coinvolti in esperimenti di condizionamento.[7] Il resto è storia. Pochi anni dopo, a seguito del trasferimento di Trevarthen a Edimburgo, le competenze comunicative dei neonati balzarono all'onore della cronaca. Immediatamente esplose il dibattito. La sua affermazione secondo cui non soltanto i piccoli erano in grado di stabilire delle "conversazioni", ma anche di esibire un' "intersoggettività innata", ossia l'abilità di condividere e partecipare ai sentimenti e pensieri di un'altra persona, rappresentava una messa in discussione apparentemente risibile, ma in realtà fondata, delle posizioni allora dominanti.[8] Risibile quanto l'affermazione di Zazzo, che sosteneva come il figlio appena nato fosse capace di imitare le espressioni del volto.

Ciò che sembrava costituire una forma di comunicazione veniva ridimensionato come "pseudo (anziché 'proto') conversazioni" (analogamente a quanto già fatto da Piaget e altri autori con il termine *pseudo-imitazione*). Si motivava questa posizione invocando cautela e un insieme di convinzioni teoriche *a priori* provenienti da tradizioni differenti. La tradizione comportamentale – nella forma della teoria dell'apprendimento sociale – opponeva la sua tesi cercando di sostenere che le interazioni fossero l'esito di una serie di associazioni apprese e di rinforzi. Anche la più recente tradizione cognitiva ribatteva – almeno nella sua versione piagetiana – sia all'idea che la comprensione interpersonale comincia con un profondo egocentrismo infantile sia perché i suoi sostenitori cominciavano a invocare il ruolo di specifiche abilità di natura rappresentazionale per poter avallare qualsiasi affermazione riferita alla comunicazione. È superfluo ribadire come alla base di entrambe le posizioni ci fosse l'ormai noto dualismo tra mente e comportamento. Nei casi in cui la comunicazione veniva definita come un processo "tra menti", i neonati erano considerati semplicemente troppo piccoli per poter afferrare il concetto di menti e comunicare con esse. Quando l'accento era invece posto su un costrutto più comportamentale come quello di rinforzi e contingenze di natura interattiva, il comportamento infantile (e sicuramente anche quello adulto) veniva considerato l'esito di vincoli ambientali e comportamentali, senza il bisogno di chiamare in causa termini mentalistici elaborati come intersoggettività e comunicazione.

L'invito più forte alla cautela proveniva da una nuova prospettiva teorica – il costruttivismo sociale – che, ispirandosi al pensiero di George Herbert Mead e di Lev Vygotskij, metteva in discussione l'approccio individualista di Piaget e sposava una posizione di radicale socialità. Il filosofo norvegese Ragnar Rommetveit nel 1974 scriveva in proposito: "L'intersoggettività deve essere presupposta perché la si possa realizzare", e questa ormai rinomata affermazione veniva riferita all'infanzia per affermare che i piccoli possono effettivamente arrivare a comprendere le loro madri solo se queste si comportano "come se" essi fossero in grado di capirle. L'intersoggettività emergerebbe nella relazione grazie a un curioso travisamento: grazie cioè a un'attribuzione *errata* di uno o di entrambi i partecipanti alla relazione (in questo caso la madre) rispetto alle intenzioni e alla comprensione dell'altro. Adottando questa posizione si può così sospendere il giudizio rispetto a cosa davvero il bimbo "comprenda" dell'altro o rispetto a ciò che effettivamente possano "significare" le sue azioni prima che tali attribuzioni abbiano luogo.

Ciononostante, l'affermazione di Rommetveit può essere interpretata anche in un altro modo: per *iniziare* qualsiasi tipo di comunicazione interpersonale chi intraprende lo scambio deve presupporre l'intersoggettività.[9] Questo significa che la capacità del bambino piccolo di dare avvio a uno scambio comunicativo indica che il piccolo ha precedentemente riconosciuto la soggettività dell'altro. Ovviamente, non solo è controversa la questione di cosa si debba intendere per comunicazione, ma è problematico anche definirne l'inizio. I nostri scambi comunicativi sono profondamente imbricati nelle reazioni reciproche e dunque chi può dire dove termina una risposta e dove inizia una nuova azione?[10]

Tuttavia, questo modo di vedere la questione ci allontana dalla centralità assegnata dal costruttivismo sociale alle attribuzioni o convinzioni materne autoavverantisi per restituire importanza al fatto di descrivere cosa fanno effettivamente i bambini. Sono loro a *dare inizio* a una comunicazione interpersonale? Abbiamo considerevoli prove empiriche nella letteratura scientifica sulla comunicazione animale che attestano che i piccoli mammiferi emettono dei richiami per ottenere attenzione e compagnia. Per quanto riguarda i piccoli umani, tuttavia, pur in presenza di un'ampia letteratura sul pianto, i richiami infantili di natura positiva sono stati in gran parte trascurati. Le madri riportano come intorno ai tre mesi di vita compaiano dei vocalizzi con un tono "di richiamo" che vengono utilizzati dai bimbi quando non sono seguiti e che sono sostanzialmente diversi dai vocalizzi di risposta emessi quando è già in atto uno scambio interattivo. Ciò che il bimbo precisamente fa è chiamare l'altro *perché* qualcosa di altro poi abbia luogo: l'attenzione reciproca faccia-a-faccia, il contatto fisico, gli scambi vocali, il divertimento. È tuttavia anche comune per i piccoli emettere vocalizzi di inizio dell'interazione quando già si trovano in essa coinvolti, e per i genitori cogliere questi segnali e imitarli (proprio come faceva Diane Fossey con i suoi gorilla).

È chiaro che il modo per evitare questo ginepraio è osservare accuratamente in cosa effettivamente consistano gli scambi conversazionali che si presentano a due mesi di età. Ma come possiamo farlo? Come posso io, in qualità di autrice, descrivere a voi, lettori, gli aspetti che caratterizzano queste conversazioni? La soluzione alternativa rispetto al partecipare in prima persona consiste nell'osservare qualcuno che lo faccia. La proiezione di video sui bambini durante le mie lezioni provoca sempre nell'uditorio reazioni interessate e coinvolte, e questo ha un significato profondo. C'è un video in particolare, di mio figlio quando aveva dieci settimane, che ogni volta emoziona le persone a cui lo mostro. Si tratta di un episodio che ha fortemente a che vedere con il dialogo: le sue risposte sono così sintonizzate con le mie, e il tutto è così simile a una conversazione, che occorre davvero fare uno sforzo per non accorgersene.

> Rohan, dieci settimane, sdraiato sul divano e io china su di lui; segue una serie di scambi vocali intensi tra noi in posizione faccia-a-faccia; c'è una vocalizzazione particolarmente lunga ed espressiva che lui fa e sovrasta una risposta vocale a cui stavo dando inizio io. Mi blocco nella mia risposta fino a circa un secondo dopo il termine della sua espressione vocale e quindi gli chiedo con voce calma – "cosa?". Lui si blocca per due secondi, restando a guardarmi intensamente, e poi risponde sorridente con una vocalizzazione, curvando leggermente la testa e il corpo. Mi viene da ridere e gli chiedo "stai cantando?". Lui mi risponde immediatamente con un sorriso ancora più grande – quasi una risata – sollevando verso l'alto il volto e continuando a guardarmi negli occhi.

Si tratta realmente di un dialogo e di una forma di comunicazione? In base a cosa possiamo deciderlo?

Le caratteristiche strutturali del dialogo e della comunicazione

Un modo per decidere se un'interazione sia effettivamente una comunicazione è fare riferimento a quelle caratteristiche strutturali che generalmente vengono considerate gli elementi costitutivi delle conversazioni tra adulti (con l'avvertenza che, utilizzando criteri riferiti a una versione più matura del fenomeno, si corre il rischio di non cogliere quegli aspetti veramente precoci che stiamo cercando). Caratteristiche di questo tipo includono il *repertorio delle azioni comunicative* (cioè le espressioni, le parole e i gesti), *la auto-sincronia* (la capacità di produrre azioni organizzate e coerenti), *la sincronia affettiva e interattiva* (l'abilità di sintonizzare le proprie azioni ed emozioni alle azioni ed emozioni dell'altro), *l'alternanza dei turni* (ossia saper gestire il proprio turno), *la coordinazione attentiva* (vale a dire la capacità di capire quando l'altro si aspetta qualcosa e di coordinare la propria attenzione con la sua su un oggetto terzo), *il riferimento* (cioè saper indicare un oggetto o riferirsi a questo verbalmente), *i contenuti informativi* (la capacità di dire qualcosa su queste tematiche), *il simbolismo* (che consiste nel sapere utilizzare simboli che stiano al posto delle cose), *la competenza grammaticale e testuale* (la capacità di discriminare tra le regole e i bisogni che caratterizzano diverse situazioni e differenti tipi di pubblico), la *competenza socio-linguistica* (l'abilità di discriminare tra regole e necessità di situazioni e pubblici diversi). Nel corso del primo anno di vita il bambino matura una capacità comunicativa che mostra come egli possieda almeno alcune delle competenze tipiche di ognuno di questi domini. Come inizia la comunicazione?

Trevarthen e una sua allieva, la compianta Penny Hubley, hanno condotto uno studio ormai classico su una bambina chiamata Tracy, seguendola a cadenza mensile dalla nascita fino alla fine dell'anno di età. Nel corso di questo intervallo temporale hanno osservato la presenza di diversi e specifici cambiamenti negli interessi e nelle azioni "comunicative" della piccola con la madre: quelli più evidenti furono la comparsa di intensi scambi comunicativi faccia-a-faccia a partire dai due mesi; il passaggio verso un marcato interesse nei confronti dell'ambiente tra i tre e i quattro mesi, seguito da un periodo di gioco a partire da metà anno quando la madre, stufa dell'attenzione incostante della bambina, le proponeva giochi ritmici e canzoni per indurre la piccola a chiacchierare con lei; infine, attorno ai nove mesi, lo sviluppo di una forma di interazione triadica tra la madre, la bambina e gli oggetti attorno a loro. Trevarthen ha distinto la natura della comunicazione a due mesi, definendola intersoggettività primaria, da quella che si sviluppa tra i nove e i dodici mesi, denominata intersoggettività secondaria. Questi termini e le forme di coinvolgimento interpersonale cui si riferiscono sono ora divenuti parte del bagaglio culturale degli studenti di psicologia dello sviluppo. Ma, tra i teorici, l'interpretazione degli scambi interattivi che hanno luogo a due mesi di età sono ancora oggetto di un acceso dibattito.

Le prime quattro caratteristiche della lista riportata in precedenza coincidono con gli aspetti che Trevarthen ha evidenziato come particolarmente importanti per sostenere che sorridere, borbottare o "chiacchierare" da parte dei piccoli di due mesi costituiscono forme di comunicazione di tipo conversazionale e intenzionale. *Primo*, queste azioni sono a loro volta precursori significativi dei movimenti dell'adulto legati al parlare, quali i movimenti labiali e quelli della lingua dentro la bocca durante e prima della vocalizzazione. Trevarthen li definisce movimenti di preparazione all'eloquio, ossia movimenti di organi funzionali prima che il parlare abbia luogo. Essi si presentano in coordinazione con i sorrisi, i vocalizzi e i movimenti delle braccia. In altre parole, i piccoli di due mesi ricorrono a comportamenti comunicativi che noi adulti riconosciamo come tali. *Secondo*, sono coerenti. Ossia, questi comportamenti non sono eseguiti in modo casuale, ma si presentano in pattern di azioni organizzati. I bambini di due mesi sorridono, vocalizzano e muovono le braccia coordinando i loro movimenti secondo configurazioni organizzate allo stesso modo in cui gli adulti, quando si voltano a parlare con qualcuno, simultaneamente lo guardano, gli sorridono, orientano verso di lui il corpo e gli dicono qualcosa. Nelle conversazioni vocali sono coinvolte diverse parti del corpo, ognuna spesso si muove in direzioni differenti e a diverse velocità, ma ogni azione è in relazione all'altra e costituisce un "fascio di movimenti", che rivela ciò che è stato definito "auto-sincronia".[11] *Terzo*, i comportamenti dei bambini nei primi mesi di vita si manifestano seguendo l'alternanza dei turni conversazionali e non secondo una sovrapposizione caotica, ossia un partner "dice" qualcosa e poi interviene l'altro. Numerosi studi hanno riscontrato solo una minima sovrapposizione tra i vocalizzi materni e quelli del bimbo. *Quarto*, esprimono emozioni in relazione reciproca con quelle espresse dall'altro, il che implica una qualche forma di riconoscimento del significato delle emozioni altrui. Mentre le prime due caratteristiche (la presenza e la coerenza dei comportamenti "comunicativi") vengono considerate un dato di fatto, le ultime due rimangono ancora controverse e rappresentano aspetti essenziali per comprendere sia come nasca e si sviluppi la capacità comunicativa nel bambino piccolo sia come essa si associ alla consapevolezza delle altre menti.

L'alternanza dei turni e la partecipazione reciproca

Kenneth Kaye esprime una valutazione critica sulla possibilità che esista una precoce capacità nell'alternanza dei turni, dicendo che le madri si creano l'illusione di risposte coordinate allo stesso modo in cui il famoso Fred Astaire ballava il tango con un cappello poggiato in cima a un'asta. Durante le precoci interazioni nel corso dell'allattamento, le madri tendono a cullare i loro piccoli tra una poppata e l'altra con un'alternanza che sembra davvero molto simile a un dialogo coordinato. Le madri credono che il movimento del dondolare i piccoli li aiuti a iniziare a succhiare di nuovo. In realtà, sostiene Kaye, l'effetto che il dondolio ha sul neonato è decisamente minimo. Serve semplicemente a dare alla madre l'illusione che si tratti di una conversazione e a stabilire, per il futuro, un pattern di alternanza di turni. Allo stesso modo, quei pattern conversazionali di alternanza di turni che si stabiliscono tra la mamma e il bambino a due mesi d'età non sarebbero il risultato dell'agire di quest'ultimo che attivamente aspetta il proprio turno, quanto piuttosto verrebbero creati dalle madri che inseriscono le loro risposte nell'intervallo che intercorre tra un'azione e l'altra del piccolo. L'effetto sarebbe quello di uno "pseudo-dialogo", in cui il bambino piccolo gioca la sua parte, indipendentemente dall'agire della madre. Questo significa che la coordinazione sarebbe semplicemente apparente, dove le azioni del bambino piccolo non sono una "risposta" né sono in relazione all'agire della mamma. Di fatto alcuni sostengono che di questo si tratta negli scambi che avvengono tra i bimbi di due mesi e le loro madri.[12] Mentre per il bambino piccolo le azioni del genitore non avrebbero alcun significato, le madri, attraverso un utilizzo inconsapevole del gap, considerano le espressioni vocali e le azioni dei loro piccoli come indicative di una comunicazione, maturando in questo modo l'illusione che essi stiano rispondendo coerentemente rispetto ai turni conversazionali. Si tratta di una fantasia potenzialmente molto utile – aiuta la madre a stabilire uno scambio interattivo con il figlio e a promuoverne lo sviluppo –, ma resta in definitiva sempre un'illusione.

L'alternanza dei turni è realmente solo un'illusione? Le risposte del bambino non sono dunque tali, ma si tratta di azioni sganciate da quelle che le precedono? È stato per rispondere a questo tipo di domanda che tre laboratori indipendenti (quello di Trevarthen, di Hanus e Mechthild Papousek e di Ed Tronick) hanno sviluppato alcune procedure che prendono il nome di *esperimenti di perturbazione*. John Tatum, durante la sua discussione di laurea nel laboratorio di Trevarthen all'Università di Edimburgo, probabilmente ispirato dalle letture di Tom Bower sull'utilizzo della perturbazione quale metodo di ricerca in biologia, ha presentato una procedura complessa nel corso della quale segnali luminosi indicano alla madre di interrompere lo scambio comunicativo con il suo bambino e di iniziare a dialogare invece con un adulto. I neonati, lungi dal non accorgersi dello spostamento di attenzione, iniziavano ad agitarsi. A partire da questo risultato Lynne Murray, ai tempi dottoranda di Trevarthen, ha messo a punto quello che venne poi chiamato il "*blank-face test*", una procedura che Ed Tronick ha sviluppato indipendentemente e conosciuta sotto il nome di "*Still-Face experiment*" (paradigma del volto immobile).[13] Ciò che viene richiesto è di stabilire una "conversazione" con un bambino piccolo e nel mezzo di questa, sempre mantenendo un'espressione del volto piacevole, a un certo punto bloccarsi guardando il piccolo negli occhi senza emettere alcuna risposta né parlargli. Se al bimbo non importassero le risposte e l'agire dell'adulto, continuerebbe a "emettere" le sue azioni incurante di quanto sta accadendo. Abbiamo provato a fare questo esperimento con mia figlia quando aveva sei settimane, e già da due di tanto in tanto ci incantava con i suoi sorrisi e il suo "borbottare"; l'effetto è stato sorprendente.

> *6 settimane*: [...] In un periodo ricco di "chiacchierate", con Shamini sdraiata sul letto e io china su di lei, ho iniziato a osservarla con sguardo fisso e con un'espressione accogliente sul volto, ma totalmente immobile. La sua reazione è stata tipica, da manuale, ma viverla è stata un'esperienza piuttosto emozionante. Per un po' ha continuato a guardarmi, sorridendomi ed emettendo qualche vocalizzo; poi si è calmata e ha interrotto ogni tipo di risposta, si è guardata per un attimo attorno e quindi ha di nuovo ripreso a osservarmi, ancora sorridendo e vocalizzando, in modo tranquillo, alternando alcune volte momenti in cui guardava lontano per poi tornare a osservarmi. Sarà durato non più di 30 secondi, ma a me è sembrato un tempo molto più lungo. Non riuscivo più a star lì senza risponderle, e così mi si è acceso il sorriso sul volto, ho iniziato a parlarle e ad abbracciarla chinandomi su di lei per scusarmi. In quel momento il suo sguardo si è accigliato ed è scoppiata a piangere. Sono rimasta molto colpita, costernata e immensamente toccata dalla sua reazione. Le importava davvero tanto! Quest'episodio mi ha portato oltre ciò che già conoscevo e mi ha indotto a prendere sul serio i dialoghi intrattenuti con lei. Ha rappresentato il punto di svolta nella comprensione di mia figlia.[14]

A oggi sono state pubblicate molte versioni del paradigma Still-Face e diverse volte è stato dimostrato il disagio che sperimenta il bambino di fronte a un partner non responsivo. La reazione negativa è più marcata nel caso in cui la persona che mantiene il viso immobile continui a guardarlo. I piccoli sembrano avere forti e "ragionevoli" aspettative su quali debbano essere le azioni dell'altra persona nei loro confronti: l'immobilità della madre influenza in modo evidente la loro risposta. Le riposte dei bimbi figli di mamme che hanno sofferto di depressione post partum presentano tuttavia alcune piccole differenze rispetto a quelle dei bambini che provengono da condizioni "normali" di conversazione, il che suggerisce come l'esperienza precedente che hanno avuto possa non aver cambiato lo sviluppo di aspettative stabili di questo tipo.[15]

Vi sono ulteriori evidenze che sostengono la presenza di un'autentica alternanza dei turni in età molto precoce: Ed Tronick e i suoi colleghi hanno dimostrato che, anche in termini strutturali, le interazioni a due mesi presentano quelle caratteristiche appropriate che le rendono una conversazione. La madre emette un gran numero di segnali chiamati "segnali di cessione del turno", comuni nelle conversazioni tra adulti (come cambiamenti dell'intonazione, parole allungate, movimenti con la testa e occasionalmente con le mani alla fine di un "turno"), e il bambino modifica il suo comportamento a seguito di essi, in modo particolare in relazione al cambiamento di voce, accentuando il suo sorridere e vocalizzare. Il bambino piccolo nel dialogo, pur non essendo un partner alla pari, prende comunque il suo turno e partecipa in modo attivo. Alcuni vocalizzi tra madre e bambino si presentano anche in simultanea (o congiuntamente e in sovrapposizione) ma, come ha dimostrato Daniel Stern, questi sono più frequenti in periodi di incremento dell'attivazione (*arousal*), come durante un'attività di gioco, quando entrambi i partecipanti magari si trovano a ridere e a canticchiare insieme. La co-ricorrenza di vocalizzi o di espressioni facciali o gestuali non limita in modo significativo la capacità di cogliere l'agire dell'altro in quello stesso istante. Solo in seguito, quando aumenta l'importanza della componente linguistica nei suoni vocalici, il bambino (o l'adulto) deve attendere in silenzio, mentre l'altro pronuncia la sua espressione. È certamente anche vero che gli adulti non sempre aspettano che l'altro si interrompa per iniziare a parlare (come ha con rammarico scoperto chiunque abbia mai trascritto una conversazione registrata); nonostante ciò le persone continuano a intrattenere conversazioni e a comprenderle.

I risultati di questi studi dimostrano chiaramente come il bimbo a due mesi di età si accorga della mancanza di risposte attese, e come questa assenza per lui sia importante. I piccoli mostrano tentativi di riconquistare la partecipazione materna così come rivelano segni di disagio quando falliscono in questi loro sforzi. A ogni modo, che significato ha tutto questo? Potrebbe semplicemente trattarsi del fatto che il bimbo consideri il comportamento materno piuttosto bizzarro – diverso da quello a cui è abituato –, come qualcosa di sconcertante. È possibile che il bimbo trovi poco piacevole non tanto la *non responsività* in sé del genitore, quanto piuttosto il fatto che ciò che osserva sia *differente* dal solito. Per rispondere a questo interrogativo Lynne Murray, influenzata da una visita effettuata presso il laboratorio di Papousek a Monaco nel 1975, mise a punto un ingegnoso esperimento che prevedeva un circuito televisivo chiuso. Osservò piccoli di due mesi interagire con le loro madri attraverso la mediazione di un monitor televisivo. Ossia, il bambino guardava un monitor in cui la madre poteva essere vista in diretta, e analogamente la madre si trovava davanti a uno schermo che inquadrava il volto di suo figlio in quel momento. I due partecipanti venivano incoraggiati a interagire come facevano abitualmente; nonostante la particolarità di questa mediazione tecnologica era chiaro (a giudicare dai vocalizzi e dalle espressioni facciali di entrambi) come anche in una condizione del genere potessero ugualmente presentarsi interazioni assolutamente piacevoli tra le mamme e i loro bambini. Un aspetto importante nella procedura è la possibilità di videoregistrare di nascosto il comportamento di entrambi i partecipanti. Una volta che una buona interazione tra i due partner veniva instaurata (e quindi registrata) per un certo lasso di tempo, la videoregistrazione veniva fatta tornare indietro all'insaputa dei due partecipanti per essere poi mostrata loro sul monitor. A questo punto ciò che il bimbo piccolo poteva vedere non era più la madre dal vivo, quanto piuttosto il genitore così come aveva agito pochi minuti prima. I bambini mostravano disorientamento e confusione, e si voltavano tornando poi a guardare di tanto in tanto il video come per cercare di capire. I sorrisi diminuivano, si guardavano maggiormente attorno, mostravano più frequenti espressioni a bocca chiusa e cercavano a intermittenza di ristabilire l'interazione. In breve, riuscivano a riconoscere che nel comportamento materno era avvenuto un cambiamento. Il bimbo appariva sulle sue e mostrava diffidenza, anche quando la madre sorrideva e chiacchierava – con quegli stessi sorrisi e inviti alla conversazione che pochi minuti prima avevano suscitato in lui risposte di gioia.

Ovviamente, non si trattava semplicemente del fatto che il piccolo non apprezzasse quei comportamenti materni poco familiari. Proprio agli stessi, pochi minuti prima, aveva risposto con manifestazioni di gioia. Il problema sembrava consistere invece nell'*inappropriatezza* delle risposte, ossia nel fatto che il comportamento materno non fosse adeguatamente responsivo rispetto all'agire del piccolo. È curioso osservare come anche le madri – inconsapevoli di quanto stava accadendo – si mostrassero disorientate rispetto a ciò che facevano i loro bambini. Erano ancora in grado di vedere il figlio in diretta, ma non sapevano che in quello stesso istante il piccolo non vedeva la loro immagine così com'era dal vivo in quel momento. Riconoscevano che i loro bimbi in quel momento non erano più coinvolti nell'interazione e che si stavano comportando in modo bizzarro e non più responsivo. Anche loro perciò partecipavano in maniera progressivamente ridotta e iniziavano a parlare meno in "motherese" (il linguaggio tipicamente esagerato e con intonazione elevata che la maggior parte degli adulti utilizza in modo naturale quando parla con i bambini piccoli). Sembrava dunque che all'adulto importassero le risposte del bimbo quanto a quest'ultimo quelle dell'adulto.[16]

Per eseguire con successo questo esperimento, il ricercatore deve prima aspettare che tra mamma e bambino si sia stabilita una condizione di coinvolgimento favorevole. Se non presta attenzione a questo presupposto, la fase del replay finisce per non essere molto diversa dalla fase dal vivo: in un caso l'interazione non si è *ancora* stabilita, nell'altra condizione invece essa *non può* stabilirsi. Ciò è stato scoperto durante una replica dell'esperimento nel corso della quale sono state introdotte ulteriori condizioni di controllo – ossia una seconda sessione di interazioni dal vivo dopo il replay – ma con un vincolo temporale specifico nel passaggio da una fase alla successiva (un minuto), senza porre attenzione all'effettivo stabilirsi o meno di un'interazione tra bambino e adulto. Questo studio non ha riscontrato alcuna differenza tra il comportamento del bimbo nella condizione dal vivo e in quella di replica.[17] Jacqueline Nadel e i suoi colleghi a Parigi hanno replicato l'esperimento con queste stesse condizioni di controllo, ma dando inizio alla fase di replay solo in seguito all'instaurarsi di una buona interazione tra i partecipanti. Hanno scoperto che il diverso comportamento del bambino piccolo in reazione alla versione replay, con meno sorrisi, più occhiate di diversione dello sguardo, sguardi concentrati e reazioni intensamente negative, ritorna nuovamente a essere "normale" nella seconda condizione dal vivo.[18]

Casi di fallimenti comunicativi non sono limitati alle condizioni sperimentali. Come hanno mostrato Ed Tronick e i suoi colleghi, è possibile ritrovarli di norma anche durante le interazioni naturali, in cui fasi di mancata coordinazione e successiva riparazione (dove si entra nuovamente in sintonia) si alternano nel corso di pochi secondi. Quando i bimbi si trovano a fare una quotidiana esperienza di lunghe interazioni non adeguatamente coordinate e senza successiva riparazione, tendono ad allontanarsi dall'altro, mostrano comportamenti come quello di voltare le spalle e hanno uno sguardo annoiato, scarso controllo posturale, maggiori azioni autoconsolatorie orali (come mettere le dita in bocca), movimenti di dondolio e autoabbracci. Si tratta di reazioni simili a quelle che sono state riscontrate in diversi studi sulla depressione postnatale e sulle condizioni di trascuratezza. È interessante notare come, nel corso del paradigma sperimentale Still-Face, questi bambini distolgano più volte lo sguardo di quanto non facciano i piccoli che durante le interazioni hanno sperimentato le classiche esperienze di riparazione. Ulteriori studi hanno rilevato come la mancata esperienza di momenti di riparazione comporti successivi problemi nello sviluppo delle competenze comunicative e difficoltà nello stabilirsi di un "nucleo di affettività" positivo e del senso di efficacia. Queste ricerche ci hanno presentato versioni leggermente accentuate di cosa i bambini normalmente esperiscono, e illustrato il peso che una comunicazione non adeguata può avere nella quotidianità, nel caso in cui il fallimento negli interventi di riparazione diventi cronico.[19]

La comunicazione reciproca degli affetti: un'analisi del falso mito di Gergely

Dunque le interazioni dei piccoli di due mesi con gli adulti mostrano chiaramente come essi si impegnino attivamente e come a volte prendano essi stessi l'iniziativa nell'alternanza dei turni. L'affermazione che si tratti meramente di forme di pseudo-conversazione non regge. Ma questa capacità di coinvolgersi cosa ci dice in effetti della comprensione che il bimbo ha della mente della madre e dell'altro? Secondo il ricercatore ungherese György Gergely, una recente voce critica nell'ambito del dibattito sull'intersoggettività, il bambino piccolo è dotato di un sistema di rilevazione di aspetti contingenti, meccanismo che non ne rifletterebbe né l'intersoggettività né la conoscenza della mente. Ossia, non è detto che l'abilità del piccolo di rispondere con sincronia alle azioni della madre e di riconoscerne la non tempestività sia indicativa della sua capacità di coinvolgersi dal punto di vista psicologico – e comunicativo – con l'altro. L'autore afferma che questa capacità – cioè l'individuazione di sequenze di eventi temporalmente contigui come quella del tipo "io borbotto-la mamma sorride" – permetta al bambino (così come all'adulto) di sentirsi causalmente efficace (o "autorizzato" a utilizzare il linguaggio degli adulti) e di conseguenza decisamente attivo. Gergely sostiene che la capacità di rilevare le contingenze, unita a una certa predisposizione nel partecipare alle dimostrazioni di affetto e alle interazioni (resa possibile grazie a schemi d'azione "altamente cablati"), potrebbe bastare a spiegare il comportamento interattivo del bimbo di due mesi. L'intersoggettività primaria sarebbe solo un falso mito. Partendo dagli assunti di John Watson sugli effetti dell'esperire differenti tipologie di contingenza, Gergely collega il riconoscimento della contingenza con la successiva formazione della teoria della mente nel bambino.[20]

La sua teoria si basa su assunti chiari. Il piccolo riuscirebbe a cogliere contingenze di tipo fisico-temporale, ma non di tipo emotivo-psicologico. Sarebbe dunque legittimo riconoscergli una comprensione rudimentale della causalità di eventi fisici, mentre non si può dire altrettanto rispetto al significato psicologico delle azioni. La differenza è evidente: i bambini piccoli sono in grado di percepire e comprendere aspetti fisici, ma non aspetti mentali che, di conseguenza, possono essere solo inferiti e teorizzati. Il dualismo mente e corpo è vivo e vegeto. Tuttavia, il falso mito proposto da Gergely solleva una domanda legittima collegata alla ricerca: i bambini molto piccoli possono riconoscere *solo* le relazioni temporali delle azioni interpersonali e non la loro relazione e rilevanza sul piano emotivo?

Per rispondere a questo interrogativo è necessario osservare in dettaglio il contenuto del coinvolgimento, e non solo gli aspetti di contingenza. Trevarthen afferma che ciò che il bimbo di due mesi fa è partecipare attivamente alla comunicazione delle emozioni. Sarebbe cioè in grado di manifestare il suo stato emotivo e di percepire quello di un altro che a lui si rivolge. La tonalità emotiva espressa da ogni partner non è identica, bensì reciproca a quella dell'altro. Ossia, ad alcuni stati emotivi è più appropriato rispondere con un'emozione analoga – come nel caso della gioia e del piacere –, mentre per altri è più adeguato reagire con un'emotività diversa. La rabbia, per esempio, evoca più appropriatamente risposte di disagio o anche di paura, una manifestazione di forza può portare l'altro a ritirarsi, e la reticenza può suscitare una reazione di impudenza. In base al "modello di regolazione reciproca" di Ed Tronick, i bimbi di due mesi non solo sono in grado di coinvolgersi in interazioni affettive reciproche di questo tipo, ma cercano di influenzare e mantenere lo stato affettivo del partner.

Ancora oggi è oggetto di dibattito – e in una certa misura appare contraddittoria – l'idea che i bimbi siano capaci di rispondere alle espressioni e ai toni emotivi degli altri. Da una parte ci sono evidenze che sostengono come persino i bimbi appena nati (36 ore dopo la nascita) siano in grado di discriminare tra espressioni in posa di felicità, tristezza e sorpresa, rispondendo a ognuna di queste con azioni imitative diverse ma adeguate. I figli di madri depresse mostrano invece minore espressività alla vista di volti sorpresi e felici.[21] I neonati, quando sentono le vocalizzazioni di disagio di altri bambini emesse da strumentazioni audio, reagiscono mostrando segni di angoscia sul volto e con una riduzione della suzione non finalizzata all'alimentazione (mentre non accade se sentono i propri).[22] I bimbi di due mesi (ma stranamente non quelli di cinque) sanno discriminare tra espressioni felici e neutre raffigurate in immagini olografiche.[23] Sembra inoltre che i bambini piccoli preferiscano maggiormente guardare alcune espressioni facciali (come la gioia) e non altre (come la rabbia).[24] Differenti espressioni materne hanno un diverso impatto sul neonato: un atteggiamento gentile e amichevole spesso porta al sorriso e a un aumento di interesse; espressioni facciali e vocali di rabbia si associano a reazioni di turbamento e angoscia mentre espressioni di tristezza portano a comportamenti autoconsolatori (aumentano i movimenti del "toccare con la lingua") anche in bimbi di dieci settimane di vita.[25] Queste reazioni infantili emotivamente connotate non sono indici di un rispecchiamento passivo di qualunque cosa sperimenti l'adulto; sembrano piuttosto rivelare il riconoscimento delle espressioni dell'altro in quel contesto ed esprimere una risposta a ciò conseguente. Bambini di tre mesi le cui madri mostrano più espressioni di rabbia nel corso delle interazioni esprimono a loro volta più irritazione, mentre i piccoli le cui madri manifestano reazioni di tristezza esprimono un maggior numero di segnali di disagio.[26] In sintesi, sembra che i bambini di due mesi siano sensibili a lievi variazioni delle espressioni emotive altrui in contesti di coinvolgimento: quando l'umore materno cambia e si sposta dal versante positivo verso uno leggermente negativo, il bambino piccolo nel corso dei secondi successivi mostra una rapida diminuzione della "vivacità" e uno spostamento dell'attenzione.[27]

Tuttavia, pur in presenza di evidenze che indicano come i bimbi di tre mesi sappiano discriminare tra differenti espressioni della stessa persona mostrate in fotografia, questa abilità non si manifesta nel caso i volti siano diversi o quando vengano mostrati con differenti orientamenti (per esempio all'ingiù). Ciò ha portato a concludere come non siano tanto le espressioni in sé a essere riconosciute, quanto piuttosto alcune loro caratteristiche legate al contesto in cui hanno luogo. Ossia, è possibile che a due mesi non si possieda una conoscenza in termini di categorie – non si abbia un concetto – di una particolare espressione emotiva; evidenze consistenti sembrerebbero infatti dimostrare come solo dopo i sei o sette mesi di età il bambino sia in grado di considerare le espressioni facciali come esempi di categorie generali, e anche di collegarle in modo significativo con aspetti del mondo esterno. Per i piccoli di due mesi il significato delle espressioni emotive sembra essere di natura *interattiva* piuttosto che *astratta*. Le risposte infantili alle manifestazioni emotive in condizioni di concreto coinvolgimento, sia quando l'emozione è simulata sperimentalmente sia quando è genuina, testimoniano la presenza di un significato interattivo.[28]

Cercando di distinguere le risposte meramente contingenti da quelle connotate affettivamente, Maria Legerstee dell'Università di Toronto ha valutato la misura del rispecchiamento emotivo di diverse madri nel corso di interazioni dal vivo. Utilizzando sempre il paradigma del doppio video e suddividendo le madri in due gruppi in base al livello di rispecchiamento degli affetti mostrato (basso o alto), ha riscontrato come in entrambi i gruppi i piccoli di tre mesi riconoscessero la violazione della contingenza nella fase del replay, rispondendo con un incremento nell'evitamento del contatto oculare con uno sguardo più sfuggente. Tuttavia, i bambini del gruppo di madri a rispecchiamento altamente emotivo non solo mostravano un maggior numero di sorrisi, sguardi e vocalizzi melodici nelle interazioni dal vivo, ma in maniera corrispondente presentavano risposte negative più pronunciate durante la fase del replay – anche nella condizione in cui era stato mostrato per primo questo tipo di video – e recuperavano il loro interesse durante la condizione in diretta. Lo stesso non si verificava nel gruppo di bimbi con madri a basso rispecchiamento emotivo. La complessità di questo studio solleva più questioni di quante non aiuti a risolverne. Suggerisce, tuttavia, che il coinvolgimento emotivo tra la madre e il suo piccolo comporta una reazione negativa più pronunciata nel caso esso venga meno, insieme a una maggiore fiducia nell'accettarlo nuovamente una volta che questo si ripresenti.[29] In aggiunta, i figli di madri ben sintonizzate sul piano affettivo anche a cinque settimane di vita riescono a discriminare tra il coinvolgimento normale (con contingenza intermittente piuttosto che perfettamente adattata) quello imitativo (altamente contingente) e quello non contingente mostrato dal genitore, mentre i bambini con madri meno sintoniche non ne sono capaci. In questo studio dunque la direzione dell'influenza sembra andare dalla responsività alla contingenza, e non viceversa![30]

La depressione materna crea una condizione di difficoltà nel corso della quale i bambini sperimentano una esposizione prolungata a un partner non sempre contingentemente responsivo, che mostra un appiattimento degli affetti, maggiore tristezza nelle espressioni del volto e nella voce, spesso più rabbia e minore contentezza. Questo tipo di scambi influenza rapidamente i bambini piccoli, e loro stessi fanno propri tali schemi di interazione affettiva, riproponendoli poi in altre relazioni interpersonali. È interessante notare come anche una breve simulazione di depressione da parte delle madri (con reazioni emotivamente appiattite e ritirate) abbia un impatto negativo sulla capacità del bimbo di essere coinvolto nell'interazione con altri, portandolo a una maggiore monotonia nella manifestazione dell'affettività e al ritiro.[31] Tiffany Field ipotizza che questi bambini sviluppano una condizione di "impotenza appresa" e maturano un ridotto senso del controllo nelle loro interazioni – una posizione teorica che può spiegare i risultati di Legerstee. Eppure, resta spazio per l'ottimismo: con opportuni interventi questi effetti si possono alleviare. Field riporta i risultati rassicuranti di un programma di intervento nel corso del quale veniva insegnato in modo semplice a madri depresse come rispondere in maniera contingente ai loro piccoli, come imitarli e mostrare loro più affetti positivi. I neonati e le madri miglioravano la qualità della comunicazione sia durante sia fuori dello scambio diadico.[32] I piccoli, figli di madri depresse, apprendono dunque "come essere" dalla figura materna? Quest'ultima costituisce una sorta di "prototipo materno"? Recenti risultati indicano come successivamente, intorno all'anno di età, questi bambini siano di fatto *più* attivi – in termini di sguardi e movimenti – rispetto ai figli di madri "normali" suggerendo come la situazione possa essere molto più complessa, almeno nella seconda metà del primo anno di vita.[33] Sembra dunque più sensato pensare a un modello basato sulla responsività – di tipo compensatorio –, piuttosto che a uno basato sul modellamento. Ciò implica qualcosa di simile a un processo dialogico.

Non è sostenibile che i bimbi di due mesi recepiscano unicamente le contingenze sul piano temporale e non la rilevanza delle azioni interpersonali e le relazioni emotive che le connotano. Gergely, tentando di respingere l'eredità eccessivamente innatista fatta propria dalla ricerca nell'ambito della comunicazione infantile e rifiutando di considerare i piccoli di due mesi capaci di comunicare, sembra adottare il protocollo di quel modello altamente cartesiano a cui si oppone. Egli aderisce strettamente al dualismo mente-comportamento nel momento in cui distingue le caratteristiche fisiche, che i bambini piccoli potrebbero percepire, dagli aspetti di natura psicologica, che invece non sarebbero in grado di cogliere, negando inoltre loro la capacità di riconoscere in modo significativo le emozioni. Gergely sostiene che il bambino piccolo può afferrare il significato di una emozione in termini disposizionali semplicemente osservando le conseguenze che le manifestazioni emotive degli altri hanno sull'agire delle persone.[34] Si tratta fondamentalmente di una teoria in terza persona – tutto viene dedotto dall'osservazione, anche l'esperienza delle emozioni. Non c'è spazio qui perché le reazioni emotive osservate negli scambi rimandino a tratti disposizionali, e neppure perché possano influenzare la manifestazione stessa delle emozioni. Ed Tronick utilizza il concetto di espansione diadica per catturare il modo in cui le esperienze del bambino possono crescere in complessità in una condizione a due: l'interazione con l'altro permette al piccolo di andare un passo oltre le sue capacità, portandolo a realizzare alcune abilità e inserendolo in pattern di azioni e sentimenti a cui non avrebbe altrimenti accesso.[35] Questi pattern danno coerenza all'esperienza del bimbo – e certamente anche a quella dell'adulto – non solo rispecchiando il livello di conoscenza attuale, ma anche influenzando ciò che diventa possibile apprendere e conoscere. Risultano funzionali a introdurlo all'interno della nostra cultura. Possono, tuttavia, essere facilmente vantaggiosi o altrettanto svantaggiosi. Corredato di "centri affettivi gravitazionali" così coerenti, il piccolo si trova nella condizione di essere ripetutamente spinto verso di essi.[36] Nel corso di nuove interazioni egli – come l'adulto – tende a ricreare quel tipo di scambi e di sentimenti che presentano almeno il vantaggio della familiarità e della coerenza. Ciò induce anche in eventuali nuovi partner dell'interazione un corrispondente costume affettivo, con un'esperienza o risposta conseguente a qualunque messaggio di "dis-connessione" il bimbo offra loro o a cui li inviti.

In sintesi, la comunicazione del piccolo a due mesi di vita sembra essere molto più che un processo di rilevazione di contingenze, coinvolge una certa sensibilità verso particolari espressioni emotive degli altri e verso le tonalità affettive dell'interazione – ciò che Daniel Stern definisce i "profili d'intonazione". Si tratta dei ritmi e dei tempi che caratterizzano le azioni quotidiane, presenti in ogni cosa facciamo e diciamo, generalmente molto più difficili da nascondere e mascherare di quanto non sia per quelle che comunemente chiamiamo espressioni emotive. La percezione del significato emotivo da parte degli altri è, secondo Trevarthen, la chiave per l'evoluzione degli affetti. A suo giudizio e secondo alcune teorie della comunicazione, diversamente da quanto affermano le teorie della "prospettiva comunicativa", lo sviluppo delle emozioni è possibile *perché* queste vengono percepite come dotate di significato dagli altri.[37] Non vi è alcuna ragione per cui dovremmo essere in grado di sorridere se non vi fosse qualcuno che può sentirne l'impatto. Non ci sarebbe motivo di esprimere la tristezza se nessuno potesse percepirla e rispondervi. Che funzioni così o meno anche nell'ambito dell'evoluzione, la comunicazione affettiva dei piccoli di due mesi è caratterizzata non solo da una specifica sensibilità verso la rilevanza e l'appropriatezza delle espressioni emotive e dei ritmi degli altri, ma anche dalla notevole abilità di apprenderne il significato a partire da come gli altri rispondono alla manifestazione delle emozioni *stesse* del bimbo. Sembra essere realmente un'attività reciproca esprimere le emozioni, nel senso che ogni volta che lo facciamo ci regoliamo in relazione alle risposte che gli altri ci stanno dando – e probabilmente nel corso della vita i significati di tali risposte subiscono una continua trasformazione.

Caratteristiche funzionali del dialogo e della comunicazione: apertura e riconoscimento

Per capire se qualcosa sia davvero comunicazione o dialogo dobbiamo necessariamente fare ricorso a caratteristiche strutturali? Può essere poco soddisfacente usare questo parametro per identificare se è in atto un processo di partecipazione e coinvolgimento affettivo. Innumerevoli sono stati i tentativi in diversi ambiti disciplinari di catturare qualcosa che, come la "qualità", si può meglio vivere sul piano esperienziale piuttosto che non ridurla a qualcosa d'altro. L'"apertura" e il "riconoscimento reciproco" costituiscono due aspetti che ben rappresentano le caratteristiche funzionali del dialogo. Questi concetti, in sé piuttosto indefiniti, potrebbero essere meglio colti come proprietà della relazione piuttosto che come proprietà individuali. Ma se vogliamo comprendere il dialogo e la comunicazione, dobbiamo comunque tenerli nel nostro bagaglio concettuale e accettarli almeno come sfide per il futuro.

Il dialogo non può essere definito o predeterminato a priori. Esso contiene in sé la possibilità di prendere una direzione che nessuna delle persone in esso coinvolte poteva conoscere. Quando Martin Buber parlava del dialogo, ne sottolineava alcuni aspetti relativi all'apertura e la valenza di potente strumento per il cambiamento: "Ora per quello che io chiamo dialogo è essenzialmente necessario il momento della sorpresa [...] l'intero fascino consiste nel fatto che non si conosce né si può conoscere la prossima mossa dell'avversario. Si è sorpresi da come lui agisce e l'intera partita è tutta fondata su questa sorpresa".[38] Inoltre il dialogo autentico – dove ognuno è realmente disponibile alla relazione con l'altro – coinvolge ciò che molti hanno definito come la "conferma" e il "riconoscimento" da parte degli altri. In ogni tipo di scambio interattivo, in accordo con Hegel, c'è il rischio di non essere "riconosciuto" dall'altro nel modo in cui si è agito; è solo quando veniamo riconosciuti da un'altra persona che riceviamo la conferma di essere noi stessi. Se le condizioni di coinvolgimento nella primissima infanzia presentano queste caratteristiche di apertura verso l'altro e contemporaneamente di riconoscimento, allora è possibile cogliere l'effetto che le relazioni in seconda persona hanno realmente sulla vita dei neonati e degli adulti.

Diamo per scontato che le nostre conversazioni non abbiano un copione; è proprio questo che ci permette di mantenerci attivi nel coinvolgimento, nei confronti sia del mondo fisico sia di quello sociale. Quando c'è apertura, l'inatteso e il nuovo possono arrivare ed entrambi gli aspetti, gratificanti o conflittuali, richiedono una soluzione e una spiegazione – si crea, usando le parole di Stern, una "storia vissuta". Condividendo momenti come questo, nasce qualcosa che è diverso e va oltre i singoli partecipanti. "Nel momento in cui qualcuno può partecipare alla storia vissuta dell'altro, o può dare vita a una storia di reciprocità, si crea un nuovo tipo di contatto umano."[39] Quando sono diventata direttore del mio dipartimento ho scoperto qualcosa di simile. Avevo iniziato, facendomi un mio progetto, a rivolgermi al gruppo dei colleghi utilizzando uno stile kennediano, del tipo cosa-puoi-fare-per-il-dipartimento e cosa-il-dipartimento-può-fare-per-te. Mi sono poi resa conto che l'aver formulato un progetto era stato del tutto irrilevante. Le discussioni in cui mi sono trovata coinvolta, alimentate dall'energia di una neofita ingenua ed entusiasta, sono state in sé potenti veicoli di cambiamento. È stato così perché ciò di cui c'era bisogno era di esserci a livello psicologico – ritrovarsi "autentici" nel dialogo. Il resto è arrivato da sé. Qualcuno ha parlato di episodi di questo tipo come di quella magia che accade quando una persona che non si aspetta le venga data retta, viene poi davvero ascoltata. Che cosa avviene in conversazioni come queste? Perché sono così potenti? E perché mi colpiscono per essere *dialoghi* nel vero senso della parola? Il mio sospetto è che siano coinvolti due aspetti da entrambe le parti: la lealtà e il coraggio – lealtà nell'ascoltare l'altro e nel rispondervi e il coraggio di essere aperti agli esiti inaspettati. Nell'attività terapeutica questo viene conosciuto come "fiducia nel processo". Fa riferimento alla fiducia che il terapeuta pone nell'"adesso" del coinvolgimento terapeutico, tralasciando precedenti ordini del giorno, teorie e piani. È simile a quello che potremmo definire come armonia interpersonale, in modo particolare nella interazione diadica; si tratta di quei momenti in cui tutto scorre perfettamente liscio e meravigliosamente bene, come tra persone che hanno appena dichiarato l'uno all'altra il proprio amore o tra coloro che scoprono l'inviolabilità di un'amicizia nata nell'infanzia. Nella relazione tra genitori e bambini, questa condizione di "apertura" e fiducia nell'"adesso" favorisce la curiosità in ognuno dei partecipanti, sfida sì le difese razionali ma può essere vitale per lo sviluppo.

Le interazioni tra madre e bambino hanno queste caratteristiche? I bambini piccoli sicuramente rimangono sorpresi di fronte ad alcune azioni dell'altro, come risulta evidente dagli studi di perturbazione che hanno dimostrato come i piccoli, almeno a partire dai due mesi di vita, abbiano già sviluppato delle aspettative su cosa faranno le altre persone e su come sarà il coinvolgimento instaurato con loro. È anche evidente la loro sensibilità nei confronti delle sottili variazioni degli stati emotivi e dell'espressività altrui, ulteriore testimonianza di quante aspettative ripongano nella relazione. Nei momenti di partecipazione attiva nell'interazione il loro agire è influenzato da ciò che riescono a cogliere rispetto all'agire degli altri: non ci sono dubbi sul fatto che si tratti di un sistema aperto. Facendo riferimento alla teoria di Ed Tronick sugli stati diadici di coscienza, sembra che già a due mesi esista una forma di coinvolgimento reciproco in cui entrambi i partecipanti siano sia aperti all'influenza dell'altro sia capaci di essere fonte di influenza. La nozione di Daniel Stern di "momento presente" – dove questa condizione di apertura risulta in quei momenti di sorpresa che portano al cambiamento o a cambi di marcia nella relazione – può essere utile per individuare come il piccolo partecipi attivamente allo scambio interattivo attraverso la sua sensibilità emotiva per ciò che è inatteso.[40]

I bimbi sembrano anche avere *bisogno* di ciò che non può essere previsto e che li sorprende; si annoiano delle cose pienamente prevedibili. Quando mostrano cenni di disimpegno nell'interazione con l'adulto, quest'ultimo spesso propone di proposito qualcosa che alteri o violi le loro aspettative – varia l'interesse o ciò che si fa nel gioco, intrattiene il piccolo con canzoni o dialoghi – fondamentalmente perché questi mantenga attivo il coinvolgimento all'interno dello scambio. I bimbi dal canto loro arrivano solo alcuni mesi più tardi a essere in grado di produrre in prima persona questo tipo di violazioni, come vedremo occupandoci dell'abilità di prendere in giro. Ma, una volta che iniziano a farlo, prendono l'iniziativa in una misura tale che gli adulti non farebbero altrettanto con loro! L'apertura e l'imprevedibilità sono centrali nella presa in giro (e, più in generale, nello scambio ludico). I neonati, come vedremo nel corso del capitolo 8, iniziano progressivamente a mettere in atto comportamenti che sembrano voler sorprendere le altre persone; scherzano, si mettono in mostra, fanno i clown con immenso piacere.

La conferma e il riconoscimento dell'altro possono aver luogo – o meno – in diversi modi che appartengono alla quotidianità. In tutti gli esperimenti di perturbazione l'adulto (sia che si tratti del genitore istruito secondo il paradigma dello Still-Face o dello sperimentatore che manipola la condizione di video-replay) fa deliberatamente qualcosa che *non* conferma il bambino – non riconosce né accoglie una sua azione o lui stesso. Capita che le madri o altri adulti partecipanti alla procedura riferiscano di essersi trovati in difficoltà a livello emotivo. La ragione è la seguente: viene loro chiesto di comportarsi come se il bambino in quel momento non fosse lì – ossia di non riconoscerlo. La non responsività muta di un partner all'interno della relazione può costituire una "disconferma" più dura di un rifiuto esplicito. Molte volte ci capita di comportarci così nella vita di tutti i giorni, talvolta accidentalmente, altre volte in modo deliberato; spesso lasciamo dietro di noi piccoli danni in modo più o meno consapevole. Questi studi hanno mostrato (e per questo hanno realizzato una vittoria morale) come tutto ciò abbia una profonda importanza per i bambini, anche nei primi mesi di vita. In cosa consiste questo riconoscimento e conferma dell'altro? Come ci si sente in questa condizione? Barbara Smuts utilizza a questo proposito il termine *presenza*:

> La "presenza" che noi riconosciamo nell'altro quando ci incontriamo in una condizione di reciprocità è qualcosa che percepiamo piuttosto che es-

> sere qualcosa di cui abbiamo conoscenza, qualcuno che sentiamo piuttosto che qualcuno che utilizziamo. Nella reciprocità noi sentiamo che all'interno di quest'altro corpo vi è "la casa di qualcuno", una persona così simile a noi nella sua essenza che ci permette di co-creare una realtà condivisa da pari a pari.[41]

Se è possibile considerare questa descrizione come di scarso valore scientifico, è perché è difficile far rientrare la categoria della presenza nei nostri schemi concettuali. Eppure, si tratta di una questione di estrema rilevanza. Se essere riconosciuti dall'altro è fondamentale per il dialogo e per svilupparsi in quanto persona, allora dovremo almeno prendere atto che non sappiamo come studiare questo aspetto. Ciò di cui abbiamo trattato nell'ultimo capitolo parlando dell'imitazione come mezzo di riconoscimento e di contatto interpersonale rappresenta uno stimolo euristico per la ricerca in questo ambito.

Le intenzioni comunicative: verso la reciprocità

Il comportamento dei piccoli di due mesi è ancora relegato (almeno in modo indiretto) – nonostante quanto abbiamo visto – alla categoria della pseudo-comunicazione. Michael Tomasello, da vero "cognitivista", esprime bene questa posizione affermando che i bimbi fino ai nove mesi di vita non sono in grado né di avere intenzioni comunicative proprie né di capire quelle degli altri.

La sua teoria si articola più o meno così. Per partecipare a una forma di comunicazione autentica (piuttosto che alla semplice interazione), l'organismo (il bambino, l'animale o un qualunque essere) ha bisogno sia di avere intenzioni comunicative sia di capire che anche gli altri le hanno. Queste non sono intenzioni comuni, come per esempio quelle dirette verso gli oggetti del mondo. Sono diverse in quanto si rivolgono a menti o a stati mentali (cioè stati intenzionali). Le intenzioni comunicative, per essere indirizzate alle menti, devono coinvolgere un "oggetto intenzionale" – qualcosa che viene rappresentato nella mente; devono essere "riguardo" a qualcosa. Gli "argomenti" condivisi all'interno di una comunicazione non compaiono fino circa al primo anno d'età, sia nella forma in cui è il bambino in prima persona a farvi riferimento sia con questi in grado di capire che l'altro vi sta facendo riferimento. La conclusione è quindi che a due mesi non possano verificarsi né intenzioni di natura comunicativa né comprensione delle stesse.

Tali intenzioni sono concepite, all'interno di questa visione, come piani d'azione posseduti da una mente e diretti a un'altra mente. Il corpo rappresenta un puro strumento di trasmissione, ma non è di per sé espressivo né dotato di intenzionalità. Il successo di una comunicazione dipende dunque da come l'idea posseduta in una mente agisce sull'idea contenuta in un'altra. Ne segue l'impossibilità di comunicare intenzionalmente (il bambino piccolo non ha idea di una mente cui rivolgersi) e di comprendere l'altro sotto questo aspetto (non concepisce l'esistenza di una mente dalla quale può provenire qualcosa) finché tali entità nascoste non riescano a essere concettualizzate (più tardi nello sviluppo). Si tratta di un modo di vedere la comunicazione intenzionale come un processo mente-a-mente, saldamente ancorato a una concezione dualistica dei rapporti tra la mente e i movimenti corporei.

Se adottiamo questa prospettiva non ha particolare significato, all'interno della comunicazione, che il piccolo di due mesi indirizzi in maniera diretta le proprie emozioni all'altro, risponda in modo reciproco ai segnali emotivi, tenti di partecipare attivamente nelle interazioni faccia-a-faccia o di adattarsi agli schemi di uno scambio comunicativo. Si tratta sempre di risposte di un corpo ad altre azioni corporee, e non di azioni mentali dirette a un'altra persona o di risposte alle azioni mentali altrui. Non essendo mediate a livello rappresentazionale sono ridotte alla loro mera natura biologica o somatica.

Discutendo dell'incapacità dei piccoli di due mesi di cogliere ciò che gli altri percepiscono del mondo, Tomasello argomenta il suo pensiero con queste parole: "Poiché sappiamo che il lattante non è in grado di comprendere che gli altri percepiscono il mondo esterno e vi si relazionano, non bisogna più chiedersi come possano percepirmi e relazionarsi con *me*". La capacità di cogliere un oggetto mentale è considerata il prerequisito necessario per comprendere che gli altri vogliono comunicare, "per comprendere che l'altro vuole che io partecipi a X, ossia per comprendere un'intenzione comunicativa".[42] Tomasello espone in queste sue argomentazioni una convinzione condivisa secondo la quale perché un atto possa intendersi come genuinamente comunicativo (se si parla di comunicazione) o genuinamente condiviso (se ci si riferisce ai processi attentivi) deve esistere un oggetto distinto nella mente condiviso da entrambi i partecipanti. Espresso in altri termini, possiamo dire che per essere autenticamente mentale è cruciale che un'azione sia mediata a livello rappresentazionale. Per poter davvero comunicare è necessaria la presenza di un qualcosa di intermediario – un'idea, un oggetto, un'informazione, un qualche tipo di entità che entrambi possiamo condividere. Una relazione diretta nei termini del rapporto *Io-Tu* di Buber non può avere luogo. O comunque si tratterebbe di una relazione di tipo corporeo, non mentale. L'insistenza sulla necessità di un "oggetto" abilitante l'atto comunicativo è perciò ascrivibile a una fedeltà, anche se non dichiarata, a un modo dualistico di concepire il rapporto tra mente e corpo.

Si adotta in questo approccio la classica metafora secondo cui perché esista comunicazione ci deve essere un "telegrafo", ci deve cioè essere un emittente, un ricevente, un codice condiviso e un messaggio. Proprio come nel telegrafo, si ritiene che tutto accada in una sequenza precisa e ordinata in cui ogni atto comunicativo coinvolge un certo emittente, uno specifico ricevente, una data intenzione a priori e un messaggio. Ma nell'ambito della comunicazione intenzionale non esiste una sequenzialità o una distinzione per componenti di questo tipo sia che si tratti di bambini sia che si tratti di adulti, né le intenzioni comunicative si definiscono a priori, prima che abbia luogo la comunicazione stessa. Nonostante sia possibile talvolta trovarsi a parlare in questo modo – ossia pianificando di dire qualcosa, trasmettendo quel messaggio e aspettando la risposta – la comunicazione è spesso ben più caotica o sincrona. Molti autori, come per esempio John Shotter e Alan Fogel, sostengono in modo convincente che i significati, le intenzioni in generale e quelle comunicative in particolare si dispiegano e cambiano durante il processo interattivo, e ciò vuol dire che non ha senso considerarle indipendenti da quest'ultimo.[43] Quando Alan Fogel parla di "processo continuo di adattamento reciproco", indica che la comunicazione può coinvolgere "un processo dinamico e di negoziazione nel quale ogni cosa condivisa viene creata attraverso un processo di co-regolazione: non qualcosa di conosciuto quindi in anticipo da una persona e comunicato come messaggio all'altra".[44]

Il paradosso della comunicazione

C'è uno strano paradosso implicito nel comunicare. Il linguaggio è usualmente considerato lo strumento attraverso cui si dischiude l'esperienza mentale soggettiva. Attraverso il suo utilizzo nel dialogo il vissuto privato viene reso pubblico. Si parla degli animali e dei bambini piccoli ancora pre-verbali dicendo che, se solo potessero parlare, potremmo sapere ciò che pensano e sentono. La comunicazione è considerata ciò che *conduce verso* la condivisione mentale. Ciò è particolarmente vero soprattutto nella nostra cultura, ad alta connotazione verbale.

Come fa allora il bambino ad acquisire gli strumenti per usare il linguaggio e condividere l'esperienza mentale? Per utilizzare il linguaggio, dovremmo già sapere a cosa esso si riferisce o meglio sapere *che* esso si riferisce a qualcosa. Prima cioè che una parola possa essere condivisa occorre già averne condiviso il significato per capire al posto di cosa essa sta e le persone devono essere concepite come soggetti in possesso di menti dotate di significati. In altre parole, per comunicare dovremmo già sapere *che* gli altri capiscono e *cosa* capiscono.

Ponendo in questi termini la questione, ci troviamo davanti a un paradosso. La comunicazione è un necessario veicolo per avere accesso al mentale, ma essa stessa implica che se ne abbia già conoscenza. Com'è possibile risolvere tale dilemma? Le questioni paradossali sono frustranti. Ma in questo caso potrebbe trattarsi di un paradosso più apparente che reale. Esso scaturisce dal presupposto di considerare la comunicazione dei significati come un'azione che avviene in forma di contenuti rappresentazionali. Questo vuol dire che il contenuto dello scambio comunicativo (rappresentato nella mente) deve precedere la comunicazione stessa.

Ludwig Wittgenstein illustra come non sia in alcun modo possibile spiegare il processo comunicativo se si assume che la rappresentazione preceda la comunicazione. Non si potrebbe dare ragione della genesi dei significati condivisi. Un significato deve essere pubblico – o condiviso – perché possa essere poi utilizzato nella comunicazione o nella conversazione. L'apparente paradosso che abbiamo considerato, assumere cioè che la mente e i suoi contenuti (i significati) abbiano uno statuto di privatezza prima di diventare pubblici, equivale a mettere un carro immaginario davanti ai buoi. Se accettiamo la soluzione proposta da Wittgenstein, la domanda diventa: quali significati possono condividere i bambini piccoli con gli adulti? Quando e come essi emergono? Se la comunicazione è considerata primaria (ossia, se accettiamo qui il "circolo ermeneutico"), il paradosso viene meno. Parole e gesti possono assumere significato solo se già fondati sull'accordo condiviso circa cosa significhino o a cosa si riferiscono. Devono essere fondati nel significato condiviso affinché possano emergere poi come concetti separati e rappresentabili. Ma senza coinvolgimento interpersonale ciò non è possibile. La comunicazione quindi costituisce sia la condizione perché si acceda a conoscere i contenuti della mente sia l'espressione di questi ultimi.

"Nulla viene dal nulla. Parla di nuovo", dice Re Lear alla figlia prediletta.[45] Le intenzioni comunicative non possono emergere dalla loro completa assenza. Si sviluppano, ma da una base che è semplicemente la più precoce identificabile a livello evolutivo. L'intenzionalità comunicativa è già evidente a partire dalla prima infanzia. Il suo sviluppo coinvolge innanzitutto i suoi referenti, il contenuto informativo e il suo scopo. Nel corso del tempo la comunicazione intenzionale diventa più complessa ma non emerge, tardivamente, come risultato di un processo di inferenza sulle altre menti dopo mesi di pseudo-comunicazione. Deve già essere presente nei precoci scambi interattivi in cui sono coinvolti i piccoli a due mesi.

Riassunto

Possiamo allora parlare di comunicazione intersoggettiva nei piccoli di due mesi? È un indice del fatto che il bimbo è consapevole dell'altro come persona, come essere psicologico? Tutto dipende, ovviamente, da cosa intendiamo con tali concetti. In questo capitolo abbiamo descritto alcuni aspetti strutturali e funzionali del dialogo e della comunicazione e osservato come questi aiutino a comprendere se e in che senso il bimbo abbia consapevolezza dell'altro. Liquidare come pseudo-comunicazione o mera scoperta della contingenza le conversazioni e la grande sensibilità verso l'interazione che mostra il piccolo di due mesi è chiaramente un tentativo portato avanti sul presupposto dualistico che non si possa avere comprensione interpersonale senza rappresentazione. Il bimbo di due mesi sembra al contempo saper cogliere i contenuti della mente e invitare al loro riconoscimento. Ma di quali contenuti esattamente si tratta? Quando si prova a esplorarli in maniera analitica si ritrovano principalmente due elementi fondamentali: l'attenzione e l'intenzionalità. Nel corso del prossimo capitolo approfondirò il primo di essi secondo le più recenti indicazioni della letteratura psicologica e farò riferimento a un concetto di attenzione incarnata (non dualista), ponendo la questione di cosa effettivamente i bambini *fanno* con l'attenzione degli altri nel corso del primo anno di vita.

6

Sperimentare l'attenzione

Io trovo la visione non come "pensiero di vedere", secondo l'espressione di Cartesio, ma come sguardo in presa su un mondo visibile: ecco perché per me può esserci uno sguardo altrui.

MAURICE MERLEAU-PONTY, *Fenomenologia della percezione*[1]

In psicologia o nella vita di tutti i giorni non si può evitare di tener conto dell'attenzione. Accorgerci di qualcuno a noi interessato può confortare, elettrizzare, spaventare, essere di stimolo, imbarazzare, irritare o colpirci in maniera profonda in tante altre maniere. Probabilmente aveva ragione William James quando si chiedeva come si potesse sopravvivere in mezzo agli altri se nessuno si accorge di noi.[2] L'attenzione altrui è forse la prima esperienza che abbiamo della mente, la più immediata e potente. Vi è in quest'esperienza qualcosa di cruciale per la nostra vita emotiva e il nostro sviluppo. Per quale ragione? E in che modo – e da quando – l'attenzione diventa importante per i bambini piccoli?

In questo capitolo illustrerò in che senso un approccio in seconda persona, basato sul coinvolgimento interpersonale diretto, offra una risposta più esauriente rispetto sia all'approccio distaccato in terza persona sia a quello basato sul sé, in prima persona. Questo tipo di approccio mette al centro della spiegazione di come il bimbo arrivi a cogliere l'attenzione degli altri nei suoi confronti, la risposta emotiva che questi ne dà. Riformulando le considerazioni di Merleau-Ponty discuterò il fatto che è il contatto dello sguardo dell'altro con il piccolo che lo rende pieno di significato ai suoi occhi. Secondo questa posizione l'attenzione si *sperimenta* in primis non tanto tramite un processo deduttivo o un riconoscimento empatico di ciò che si desidera vedere, bensì grazie alla *risposta* soggettiva che si genera mentre la si riceve durante l'interazione. Per far questo avremo bisogno di analizzare come pensiamo (o potremmo pensare) a essa: in che misura ci si accorge dell'attenzione e cosa rende un oggetto degno di attenzione. Dal momento che la maggior parte dei dati della ricerca proviene dal campo dell'attenzione visiva, mi concentrerò su di essa per affrontare le questioni legate alla consapevolezza infantile di questo fenomeno, anche se la considerazione di altre modalità sensoriali potrebbe portare a un quadro diverso e più articolato. Nel frattempo cominciamo a occuparci di un rompicapo.

Quando cominciano i bambini ad accorgersi dell'attenzione altrui? Posizioni diverse a confronto

Nelle ipotesi formulate attorno a questa domanda vi è un po' di confusione. Secondo un'opinione condivisa i bambini diventano consapevoli dell'attenzione altrui dopo circa gli otto mesi di vita (pur essendo fin dalla nascita attenti alle persone e alle cose che li circondano). A questa conclusione si è arrivati grazie a uno dei primi studi longitudinali sulla comunicazione e sulla cognizione pre-verbale condotto negli anni Settanta dalla compianta Elizabeth Bates con un gruppo di ricerca, inusuale per l'epoca, interamente femminile. Attorno alla fine del primo anno di vita i bambini – a volte in modo piuttosto eclatante – iniziano a indicare in senso comunicativo gli oggetti che li circondano (ossia, controllano che l'adulto li stia guardando). È interessante osservare come questo gesto risulti funzionale a due scopi interpersonali: indicare gli oggetti perché l'adulto li prenda (chiamato comunemente indicare proto-richiestivo) o semplicemente indicare per mostrare agli adulti quegli oggetti (definito indicare proto-dichiarativo). Queste osservazioni hanno offerto una prova importante rispetto al momento dello sviluppo in cui i bambini scoprono gli altri come capaci di attenzione: una scoperta che consente loro di utilizzare l'attenzione altrui per ottenere le cose e allo stesso tempo di utilizzare queste ultime per ottenere l'attenzione degli altri. L'emergere simultaneo di questa singola azione dotata di funzioni multiple sembrava indicare la sottostante scoperta da parte del bambino dell'attenzione di per sé. Il quadro teorico di riferimento attuale, nonostante i recenti contributi al dibattito e le revisioni apportate, resta sostanzialmente immutato.

Ma ciò rende i primi coinvolgimenti dei bambini con l'attenzione degli altri un po' misteriosi. Abbiamo già osservato che i bimbi sono in grado di stabilire complessi scambi comunicativi in posizione faccia-a-faccia, che sono fin dalla nascita sensibili agli sguardi a loro indirizzati, che partecipano in maniera attiva ad articolati scambi proto-conversazionali con gli adulti dai due mesi di vita rispondendo in maniera emotiva alle azioni altrui loro rivolte, che si accorgono di venire osservati e che sono infine in grado di iniziare loro stessi delle azioni di richiamo. Cosa ci potrebbe mai essere in questi intricati scambi dialogici (visti nel precedente capitolo) che avvengono a due mesi di vita se non l'accorgersi che l'altro si sta occupando di loro? La lettura che ne danno solitamente gli psicologi non chiama in causa il fatto che i bimbi siano consapevoli dell'attenzione ricevuta; se ne discute piuttosto identificando domini distinti definiti rispettivamente come sintonizzazione a livello biologico, sociale o affettivo. Ma è proprio vero che i bimbi di due mesi non hanno alcuna consapevolezza dell'attenzione altrui?

Nel corso del capitolo sosterrò la tesi per cui le interazioni che i bimbi di due mesi stabiliscono con gli altri riflettono la consapevolezza che essi hanno dell'attenzione altrui in quanto tale, e come quest'ultima si basi sulla capacità infantile di rispondere a tali interazioni in maniera emotiva. Mostrerò come, per prima cosa, i bambini siano consapevoli dell'attenzione altrui quando questa è diretta verso di loro. Gradualmente, mentre tali forme di impegno interpersonale diventano più complesse, essi acquisiscono consapevolezza dell'attenzione altrui anche quando questa è rivolta ad altri oggetti circostanti. A mio giudizio la scoperta dell'attenzione non si colloca alla fine del primo anno di vita. I bimbi sono consapevoli dell'attenzione altrui ben più precocemente ed è grazie a ciò che progressivamente si rendono conto che quest'ultima può essere anche rivolta ad altri "oggetti", "obiettivi" o "argomenti". Perché e sulla base di quali evidenze sostengo questa tesi? Occupiamoci prima di tutto del perché e, così facendo, entriamo nel merito della domanda: *cos'è* l'attenzione?

Prestare attenzione dipende dagli oggetti cui ci si rivolge

Nonostante ci siano diverse formulazioni teoriche convincenti a proposito della natura dell'attenzione, la teoria a cui si fa più spesso riferimento in ambito infantile è quella denominata "*space-based*" o "*spotlight*".[3] L'attenzione viene paragonata a una sorta di fascio di luce (*spotlight*) psicologico puntato verso il mondo, libero nei movimenti e non vincolato da ciò che illumina, perciò indipendente (o disconnesso) dalla realtà in cui si muove. È inoltre visto come qualcosa di separato dal corpo in cui opera, disincarnato, non necessariamente concorde con i suoi movimenti. Se si assume una definizione così dis-connessa, l'unico modo in cui noi, come osservatori, possiamo cogliere e riconoscere l'attenzione è rappresentarla come un concetto o afferrarla come un'"idea". Rispetto alla questione del come e quando i piccoli riescono a cogliere l'attenzione, sarebbe dunque senza senso tenere in debito conto ogni evidenza interpersonale precoce relativa al periodo di sviluppo pre-concettuale. Tuttavia, ci sono buoni motivi per mettere in discussione questo modo di vedere e adottare ipotesi alternative.

Un fascio di luce può muoversi in un certo campo visivo e cogliere tutto ciò che rientra nella porzione di spazio illuminato – uno stormo di uccelli, una pozza d'acqua, la gamba di una sedia, il naso di qualcuno e, naturalmente, anche uno spazio vuoto. L'"organismo" (sia la persona sia l'animale) rappresenta l'agente di controllo che gestisce questo fascio luminoso, indirizzandolo su specifiche aree. Il problema è che questo riflettore non fa niente nei confronti di ciò su cui getta la sua luce. Seleziona lo *spazio* da illuminare, non le *cose*. Ma gli organismi non funzionano in questo modo. Non si limitano a girovagare per il mondo guardando a questa o a quella porzione di spazio o a questo o a quell'oggetto senza fare nulla con essi. Li prendono, ci giocano, li danno a qualcun altro, li mangiano, sorridono loro e così via. Questo fatto, ossia che a differenza di quanto accade per i riflettori di luce gli organismi che si occupano di qualcosa possiedono un corpo attivo e motivato, deve fare una grande differenza nel cosa si intenda per attenzione.

Inoltre per gli organismi il riferimento allo spazio non è così importante. Infatti possono focalizzarsi completamente sugli oggetti contenuti in un certo spazio piuttosto che su di esso, al punto da non notarne altri che si trovano esattamente nello stesso luogo. Un esperimento condotto molti anni fa da Ulrich Neisser illustra perfettamente il punto della questione; dopo aver sovrapposto due immagini sulla stessa parte di pellicola – una battuta di mani (due mani con relativi polsi) e un gioco con la palla (tre uomini che giocano a basket) – si chiedeva ai partecipanti all'esperimento di contare il numero di eventi presenti in uno dei due giochi, per esempio il numero di battute di mani. Mentre i soggetti eseguivano il compito, l'altra immagine sovrapposta veniva cambiata in modo sostanziale, sostituendo con un gruppo di donne il gruppo di uomini che giocava a basket. Era davvero sorprendente, ma i soggetti non si accorgevano di questa modifica. Una più recente replica di questo esperimento ha inserito come immagine un uomo travestito da gorilla che cammina nel mezzo della scena "irrilevante", si volta verso la telecamera, si colpisce il petto, e poi riprende a camminare: anche qui i soggetti tendevano a non accorgersene![4] Dunque l'attenzione si focalizza sulle cose piuttosto che non su specifiche porzioni di spazio. Inoltre, tende a concentrarsi maggiormente su più informazioni relative allo stesso oggetto piuttosto che sullo stesso numero di informazioni provenienti da oggetti diversi – fenomeno conosciuto in quest'ambito di studi con l'espressione "*same object advantage*". Se due oggetti sovrapposti vengono presentati per un breve lasso di tempo, è più semplice rilevare due caratteristiche dello stesso oggetto che non una caratteristica per ciascuno di essi. O quando due forme sono presentate l'una vicina all'altra e il compito è individuare un segno basato su un precedente segnale target, le risposte sono più rapide quando il segno appare sullo stesso oggetto ma in un punto diverso rispetto a quanto non accade se il segno compare alla stessa distanza ma sull'altro oggetto.[5] È dal contributo della teoria della Gestalt che sappiamo che attribuire un senso alle cose consente di percepirle. Per esempio, possiamo non rilevare che una linea è interrotta se questa ha già un senso per noi oppure possiamo cogliere una certa forma compiuta in un insieme di linee anche se ne manca qualcuna. Dunque se davvero l'attenzione funzionasse come un riflettore, sarebbe un fascio di luce particolare, in grado di cogliere alcune cose che si trovano entro il suo raggio ma capace anche di trascurarne altre che sono in primo piano, in grado di modificare gli oggetti che colpisce, di selezionarne alcuni e tralasciarne altri. Una spiegazione alternativa concepisce l'attenzione come una forma non separata – come indicato dai teorici del modello *space-based* – bensì attivamente in interazione con gli oggetti.

Il porre attenzione è una forma di *coinvolgimento* che avviene ogni volta che percepiamo la trama di un vestito, annusiamo l'aria di mare o vediamo i tornanti di una strada. Infatti, l'attenzione esiste perché ci sono degli oggetti che la richiedono. Si pensi, per esempio, a un ambiente senza alcun oggetto e deprivato di ogni caratteristica sensoriale. In una situazione di questo tipo, senza nulla di cui occuparsi, potrebbe mai esistere o svilupparsi l'attenzione? Le qualità verso cui indirizzarsi – ossia l'intensità, la fluttuazione, la durata e così via – dipendono dagli oggetti di cui ci si occupa, aspetto che ha delle evidenti implicazioni sulla gestione, dal punto di vista percettivo, dell'ambiente in cui i bambini crescono. Il processo del porre attenzione, in accordo con il paradigma centrato-sull'oggetto, è fondamentalmente e strettamente legato alla qualità dell'oggetto.[6] Potrebbe essere più appropriato, dunque, pensare all'attenzione come a una *attività* piuttosto che non a una "cosa" nelle nostre teste, e quindi parlarne nei termini del *porre* attenzione – considerarla dunque un verbo piuttosto che un nome.[7] Considerare in questi termini l'attenzione implica che, certamente, essa sia da subito pubblica e trasparente: se è qualcosa che le persone fanno nel mondo allora è anche possibile osservarla. E se *può* essere guardata, allora i bimbi possono, almeno potenzialmente, osservarla. E così noi, come psicologi, possiamo osservarli mentre lo fanno.

Certamente di solito né i bambini né gli adulti "osservano" l'attenzione delle altre persone come spettatori; solitamente la percezione che ne hanno coinvolge l'interesse di chi osserva, la sua motivazione, l'emozione e il suo agire responsivo. Per prima cosa occupiamoci di come l'attenzione possa essere percepita tramite gli oggetti a cui è diretta.

La consapevolezza dell'attenzione deve essere legata alla consapevolezza dei suoi oggetti

Se prestare attenzione è un processo che implica essere coinvolto con gli oggetti, allora la consapevolezza del prestare attenzione agli altri deve implicare la consapevolezza di questo tipo di coinvolgimento tra la persona e l'oggetto. Se è vero che, come ha scritto Brian Scholl, il porre attenzione è "profondamente connesso alla qualità dell'oggetto", allora per capire come una persona lo fa c'è bisogno di comprendere la relazione tra quella persona e l'oggetto. La consapevolezza di porre attenzione deve essere intimamente legata alla consapevolezza dell'oggetto a cui si riferisce. In altri termini l'atto di porre attenzione, come affermava Jerry Bruner, non può essere separato dall'*oggetto*: poiché è sempre diretto verso *qual*cosa, non ha alcun senso affermare che lo si possa comprendere se non si capisce ciò verso cui si rivolge. Se lo si considera, invece, come un fascio di luce non è importante considerare quali oggetti illumini. Diversamente, se lo si considera legato a un oggetto, la consapevolezza del (potenziale) oggetto è cruciale per la sua comprensione. Che cosa significa di fatto tutto questo? Come facciamo a percepire il porre attenzione e il suo oggetto?

Mentre scrivo sono seduta, guardo dalla finestra due polli che camminano sulla ghiaia e si dirigono verso un mucchio di composto organico dietro la stalla e mi chiedo: cosa posso osservare del loro prestare attenzione alle cose? Provate a visualizzare la scena. C'è un grande pollo marrone della razza Buff Orpington che cammina con un'andatura ferma, guarda in basso e becca dei sassolini che io, da dove sono, non posso vedere. Un pollo Black Rock lo segue da dietro, si ferma davanti alla stalla e non riesco a capire perché si sia bloccato lì. Alza la testa, guarda la parete della stalla, si volta, guarda per terra, poi guarda un'altra parte del muro e non becca nulla; cammina quindi ancora per pochi metri e si ferma davanti a un fossile di ammonite appoggiato su un mucchio di legna. Guarda per un momento al di là dell'ammonite, quindi volta la testa lateralmente e becca qualcosa che si trova tra la legna e quest'ultima. Fa una grande fatica per estrarlo, non basta una rapida beccata; si blocca ancora, guarda di lato, abbandona l'ammonite e cammina lungo un lato dell'edificio, dietro il Buff Orpington, che continua a beccare camminando. Non riesco più a vederli (ma posso vedere che il cavallo ora è voltato e mi dà la schiena, guarda fuori dalla finestra situata sul retro della stalla nella direzione in cui sono andati i polli).

Il prestare attenzione dei polli sembra essere un processo continuo, in costante cambiamento. Mi sembrava di non avere alcuna difficoltà nel percepire ciò di cui si stavano occupando, ma non posso descrivere la loro attenzione senza parlare degli oggetti a cui era rivolta. L'attenzione del pollo Black Rock mi sembrava molto più chiara di quella dell'altro – cambiava oggetto più frequentemente. A un certo punto ero incerta su cosa stesse facendo mentre in altri momenti il focus della sua attenzione mi appariva più distintamente, proprio perché riuscivo a vedere gli oggetti a cui era indirizzato. Quando non ero in grado di vedere alcun oggetto (forse neanche il pollo ci riusciva?) ero in dubbio e incerta non sulla direzione in cui stava guardando (potevo infatti vedere verso dove era voltata la testa) ma rispetto a ciò di cui si stava occupando. Forse stava guardando e prendendo in considerazione qualcosa di molto piccolo sul muro? Stava cercando qualcosa che non riusciva a vedere? O "guardava fisso" nel vuoto senza osservare realmente nulla? Quando potevo vedere l'oggetto, riuscivo a vedere anche le sua attenzione. Quando invece non riuscivo a scorgere l'oggetto, era difficile per me pensare che si stesse interessando a qualcosa. Percepire il fare attenzione è strettamente legato al percepire gli oggetti a cui questa è diretta.

Anche nel caso dei bambini sembra accadere qualcosa di simile: alcune evidenze, quasi fortuite, che provengono da contesti sperimentali, suggeriscono che i bambini piccoli non riescono a vedere e seguire l'attenzione di qualcuno se non possono vedere l'oggetto verso cui è diretta. Per esempio, c'è un affascinante studio del compianto George Butterworth che mostra come i bimbi, prima della metà del secondo anno di vita (a partire da quando, è interessante notare, diventano anche capaci di immaginare ciò che è assente e realtà passate), non riescano a tenere in mente qualcosa che si trova dietro di loro. Fino a che non raggiungono questa età – circa i diciotto mesi – non si voltano per seguire lo sguardo o il gesto di indicare di un adulto indirizzato a qualcosa che si trovi alle loro spalle. Sembra che per il bimbo non abbia alcun senso occuparsene; infatti per lui, alle sue spalle, non esiste alcun *oggetto.* Inoltre, se l'adulto si volta a guardare un punto luminoso che si trova davanti al piccolo, è più probabile che questi ne segua lo sguardo o la rotazione del capo se in quella porzione di spazio *è* effettivamente presente un oggetto che egli percepisce come qualcosa a cui dar retta! Diversi studi hanno mostrato come lo sguardo del bambino si muova più o meno nella giusta direzione finché non si posa su un possibile obiettivo.[8] A quel punto si arresta (anche se in modo impreciso).

Sorprendentemente, anche a tre e quattro mesi di vita, il fatto che un bambino segua o meno con lo sguardo la testa di una persona che si volta sembra sia determinato dalla presenza o meno di oggetti. Immaginate di stare interagendo in posizione faccia-a-faccia con un bimbo, e poi di voltarvi a guardare qualcosa. Un gruppo di ricercatori giapponesi ha rilevato come, prima di dirigersi con lo sguardo nella direzione in cui voi siete voltati, il piccolo per un attimo guarda il vostro profilo.[9] Se riconosce qualcosa per lui familiare o individua un oggetto di suo interesse, allora guarderà proprio ciò che anche voi state osservando. Se non riesce a trovare oggetti vicini a voi che attraggano la sua attenzione, allora distoglierà da lì il suo sguardo e tornerà a guardare il vostro profilo, soffermandovisi. Capire che qualcuno è interessato a qualcosa del mondo porta i piccoli a fare affidamento sul fatto che c'è qualcosa lì fuori di cui occuparsi. È addirittura possibile far loro imparare a seguire questo tipo di movimenti della testa. Chris Moore e colleghi hanno mostrato come, a otto mesi, una ricompensa possa accrescere l'accuratezza del movimento del voltare la testa (ossia, voltarsi nella stessa direzione dell'adulto che fa da modello). Lo studio aveva l'obiettivo di dimostrare la natura superficiale della capacità precoce di seguire con lo sguardo. Tuttavia, l'aspetto più interessante dei risultati ottenuti è che l'addestramento funzionava solo se le ricompense coincidevano con la localizzazione dell'oggetto target! Detto in altre parole, se possiamo istruire i bambini a essere maggiormente sensibili verso i comportamenti autenticamente attentivi (vale a dire quando sono presenti oggetti per loro significativi), non possiamo insegnare loro a rispondere pedissequamente a ogni tipo di comportamento (come quello del voltare la testa) *come se* si trattasse di un'azione indicativa di attenzione. Se il bimbo non comprende che vi è un *oggetto* verso cui l'attenzione è indirizzata, non è per lui possibile (nel primo anno di vita) stabilire un contatto con l'attenzione dell'altra persona.

Quindi, se è così importante considerare gli oggetti cui si rivolge l'attenzione di una persona per accorgersi che quest'ultima sta prestando attenzione, cosa sappiamo della consapevolezza che i bimbi hanno degli oggetti dell'attenzione altrui? Per ritornare alla questione con cui abbiamo aperto il capitolo: come considerare l'attivo coinvolgimento con gli altri del piccolo di due mesi? In questo tipo di interazioni non sembra nemmeno che per lui esista un oggetto da conoscere! È infatti così, ma solo se affrontiamo la domanda su *cosa sia* un oggetto in modo troppo semplificato. Si tratta di un punto cruciale. Nel prossimo paragrafo affronterò la questione relativa a cosa potremmo – o dovremmo – considerare come oggetto di attenzione percepibile. La risposta a questa domanda ci darà delle informazioni su alcune questioni empiriche che affronterò nei paragrafi successivi relative allo *sviluppo*, nel bambino, della percezione degli oggetti d'attenzione altrui.

Cosa "conta" perché qualcosa diventi oggetto d'attenzione?

L'oggetto "esterno"

In quest'area di indagine è frequente, quando si parla degli oggetti dell'attenzione, pensare a cose che siano esterne sia a chi presta attenzione sia a chi osserva qualcun altro prestare attenzione. Gli psicologi dello sviluppo considerano il fenomeno dell'"attenzione condivisa" come sinonimo di coscienza dell'attenzione altrui e perciò tutto ciò che precede tale fenomeno ne sarebbe privo. L'attenzione condivisa richiede che due persone prestino attenzione scientemente a un oggetto comune per poter dire che il piccolo si accorge consapevolmente dell'attenzione altrui. La triangolazione è di norma concepita come collocata in un certo spazio (e su questo punto il fatto di considerare acriticamente la sola attenzione visiva può trarci in inganno) in cui l'oggetto di attenzione comune è visto come separato, sempre in termini di spazio, dal bambino e dall'adulto – ed è denominato infatti come "terzo elemento", per usare le parole di Elizabeth Bates.[10] Ci sono ottime ragioni per cui gli psicologi si focalizzano sull'oggetto esterno: l'atto di seguire con lo sguardo, come abbiamo appena visto, coinvolge sempre un oggetto esterno, e l'abilità infantile di seguire gli sguardi diretti verso un oggetto si sviluppa in configurazioni chiare e identificabili, che dipendono dalla geometria della sua localizzazione in relazione all'adulto e al bambino.[11]

Qualcosa di analogo accade per il gesto di indicare. Osservando i primi utilizzi infantili di questo gesto ci si convince facilmente che la posizione esterna dell'oggetto è un elemento cruciale per la sua comprensione. Ecco un esempio a riguardo. Seduta sul pavimento del salotto, Shamini (che aveva dieci mesi e quattro giorni) a un tratto ha allungato il braccio destro e con il dito indice teso in avanti ha indicato qualcosa appoggiato sulla mensola. Con una sequenza conversazionale di suoni si è voltata verso sua nonna che era seduta lì vicino, e poi ha abbassato il braccio. (Ero così emozionata alla vista del suo primo gesto comunicativo che mi sono dimenticata di segnarmi ciò che stava indicando!) Giunta la fine del pomeriggio, aveva indicato almeno dieci o quindici volte. Il "terzo elemento" aveva fatto il suo ingresso! Tuttavia, era difficile concludere da questo che aveva scoperto la nostra attenzione. Dopo quella sera il gesto non si ripresentò più per dodici giorni, nonostante i miei tentativi di suscitarlo con domande del tipo "dov'è...", affinché lo riproducesse. Tuttavia è curioso osservare come durante quei dodici giorni Shamini abbia indicato solo se stessa senza intenzioni comunicative (ossia senza interagire con altri e senza guardare in faccia nessuno). Si potrebbe sostenere che questa scoperta, se di questo si è effettivamente trattato, riguardi l'*atto* di indicare in sé piuttosto che la comprensione dell'attenzione altrui.[12] Ciò che voglio sostenere è che il bambino, ben prima di questa età, è in grado di cogliere l'attenzione altrui, ma in relazione a una diversa tipologia di oggetto.

Oltre l'oggetto "esterno": assumere una prospettiva in seconda persona

Questa generale tendenza a un focus privilegiato sull'oggetto esterno crea alcuni problemi, se non altro perché tutti come adulti sappiamo che possiamo rivolgere la nostra attenzione a molte altre cose diverse dagli oggetti nello spazio. Quali sono gli altri oggetti di nostro interesse che i bambini piccoli sono in grado di percepire? Le altre *persone* (a cui ci rivolgiamo per esempio in presenza del bambino), oggetti *vicino* ai nostri corpi (come un calice che teniamo in mano o una sedia accanto a noi), che ne sono *parte* (per esempio i nostri vestiti o i nostri gioielli), o quegli oggetti che *sono* i nostri corpi (i capelli, le dita dei piedi o la pancia). Pensando in termini meno concreti, possono essere le *azioni* che i bimbi (o altri) compiono (come scuotere la testa, agitare le mani, muovere le dita dei piedi, sorridere), o anche gli *eventi* che accadono nel corso del tempo (per esempio il ricordo di una bottiglia di latte rotta o l'attesa della festa di domani) e di cui parliamo o che vengono raccontati. Può trattarsi anche di *idee* e concetti (come l'idea di questo libro e il concetto di attenzione), ma naturalmente non per il bambino molto piccolo.

Soprattutto, l'oggetto della nostra attenzione può essere il bimbo *stes-*

so. Come dice quella bellissima strofa nel *Cantico dei Cantici* "distogli da me i tuoi occhi perché mi turbano".[13] È certamente possibile vedere quando l'attenzione di una persona è diretta verso un'altra, e probabilmente si tratta dell'esperienza più potente di attenzione che ognuno di noi possa mai fare. Quindi è piuttosto strano, da un punto di vista metodologico, escludere da questo elenco il sé in quanto oggetto, anche se si tratta di una consuetudine nella psicologia dello sviluppo.[14]

Abbiamo bisogno di un ampliamento del concetto di oggetto dell'attenzione. L'area di indagine potrebbe così ulteriormente estendersi e permettere di ottenere risultati più interessanti. Se è vero che il prestare attenzione coinvolge sempre gli oggetti, e l'accorgersi di tale azione implica a sua volta l'essere consapevoli di tale coinvolgimento, allora la natura degli oggetti (con cui gli altri sono coinvolti con attenzione) deve contare in ciò che le persone fanno mentre prestano attenzione, e questo a sua volta deve contare rispetto a ciò che i piccoli percepiscono e comprendono dell'attenzione. Per esempio, quando l'"oggetto" dell'attenzione altrui è una (altra) persona i piccoli mostrano un diverso modo di esserne consapevoli, si comportano cioè partecipando e condividendo in modo diverso il fenomeno attentivo rispetto a quanto accade quando si tratta di un oggetto inanimato. E, teoricamente, potremmo affermare che la comprensione che i bambini hanno dell'attenzione potrebbe ancora una volta essere parecchio diversa se nel mondo vi fossero solo oggetti olografici, o se gli adulti si interessassero solo a oggetti in movimento e mai a cose statiche. Immaginate che gli adulti siano degli osservatori che guardano a breve raggio e che non riescono a osservare altro che gli oggetti immediatamente a portata di mano: la capacità infantile di cogliere l'attenzione altrui sarebbe certamente in qualche modo diversa!

Se ampliassimo il concetto di oggetto potremmo fare ancora di più e arrivare a un punto decisivo rispetto a una conclusione non logicamente necessaria formulata in questo campo di studi. L'affermazione in questione si riferisce al fatto che mentre la connessione tra una mano che raggiunge qualcosa e il suo oggetto è considerata percepibile, non lo è invece quella tra un occhio che osserva e l'oggetto verso cui si rivolge; in questo caso per rilevare la connessione ci sarebbe bisogno di far intervenire un'"idea" o una rappresentazione. Amanda Woodward, per esempio, suggerisce che l'impossibilità di osservare il legame tra l'attenzione e i suoi oggetti sarebbe alla base del fatto che il piccolo riesce precocemente a discriminare le azioni intenzionali (che approfondiremo nel capitolo 8), ma non le azioni attentive. Sminuire l'importanza di ciò che è diverso dagli oggetti "esterni" sollecita (e supporta) la posizione dualistica che sostiene come l'unico legame possibile tra il "comportamento attentivo" e gli oggetti cui esso si rivolge sia quello di natura più o meno inferenziale. Secondo questo modo di vedere la relazione psicologica che intercorre tra colui che osserva e l'oggetto osservato può essere afferrata attraverso la deduzione che è in atto un processo interno quale il "guardare" (da una posizione in terza persona) o può essere colta per mezzo della simulazione (da una posizione in prima persona), attraverso cui si percepisce che vi è una analogia tra il guardare dell'altro e il proprio. Naturalmente si può anche pensare che *l'attenzione* assuma significato per mezzo dell'azione *intenzionale* verso gli oggetti a cui è diretta. L'affermazione di Michael Tomasello, secondo cui i primi stati mentali di cui i bambini divengono consapevoli sono le intenzioni, può essere letta in questi termini. Ma ritengo non si tratti di una conclusione inevitabile: il bimbo è in grado di sperimentare in modo diretto la significatività dell'attenzione.

In effetti, a ben vedere ciò che si sostiene è che non si può percepire la connessione tra un paio di occhi che osservano e gli oggetti a cui sono diretti. Ma è davvero così? Non se accettiamo che il sé possa essere oggetto dell'attenzione altrui. Quando l'attenzione delle altre persone è diretta al sé, non solo percepiamo l'atto altrui del guardare, ma ne abbiamo una esperienza diretta attraverso la nostra stessa risposta a quella azione. Se si assume che vi sia una storia evolutiva sufficientemente condivisa e un grado sufficiente di "normalità", tale che una risposta possa *essere* suscitata, la connessione tra gli occhi che osservano e il loro oggetto viene esperita nella sua dimensione percettivo/emotivo/propriocettiva. Deve essere *percepita*. Questo è un altro motivo per considerare con cautela le metafore unicamente visive; possono portarci a dimenticare modalità diverse attraverso cui si può esperire la mente: non per inferenza né per simulazione, ma attraverso il sentire.

Ricapitolando questo paragrafo: espandere il concetto di oggetto percepibile dell'attenzione permette di esplorare dati più complessi relativi ai modi infantili di accorgersi dell'attenzione altrui, che i modelli attuali non permettono di cogliere. Porta a considerare diverse tipologie di oggetti, che potrebbero influenzare la natura del coinvolgimento attentivo e cambiare il modo in cui il bambino piccolo percepisce il legame tra colui che pone attenzione e l'oggetto a cui si rivolge. Se si assume una prospettiva in seconda persona, diventano centrali per la consapevolezza *esperienziale* dell'attenzione stessa le risposte emotive che suscita il sentirsi oggetto di attenzione. Ciò potrebbe consentire di ampliare la consapevolezza dell'attenzione oltre il sé verso altri oggetti. Il punto essenziale – nel caso questo modello fosse supportato dai dati – è che l'attenzione degli altri non è una scoperta tardiva. Al contrario, ciò che sostengo è che percepire di essere oggetto dell'attenzione permette di scoprire che anche altri oggetti possono essere bersaglio dell'attenzione altrui. Occorre ampliare la gamma di quelli che si considerano gli oggetti percepiti dall'attenzione altrui.

Questa ipotesi *è* corroborata dai dati empirici? Sostenere che l'attenzione possa essere avvertita ed esperita a livello emotivo/propriocettivo/percettivo non rappresenta qualcosa di particolare; tutti noi come adulti la viviamo in questo modo. E sappiamo anche che quando si incrociano gli sguardi di due persone aumenta il ritmo del battito cardiaco e si modifica l'attivazione di specifiche aree cerebrali.[15] Ma i bambini piccoli sono realmente in grado di percepire che l'attenzione degli altri può essere diretta verso di loro? È possibile che questo accada già a due mesi? Che prove ci sono?

Il sé come oggetto dell'attenzione altrui: rispondere e dirigere l'attenzione

Rispondere e cercare l'attenzione a due mesi (e prima)

Sappiamo che anche i piccoli appena nati sono "sensibili" agli sguardi a loro diretti e, almeno a partire dai quattro mesi, se guardano qualcuno che li osserva direttamente si genera in loro una attivazione corticale maggiore di quanto non accada se gli sguardi sono rivolti altrove. Inoltre, sempre a quattro mesi, se viene loro mostrata una fotografia statica di un volto arrabbiato cresce il livello di attivazione nel caso i volti siano presentati frontalmente e non di lato (anche se, curiosamente, questa distinzione non si presenta se le espressioni sono felici o neutre).[16] Un dato ancora più stimolante è che, a partire dai quattro mesi, se un adulto prima li guarda e poi si volta, è più probabile che essi osservino gli oggetti che si trovano nella stessa direzione verso cui guarda l'adulto. C'è qualcosa nello sguardo dell'altro diretto verso di sé che sembra "ricordare" al bambino l'esistenza di un mondo più ampio.[17] Ma, di fatto, quali funzionalità assolve il guardarsi reciproco? Una risposta sorprendente proviene da una serie di interventi in ambiente naturale condotti dal pediatra Peter Wolff, che ha individuato come i bambini di otto settimane sorridano maggiormente quando l'adulto guarda verso di loro piuttosto che non in un'altra direzione. Chiunque abbia un bimbo di otto settimane, troverà questo risultato un'assurda dichiarazione di ovvietà: è assolutamente normale che i bambini sorridano di più se qualcuno li guarda! Eppure, esso non è necessariamente così assurdo: i neonati, e anche i feti, *fanno* sorrisi tra sé e sé, e nei piccoli appena nati è frequente osservare questo tipo di sorrisi quando sono addormentati, soprattutto dopo un buon allattamento. Sorrisi solitari di questo tipo non scompaiono del tutto (come ben sa ogni adulto che sia stato sorpreso a sorridere da solo), ma a partire dalla fine del primo mese di vita vengono "superati" dai sorrisi "sociali" o di risposta. Anche i sorrisi solitari sono associati a uno stato di contentezza, sia pure semplicemente di tipo somatico. Tuttavia, quando i sorrisi iniziano a essere suscitati da eventi distali, e soprattutto di natura "psicologica" (come quando qualcuno li guarda), l'impatto in apparenza magico di una mente sull'altra diventa sorprendentemente evidente. Percepire che qualcuno si sta interessando a te può portare a reazioni sul piano emotivo che risultano "appropriate" (nei termini della percezione adulta) al concetto di *attenzione*. Può trattarsi di semplici sorrisi o di una varietà di reazioni diverse tra loro. Qui di seguito riporto un episodio da un resoconto diaristico che illustra questa mescolanza:

> Shamini: 7 settimane, 5 giorni: Sembrava [...] La posso *far* sorridere ogni volta che voglio – quasi indipendentemente dall'umore in cui si trova (eccetto quando è presa da una fame impetuosa e urgente!) Oggi, per esempio, è (sul punto di) piangere – si volta di lato – mentre la sto cambiando. Sposto la mia attenzione dal pannolino e inizio a parlarle e a sorriderle (ossia, mi attivo nel tentativo di catturare la sua attenzione); lei si volta verso di me – con la bocca imbronciata, blocca il pianto per pochi secondi, sorride tremando, poi brontola/reclama (piuttosto che piangere) con gli angoli della bocca curvati verso il basso, continuando a guardarmi negli occhi.[18]

Il fatto che io abbia spostato l'attenzione dal pannolino al volto della bambina ha portato a una (breve) riduzione del pianto, a un tentativo di sorriso e a una complessa vocalizzazione comunicativa.

Come negli adulti, l'attenzione diretta verso di sé può scatenare reazioni negative anche nel neonato. Uno sguardo persistente nel momento sbagliato può turbare anche bambini molto piccoli soprattutto se, come accade per i neonati prematuri o con disturbi neurologici, non riescono a disimpegnarsi da esso distogliendo il loro sguardo.[19] Nei neonati in salute, un'attenzione non richiesta porta semplicemente a tentativi di allontanamento. Ecco alcune osservazioni di mio marito tre giorni dopo la nascita di Shamini:

> Al terzo giorno, V. è sdraiata accanto a lei sul letto – a circa 15 cm di distanza – e le parla con dolcezza, e lo fa per la prima volta in questo modo. S. guarda gli occhi di V. (e non i capelli o la fronte) due o tre volte, ogni volta per

la durata di 5 o 10 secondi, intervallando uno sguardo e l'altro e guardando altrove. Poi guarda in basso, verso il mento o la gola di V. V. si muove verso il basso per cercare di incontrare nuovamente i suoi occhi. Dopo un istante, S. inizia chiaramente a evitare lo sguardo di V. guardando ancora più in basso. Episodi di evitamento di questo tipo sono frequenti.[20]

Quando i neonati sembrano sottrarsi con indifferenza all'attenzione dell'adulto, quest'ultimo ne può risentire in maniera evidente. Soprattutto se il bimbo ha solo poche settimane e appena prima era attivamente partecipe in "chiacchierate" con lui; il suo allontanarsi con aria impassibile può suscitare disagio, come si osserva nel seguente video tratto da uno dei miei studi.

La madre saluta il bimbo di sette settimane, cercando di coinvolgere il piccolo verso la videocamera. Lui sembra preoccupato, e si volta a guardare sulla destra. La madre gli dice "non vuoi parlare con me allora?", e muove la testa mettendosi in linea con lo sguardo del bimbo. Il piccolo volta la testa a sinistra. La madre è divertita ma incredula "non sei davvero per nulla interessato, no?" e in modo giocoso si muove nuovamente sulla nuova traiettoria di sguardo del figlio. Il bimbo ancora una volta allontana lo sguardo, in modo impassibile. I tentativi si ripetono ancora un paio di volte, finché la madre non li interrompe, ridendo con imbarazzo.

Come dimostrano numerosi studi, insistere nel ricreare uno scambio attivo quando il bambino cerca di evitare il contatto con l'attenzione può mettere a disagio ed essere controproducente anche per il bimbo stesso. Nei casi in cui ci siano compromissioni neurologiche e il disimpegno del piccolo non sia possibile, l'adulto deve mostrare ancora maggiore sensibilità per decifrare i segnali infantili e i possibili indici di tensione.[21]

Probabilmente, a quest'età le reazioni emotive più interessanti alle manifestazioni di attenzione altrui sono quelle azioni complesse di distogliere lo sguardo mentre si sorride, evocate dai "saluti" delle persone familiari o dal vedere se stessi allo specchio. Di seguito riporto l'esempio di Jennifer a 2 mesi e mezzo mentre vede il suo volto riflesso nello specchio. La bimba aveva da poco scoperto quello che i genitori chiamavano "il suo piccolo amico", si entusiasmava e intratteneva un certo "chiacchiericcio" ogni volta che guardava in uno specchio. In questa occasione, la madre stava reggendo Jennifer davanti allo specchio mentre il padre le riprendeva con una videocamera.

Jennifer lentamente aveva distolto lo sguardo che era orientato al di là delle spalle della madre e diretto verso il corridoio. Si era voltata verso lo spec-

> chio con uno sguardo di compiacimento e un'espressione di interesse sul volto. Con lo sguardo aveva scorso tutto lo specchio finché non aveva incontrato il suo volto. Si era bloccata lì, e un sorriso asimmetrico aveva iniziato a comparirle sul viso, poi aveva voltato la testa per un paio di secondi, mentre il sorriso diventava più intenso. Era poi ritornata a guardare nello specchio e la stessa cosa era accaduta nuovamente, anche se questa volta il sorriso era stato meno intenso. Nel frattempo la madre stava sorridendo orecchio-contro-orecchio con la sua bambina, guardando la scena.[22]

Reazioni di questo tipo, indirizzate alle altre persone o al sé riflesso allo specchio, non sono insolite, specialmente nella fase iniziale delle interazioni. Bambini piccoli di due e tre mesi possono sorridere in risposta ai saluti di un adulto familiare e, quando si sentono sopraffatti dalla vicinanza del contatto, si voltano con un sorriso ancora pieno, spesso curvando le braccia in avanti con un solo movimento, e quindi tornano a incontrare lo sguardo della persona.[23] Nel corso del settimo capitolo verrà discusso il significato che reazioni di questo tipo assumono per l'autoconsapevolezza (e la loro assenza nell'autismo). Il punto qui è che esse costituiscono delle chiare risposte all'inizio di una manifestazione di attenzione diretta al proprio sé.

La gamma e la forza di tutte queste differenti tipologie di risposte suggeriscono come nel contatto attentivo, e in particolar modo nel suo inizio, vi sia qualcosa che ha un significato tale da innescare delle reazioni emotivamente intense. Sia l'assenza sia la presenza dell'attenzione da parte delle altre persone ha notevoli effetti psicologici sui bimbi di due mesi. Ma si tratta solo di reazioni passive? È questo tutto quello che sanno fare i bimbi di due mesi con l'attenzione degli altri – sanno solo reagire? Se fosse così, non si potrebbe allora sostenere che il neonato di due mesi sia in qualche modo programmato per reagire emotivamente allo sguardo e alla vocalizzazione? (La ricchezza e la varietà delle risposte in ogni tipo di manifestazione affettiva non può essere in linea con una spiegazione del tipo "programmato", ma per il momento non ha importanza.) Eppure i bambini *non* solo reagiscono all'attenzione delle persone: sanno anche dirigerla. Si tratta infatti di una delle argomentazioni avanzate a sostegno dell'attenzione condivisa intesa come momento di rivoluzione cognitiva – solo a partire dalla fine del primo anno di vita il bambino effettivamente *conduce* l'attenzione delle altre persone (piuttosto che limitarsi a rispondere). Ma, come vedremo in seguito, i tentativi di dirigere l'attenzione sono presenti ben prima della fine dell'anno d'età, e l'aspetto più intrigante consiste nel fatto che cambiano in funzione di ciò che il bambino vede (si accorge) essere l'oggetto d'attenzione dell'altra persona.

I bimbi di due mesi *cercano* di ottenere l'attenzione quando non c'è? Sembrerebbe che prendere l'iniziativa per ricercare l'attenzione altrui sia una dimostrazione evidente della capacità di rilevare l'attenzione e, considerato che nei bimbi appena nati esiste l'"imitazione" come segnale di richiamo, non sorprende che questa sia presente anche nei piccoli di due mesi. Tuttavia, i dati attualmente a disposizione in letteratura sono piuttosto frammentari. Le risposte infantili a una disattenzione improvvisa (come nel paradigma sperimentale dello Still-Face e del doppio video descritte nel capitolo precedente) mostrano come anche a due mesi il piccolo cerchi di riconquistare il contatto attentivo attraverso vocalizzazioni ed espressioni del volto. Ma si tratta in entrambi i casi di situazioni inusuali e "anomale", in cui il lattante perde l'attenzione dell'altro sul sé. Una situazione più naturale è quella in cui i genitori non sono visibili da parte del piccolo perché in un'altra stanza o sono raggiungibili dal suo sguardo ma disattenti, quasi sempre voltati altrove piuttosto che non verso il bambino, con aria assente, come nello Still-Face.

I genitori riferiscono come a partire dai tre-quattro mesi i bimbi inizino a richiamarli quando non sono presenti o quando lo sono, ma disattenti. La vocalizzazione di richiamo viene descritta come caratterizzata da una diversa tonalità e intensità, talvolta con toni acuti. Anche dalla stessa distanza, la vocalizzazione di richiamo e quella di "risposta" a un'attenzione appena ricevuta suonano piuttosto diverse. Quella di "richiamo" si interrompe proprio quando l'attenzione viene riconquistata; altrimenti il genitore non la percepirebbe come tale. A oggi le evidenze disponibili a riguardo sono per lo più di tipo aneddotico, e ciò che ancora non sappiamo è in che modo differiscano i due tipi di vocalizzi, quale sia la loro frequenza, come varino in relazione all'età nei primi mesi di vita o quali siano le differenze individuali. In realtà non dovrebbe stupirci più di tanto che esista il richiamo in età precoce. Una ricerca approfondita sulla letteratura animale permette infatti di rintracciare un gran numero di dati sui richiami dei "cuccioli" (recentemente anche dei piccoli di pipistrello!) verso i loro genitori. Occorre decidere come considerare queste "chiamate" rispetto al fenomeno dell'attenzione. Non si tratta di richiami traducibili con "guarda il mio dipinto" o "guarda cosa sto facendo", né necessariamente con un "guardami", ma a un livello più semplice possono essere intesi come un "torna da me". A oggi di questo fenomeno non ne sappiamo a sufficienza, ma la mia ipotesi è che coinvolga qualcosa in più che il solo tentativo di riconquistare la vicinanza fisica, il calore o uno sguardo diretto. Credo piuttosto che coinvolga il tentativo di conquistare l'attenzione e di ottenere che l'altro sia sollecito nei nostri confronti.

Questa capacità di conquistarsi l'attenzione resta con noi per tutta la vita ma, come vedremo, gli aspetti più complessi emergono a partire dalla metà del primo anno. I bambini diventano capaci di utilizzare piccoli trucchi e movimenti divertenti per attrarre e trattenere su di sé l'attenzione delle altre persone, e questo accade ben prima che si impegnino nell'uso dell'indicare proto-dichiarativo. Sembra quindi che le abilità di dirigere l'attenzione altrui si sviluppino parallelamente alla capacità di rispondervi.

Attenzione o solo interazione?

Dunque, i bambini molto piccoli rispondono in modo ingegnoso e appropriato all'attenzione altrui e la cercano quando non c'è. Ma qualcuno poco convinto potrebbe avanzare questa domanda (e difatti lo fa): cosa cerca effettivamente il bimbo, e a cosa risponde? Tra tutte le possibili ragioni metodologiche per escludere gli scambi diadici e focalizzarsi su quelli triadici per studiare la consapevolezza che i piccoli hanno dell'attenzione altrui, la seguente è quella cruciale: nei naturali scambi diadici non è possibile distinguere se quanto osservato sia solo interazione o se entri in gioco anche l'attenzione.[24] Negli scambi triadici invece è più semplice individuare se il bambino tenta di ricercare il volto del genitore diretto verso un oggetto distale o se sta cercando uno scambio interattivo con il genitore, caso in cui l'oggetto dell'attenzione coincide con il piccolo stesso. Tuttavia, queste difficoltà sul piano metodologico non escludono la possibilità che le risposte e le iniziative dei bimbi di due mesi nei momenti di coinvolgimento diadico implichino una comprensione dell'attenzione altrui. Focalizzarsi su differenti aspetti del fenomeno attentivo può aiutare a rispondere a questa domanda.

Si prenda per esempio l'episodio in cui il mio spostamento di attenzione dal pannolino al viso di Shamini la porta a voltarsi verso di me con un sorriso tremolante nel mezzo di un pianto. Quali aspetti aveva percepito dello spostamento della mia attenzione? Non c'è motivo di pensare, per esempio, che si trattasse solo dello sguardo – lo spostamento del mio guardare era accompagnato da vocalizzazioni e sorrisi –, poteva essere infatti che lei stesse ricercando in me un altro indizio dell'attenzione, e non solo lo sguardo. Quali aspetti dell'attenzione coglie – e ricerca – nel corso dei primi mesi di vita il piccolo, soprattutto durante momenti di coinvolgimento reciproco sul piano attentivo? Nonostante non stessero cercando di trovare una risposta a questi interrogativi, alcuni studi sperimentali forniscono risposte piuttosto sorprendenti a questa domanda.

L'attenzione, nella sua forma più semplice, coinvolge l'orientamento, sia si tratti del corpo sia della testa, o degli occhi, delle orecchie, delle mani o della lingua. Alcuni scienziati suggeriscono come fin dalla nascita i neonati possiedano un insieme di rilevatori dell'orientamento; sappiamo che questo sicuramente è vero a partire dalle sei settimane di vita.[25] Sappiamo anche, con certezza, che almeno dai tre mesi i bimbi sono piuttosto bravi nel rilevare l'orientamento della testa. Non solo riescono a distinguere un volto che guarda altrove da uno che li osserva, ma (anche in condizioni rigidamente sperimentali) sorridono e guardano maggiormente quest'ultimo. Nei primi tre mesi di vita possono essere più sensibili all'orientamento del capo che non alla direzione dei *soli* occhi o, almeno, possono non essere così bravi nel rilevare i movimenti degli occhi se questi non sono accompagnati dal voltare la testa o non sono segnalati da un qualche tipo di movimento – sia che si tratti della testa sia delle pupille.[26] Comunque, a partire dai tre mesi i dati dimostrano la loro capacità di distinguere tra occhi chiusi e aperti. Difatti, in uno studio significativo a questo riguardo, venivano presentate a bimbi di tre mesi delle fotografie con volti in pose artificiali in una delle tre seguenti condizioni: orientati lateralmente, diretti verso il bambino e con gli occhi chiusi, oppure diretti verso il piccolo ma con gli occhi aperti. I bimbi sorridevano maggiormente alla condizione "volto di fronte con occhi aperti" anche se, e questo è centrale per il nostro quesito, i volti non stavano né sorridendo né parlando a loro direttamente ed erano in pose artificiali.[27] Ciò indica in modo decisivo come né l'azione del sorridere né l'attività del parlare siano elementi dell'attenzione dell'adulto necessari a elicitare nel piccolo risposte attive di tipo emotivo. Dopo tre mesi in cui si è fatta esperienza del set completo del parlare, sorridere e prestare attenzione degli adulti, il solo sguardo sembra essere sufficiente a suscitare i sorrisi! Pare inoltre che i bambini di tre mesi riescano a rilevare anche solo minimi cambiamenti nella direzione dello sguardo. Deviazioni orizzontali dello sguardo di non più di cinque gradi – ossia quando esso è diretto verso l'orecchio piuttosto che verso gli occhi – sono sufficienti affinché bambini di questa età rispondano in modo diverso. Curiosamente, invece, spostamenti analoghi lungo l'asse verticale (ossia verso il mento o la gola) non vengono rilevati con altrettanta facilità.

Se questa, però, fosse l'unica prova a sostegno del fatto che l'attenzione è percepita come dotata di significato ben prima – e in modo diverso – della fine del primo anno di vita, allora potremmo fermarci qui. Il dibattito avrebbe avuto il suo inizio, ma non si tratterebbe di una sfida come quella lanciata dall'idea di ampliare il concetto di oggetto dell'attenzione. Ma c'è qualcosa di più.

Parti del corpo e azioni come "oggetti" dell'attenzione

Si può dirigere l'attenzione degli altri verso gli oggetti del mondo esterno o verso di sé. Ma lo si può fare anche rispetto a ciò che sta in mezzo a questi due termini, ossia su ciò che si fa. Al di là della discussione sull'interpretazione degli esempi e fenomeni che proporrò, una loro caratteristica è evidente in maniera sorprendente. Mentre i piccoli di due o quattro mesi non cercano di dirigere l'attenzione altrui in modo specifico verso le loro azioni, cominciano a farlo dopo i sei mesi. Ossia molto tempo prima rispetto a quando, indicando, provano a richiamare l'attenzione degli altri verso gli oggetti distali. È molto improbabile che ciò non conti per quanto riguarda la consapevolezza dell'attenzione; i bambini dapprima dirigono l'attenzione altrui sulle azioni che loro stessi compiono e solo successivamente sugli oggetti distali.

Ecco un esempio, che potrà sembrare così ovvio (se si ha un bambino attorno a sé) da chiedersi la ragione di tanta enfasi. Ma lo è davvero?

> Rose siede sul seggiolino dell'auto, e fa rapidi movimenti con la testa, voltandola da un lato e poi dall'altro – apparentemente per esplorare tra sé e sé la sensazione di quel movimento. Sua madre, guardandola, commenta i suoi movimenti interessata e divertita. Rose ripete con vigore il movimento della testa, ora guardando la madre. Dopo quella volta, per quasi due settimane e con ansiosa attesa Rose ripeteva il movimento della testa ogni volta che la madre la guardava. (Intervista alla madre di Rose, sette mesi)[28]

I bambini di sette mesi, prima di essere in grado di indirizzare l'attenzione degli altri verso oggetti distali attraverso il gesto dell'indicare e di seguire con esattezza lo sguardo altrui, sono capaci di dirigere in modo piuttosto chiaro l'attenzione degli altri verso le loro stesse azioni. In due diversi studi longitudinali condotti su bambini a partire dai sette mesi, abbiamo scoperto come i tentativi di utilizzare le azioni (del corpo, della faccia, delle mani e della voce) per attrarre l'attenzione degli adulti siano all'ordine del giorno. I bambini si focalizzano con notevole sensibilità su quelle cose che esercitano una certa influenza sugli adulti. Talvolta tentano di ottenere l'attenzione quando non l'hanno, altre volte cercano di trattenerla. Capitano poi volte in cui si concentrano in modo piuttosto specifico nel tentativo di elicitare una particolare reazione – come una risata:[29]

> Una volta, prima di Natale, mia sorella era seduta al tavolo [...] e lei (Vanessa) aveva un po' di tosse e lei (mia sorella) le disse "Ma che brutta tosse" (e mimò il verso) e Vanessa di nuovo tossì, e così andarono avanti per

circa nove o dieci volte, e ogni volta che sentiva la tosse V. guardava Jo e rideva con un gran sorriso a faccia piena. (Intervista alla madre di Vanessa, otto mesi)

E talvolta, con un fascino particolarmente evidente, i bambini si crogiolano nell'attenzione già a loro dedicata, o tentano di conquistarla per raggiungere obiettivi "intelligenti". Ecco due esempi:

> Sta iniziando a stare anche parecchio su in piedi e ti ricerca perché tu le dica che brava bambina sia. Si tirerà su e poi si guarderà attorno per vedere se qualcuno la sta guardando. (Intervista alla madre di Vanessa, otto mesi)

> Se entra nella stanza un qualunque adulto, o un adulto in particolare, lui cerca di ottenere la sua attenzione [...] Se c'è un'altra persona, ecco che immediatamente inizia a fare queste cose, del tipo batte le mani, le muove (un repertorio di azioni) [...] Ecco, due weekend fa ero andata da mia madre, lui lì aveva un sacco di spettatori, non lo vedevano da sei settimane, la mia famiglia intendo, e lui ha passato il fine settimana al settimo cielo. Era [...] si è semplicemente messo in mostra per l'intero weekend. (Intervista e registrazione con la madre di Adam, undici mesi)

Elizabeth Bates e le sue colleghe, nel loro pioneristico studio, hanno riportato un esempio analogo con una bambina di nove mesi, Carlotta, una star del palcoscenico che durante le occasioni sociali salutava sempre i compagni dei circoli comunisti in Italia. Il fenomeno, nella tradizione di ricerca su linguaggio e comunicazione, è ben conosciuto dagli psicologi ed è molto familiare anche ai genitori. Piaget utilizzava a proposito l'espressione reazioni circolari terziarie – ossia la capacità del bambino piccolo di stabilire un collegamento tra le proprie azioni e l'effetto ottenuto. Tuttavia, ancora non è stato esplorato il legame che intercorre tra questo fenomeno e lo sviluppo della conoscenza dell'attenzione da parte del bambino. La ragione di questa esclusione in parte risiede nei nostri preconcetti su cosa sia un "oggetto d'attenzione" accettabile, e parzialmente è dovuta anche alle nostre convinzioni teoriche che ci portano a sostenere che sia possibile parlare di consapevolezza dell'attenzione solo in momenti successivi dello sviluppo. La prevalenza di quest'atteggiamento teorico è forte (anche in Gran Bretagna!). Abbiamo scoperto come ben prima di indicare gli oggetti, i bambini piccoli sono degli esperti nel ripetere quelle azioni che hanno in precedenza permesso di ottenere l'attenzione altrui, per ottenerla di nuovo. In uno studio abbiamo individuato come il 74% dei bimbi di otto mesi e il 90% di quelli di undici mostravano ripetizioni di questo tipo per catturare l'attenzione. Come vedremo più nel dettaglio nel corso dei prossimi capitoli, vi sono differenti ragioni per suscitare nuovamente l'attenzione – e vi sono diversi modi di mettersi in mostra, di fare il clown per far ridere gli adulti, e diversi tipi o modi di scherzare per provocare reazioni. Il corpo e le sue azioni vengono utilizzati come oggetti verso i quali si può dirigere l'attenzione e grazie ai quali la si può ottenere. Il comune oggetto dell'attenzione, da quest'età, si espande al di là del sé e diventa l'agire.

Si potrebbe obiettare, tuttavia, che quando la piccola di otto mesi muove la testa per far ridere di nuovo il padre, sta probabilmente utilizzando quel movimento per attrarre l'attenzione su di sé piuttosto che sull'azione che sta eseguendo. In altre parole, come accadeva nei mesi precedenti, è possibile che l'"oggetto" verso cui si cerca di attrarre l'attenzione sia il sé inteso globalmente (piuttosto che l'atto in se stesso). Eppure, in queste due diverse finalità si possono rintracciare delle differenze cruciali. Quando i piccoli di quattro mesi "chiamano", l'ottenere l'attenzione dell'altro su di sé provoca una *interruzione* della vocalizzazione di chiamata. Al contrario, quando si mettono in mostra e scherzano, l'ottenere l'attenzione dell'altro innesca una *ripetizione* di quel comportamento, il che suggerisce come vi sia una consapevolezza ancora più evidente della relazione che collega la propria azione e il coinvolgimento di chi osserva. Questo, ovviamente, non vuol dire che il sé, nella sua globalità, non possa essere l'obiettivo dell'attenzione. Anche in età adulta non si cerca mai di attirare l'attenzione dell'altro esclusivamente su un unico atto: un esempio può essere l'adolescente che a più riprese si cimenta in varie acrobazie per catturare l'attenzione degli astanti. È evidente che l'attenzione è legata a quell'atto (almeno per l'esecutore questo è chiaro!) anche se ciò non esclude che venga ricercata più in generale per il sé. Analogamente, un bambino di otto mesi si accorge maggiormente, rispetto a uno di quattro, del legame tra l'azione e l'attenzione e di quando quest'ultima si rivolge all'azione piuttosto che verso gli oggetti o verso di sé. Per quanto sia lunga la strada che il piccolo deve ancora percorrere per arrivare a differenziare ed elaborare la sua comprensione dell'attenzione, siamo chiaramente di fronte a un progresso rispetto alla precedente relazione tra attenzione e sé globale. Inoltre, a partire dagli otto mesi, i motivi per dirigere l'attenzione diventano così puntuali e corrispondenti rispetto alle azioni compiute, che è davvero improbabile il bambino non si accorga del fatto che l'attenzione degli altri è diretta alle sue azioni.

Questa espansione dell'oggetto dell'attenzione è forse legata al modo in cui il piccolo risponde emotivamente quando l'attenzione è su di lui? Non possiamo rispondere in maniera diretta. Possiamo solo supporre che dovrebbe esserlo da un punto di vista psicologico. L'espansione è legata a come si sviluppa la coscienza del piccolo nei confronti degli oggetti dell'attenzione altrui? Per questo abbiamo una risposta. Quei bambini che a otto mesi si impegnano più chiaramente nel prendere in giro o nel mettersi in mostra, è più probabile che a undici mesi sviluppino la capacità di indicare.[30] Sembra dunque molto probabile che queste due modalità di richiamare l'attenzione altrui siano collegate. La relazione tra lo sviluppo dell'attenzione condivisa e lo scherzare e mettersi al centro dell'attenzione trova un supporto ulteriore nel nostro studio sui bimbi autistici in età prescolare. Già sappiamo come questi bimbi incontrino difficoltà sia nel produrre i gesti proto-dichiarativi, sia nel comprenderli quando sono proposti da altri. L'attenzione congiunta in generale, ma in particolar modo la condivisione attentiva di tipo dichiarativo, è così problematica nell'autismo da essere stata inserita nei test come uno degli indicatori precoci dello spettro dei disturbi autistici.[31] Inoltre, nel nostro studio abbiamo riscontrato un'assenza di comportamenti di burla o di esibizione, soprattutto dei primi, che sono presenti invece nei bambini prescolari con sindrome di Down, combinati per età di sviluppo. In aggiunta, in entrambi i gruppi vi era una relazione evidente tra le abilità individuali di indicare da una parte e di esibirsi e scherzare dall'altra. I bambini con sviluppo tipico che a otto mesi facevano i buffoni e si mettevano in mostra a undici sapevano utilizzare il gesto dell'indicare, e nessuno di loro indicava prima che si fosse presentato uno di questi due comportamenti. Lo stesso accadeva per i piccoli in età prescolare con sindrome di Down o autismo.[32] In entrambi i gruppi, o era presente il comportamento di scherzo/esibizione e il gesto di indicare oppure non era presente nessuno dei due. Nessuno mostrava abilità nell'indicare senza saper utilizzare la burla o il mettersi in mostra. Sembra esserci una forte evidenza che i comportamenti di burla/mettersi in mostra rappresentino uno stadio intermedio verso lo sviluppo della consapevolezza dell'attenzione. Le azioni del corpo sarebbero l'oggetto intermedio dell'attenzione altrui, che si colloca tra la consapevolezza dell'attenzione diretta a sé come oggetto e il successivo sviluppo della consapevolezza dell'attenzione diretta verso gli oggetti esterni.

Si potrebbe sollevare un'ulteriore e in apparenza ancora più drastica obiezione alle mie affermazioni. Perché non potrebbe essere invece che i tentativi di orientare l'attenzione altrui verso di sé e verso le azioni che si compiono non abbiano nulla a che fare con l'attenzione? Non potrebbe semplicemente trattarsi della capacità infantile di apprendere una serie di pattern comportamentali causa-effetto e di sperimentarli, senza alcuna consapevolezza dell'attenzione implicata nelle risposte degli altri nei propri confronti? Si può rispondere solo con: sì, *potrebbe* essere così. In verità, si tratta di una obiezione che è stata avanzata rispetto al gesto di indicare dei bambini: che potesse cioè rappresentare un modo per sperimentare i comportamenti degli altri.[33] Sul piano logico, questa possibilità – ossia che i bambini e anche gli adulti percepiscano negli altri solo il comportamento attentivo e non l'attenzione in sé – esiste. Ma quanto è plausibile questa possibilità nel caso dello sviluppo infantile tipico? Sulla base delle attuali conoscenze, direi piuttosto poco. L'evidenza sosterrebbe una posizione alternativa e non dualistica, in base alla quale i bambini sono coscienti di alcuni oggetti dell'attenzione altrui, il che vuol dire in alcuni casi anche dell'attenzione in quanto tale, fin dalla prima infanzia.

Gli altri "oggetti" dell'attenzione: le persone, le cose tenute in mano, gli eventi

In questo paragrafo vengono riportati alcuni studi su tre ulteriori tipologie di "oggetti" coinvolti nell'uso dell'attenzione, che costituiscono i pezzi per completare il puzzle sullo sviluppo della comprensione dell'attenzione altrui nel corso del primo anno di vita.

Prendiamo in considerazione il caso più semplice e meno complesso: l'oggetto d'attenzione comune può essere una persona oppure un oggetto inanimato. La maggior parte degli studi relativi allo sviluppo della consapevolezza dell'attenzione non si pone il problema dell'"oggetto" come centrale: il processo infantile di scoperta dell'attenzione sarebbe in gran parte indipendente dalla qualità degli oggetti coinvolti (al di fuori di un complicato modo di fornire dati). Non si considera quindi come elemento rilevante il fatto che il "terzo elemento" sia un'altra persona e non un oggetto.

Tuttavia, due gruppi di ricerca indipendenti hanno trovato evidenze a favore di una maggiore precocità nei processi di coinvolgimento attentivo triadico laddove a tali processi partecipino tre persone. Jacqueline Nadel e colleghi a Parigi hanno mostrato che in contesti sperimentali di questo tipo i piccoli di età anche inferiore ai sei mesi riuscivano a partecipare attivamente utilizzando l'attenzione condivisa.[34] Un secondo gruppo di ricerca svizzero composto da Elisabeth Fivaz-Depeursinge e colleghi ha messo a punto una tecnica clinica chiamata *triangolo primario*, volta ad analizzare le interazioni di natura triadica tra il bambino e i genitori.[35] In queste interazioni semi-naturali si è visto che persino i piccoli di tre mesi mostravano alcune prefigurazioni di strategie intersoggettive triangolari supposte di norma inesistenti prima dei nove-dodici mesi di età. A tre mesi vi era infatti prova di coordinazione dell'attenzione – ossia un'alternanza rapida e ripetuta di sguardi – e una chiara coordinazione di affetti – tra un genitore e l'altro con spostamento di sorrisi, espressioni di disagio o di perplessità dall'interazione diadica con un genitore all'altro presente. "Il bambino, per esempio, poteva iniziare a provare interesse per la madre guardandola in modo intenso, sorridendo e "gorgogliando", e poi voltarsi verso il padre mantenendo lo stesso sorriso e lo stesso gesto vocale. Per fare un altro esempio, in un momento di difficoltà il viso del bambino si offuscava e il piccolo si voltava, mantenendo la stessa espressione, verso l'altro genitore.[36] A partire dai cinque mesi compare una più raffinata coordinazione dell'attenzione, gli sguardi si spostano più rapidamente, talvolta con tre o più alternanze, compare una più frequente condivisione e manifestazione di affetti, e un maggiore utilizzo del riferimento sociale. Dai nove mesi, non solo i piccoli spostano lo sguardo da un genitore all'altro quando quello che stava interagendo con loro si ferma iniziando una conversazione con l'altro, ma mettono in atto veri e propri tentativi per raggiungere e ottenere l'attenzione dell'uno e poi dell'altro. I bambini piccoli, e altrettanto le loro famiglie, differiscono nella frequenza con cui questa forma di coinvolgimento triadico si presenta: in nuclei familiari problematici, è meno probabile che questi tentativi si manifestino. In questa ricerca è di particolare interesse il fatto che siano proprio gli eventi emotivi a innescare un processo di condivisione dell'attenzione: "È probabile che le iniziative triangolari emergano soprattutto nei momenti culminanti di piacere, frustrazione o incertezza".[37] Per ciascuna famiglia è diverso il grado con cui le iniziative di condivisione degli affetti con un genitore sono innescate da eventi di natura positiva o negativa. Fivaz-Depeursinge mette in discussione l'idea che lo scambio triadico emerga *da* e successivamente rispetto allo scambio diadico. Entrambe le forme di interazione esisterebbero e si svilupperebbero in modo parallelo, sulla base della natura del "terzo elemento".

Un'altra tipologia di "oggetto", secondo un gruppo di ricercatori giapponesi, è quello tenuto in mano. Alcune evidenze sembrano suggerire, a questo proposito, che già intorno alla metà del primo anno di vita si riesca a prestare attenzione a un adulto con in mano un oggetto. Sembrerebbe cioè esistere un momento intermedio tra l'interazione triadica dei tre-quattro mesi in cui l'"oggetto" è un'altra persona e il più tipico triangolo due-persone-e-un-oggetto della fine del primo anno, rappresentato da un triangolo in cui l'oggetto dell'attenzione è la mano-con-oggetto. Per i bambini sarebbe quest'ultimo il ponte che collega il passaggio dalla persona come "oggetto" alle cose come "oggetto". Viene chiamato triangolo P-P(O)-P (ossia, Persona-Persona(Oggetto)-Persona). In altri termini, l'attenzione del piccolo verso la mano-oggetto gli permette di rivolgere in seguito l'attenzione verso il solo oggetto. Se aggiungiamo anche questo alla nostra collezione di oggetti visti finora, tale passaggio intermedio richiama in modo piuttosto corrispondente quello relativo alle azioni del sé. Se utilizziamo questa nuova terminologia, possiamo chiamare triangolo P-P(A)-P le azioni del sé, indicate dalla lettera A.

Prima di riepilogare quanto finora esposto, presenterò l'ultima tipologia di "oggetto": gli eventi (non controllati dal bambino) come oggetti dell'attenzione. Ho scelto di parlarne non perché dal punto di vista strutturale siano un diverso tipo di oggetto, ma perché ci permettono di introdurre un nuovo termine: il riferimento sociale o attentivo. Conosciamo già molto di questo fenomeno, che denota solitamente la ricerca del volto dell'adulto quando il piccolo sperimenta una certa ambiguità o incertezza. Il primo classico esperimento condotto al riguardo è stato quello in cui il bambino veniva messo sul bordo di una lastra trasparente collocata su un precipizio e invitato ad attraversarlo da cenni della madre che si trovava al di là di questo. Nel caso del riferimento sociale, visti gli eventi in larga parte "negativi" presentati nei contesti sperimentali, è più probabile che il bambino cerchi lo sguardo dell'adulto (per le sue reazioni e "consigli" non verbali) che non la sua attenzione. Tuttavia, potrebbe anche essere che in situazioni positive, ossia quando è richiesto di confrontarsi con un qualche evento di natura piacevole, ogni sguardo che il piccolo rivolge all'adulto coinvolga anche l'attenzione di entrambi verso l'evento. La "condivisione di affetti", come l'ha definita Lauren Adamson, si manifesta nell'infanzia prima della classica attenzione condivisa su un "oggetto esterno", e può trattarsi del tentativo di indirizzare l'attenzione degli altri verso un oggetto/evento.[38] Si consideri il seguente esempio di una bambina di otto mesi:

> Janet è intenta a giocare da sola sul pavimento. (È da almeno due minuti che non alza gli occhi per guardare la madre (M) né il padre (P) lontani da lei diversi centimetri nella stanza, né guarda la ricercatrice (R) dietro la videocamera. M e P occasionalmente parlano tra di loro.) Il gatto di famiglia fa un rumore, si trova dalla parte opposta della stanza (rispetto a M e P). Janet lo guarda, poi si volta e guarda il P e ritorna quindi di nuovo a guardare il gatto, fa un verso imitandolo e si volta a guardare la videocamera/R. Tutti si mettono a ridere. Janet riprende a giocare. Qualche minuto dopo, il gatto fa un altro rumore, Janet immediatamente solleva lo sguardo ver-

so di lui, quindi imita il verso guardando M e P, e torna di nuovo sui giochi. Dodici secondi dopo, il gatto di nuovo fa quel rumore, e Janet lo guarda per diversi secondi. R ride dietro la videocamera. Janet guarda verso R, poi si volta verso M e P sorridendo e imitando il verso del gatto. (Da una registrazione video, Janet, otto mesi)[39]

In altri esempi, lo sguardo verso l'adulto (o qualunque altra persona) è possibile che segua a un'azione accidentale (per esempio, un giocattolo può fare un suono che il bambino non si aspetta mentre ci sta giocando) o intenzionale portata a termine con successo o soddisfazione (per esempio, dopo qualche difficoltà il bimbo riesce a prendere e tenere un mattoncino con ciascuna mano). In questi comportamenti, il piccolo non fa alcun tentativo per attrarre l'attenzione dei genitori verso l'evento, sembra piuttosto darla per scontata. Non sappiamo cosa sarebbe successo se i genitori di Janet non fossero stati responsivi verso lo sguardo della bambina. Un altro modo di denominare questo tipo di comportamenti potrebbe essere quello di riferimento attentivo. In uno studio sperimentale condotto da David Leavens e Brenda Todd, a bambini di sei mesi (seduti in una certa posizione fissa in mezzo alla stanza con le madri accanto a loro) venivano mostrati oggetti per loro interessanti collocati a una certa distanza. A questa età essi non erano in grado di utilizzare il gesto dell'indicare per oggetti posti al di là della loro madre, cosa che invece risultava facile all'età di dodici mesi. Eppure, le loro risposte erano per molti aspetti simili: mostravano segni di entusiasmo e si voltavano a guardare le loro madri, poi di nuovo guardavano l'oggetto target.[40] Ancora una volta, i bambini monitoravano l'attenzione della madre, pur senza rivolgersi a essa in modo esplicito.

Un modello alternativo dello sviluppo: la prospettiva in seconda persona

Utilizzerò i risultati fin qui presentati relativi al modo in cui i bambini trattano l'attenzione degli altri per sviluppare un modello dello sviluppo della comprensione dell'attenzione da una prospettiva in seconda persona.[41] Dalla tabella 6.1 si possono desumere gli assunti ormai familiari fin qui discussi:

- Il sé è il primo (e il più vitale) oggetto d'attenzione di cui il bimbo è consapevole.
- Lo sviluppo della consapevolezza dell'attenzione implica la consape-

volezza dell'espansione (al di là della diade) e differenziazione degli oggetti che coinvolgono l'attenzione altrui.
- Partendo dalla consapevolezza dell'attenzione diretta a sé, il bambino piccolo gradualmente diventa consapevole di altri "oggetti" che includono, a partire dalla fine del primo anno, l'oggetto distale coinvolto nel gesto di indicare e seguito con lo sguardo.
- L'età del piccolo non influenza la varietà e l'appropriatezza delle risposte affettive che egli mostra nel percepire l'attenzione degli adulti diretta verso differenti oggetti.
- Per ogni oggetto d'attenzione c'è, a ogni età, sia l'abilità di rispondervi che di dirigervi l'attenzione altrui.

Cercando di dare un senso ai dati, ho trovato molte lacune riguardo alle evidenze attualmente disponibili in questo campo. Ciò non sorprende, considerato che il modello che ho sviluppato non è quello dominante in quest'area e che gli psicologi non hanno perciò condotto ancora studi che aiutino a colmare queste carenze. In gran parte ho già fatto riferimento a tali omissioni nei capitoli precedenti. Sulla sinistra della tabella ci sono alcune categorie familiari: il sé, le altre persone, stimoli che si trovano davanti, oggetti nelle mani di altri, azioni fatte da sé, parti del corpo e stimoli distali.

Due sono le categorie che non ho nominato precedentemente: (l'attenzione degli altri verso) oggetti-nella-propria-mano, e l'ultima categoria (l'attenzione degli altri verso) gli eventi passati e stimoli non visibili. La categoria oggetti-nella-propria-mano nasce dalla considerazione, basata sulle conoscenze che a oggi possediamo, che verso gli otto mesi i bambini mostrano/danno gli oggetti agli altri (anche se il fenomeno del dare, all'incirca a quell'età, non è una speculazione). Ciò che ancora non sappiamo, tuttavia, è sotto che punto di vista trattenere un oggetto differisca dal mostrarlo o dal porgerlo a un'altra persona. Potrebbe essere che le due azioni si differenzino dal punto di vista funzionale solo dopo molte interazioni. Abbiamo davvero pochissimi dati a disposizione sulla consapevolezza e sul monitoraggio infantile riguardo all'azione del mostrare-dare gli oggetti-nella-mano o rispetto all'attenzione degli altri verso l'oggetto. L'ultima categoria, eventi già trascorsi e stimoli non visibili, si riferisce proprio a interazioni più di tipo verbale (anche se non necessariamente), e solitamente si presenta sotto la guida della consapevolezza di ciò che conoscono o ignorano le altre persone. Risultati a riguardo sono riportati nel capitolo 10.

Perché questo discorso sia qualcosa di più che una semplice descrizio-

Tabella 6.1 L'espansione della consapevolezza infantile degli oggetti di attenzione altrui.

Età	Oggetti d'attenzione altrui	Coinvolgimento del bambino con gli oggetti d'attenzione altrui
2-4 mesi	Il sé	*Risponde*: sorride, mostra disagio, indifferenza e reazioni di imbarazzo all'attenzione altrui verso di sé. *Direziona:* "richiama" e cerca di attrarre l'attenzione verso di sé.
3-5 mesi	Le altre persone	*Risponde:* reagisce all'attenzione dell'altro diretta verso una terza persona. *Direziona*: alterna inviti all'attenzione a una persona e poi all'altra.
4-7 mesi	Stimoli vicini e oggetti-nelle-mani-altrui	*Risponde:* segue lo sguardo dell'altro diretto verso oggetti davanti, accanto, o nella mano altrui. *Direziona*: non ci sono ancora evidenze di inviti all'attenzione verso questi oggetti.
7-10 mesi	Le azioni prodotte dal sé	*Risponde:* contentezza, evitamento, risposte ambivalenti all'attenzione diretta verso le proprie azioni. *Direziona*: fa il clown e si mette in mostra per attrarre l'attenzione sulle sue azioni.
8-11 mesi	Oggetti-nella-propria-mano	*Risponde:* segue gli sguardi diretti verso gli oggetti che lui ha in mano? Non ci sono ancora evidenze. *Direziona*: offre e porge oggetti agli altri.
12-14 mesi	Oggetti distali	*Risponde*: modalità più complesse di seguire lo sguardo altrui diretto agli oggetti. *Direziona*: indica, mostra, ottiene oggetti distanti.
15-20 mesi	"Oggetti" lontani nel tempo e oggetti non visibili	*Risponde:* risposte emotive diverse a eventi riferiti, sguardi rivolti verso target posti dietro il bambino. *Direziona:* fa riferimento a eventi trascorsi e a progetti futuri; seleziona quali eventi riportare e quali oggetti mostrare.

ne di aspetti osservabili, tuttavia, e affinché sia credibile come teoria dello sviluppo della consapevolezza dell'attenzione, occorre spiegare *perché* avvengono i cambiamenti. Per quale motivo la consapevolezza infantile degli oggetti dell'attenzione altrui si espande? Perché, nel manipolare l'attenzione altrui, il piccolo fa dei cambiamenti passando dal richiamarla su di sé complessivamente all'indirizzarla poi su una azione specifica e in seguito sugli oggetti nella stanza?

Per rispondere a questa domanda dobbiamo prendere in considerazione i risultati di due studi. Il primo di questi ha esplorato la precocità dello sguardo rivolto a oggetti distali, mettendo in luce qualcosa di ancora più interessante del fatto che quest'abilità si presenti prima di quanto si pensasse in precedenza; ha individuato cioè come essa si manifesti solo a seguito dello stabilirsi di una condizione di attenzione reciproca. In altre parole, il bimbo si prende la briga di guardare nella direzione in cui guarda l'adulto solo se questi poco prima lo stava guardando.[42] Perché è proprio così? Il secondo studio, condotto in Giappone, ha rilevato che i bambini piccoli, quando viene loro mostrato il profilo di un adulto voltato lateralmente, continuano a osservarlo per alcuni secondi prima di guardare la mano dell'uomo che tiene un oggetto. Non lo fanno però se l'adulto continua a osservarli, né guardano la mano se questi non trattiene alcun oggetto né sta facendo nulla di interessante. Perché allora i piccoli si prenderebbero la briga di spostare l'attenzione verso la mano?

In entrambi questi studi, lo spostamento dell'attenzione da parte del bambino acquisiva senso se questi era consapevole dell'attenzione altrui come di un atto psicologico diretto. Lo spostamento verso altri target *può* manifestarsi come un progresso nello sviluppo *poiché*, nell'attenzione reciproca, il bambino piccolo esperisce prima di tutto, in termini evolutivi, questa direzionalità verso di sé in quanto oggetto di attenzione. Se non percepisse che l'attenzione dell'altro è diretta *verso di sé*, dovrebbe avere qualcosa di più che una semplice curiosità accademica per essere motivato a esplorare l'attenzione degli altri verso il mondo. È questa consapevolezza sul piano affettivo dell'attenzione altrui diretta verso di *sé* che permette ai bambini di sviluppare una consapevolezza più ampia, che diventa infine concettuale, dell'attenzione degli altri.

Gli adulti svolgono inconsapevolmente un ruolo incentivante rispetto alla motivazione dei bambini, espandendone la consapevolezza sugli oggetti dell'attenzione. I genitori, come sappiamo, agiscono ai margini delle abilità infantili; per utilizzare una famosa espressione di Vygotskij lavorano nella zona di sviluppo prossimale. E sappiamo che i neonati, come molti piccoli mammiferi, ricercano e si divertono con le novità e l'esplorazione. Quando gli adulti, dopo quattro mesi, inconsciamente si disperano perché diminuisce l'attenzione esclusiva del piccolo nei loro confronti (il guardarsi attorno nella stanza, per esempio, è inconfutabilmente un segno che contraddistingue in laboratorio i bambini di tre e quattro mesi rispetto a quelli di due, il cui sguardo è esclusivamente diretto verso il volto materno), reagiscono proponendo azioni sempre più enfatizzate – gli fanno muovere i piedi simulando una pedalata, gli intonano canzoncine, lo invitano in giochi ritmici, e così via – per riconquistarne l'attenzione. Questo espandersi degli orizzonti delle azioni dell'adulto, solitamente orientate al corpo del bambino, ha delle conseguenze. Da una parte *marca* le parti del corpo infantile come entità separate – oggetti – e rende il processo del coinvolgimento interpersonale immediatamente più complesso ed essenzialmente triadico. Sarebbe sorprendente se il bimbo, a confronto con questi nuovi target d'attenzione complessi e potenziali, non li portasse con sé nelle interazioni con gli adulti. Il motivo per espandere gli oggetti dell'attenzione diventa quindi chiaro; gli orizzonti infantili si ampliano in maniera reciproca – il piccolo ricerca di più e l'adulto fa più cose. Quando le due condizioni si combinano, la consapevolezza infantile dell'attenzione si espande al suo massimo grado.

Se questa spiegazione è plausibile, dovrebbe valere oltre il periodo infantile. Anche in età adulta è questa forma di coinvolgimento con gli oggetti dell'attenzione altrui che amplia il sapere su cosa porre attenzione e la conoscenza di cosa sia l'attenzione. È probabile che in relazioni e contesti culturali differenti, diversi aspetti degli oggetti e diversi argomenti siano confermati, evidenziati o oscurati come oggetti d'attenzione.

Cosa accade quando le cose non vanno per il verso giusto? Ci sono alcune conseguenze evidenti. L'esperienza precoce dell'attenzione dipende non solo dalla predisposizione biologica del neonato a una particolare risposta di tipo percettivo/propriocettivo/emozionale all'attenzione diretta al sé, ma anche da cosa accade all'interno dello scambio emotivo. Già dopo pochi minuti dalla nascita, i piccoli si impegnano in interazioni diadiche di tipo attentivo con gli adulti. Cosa potrebbe accadere se l'adulto non fosse coinvolto dal bambino? O se questo accadesse solo sporadicamente, senza potervi fare affidamento? Cosa succederebbe se il bambino piccolo faticasse o fosse incapace di partecipare a questi scambi? Se li considerasse disturbanti e negativi? Il significato che l'attenzione ha per il bambino dipende molto da come vanno queste vicende. Si può ipotizzare che l'*assenza* di una risposta emotiva all'attenzione diretta al sé, potrebbe comportare che lo sviluppo infantile della comprensione dell'attenzione proceda indipendentemente dallo sperimentarne l'esistenza nella realtà, finché essa non può essere inferita per analogia. Potremmo supporre che se la risposta emotiva al percepire di essere oggetto di attenzione fosse esperita come *negativa* (tensione) o neutra (disinteresse), le successive forme di coinvolgimento con l'attenzione verrebbero inibite, innescando una spirale negativa dell'affettività, e influenzando la natura della successiva comprensione di questa in termini concettuali. E potremmo pensare che una esperienza *positiva* accresca e incoraggi l'inizio di successivi coinvolgimenti attentivi, così come inneschi una spirale di positività nel farne direttamente esperienza e nel concettualizzarla. Nel caso dell'autismo, come vedremo più avanti, in modo particolare nel capitolo dedicato all'autoconsapevolezza (capitolo 7), vi è motivo di dubitare dell'esistenza di scambi attentivi (del tipo che osserviamo nello sviluppo tipico della prima infanzia) per circa l'equivalente della metà del primo anno di vita (ovviamente questo non significa che nel primo anno di vita del bambino autistico questi scambi non ci siano. Né vuol dire che egli non possa coinvolgersi; probabilmente i suoi scambi assumono una forma meno ovvia, o si presentano solo in certe condizioni). Tale assenza di coinvolgimento emotivo nei confronti di ciò cui gli altri prestano attenzione – nei suoi diversi oggetti – influenza in maniera diretta l'assenza di risposte emotive all'attenzione a volte rilevabili nei bambini con sviluppo tipico. Gli autistici riescono a comprendere l'attenzione, ma sembra trattarsi di un differente tipo di attenzione. La comprensione che matura all'esterno del coinvolgimento emotivo può essere di natura più logica, deduttiva e con funzioni protettive. Tuttavia, non abbiamo motivo di credere che questi bimbi non sperimentino soggettivamente alcuna reazione emotiva quando percepiscono di essere oggetto d'attenzione. Al contrario, si potrebbe sostenere che proprio l'intensità dell'attivazione emotiva delle loro risposte fa sì che essi evitino in molte situazioni di entrarvi in contatto.[43] Si tratta di questioni che devono ancora essere esplorate. Ma un approccio in seconda persona suggerisce che – sia per i bimbi piccoli con sviluppo tipico sia per i bambini con disabilità e anche per gli adulti – è l'esperienza emotiva dell'attenzione degli altri a essere cruciale per individuare e circoscrivere il significato che essa ha.

Riassunto

In questo capitolo ho sostenuto che l'attenzione è meglio concepibile nei termini di coinvolgimento con gli oggetti del mondo – ossia come porre attenzione – piuttosto che come entità non percepibile o nascosta dietro il comportamento. Il porre attenzione è perciò fondamentalmente legato agli oggetti cui si rivolge. L'*essere* oggetto dell'attenzione altrui all'interno di un contesto di scambi emotivamente attivi è il punto di partenza da cui i bimbi iniziano a sviluppare la consapevolezza dell'attenzione degli altri. Il legame tra colui che pone attenzione e l'oggetto dell'attenzione è perciò esperito in primo luogo a livello emotivo. La risposta emotiva a questa esperienza non solo condiziona lo sviluppo della capacità infantile di afferrare l'attenzione, ma costituisce inoltre ciò che motiva ulteriori coinvolgimenti. È durante il primo anno che si assiste all'espansione delle risposte emotive e dei tentativi di dirigere o controllare la gamma degli oggetti cui prestare attenzione. In questo periodo la consapevolezza dell'attenzione non si sviluppa attraverso una scoperta tardiva dell'attenzione in quanto tale (che è l'aspetto su cui principalmente si incentra il dibattito specialistico odierno), ma attraverso la consapevolezza, progressivamente più ampia, degli ambiti verso cui gli altri dirigono la loro attenzione. La relazione tra le forme precoci e successive del dirigere l'attenzione può essere osservata non solo nei bambini con sviluppo tipico, ma anche nei casi in cui lo sviluppo sia atipico o problematico, come nell'autismo. In questo caso si può affidabilmente prevedere che non possa verificarsi "adeguata" comprensione dell'attenzione senza che di questa se ne abbia una esperienza diretta sul piano affettivo. Nei disturbi dello sviluppo in cui sono presenti compromissioni nell'esperienza dell'attenzione reciproca, ci sono notevoli prove a sostegno della comparsa di una comprensione dell'attenzione da "osservatore esterno" piuttosto che da partecipante attivo. Sembra dunque che un'adeguata conoscenza dell'attenzione sul piano concettuale possa aver luogo solo a partire dalla relazione *Io-Tu* (per riprendere il termine di Buber discusso nel capitolo 3).

7

Sperimentare l'autoconsapevolezza

> Perché l'io della parola fondamentale io-tu è diverso dall'io della parola fondamentale io-esso.
>
> MARTIN BUBER, *Io e Tu*[1]

> Ogni pensiero di qualcosa è al tempo stesso autocoscienza [...]. Alla radice di tutte le nostre esperienze e di tutte le nostre riflessioni troviamo quindi un essere che riconosce immediatamente se stesso [...] e che conosce la sua propria esistenza non per constatazione o per un fatto dato, o per inferenza o a partire da un'idea di se stesso, ma in virtù di un contatto diretto con essa. L'autocoscienza è l'essere stesso dello spirito in funzione.
>
> MAURICE MERLEAU-PONTY, *Fenomenologia della percezione*[2]

L'oracolo di Delfi ci esorta con il motto: "Conosci te stesso". Come mai per accedere alla verità dobbiamo passare attraverso la conoscenza di noi stessi? Per quale motivo la saggezza più profonda consisterebbe nell'essere autentici nei confronti di sé? Polonio nell'*Amleto* esorta l'uomo con queste parole: "E soprattutto questo: sii fedele a te stesso".[3] La consapevolezza di sé è considerata come la caratteristica che ci distingue dalle altre creature viventi, ciò che ci permette di riflettere sulla posizione che occupiamo nell'Universo e, aspetto che più di tutti ha a che fare con la natura umana, è la materia di cui è fatta la nostra storia di vita. Se si tratta di un aspetto così nobile e importante, è necessario prenderlo in considerazione quando trattiamo di bambini piccoli? Come si diventa autoconsapevoli?

Quando ci si riferisce alla consapevolezza di sé la si definisce spesso come l'avere dei "pensieri su di sé". Ciò che sosterrò e argomenterò in questo capitolo è che se si guarda a questa competenza come a un fenomeno di natura emotiva si può arrivare a capirne le caratteristiche e lo sviluppo in modo diverso. Mi occuperò in particolare di due forme di coinvolgimento autoconsapevole spesso poco considerate – la timidezza e l'esibizione – e riconoscibili già nel primo anno di vita. La consapevolezza di sé in quanto oggetto per gli altri non sembra tanto emergere sulla base di un concetto del sé, quanto piuttosto da una precoce consapevolezza del fatto che l'attenzione e gli interessi altrui sono rivolti al proprio sé. In altre parole, deriva dalla relazione in seconda persona in cui si sperimenta, ben prima di essere in grado di concettualizzare, che il sé costituisce oggetto d'interesse per gli altri. Iniziamo innanzitutto, come ormai di consueto, ad affrontare il tema da una prospettiva più generale e vediamo cosa significa essere autoconsapevoli.

Il sé: cos'è, chi è e quando si sviluppa

Cos'è il sé?

Innanzitutto, *cos'è* esattamente questo sé, oggetto di conoscenza per i filosofi ed elemento di attrazione per i poeti? È curioso come sia difficile rispondere a questa domanda. E come sia anche complesso spiegare in cosa consista l'esserne *consapevoli.* Si tratta del sé di cui facciamo esperienza soggettivamente dall'"interno", come sosteneva William James parlando dell'"Io", o invece è ciò che conosciamo come oggetto dall'"esterno", visto o esperito dagli altri, ossia il "Me"? Ancora oggi di frequente si ricorre alla distinzione tra autoconsapevolezza soggettiva e oggettiva, e si ritiene che ognuna si sviluppi a età differenti. Tuttavia, a volte questa distinzione non tiene, come per esempio accade nel caso di "disintegrazione" del sé a seguito di un lutto o di un trauma, quando l'"io" e il "me" diventano indistinguibili e vengono sconvolti sia l'*essere* un io sia il trovare un'immagine del me.

È interessante osservare il modo in cui si è cercato di trovare una sorta di localizzazione del sé. Rispetto all'interrogativo relativo ai suoi confini, la risposta più frequente fa riferimento alla pelle. Nonostante questa possa apparire una risposta ovvia, risulta chiaramente inadeguata. Considerate, per esempio, il vostro stesso corpo – un'entità apparentemente semplice e chiaramente delimitata. Anche in questo caso, la pelle non può essere considerata un confine così netto. Immaginate di muovere il braccio per sollevare un libro pesante: pur essendo vostra la tensione muscolare, la si può comprendere solo in relazione al peso del libro. Alla stessa maniera il respiro, pur appartenendo a voi stessi, non è definito solo dal fatto di oltrepassare il confine della pelle, ma anche dalla natura e qualità dell'aria circostante il vostro corpo.

Se prendiamo in considerazione aspetti psicologici del sé, la questione si fa ancora più complessa. Consideriamo un *sentimento* – come per esempio la piacevolezza o contentezza. Qualcuno vi sorride e voi vi sentite contenti. Il sentimento che provate non è separabile (e non può essere compreso separatamente) dal sorriso dell'altra persona; il vostro sentire include quello dell'altro. Oppure prendiamo un *pensiero* – che Tony Blair sia stato una delusione come Primo Ministro, per esempio. Quel pensiero, che abbiamo sperimentato a livello soggettivo, è profondamente interconnesso con le conversazioni e i notiziari che abbiamo condiviso. Il nostro pensiero non appartiene realmente solo a noi stessi; è parte di un contesto più ampio. Dove finiscono le azioni, i sentimenti, i pensieri o le opinioni di un'altra persona e dove iniziano le nostre? È difficile che la pelle costituisca il confine. Non è possibile identificare in cosa consista il sé senza includervi all'interno molte altre persone. Quando parliamo del sé, dunque, stiamo parlando di questa condizione di comunanza, di qualcosa-in-relazione, piuttosto che di una singola entità, che sta nei vari gap – così come li abbiamo definiti – piuttosto che di un'entità individuale. Quindi, quando trattiamo dell'autoconsapevolezza o autocoscienza, stiamo parlando necessariamente anche della consapevolezza di questa *relazione*, e non solo di un'entità separata.

Chi è il sé?

E il sé *chi* è? Come disse Montaigne cinquecento anni fa, c'è "tanta differenza tra noi e noi stessi quanta ce n'è tra noi stessi e gli altri".[4] Se il sé è relazione piuttosto che oggetto dato, allora è ragionevole pensare di avere tanti sé quante sono le situazioni e le relazioni cui si partecipa. Questa molteplicità mette in discussione il fatto di distinguere tra interno ed esterno riferendosi ai concetti di "io" e "me", perché nel momento in cui il sé partecipa ed è coinvolto con persone e cose, si trasforma in tale processo – è più simile al famoso fiume citato da Eraclito per il suo scorrere in costante mutamento, che non a un dito del suo piede. Dato che i molteplici "io" e "me" proliferano, cambiano, si fondono, la distinzione tra il sé come soggetto o come oggetto appare un artificio dettato da esigenze di chiarezza, ma che ormai non sembra più né così chiaro né sostenibile. Come il volto disegnato sulla sabbia viene cancellato costantemente dal mare, riprendendo un'immagine di Foucault, così il sé può solo essere descritto come un insieme di "momenti bloccati, artificialmente separati dal flusso".[5] Per analizzare l'autoconsapevolezza è necessario partire selezionando un aspetto particolare del sé, in una specifica situazione e in un dato momento? Anche se restringiamo il sé a quello che ora viene definito come sé interpersonale,[6] dobbiamo ancora riuscire a cogliere questa molteplicità e fluidità e, pur nella difficoltà di immaginarlo in questi termini, riferirsi, come aveva fatto James, ai diversi sé interpersonali.[7] Perciò la domanda che dobbiamo porci a questo punto diventa: *quando* arriviamo a conoscere i nostri sé-in-relazione?

Quando nasce il sé?

Gli adulti possono occasionalmente riconoscere di avere sperimentato una confusione tra sé e l'altro in rari momenti di intimità emotivamente intensa, o quando, guardando in uno specchio, non vedono se stessi ma la persona con cui stanno parlando nella loro immaginazione o anche, in simultanea, l'altro e sé attraverso gli occhi di quella persona. In momenti come questi, non importa ed è impossibile distinguere sé dall'altro. Eppure, riconoscere che l'"altro" è differente dal sé è fondamentale per ogni comunicazione o dialogo e per la consapevolezza dell'altro in quanto persona.

Se dovessimo attenerci a quanto affermato dalla psicologia degli inizi del secolo scorso, il neonato alla nascita non sarebbe in grado neanche di distinguere se stesso dagli oggetti che lo circondano. La convinzione di allora era che l'autoconsapevolezza fosse avvolta in una profonda confusione tra il sé e l'altro. Il neonato, secondo Freud, Piaget e molti altri autorevoli pensatori, accedeva al mondo in una condizione di tale confusione a questo riguardo, da non essere in grado di riconoscere e comunicare in alcun modo la differenza tra sé e il mondo delle persone e delle cose circostanti. Tuttavia, se davvero dovessimo accettare questa posizione, se l'adualismo – come è stato definito – fosse la condizione normativa in cui si trovano i piccoli appena venuti al mondo, non sarebbe possibile l'azione. Agire infatti comporta l'essere consapevoli che esiste un mondo esterno in relazione con le mie azioni e il mio corpo, a sua volta distinto da queste ultime. Implica anche un certo grado di fiducia nella coerenza ed esistenza continua di entrambi. Usando le parole di Maxine Sheets-Johnstone, "è un assioma in biologia il fatto che nella misura in cui un animale impara a muoversi esso è autoconsapevole", in senso tattile-cinestetico.[8] E la coerenza nell'agire che possiede il neonato non è un aspetto che caratterizza solo gli animali, che sono esseri meno evoluti, ma anche gli uomini: sono in grado di raggiungere qualcosa, piangere, guardare, imitare, e muovere i loro corpi.

Anche i bambini appena nati sono capaci di rispondere agli eventi circostanti tramite azioni corrispondenti. Per esempio, se un oggetto dondola davanti a un bimbo nato da poche ore, a pochi centimetri di distanza dal suo corpo, in uno spazio definito "accessibile", egli prima lo osserva attentamente e poi si allunga verso di esso con una o entrambe le braccia, cercando in modo grossolano (e talvolta con successo) di entrarvi in contatto.[9] I bambini piccoli, come abbiamo visto nel capitolo 4, rispondono ad alcune azioni degli altri imitando, usano azioni che non sono riflessi e non denotano una confusione tre le azioni altrui e le proprie; spesso si soffermano sulle prime con una attenzione piuttosto ponderata prima di imitarle. Il fenomeno per cui i bimbi appena nati piangono quando sentono altri piccoli fare lo stesso (come succede per esempio nella confusione dei reparti ospedalieri di neonatologia) è stato considerato in passato come evidenza dell'assenza di confini tra sé e altro (ossia, il bambino si metterebbe o piuttosto continuerebbe a piangere in quanto sente un altro piangere e non riconosce che si tratta di un altro bambino). Eppure, questo tipo di pianto è meno confuso di quanto non sembri: i piccoli appena nati piangono di più in reazione al pianto registrato di un altro bambino che non al proprio, mostrano cioè di accorgersi di qualcosa di diverso che sarebbe difficile anche per un adulto percepire.[10] Il pianto che nasce in risposta a quello di un altro bimbo sembra quindi essere una forma di comprensione piuttosto che il risultato di una confusione dovuta al non riconoscere che non si tratta del proprio pianto.

Curiosamente, i neonati non solo distinguono loro stessi dalle altre persone e percepiscono somiglianze e differenze sufficienti da permettere loro di agire coerentemente o di imitare gli altri; ma mostrano anche un *interesse* specifico per le proprie azioni. Audrey van der Meer e i suoi colleghi hanno condotto una serie di importanti esperimenti, in cui mostravano a piccoli di un mese di vita immagini video dal vivo che riprendevano i movimenti di una loro mano. In uno studio specifico hanno aggiunto alla mano filmata del piccolo un peso per rendere più difficile il movimento. I neonati guardavano con attenzione i movimenti delle loro braccia nel filmato e, nonostante la difficoltà aggiuntiva, muovevano di più la mano di cui stavano guardando il filmato. La coordinazione tra il movimento osservato e quello percepito era già sufficiente per consentire loro di incrementare i movimenti percepiti per guardare quelli filmati. In un altro esperimento, questi ricercatori proiettavano un raggio laser, invisibile, sopra il petto o lo stomaco del neonato. Quando accidentalmente i bimbi scoprivano che il loro muoversi attivava e rendeva visibile il raggio, aumentavano i movimenti nel punto in cui si trovava il laser, e non in maniera casuale.[11] È possibile che non si tratti di una semplice scoperta delle contingenze e del rinforzo. Un altro studio con piccoli di due mesi ha mostrato come a quest'età non solo succhiano di più (con un ciuccio in bocca) per produrre effetti sonori contingenti, ma riconoscono analogamente che vi è una relazione tra il suono e il loro succhiare, e succhiano quel tanto che basta per giocare ai bordi del campo. Sembra che non solo riconoscano *che* hanno un effetto sul mondo, ma anche *quale* questo sia e che siano motivati a esplorarlo e modularlo.[12]

Anche in situazioni inusuali ed estreme, come nel caso dei gemelli siamesi che si succhiano rispettivamente le dita, Daniel Stern ha dimostrato che una coppia di tre mesi era in grado di distinguere tra le proprie dita e quelle dell'altro gemello. Quando le dita di un gemello vengono tirate fuori dalla bocca dell'altro, questi allunga la testa verso la mano. Quando invece a essere interrotta è la suzione delle proprie dita, il piccolo non fa mai questo movimento con la testa, ma cerca piuttosto di muovere la mano per riportarla dov'era.[13] Anche nel caso particolare dei gemelli siamesi, il sé come corpo viene percepito in modo significativo come unico e distinto. La capacità di discriminare tra l'autostimolazione e stimolazioni provenienti dall'esterno è stata confermata da una ricerca empirica dove i neonati erano in grado di distinguere tra il movimento che loro stessi compivano nel toccarsi le guance e lo stesso movimento fatto da un'altra persona, voltandosi alla ricerca di quest'ultimo e non del primo.[14] Perfino in utero, i movimenti delle mani e dei piedi del feto mostrano un'intenzionalità di base e alcune tendenze d'azione, che permangono nella vita postnatale.[15]

Ci troviamo forse di fronte a una confusione tra il sé e il non sé? Non penso proprio. È chiaramente presente un qualche tipo di consapevolezza di sé – non si tratta solo della consapevolezza da parte dei bambini piccoli che il loro corpo è distinto dallo spazio fisico e dagli oggetti che li circondano, e che le loro azioni sono distinte dalle azioni delle cose e delle persone, ma vi è anche una qualche consapevolezza che è la *loro* mano quella che stanno osservando o che le loro azioni portano a dei suoni, ed *essi* possono agire per aumentare i movimenti visivi o modulare tali effetti sonori. Attualmente viene riconosciuto in modo unanime che abilità di questo tipo riflettono una consapevolezza soggettiva del corpo e delle sue capacità. Questo viene definito in modi diversi: alcuni parlano di "macchina del sé", altri di consapevolezza del sé tattile-cinestetica, altri ancora di autoconsapevolezza soggettiva, alcuni di "sé nucleare" o di consapevolezza del sé corporeo o "ecologico". Ciò che in questo contesto è importante sottolineare è che pochi potrebbero sostenere che si tratti di un completo dualismo che distingue tra il sé e l'altro o tra sé e il mondo; quello che il neonato conosce è piuttosto il sé-in-relazione-con-il-mondo. In tutti i casi un certo grado di assenza di dualismo, almeno in termini di relazione, può in effetti essere una caratteristica di tutte le azioni del corpo, anche in età adulta. Come si sviluppa in seguito questa consapevolezza di una distinzione tra sé e il mondo e tra sé e l'altro, e quella della coerenza e continuità del sé? Ancora una volta, vengono utilizzati una molteplicità di nomi per riferirsi al successivo sviluppo dell'autoconsapevolezza, e in generale viene distinta questa abilità precoce da una forma di autoconsapevolezza successiva, oggettiva e concettuale. Quando si crede che la precoce "macchina del sé" rifletta una consapevolezza soggettiva di se stessi da una prospettiva in prima persona, si ritiene che gli sviluppi successivi comportino il passaggio a una consapevolezza del sé e degli altri in quanto oggetti, adottando un approccio in terza persona.

Ci si dimentica tuttavia di un aspetto fondamentale della consapevolezza del sé in seconda persona, ossia il fatto che il sé possa essere riconosciuto come oggetto in quanto sperimentato nell'essere oggetto dell'attenzione e dell'emotività altrui. L'evidenza a sostegno di una autoconsapevolezza affettiva molto precoce a partire dalla prima infanzia suggerisce come l'"autoconsapevolezza oggettiva" si sviluppi molto prima di quanto si pensi, e questo accade nel corso di interazioni connotate emotivamente, durante le quali le azioni e le risposte indirizzate agli altri sono esperite e utilizzate nel gioco. La coscienza che il bambino piccolo ha del fatto che gli altri sono entità capaci di attenzione e dotate di intenzionalità, non può essere considerata separatamente dalla consapevolezza del sé come oggetto di questa direzionalità intenzionale dell'attenzione. Per sentire che tu mi stai guardando, per esempio, devo essere consapevole che ci sia un me da guardare; per esperire che tu mi trovi piacevole devo sentire che io sono; per avvertire che tu mi apprezzi per il mio agire, devo essere consapevole di quello che faccio. Il "me" di cui il bambino piccolo è cosciente in questi semplici scambi esiste e si *sviluppa* all'interno di questa relazione con le altre persone. Esso è contenuto anche all'interno di semplici dialoghi, esiste come entità relazionale nella percezione dello sguardo psicologico dell'altro. Così come la percezione che il bimbo ha dell'esistenza psicologica degli altri diviene progressivamente più complessa, diventa più articolata anche la consapevolezza che il sé è visibile agli altri.

Affetti autoconsapevoli: le emozioni e la visibilità del sé agli occhi degli altri

Si può pensare all'affettività autoconsapevole, nella sua forma più semplice, come a quei sentimenti e reazioni che nascono all'interno degli scambi relazionali tra persone quando si viene *visti* o *conosciuti* dall'altro (o quando si crede che l'altro ci veda o pensi a noi); essi sorgono dalla visibilità del sé rispetto a qualcuno. Mi focalizzerò su due tipi di queste risposte: la timidezza e l'esibizione di sé.

L'arrossire, i sorrisi timidi, gli sguardi sfuggenti, quando sono reazioni spontanee a una condizione di aumentata visibilità del sé nei confronti dell'altro, possono essere affascinanti. Ne è dimostrazione il fatto che nei giochi romantici e nel corteggiamento spesso si fa uso di versioni esagerate e stereotipate di queste risposte. Un tempo le eroine di moda, per esempio, utilizzavano il rituale dell'abbassare lo sguardo raccomandato quando si era oggetto di un complimento da parte di un ammiratore, lanciavano sguardi furtivi (piuttosto che diretti) o sollevavano il ventaglio per coprirsi parte del volto, o la manica del chimono per nascondere un sorriso trattenuto perché intenso. Anche al giorno d'oggi, chi non resta affascinato dal sorriso timido di un bambino, da uno scherzo con cui siamo riusciti a mettere in imbarazzo un amico o anche dal nostro imbarazzo quando qualcuno che stimiamo inaspettatamente ci fa un complimento? Il fascino dell'autoconsapevolezza può trovarsi proprio in questa visibilità di un sé che prima era nascosto – nel vedere il sé reso ambivalente dalla consapevolezza dell'essere messi a nudo dal contatto con un'altra persona. L'altra parte della medaglia di questa condizione di elevata visibilità consiste in un'altra azione/reazione emotiva: il piacere nello svelarsi, nell'esibirsi.

Una delle mie studentesse un giorno stava raccontando di voler partecipare a *Pop Idol*, una trasmissione televisiva nella quale aspiranti membri del pubblico sono messi alla prova come musicisti. "Canti?", le chiesi. Lei rispose "Sì...?", cautamente, e a quel punto uno dei suoi amici la invitò a cantare una certa canzone. Sam, che usualmente era una ragazza audace e solare, diventò nel giro di un secondo timida e si volse dall'altra parte con un sorriso appena abbozzato, facendo "no" con la testa. Ciò che le era stato chiesto era di rivelare qualcosa di sé, un aspetto che per lei in quel momento per qualche ragione risultava troppo intimo o minaccioso. La sua risposta fu come nascondere se stessa alle persone presenti, sia lo sguardo sia il corpo erano in parte voltati, anche se c'era qualche espressione di affettività positiva, sorrideva ancora ma si rifiutava di fare ciò che le era stato chiesto. Nessuno esiterebbe nel definire questa risposta una reazione emotiva autoconsapevole; il sé stava tentando di nascondere qualcosa di proprio all'attenzione altrui. Provate a immaginare se Sam fosse rimasta la persona esuberante che era e si fosse lanciata a intonare una canzone urlata e chiassosa – andando un po' oltre ciò che le era stato richiesto. Anche quella sarebbe stata una reazione autoconsapevole, pur con un effetto e un'intenzionalità opposte; il sé infatti in quel caso avrebbe cercato di mettersi in mostra davanti agli altri. Di natura analoga era stata la risposta di Sam quando io, esitante, le avevo mostrato questa parte di testo – un malcelato piacere per il fatto di essere stata rivelata, notata, e che di lei si fosse scritto! Reazioni come queste appartengono alla consuetudine e quotidianità delle nostre interazioni interpersonali, e certamente rappresentano un aspetto abituale delle interazioni con i bambini.

In questi due tipi di atti l'individuo cerca, pur in modo semplice, di proteggere/nascondere/allontanare il sé dal contatto psicologico con l'altro, o di accrescere/proporre/aprire il sé a questo. In un certo senso, tutte le forme di contatto di natura psicologica implicano la reciproca visibilità dei sé, così come un continuo mettere in gioco il sé in un contesto di accresciuta o ridotta visibilità. Eppure, sia nell'esibirsi sia nella timidezza, il centro del gioco è orientato in modo diretto sul sé più di quanto non accada per gli scambi come sorridere in risposta a un saluto, dare qualcosa in seguito a una richiesta, accondiscendere a un comando, volgere lo sguardo in risposta a una chiamata, e così via. Ciò che interviene in questo caso è precisamente la visibilità del sé davanti agli altri. Ci sono anche altri tipi di scambi in cui tale visibilità rappresenta un aspetto centrale – per esempio, nella valutazione di sé rispetto a standard morali, educativi e sociali. Ma si tratta di estensioni della timidezza e dell'esibizione, sono il tentativo di presentare il sé positivamente o di nasconderlo, non solo per ottenere risposte di attenzione positiva da parte degli altri, ma anche in riferimento a criteri e standard che sono stati sviluppati dalla società a partire da queste reazioni. Lasciamo per il momento da parte queste considerazioni e chiediamoci quando e come queste azioni e reazioni si sviluppano nell'infanzia. Da quando i bambini agiscono per accrescere la loro visibilità, o reagiscono cercando di diminuirla in risposta a un aumentato livello di visibilità del sé?

La sequenza evolutiva standard: il concetto del sé porta all'autoconsapevolezza delle emozioni

La posizione classica relativa allo sviluppo delle reazioni emotive autoconsapevoli è stata proposta dai teorici dello sviluppo cognitivo, che ne sostengono l'insorgenza a seguito dello sviluppo del concetto di sé. Un centinaio di anni fa Darwin osservava che i neonati non arrossivano, un'osservazione supportata poi anche da altri autori e utilizzata per sostenere che il bambino non sviluppa effettivamente un concetto del sé se non tardivamente, e certamente non nella prima infanzia. Diverse sono le posizioni circa la data d'insorgenza di tale concetto: secondo alcuni si collocherebbe intorno ai cinque anni, a seguito dello sviluppo del "sé sociale", a giudizio di altri intorno all'anno e mezzo a seguito del riconoscimento del sé allo specchio.[16] Sulla base del presupposto critico secondo cui per conoscere gli altri come entità psicologiche è necessario immaginarli attraverso un'idea, si sostiene che la conoscenza del sé ne richieda una analoga, l'"idea di me", come l'ha definita Michael Lewis. Questa idea consentirebbe al bambino di comprendere e utilizzare il pronome "io" per descrivere il sé e farvi riferimento; di riconoscere sé negli specchi attraverso una corrispondenza istantanea tra il sé riflesso e quello direttamente esperito, e permetterebbe la nascita di nuovi tipi di emozioni – le emozioni secondarie – quali l'imbarazzo, l'orgoglio, l'empatia e la gelosia. Queste emozioni sarebbero il risultato della consapevolezza di sé come oggetto disponibile alla vista e all'attenzione degli altri. Tale importante snodo evolutivo si colloca circa attorno ai diciotto mesi nei piccoli di uomo e non si verifica in maniera completa nella maggior parte degli altri animali, inclusi molti primati. L'autoconsapevolezza, secondo questa prospettiva, è prima di tutto un'idea concettuale che si sviluppa tardivamente, e le emozioni autoconsapevoli sono una risposta a essa. Solo più tardi, attorno ai tre anni di età, i bambini diventano capaci di rappresentare mentalmente standard e obiettivi, e questo permette l'emergere di ulteriori emozioni che coinvolgono una valutazione del sé in accordo con questi standard, come l'imbarazzo nel fare qualcosa di male o il senso di colpa per aver agito nel modo sbagliato.[17]

La plausibilità di questa tesi sembra apparentemente fondata: finché non c'è un sé di cui essere consapevoli, il bambino non può *sentire* il sé consapevolmente poiché non c'è alcun sé di cui avere consapevolezza. A prima vista, l'evidenza sembra supportare questa posizione. Michael Lewis e i suoi colleghi hanno individuato una relazione significativa tra la capacità infantile di riconoscersi allo specchio e l'abilità di mostrare emozioni autoconsapevoli nell'essere lodati in maniera enfatica o nel rispondere alla richiesta di esibirsi in qualcosa o di guardarsi allo specchio. Sono pochi i bambini che mostrano imbarazzo in queste situazioni e non riescono a riconoscersi allo specchio. Se questa osservazione fosse valida, allora sarebbe difficile affermare che esista una consapevolezza precoce delle altre persone e del sé come oggetto per gli altri!

Ma c'è un problema insito in questa posizione. Se si può *fare esperien-*

za del sé come oggetto dell'attenzione altrui (come ho sostenuto nel capitolo precedente), esiste un modo per essere consapevoli di sé come oggetto che non fa affidamento sui concetti. E anche la posizione teorica che sostiene la necessità di una mediazione di tipo concettuale per avere consapevolezza degli altri – l'approccio in terza persona – risulta avere alcuni problemi, come abbiamo avuto modo di discutere in precedenza. C'è un'altra ragione per mettere in dubbio la posizione tradizionale – una ragione empirica. L'affettività autoconsapevole non fa il suo ingresso sulla scena così tardi come può sembrare. Diversi risultati recenti hanno mostrato lo sviluppo della gelosia a partire dalla metà del primo anno di vita.[18] In questa sede mi focalizzerò sulle reazioni emotive della timidezza, dell'imbarazzo, della vergogna e della ritrosia che implicano, dal mio punto di vista, una risposta alla, e una riduzione della, visibilità del sé.[19] Utilizzando le classiche misure comportamentali, possiamo vedere come queste reazioni inizino a presentarsi nei primi mesi di vita, sviluppandosi in complessità nel corso dei primi anni.

Ridurre la visibilità del sé: timidezza, ritrosia,[20] imbarazzo

La semplice timidezza o il ritiro apprensivo da uno "stimolo" non è considerata una reazione autoconsapevole. Piuttosto, è vista come un fenomeno primitivo di natura biologica, risultato dell'emozione "primaria" di paura o diffidenza, anche se si è sostenuto che l'imbarazzo suscitato dal sentirsi esposti è simile alla timidezza.[21] Sono le reazioni ambivalenti di ritrosia, rossore o imbarazzo a essere solitamente considerate autoconsapevoli, perché sembrano indicare una tensione molto più complessa tra l'affiliazione e l'evitamento, con un riconoscimento implicito che il sé si trova in una condizione di esposizione; e perché, generalmente, si presentano molto più tardi delle semplici reazioni di timidezza. Dunque, cosa sappiamo di comportamenti di questo tipo nel primo anno di vita? Diamo innanzitutto un rapido sguardo a come possono essere l'imbarazzo o la ritrosia o la timidezza positiva.

Identificare l'imbarazzo e la ritrosia

Trent'anni fa Beulah Amsterdam ha pubblicato diverse osservazioni sensibili sulle reazioni emotive autoconsapevoli dei bimbi a cui veniva mostrato il proprio sé allo specchio.[22] Ha scoperto che i piccoli facevano un certo numero di cose che potrebbero essere chiamate reazioni emotive autoconsapevoli. Per esempio, reagivano con autocompiacimento e ammirazione (si osservavano con lunghe occhiate di compiacimento o esibivano o sfoggiavano davanti agli altri particolari aspetti di sé), e mostravano reazioni negative (distoglievano il loro stesso sguardo ed evitavano il contatto con lo specchio). Talvolta diventavano anche sfuggenti o imbarazzati, sorridendo ma distogliendo lo sguardo da loro stessi, voltavano la testa lateralmente, tenendo le mani davanti alla bocca o nascondendo la faccia. Lewis ha identificato lo sguardo sorridente di diversione come la caratteristica base dell'imbarazzo infantile, anche se vi sono ulteriori caratteristiche come inclinare la testa e guardare dal basso, con una sequenza in cui lo sguardo ritorna dopo essere stato distolto piuttosto che rimanere rivolto altrove.[23] Nel caso degli adulti, per identificare i sorrisi di imbarazzo, sono stati individuati due ulteriori elementi: la *tempistica* del voltare lo sguardo, ossia voltarlo prima che il sorriso inizi a svanire; e il tentativo espressivo di *reprimere* il sorriso attraverso una pressione o contorsione delle labbra e la masticazione delle guance interne, o il voltare la testa lateralmente e verso il basso.[24] Per i sorrisi di vergogna e di imbarazzo, quindi, le espressioni che stiamo cercando sono il sorriso con la diversione dello sguardo e/o il voltare la testa mentre si sorride, i movimenti delle mani verso il volto, e i possibili tentativi di reprimere il sorriso stesso.

Queste configurazioni espressive possono presentarsi nelle risposte imbarazzate a uno scherzo o durante il corteggiamento, così come in forme di cortesia ritualizzate quali nascondere il sorriso con l'ampia manica del kimono mettendo in risalto gli occhi, coprire con una mano la bocca aperta in un sorriso se si è in presenza di un estraneo o di un superiore, oppure manifestarsi nell'esplicito atteggiamento del "comportarsi con ritrosia", richiesto alle spose in alcune culture tradizionaliste.

La ritrosia nel primo anno di vita

Quando mia figlia aveva circa 2 mesi e mezzo, e già da qualche settimana "chiacchierava" con noi, aveva iniziato a fare una certa cosa quando io o mia madre la salutavamo. È durato solo una settimana, comunque un episodio tipico era così:

> Sua nonna, seduta sulla sedia, la sta tenendo in grembo in posizione faccia-a-faccia, e le dice dei ciao sorridendo; lei risponde con un sorriso ma immediatamente porta le braccia sul volto con imbarazzo, e per un attimo diverge lo sguardo dalla nonna continuando a sorridere, quindi si volta di nuovo. Sembrava che quel sorriso fosse troppo "piacevole" per lei perché potesse reggerlo senza venirne per un attimo sopraffatta.

Ero incerta su come considerare queste reazioni, non riuscivo a comprenderne il significato nei termini del suo coinvolgimento nei nostri confronti. Non si trattava di timore o di diffidenza. Mi ricordavano le eroine schive dei film di epoca vittoriana (ci saranno stati dei film a quel tempo) o dei film indiani della mia infanzia. Non aveva senso (stando alle teorie sull'autoconsapevolezza) per un bimbo di due mesi comportarsi in questo modo con adulti familiari.

Alcuni anni dopo ho studiato queste reazioni in altri cinque bambini piccoli, filmandoli nella loro casa a cadenza settimanale dai due ai quattro mesi di età in tre differenti condizioni: con i loro genitori, con me come estranea, e con loro davanti a uno specchio. Tutti i bimbi mostravano queste reazioni, anche se con frequenze diverse. Esse non si presentavano unicamente in risposta a me in quanto estranea, come sarebbe stato se si fosse trattato di semplice diffidenza, ma ugualmente in risposta alla madre o al proprio sé riflesso allo specchio. Talvolta le reazioni si esprimevano portando le braccia sul volto o sul petto – e queste erano percepibili in modo evidente per i genitori. Il nostro tecnico di laboratorio, Dave, che aveva fatto una copia delle videoregistrazioni dello studio, arrivò un giorno raccontando un episodio della sua bambina di otto settimane di vita. Sua moglie la sera precedente lo aveva richiamato perché desse un'occhiata: "Qui, cosa sta facendo? Perchè fa così?", e gli aveva indicato la loro bambina che sorrideva e divergeva lo sguardo, sollevando le braccia e portando le mani sul volto. Lui, ovviamente, sapeva benissimo cosa stava facendo! Si possono rintracciare storie simili raccontate dai genitori di bambini più grandi (ma ancora ufficialmente troppo piccoli per queste reazioni) come la seguente, riferita dalla madre di una bimba di otto mesi di nome Rebecca: "Lo fa ogni volta con Danny (il padre della bambina), per tutto il giorno, e a lui ha iniziato a venirgli un complesso per questa cosa, e si chiede, sai, 'ma si imbarazza per me o cosa?'".

Alcune volte, tuttavia, e di più in alcuni bambini, si tratta solo di sguardi fugaci e di movimenti di diversione della testa che accompagnano il sorriso, ma che non coinvolgono alcun movimento delle braccia e che possono essere visti solo osservando la videocassetta a velocità rallentata.[25] Non c'erano dubbi al riguardo – i bimbi di due mesi producevano qualcosa di molto simile alle reazioni di vergogna mostrate dai bambini di un anno e mezzo e anche dagli adulti. In aggiunta, lo facevano in situazioni di "saluto" che assumevano un significato emotivo per gli adulti coinvolti, che le consideravano reazioni positive di timidezza o di ritrosia alle attenzioni degli altri. Allora, come valutare questi comportamenti? Chiaramente, questi bimbi di due mesi erano troppo piccoli per avere una concezione del sé come "oggetto" nel senso tradizionale del termine, eppure reagivano all'attenzione degli altri diretta verso di loro in modi più o meno simili a quelli dei bambini più grandi. Il significato di queste reazioni diventa più chiaro quando le si confronta con altre simili che a quell'età si presentano in risposta all'accoglienza positiva da parte di altri – possono essere infastiditi, spaventarsi, essere indifferenti e, naturalmente, anche reagire in modo totalmente positivo. Nel corso di queste differenti reazioni ai "ciao", che coinvolgono sguardi reciproci e vocalizzi, è difficile affermare che la reazione di "ritrosia" non sia una risposta emotiva a qualcosa che l'altro ha fatto. Ma che significato assumono rispetto alla questione dell'autoconsapevolezza? Non può trattarsi di emozioni autoconsapevoli, se con queste si intende il coinvolgimento di una consapevolezza del sé di tipo riflessivo. Ma se implicano una qualche emotività (ed è difficile affermare che non si tratti in alcun modo di reazioni emotive), di quale tipo si tratta? Se si presentano come il risultato di una qualche forma di consapevolezza delle azioni degli altri rivolte al sé, possiamo classificarle come appartenenti a un livello base di quella famiglia di reazioni chiamate emozioni autoconsapevoli?

Sviluppi funzionali e strutturali nell'espressione della ritrosia

Il luogo ovvio in cui andare a cercare il significato delle reazioni sono i contesti in cui esse si presentano: a quali funzioni assolvono? Negli adulti e nei bambini più grandi reazioni di timidezza/vergogna/ritrosia/imbarazzo si presentano in due tipi di contesti: in primo luogo, in risposta all'attenzione degli altri, sia indesiderata, inaspettata sia desiderata; e in secondo luogo in risposta a una valutazione (positiva o negativa) espressa da altri o a una anticipazione della stessa.[26] Gli adulti mostrano imbarazzo, per esempio, nell'essere visti da un'altra persona quando non se lo aspettano, o nell'essere guardati da qualcuno che a loro piace, nell'essere lodati o sorpresi in una qualche azione strana o contraria agli standard sociali, e così via.[27] Negli studi di Lewis, i bambini mostrano imbarazzo quando viene chiesto loro di "esibirsi" (cantando o ballando) alla presenza di un estraneo, o quando degli estranei formulano valutazioni positive (in effetti eccessivamente positive) sul loro aspetto o sui loro vestiti. Nei piccoli di due mesi, al contrario, le reazioni simil-imbarazzate vengono suscitate solo da situazioni in cui inizia l'attenzione (quello che Dacher Keltner potrebbe definire un fallimento nella regolazione della privacy o Michael Leary attenzione inattesa) tramite lo sguardo reciproco e i "saluti". È molto più probabile che queste reazioni si presentino nel primo minuto di un rinnovato contatto dopo un'interruzione, che non più tardi nel corso di un'interazione senza soluzione di continuità, ed è molto più probabile che accompagnino il primo sorriso a un rinnovato contatto che non il secondo o i successivi. Chiaramente, non si tratta di un contesto valutativo (almeno non in termini adulti, anche se in un certo senso tutti gli sguardi che provengono da un'altra persona contengono una qualche, e in questo caso sempre positiva, valutazione), ma unicamente di un contesto di attenzione.[28] Le reazioni dei bimbi di due mesi, allora, entrano in modo appropriato in uno dei due contesti presentati per le manifestazioni dell'imbarazzo, ma non in entrambi. Sono più semplici delle reazioni che mostrano i bambini più grandi e gli adulti, e sono solo metà della questione, ma strutturalmente sono simili a questa metà?

Uno sguardo più da vicino alla struttura delle reazioni di ritrosia dei piccoli di due mesi a confronto con quelle dei bambini più grandi e degli adulti mostra due aree di similarità e altrettante di diversità. Come per i bambini più grandi, le reazioni consistono in sorrisi accompagnati dalla diversione dello sguardo e della testa (la maggior parte di loro infatti mostra entrambi, e i movimenti della testa sono più marcati che negli adulti) e sono accompagnati inoltre da movimenti delle braccia (come negli adulti e nei bambini più grandi). Tuttavia, nei bambini piccoli essi coinvolgono l'intero corpo, con movimenti grossolani delle braccia che vanno in direzione del volto in maniera incontrollata, piuttosto che essere movimenti più discreti delle sole mani che toccano il corpo (come nei bambini più grandi e negli adulti). Assomigliano ai movimenti impulsivi del coprirsi il volto in situazioni di intimità che Eibl-Eibesfeldt ha mostrato attraverso la sua documentazione fotografica proveniente da ricerche transculturali.[29] Non si tratta di quei movimenti nervosi come toccarsi il corpo, i capelli o i vestiti che riflettono, secondo Lewis, il fatto di sentire il sé come oggetto sociale. E non richiamano nemmeno l'immobilità delle condizioni di timidezza, vergogna o paura o dell'automanipolazione tipica del vissuto di timidezza.[30] Allora cosa ci dicono questi movimenti delle braccia che accompagnano la diversione del sorriso attuato con lo sguardo e con la testa? Nel mio studio, la loro presenza nel 25% dei sorrisi di diversione (e solo del 6% nei sorrisi ordinari) suggerisce un legame tra i due, che può a ragione costituire la base per le ritualizzazioni della ritrosia, del corteggiamento e della timidezza positiva in molte culture che utilizzano le mani per coprire il volto.

La seconda differenza rispetto ai sorrisi imbarazzati degli adulti è l'assenza del tentativo facciale di reprimere il sorriso. Siffatta repressione potrebbe essere una capacità che si sviluppa nel secondo anno di vita insieme ai movimenti discreti e più fini delle mani (piuttosto che quelli grossolani). Manca una letteratura chiara al riguardo, ma due mie osservazioni personali illustrano la differenza.

> Ho osservato mio figlio a venti mesi con la bocca contorta nel tentativo di trattenere un sorriso, con le labbra premute l'una sull'altra e corrugate, e il sorriso ancora visibile. In un episodio, gridò per cercarmi da un'altra parte della casa; gli risposi dalla veranda dov'ero seduta con alcuni ospiti. Sentendo la mia risposta (e non sapendo nulla dell'arrivo dei visitatori), entrò nella stanza e si diresse verso di me con un grande sorriso, vide i visitatori, fu un po' preso alla sprovvista, non smise di sorridere ma corrucciò e strinse le labbra muovendosi più velocemente verso di me e nascondendo il volto nel mio grembo (dando la schiena ai visitatori); potei allora vedere un sorriso più ampio e non nascosto sul suo volto quando alzò un po' la testa. In un secondo episodio, un mese più tardi, osservai un analogo sorriso corrucciato (anche se meno ampio) quando gli fu chiesto di cantare davanti a un ospite. Poi non ho più notato un'analoga repressione del sorriso.

I controlli del sorriso imbarazzato in questi due episodi possono essere spiegati come un tentativo da parte del bambino di ripristinare la sua dignità in seguito a un'inattesa violazione dell'intimità (si era trovato inaspettatamente osservato da sconosciuti che chiamavano con affetto sua madre e sorridevano) o in seguito a una situazione di visibilità. I sorrisi spesso vengono considerati una forma di perdita di decoro. In India, se si fotografano adulti della cultura tradizionale e non occidentalizzati, questi spesso fanno rigorosi tentativi di reprimere il sorriso per apparire seri, con un fare di rimprovero nei confronti del fotografo (occidentale) che cerca di trovare uno stratagemma per farli sorridere e "mostrare i denti". Si può controllare il sorriso per non mostrare i propri sentimenti a una platea non familiare e sconosciuta – sia perché in alcune circostanze è potenzialmente scortese essere sorpresi a sorridere (nel qual caso tentativi senza successo di controllare il sorriso possono portare a un circolo che innesca ulteriore imbarazzo) sia perché in certe situazioni interpersonali sorridere e reggere sguardi reciproci può essere eccessivamente intimo.[31]

Questi sorrisi infantili di ritrosia, dunque, sono strutturalmente simili, ma non identici, ai sorrisi di vergogna descritti alla fine del primo anno di vita o più tardi in altri studi.[32] Come osserva Harriet Oster, le espressioni facciali cambiano con l'età, ma ciononostante presentano una loro continuità.[33] Le differenze sono associate alla misura in cui l'espressione nella prima infanzia è una reazione che coinvolge l'intero corpo ed è meno controllata. Il cambiamento si presenta a partire dallo sviluppo della consapevolezza, almeno attorno ai nove mesi, permettendo il controllo delle espressioni e un loro utilizzo non autentico (si veda la discussione nel nono capitolo su risate e pianti simulati). Vi sono prove a favore del fatto che le componenti delle reazioni di ritrosia siano disponibili "all'uso" in una qualche misura anche dai cinque mesi di età, come nella seguente osservazione in cui viene utilizzata la timidezza in funzione ludica:

> Stavo tenendo in braccio Rohan, alla fine di una buona giornata trascorsa con la nuova baby-sitter, mentre parlavo con la ragazza. Chiacchierando con me, la baby-sitter distoglie repentinamente l'attenzione da Rohan che la guarda e lui, appena incontra gli occhi di lei, sorride e si nasconde sulle mie spalle. Oh, ciao, dice lei, e poi riprende a parlare con me. Vede Rohan che la guarda di nuovo, lei si volta a guardarlo e lui nasconde di nuovo il volto. Questo si ripete ancora alcune volte, mentre io guardo affascinata cosa sta accadendo. Lui la invita alla relazione quando lei si distrae, e quando lei risponde si nasconde di nuovo. Le azioni di Rohan sembrano essere deliberatamente simili a un gioco piuttosto che a reazioni incontrollate a uno sguardo intrusivo. Non lo ho più osservato fare lo stesso.

A partire circa dalla metà del primo anno di vita, i bambini mostrano competenze notevoli e un controllo maggiore e più saldo di quello presente a quattro e cinque mesi, e danno inizio a giochi divertenti con altri in cui viene utilizzata anche in senso ludico questa visibilità.

> Comunque, io di solito la prendo in braccio quando lei lo fa. Inizia a farlo completamente da sola, solleva lo sguardo guardando la persona che sorride in modo evidente, così, e poi si tuffa sulle mie spalle. E poi dopo un momento, se non accade nulla, solleva ancora lentamente lo sguardo, con la stessa espressione sul volto per poi di nuovo nascondersi sulle mie spalle. Sostanzialmente è un invito al gioco. Ma è del tutto inventato da lei [...] E ora noi di solito rispondiamo unendoci al gioco, ci nascondiamo, facciamo qualcosa di simile a quello che fa lei (il gioco si è interrotto dopo un mese circa). (Intervista alla madre di Rebecca, otto mesi)

Non solo le reazioni di ritrosia si presentano molto prima di quanto ci si aspetti, ma sembrano seguire un corso di graduale differenziazione e di progressivo aumento della componente ludica e del controllo consapevole.

Un altro tipo di risposta riportata dai genitori – il rifiuto consapevole di esibirsi quando richiesto – sembra presentarsi in questo periodo ed è rilevante per quanto stiamo discutendo. Conosciamo storie di bambini che si rifiutano di "salutare con la manina" o di fare altri nuovi giochetti per impressionare i visitatori finché l'ospite non se ne va! Abbiamo storie ancora più particolari come l'interruzione di azioni (iniziare a battere le mani e poi fermarsi) e l'imitazione entusiasta di chiunque sia attorno. Sembra si tratti di qualcosa di simile alle reazioni autoconsapevoli che collegano le reazioni degli altri a specifiche azioni, ma sono necessari dati più certi e che studino in maniera analitica lo sviluppo di tali comportamenti.

Qual è la relazione che intercorre tra il dialogo a cui partecipano attivamente i bambini piccoli e le reazioni di ritrosia? Per quanto riguarda gli adulti, Keltner offre un elenco di risposte all'imbarazzo: le reazioni degli altri consistono in risate, affiliazione, simpatia, indulgenza. Si tratta di reazioni tutte ampiamente positive (anche se è facile immaginare quali siano gli aspetti più distruttivi dell'imbarazzo).[34] Le percezioni che i genitori hanno delle reazioni di ritrosia dei loro bambini sono simili: vengono vissute come accattivanti e attraenti. A partire dai quattro mesi, molti genitori riferiscono che i loro bimbi lo fanno in modo particolarmente evidente davanti a persone non conosciute – in piscina o mentre si trovano in giro sul passeggino. I racconti dei genitori supportano l'osservazione secondo cui, a partire dai quattro e cinque mesi, i bimbi *utilizzano* le reazioni con maggiore intenzionalità come mezzo per stabilire una forma di coinvolgimento attivo con le altre persone. Se queste ultime la percepiscono come una risposta positiva e di invito, allora è probabile che reagiscano di conseguenza. In alcune mie osservazioni di ricerca videoregistrate, i genitori rispondevano ridendo quando il bimbo si mostrava imbarazzato. Anche se è possibile che le loro reazioni in questo studio siano confuse con la soddisfazione che provavano nel vedere che il piccolo si stava comportando come io mi aspettavo (conoscevano l'obiettivo del mio studio), il loro piacere era comunque intenso. Grazie a queste reazioni è più probabile che i bimbi, già acutamente consapevoli dell'attenzione positiva degli altri nei primi mesi di vita, vengano coinvolti in forme di scambi attivi e anche, sembra, entro pochi mesi siano capaci di utilizzarle per essere loro gli attori dell'inizio dell'interazione. Dunque il significato che le reazioni di ritrosia o vergogna rivestono per il dialogo è quello dell'invito a esso anche dai quattro mesi di età. Non c'è da stupirsi che questo tipo di reazione in età adulta assuma una forma convenzionale come quella del corteggiamento.

Queste reazioni, nonostante contengano la dimensione dell'invito al coinvolgimento, sono in primo luogo finalizzate a ridurre la visibilità del sé davanti all'altro. Cosa si può dire dell'altro lato della medaglia a cui precedentemente abbiamo fatto riferimento – il deliberato tentativo di accrescere la visibilità di sé mettendosi in mostra? Esibire il proprio sé è una dimostrazione ancora meno ambigua del fatto che il sé e le sue azioni vengono viste da altri. Quando si sviluppa questa abilità?

Aumentare la visibilità del sé: l'esibirsi

Quando i bambini piccoli provano a rendersi più visibili davanti a un pubblico? A partire da quando iniziano a pavoneggiarsi o ad autoammirarsi, nei modi descritti da Amsterdam? L'autrice ha illustrato come, di fronte allo specchio, questi comportamenti compaiano a partire circa dai quattordici mesi di età. Cosa accade quando altre persone sono coinvolte? È possibile che questi comportamenti si manifestino ancora più precocemente se consideriamo che gli altri (analogamente allo specchio) possono rappresentare per il sé un pubblico? Nel capitolo dedicato alla comprensione dell'attenzione abbiamo visto come l'esibirsi in maniera attiva di fronte a degli spettatori o il fare qualcosa di inusuale, esagerato o abile che attragga l'attenzione su sé siano comportamenti che si manifestano a partire dalla seconda metà del primo anno di vita. Trevarthen utilizza il termine "*prestance*" introdotto dallo psicologo francese Wallon, per descrivere l'atteggiamento e le posizioni assunte dal bambino a questa età. Quest'ultimo svilupperebbe allora un certo modo di rapportarsi, un sé che può essere mostrato agli altri. Un sé cui piace molto manifestarsi e atteggiarsi, ossia in altre parole cui piace molto esibirsi.[35]

In due studi abbiamo supportato queste osservazioni controllandole su più ampi gruppi di bimbi piccoli. I genitori riferiscono che i bimbi di sette o otto mesi sono consapevoli dell'attenzione degli altri verso le cose che fanno, si mettono in mostra per ottenere un'attenzione particolare, soprattutto da parte degli estranei; mostrano il loro repertorio di giochetti e cercano di ripetere le azioni per ricevere segni di approvazione e di apprezzamento. Per poterli considerare come un deliberato mettersi in mostra, abbiamo bisogno di prove a sostegno del fatto che i bimbi si stiano focalizzando non solo sul piacere dell'azione in sé, ma che ripetano l'azione, almeno in parte, per l'effetto che questa ha nell'ottenere un apprezzamento. Questa prova proviene in larga parte dal fatto che, durante le ripetizioni, gli sguardi sono diretti prevalentemente verso le persone, mentre diminuiscono quando l'attenzione degli altri decresce. Il mettersi in mostra a questa età spesso coinvolge reazioni esagerate, urla acute, strilla, colpi e spruzzi, così come alcune nuove abilità apprese, quali applaudire, salutare con la mano, fare gridolini, e tirarsi su dritti in posizione eretta. Queste differenti tipologie di esibizione sono evidenti nei resoconti sui bambini a partire dai sette mesi: cercano di attrarre su di sé l'attenzione facendo cose strane, estreme, "sciocche"; mostrano un repertorio di giochini quando sono già al centro dell'attenzione, e cercano di esibirsi in azioni abili e difficili per ottenere segni di apprezzamento.

I seguenti brani tratti da interviste con i genitori rendono l'idea del tipo di cose che i bimbi fanno per *ottenere e manipolare l'attenzione*, e i semplici contesti quotidiani in cui ciò accade.

> Alec durante il pranzo si era comportato in maniera insolita. Gli stavo dando da mangiare e lui si era fermato e dopo aver preso un bel cucchiaio pieno del suo pasto lo aveva sollevato e aveva iniziato a colpire con la testa il seggiolone, a tirare fuori la lingua continuando a sorridermi e allo stesso tempo a guardarmi. Ancora, se sollevo il cucchiaio verso la sua bocca, lui si ferma, lo prende e ricomincia a dare colpi con la testa. (Madre di Alec, otto mesi, registrazione)[36]

Anche se non viene descritta la reazione della madre a questo comportamento, è chiaro che il piccolo era focalizzato sull'attenzione di quest'ultima nei suoi confronti, e metteva in atto azioni insolite per manipolarla.

Le *azioni dei bimbi*, quando *sono già al centro dell'attenzione*, soprattutto quella degli sconosciuti, costituiscono una ricca fonte di dati, come dimostrano i seguenti passaggi:

> Bene, in effetti, quando la scorsa settimana sono andata al poliambulatorio [...] Lei è davvero parecchio timida, e pensavo che si sarebbe preoccupata nel vedere questi quattro estranei entrare nella stanza, ma semplicemente si è seduta lì, con aria raggiante, guardando verso tutti loro, stava seduta reggendo tutta la scena. Penso che in qualche modo avesse capito che ciò a cui loro erano interessati era proprio lei, e lontana in linea d'aria da dove mi trovavo io, stava semplicemente seduta lì. Era una star del cinema. (Intervista alla madre di Rebecca, sette mesi)[37]

> Quando è seduta sul passeggino saluta con la manina le persone che fermano il traffico per farti passare [...] siede impettita e saluta le persone che incrocia, una specie di super saluto con la manina, lo fa per ottenere l'attenzione e loro le dicono "Oh, ma come sei brava" e [...] lei batte le mani come per dire "Sì, sono una bimba in gamba e batto le mani" [...] Ancora oggi un po' lo fa, se tu le dici "brava bambina", lei batte le mani o ti guarda raggiante [...] quando gioca con i mattoncini delle costruzioni e tu le dici "ma come sei brava" lei lo fa ancora [...] sto provando a farle costruire qualcosa, ma tutto quello che fa è toglierli e scappar via con questi, ma se tu le dici "Brava bimba, brava" lo fa. (Intervista alla madre di Alice, undici mesi)[38]

Oltre all'utilizzo delle azioni per conquistarsi o mantenere l'attenzione positiva degli altri, a partire dagli otto mesi circa i bimbi ripetono anche quelle *azioni che vengono considerate "intelligenti"* da coloro che li circondano, e cercano i complimenti e l'attenzione degli altri quando le compiono. Alcune sono azioni complesse nella loro realizzazione, altre sono una ripetizione di configurazioni di successo di recente padroneggiate; alcune sono azioni stravaganti, altre invece forme di azioni convenzionali.

> Ora che può girovagare per la stanza e arrampicarsi sui mobili, e che vaga e si arrampica anche sulla scatola dei giochi sembra piuttosto soddisfatto di sé [...] in un attimo si volta e dà un colpo alla scatola dei giochi, si gira e ti guarda e ti fa un gran sorriso come se stesse dicendoti guardami. Guarda cosa ho fatto. Molto così, perché solo nell'ultima settimana si è arrampicato sui mobili e, sai, sicuramente si guarda attorno per vedere, per guardarti, ti sorride [...] "La madre riferisce di rispondere a questo tipo di comportamento dicendo "bravo bambino. Guardati" ecc. (Intervista alla madre di James, otto mesi)[39]

Cosa può dirci sull'essere emotivamente consapevole questo modo di mettersi in mostra? Prima di tutto, queste azioni rivelano una qualche emozione? Non c'è dubbio sul carattere emotivo di questi comportamenti. I bambini agiscono in modo evidente con intenzionalità e coscienza di quel che fanno, selezionano le azioni da ripetere in relazione alle situazioni e alle persone con grande sensibilità. Sui loro volti, nelle voci e nei loro corpi si rivelano molti e differenti segnali dell'emozione; la stessa espressione è intensamente positiva e anticipa la risposta dell'altro. Che nome vogliamo dare a questo tipo di emozione è un'altra questione, cui ritorneremo in seguito.

Se i bimbi di due mesi sono consapevoli che il loro sé è visibile agli altri, stando ai loro tentativi di ridurre questa visibilità nelle reazioni di ritrosia, perché non dovrebbero anche, almeno qualche volta, tentare di aumentare questa visibilità? Una risposta è semplice: siamo noi a non averlo notato. I genitori descrivono che i bambini di quell'età spesso è come se si "mettessero in mostra", anche se con modalità diverse rispetto ai bambini di sette e otto mesi. Qui di seguito riporto un esempio di un bambino di tredici settimane, trascritto da una videoregistrazione in cui ho annotato all'interno della custodia il numero di episodi degni di nota e, senza che all'epoca avessi una motivazione accademica di studio, lo avevo siglato come "mettersi in mostra"!

> Mi siedo accanto a Rohan e lo chiamo per chiacchierare. Lui è impegnato a osservare la sorella, il padre e quello che stanno facendo. Si volta al mio

invito e mi risponde con sorrisi e gorgoglii. Gli faccio il solletico e gli parlo in modo giocoso, lui mi risponde con delle specie di risate e di sorrisi. Diminuisco il mio intervento e mi metto tranquilla, ma continuo a guardarlo. Smetto di stuzzicarlo. Dopo una breve pausa, ancora con gli occhi voltati verso di me con un'espressione di piacere, Rohan inizia una lunga e impegnativa vocalizzazione a me indirizzata, con le labbra protruse e poi si ferma. Gli rispondo con un tono un po' interrogativo "Noooo!? Non finire!", quindi ricomincio a stuzzicarlo, dicendogli: "Cosa stai provando a dirmi? Cosa stai tentando di dirmi?" con un'intensità crescente. Risponde ancora una volta con gorgoglii e con un sorriso, ma di intensità minore, e poi si guarda attorno.

Il suo atteggiamento era decisamente positivo, non chiassoso ma piacevole, interessato alle cose intorno a lui e pronto a parteciparvi. I suoi lunghi vocalizzi potrebbero essere descritti come una sorta di performance, non un vero e proprio esibirsi ripetendo le azioni ma una semplice ricerca di maggiore visibilità. Che ciò si fosse verificato durante un momento di sospensione dei miei tentativi di stimolarlo e che fosse sua l'iniziativa piuttosto che non una risposta ai miei atti del momento è evidente. I vocalizzi, acuti e prodotti con un certo sforzo, sembravano essere fatti apposta per conquistare attenzione e partecipazione. Tuttavia non si è preoccupato di intensificare ulteriormente lo scambio, come è stato evidente quando in seguito alla mia risposta lui aveva sorriso e rivolto lo sguardo altrove. Per approfondire meglio questi aspetti abbiamo bisogno di ulteriori ricerche.

Quando i bimbi piccoli si mettono in mostra a che tipo di dialogo partecipano? Le reazioni degli altri alle loro esibizioni sono solitamente positive, ed esse stesse fanno parte di questo comportamento. Il piacere e l'apprezzamento manifestato dagli altri, quindi, servono al bambino per definire le azioni che stanno cercando di raggiungere e perfezionare. Negli esempi che ho riportato, le conquiste del sé sono semplici, non rispondono a criteri di adeguatezza a standard esterni alla diade o alla triade. Molto più tardi, queste conquiste verranno definite nei termini del gruppo sociale di riferimento e verranno esposte per filo e per segno in termini discreti. Per il momento, tuttavia, il piccolo si crogiola nell'immediata approvazione di semplici e specifici successi raggiunti. Il sé sta iniziando a diventare un agente attivo capace di suscitare apprezzamento sociale per se stesso.

La riduzione e l'aumento della visibilità del sé nell'autismo

Se il bimbo può davvero avere precocemente accesso ai riconoscimenti e all'attenzione delle altre persone, cosa accade nei casi in cui ci sono difficoltà nel percepire queste qualità emotive negli altri? Questi bambini quale consapevolezza mostrano del sé come oggetto d'attenzione e apprezzamento? L'autismo costituisce un caso esemplare. Se la tesi esposta finora in questo capitolo sulla consapevolezza del sé come oggetto per gli altri nei semplici scambi emotivi fosse valida, allora ci si potrebbe aspettare che i bambini autistici mostrino dei deficit sia rispetto al mostrare ritrosia che al mettersi in mostra. Indipendentemente dal fatto di riuscire a riconoscersi allo specchio (come dimostrato da alcune ricerche sono in grado di farlo a un'età di sviluppo appropriata), dovrebbero comunque mostrare reazioni diverse nell'essere oggetto di attenzione, come non riconoscere o non rispondere alla positività di un complimento. In uno studio abbiamo confrontato le prestazioni di bambini con autismo con quelli con sindrome di Down (SD) appaiati per età di sviluppo nel test dello specchio, osservando le reazioni infantili nel vedere il proprio sé riflesso.

Ciò che abbiamo trovato conferma le nostre aspettative e solleva alcune nuove questioni. I bambini con autismo, come quelli con SD hanno superato il test dello specchio all'età di sviluppo adeguata, ma hanno mostrato reazioni davvero molto diverse osservandosi nello specchio, pur essendone tutti comunque attratti. Mentre i bambini con SD hanno trascorso gran parte del tempo guardando se stessi o le altre persone riflesse, i bambini autistici osservavano gli oggetti della stanza riflessi nello specchio. Anche quando guardavano se stessi o gli altri nello specchio, era molto diverso ciò che facevano *verso* sé e verso gli altri. Tendevano a trattare la persona nello specchio come un oggetto interessante, lo studiavano e giocavano con gli angoli di riflessione. I bambini con SD, al contrario, tendevano a considerare le persone nello specchio come partner per la comunicazione o come un pubblico di fronte al quale esibirsi. Queste diverse risposte al sé allo specchio non hanno alcuna relazione con il superamento o meno del test dello specchio. Per esempio:

> Maria si avvicina allo specchio correndovi incontro e sorridendo, guarda prima se stessa, l'osservatore e poi dice "Ciao mamma", continuando a guardare nello specchio, quindi si sdraia sul tappeto appoggiando il mento sulle mani con il volto a pochi centimetri dallo specchio, sorride e si guarda mentre si muove. In breve tempo dice "ciao" a se stessa, poi imita Humpty Dumpty, guardandosi allo specchio e sorride a se stessa. Maria, tre anni, con SD, ha superato il test dello specchio.[40]

> Tommy guarda lo specchio, sorridente ed entusiasta, ci appoggia vicino il viso e inizia a parlare in modo incessante e allegro, tenendo lo specchio e girandolo da una parte e dall'altra, guardando i riflessi al suo interno. Sempre sorridendo e parlando sbatte leggermente la testa sullo specchio di-

verse volte, ridendo e ignorando le proteste della madre. Tommy, quattro anni, autistico, ha superato il test dello specchio.[41]

Da parte dei bimbi autistici, inoltre, non si sono registrate reazioni emotive autoconsapevoli in risposta al sé o agli altri riflessi nello specchio, mostrate invece da alcuni bimbi con sindrome di Down.

> Carl si guarda allo specchio, ci si appoggia e fa un grande sorriso posando la faccia sull'immagine del suo volto riflessa; sempre continuando a sorridere volta la testa e guarda l'immagine della madre riflessa; poi si riappoggia di nuovo allo specchio e indica se stesso riflesso. La madre gli chiede "Sei tu quello?". Lui si guarda, sorride, batte le mani sulla bocca. Carl, tre anni, con SD, ha superato il test dello specchio.[42]

In verità, in alcuni interessanti studi sperimentali Peter Hobson e una sua studentessa, Gayathri Chidambi, hanno tentato di strutturare la situazione di osservazione in modo da suscitare una risposta di ritrosia. Una volta hanno provato a proporre a me la situazione (probabilmente per ripagarmi con la stessa moneta); mentre un orsacchiotto di peluche mi si avvicinava guardando dapprima alcuni oggetti e poi me, mi veniva chiesto di rispondere alla domanda su cosa stesse facendo in un tono sempre più canzonatorio e scherzoso, appena questo mi veniva vicino. Anche se sapevo esattamente quali erano le reazioni attese, non ho potuto fare a meno di rispondere con un sorriso imbarazzato a quell'orsacchiotto che mi si era avvicinato con un tono così confidenziale. Hobson e Chidambi hanno confrontato nei loro studi le reazioni dei bambini con autismo e quelle dei bimbi con altre difficoltà di apprendimento. Questi ultimi hanno reagito prevalentemente così come ho fatto io; i bambini con autismo, nonostante abbiano accennato a sorridere o a divergere lo sguardo, in seguito all'evento cercavano meno di relazionarsi e interagire con lo sperimentatore.[43]

I resoconti dei genitori relativi alle reazioni emotive in risposta alla visibilità del sé nelle interazioni quotidiane con le altre persone (piuttosto che con gli specchi) hanno messo in luce un'analoga assenza delle stesse nei bimbi autistici rispetto ai bimbi con sindrome di Down. Il mettersi in mostra è raro nell'autismo, anche se non del tutto assente. E quando si manifesta è caratterizzato da una ripetizione convenzionale di azioni piuttosto che da sensibilità e flessibilità in relazione all'attenzione. Cosa ci dicono queste differenze rispetto al tema dell'autoconsapevolezza? Forse ci dicono che i bambini con autismo vedono e considerano il sé riflesso nello specchio come un oggetto, mentre i piccoli con SD vedono nel sé riflesso uno spettatore. Nonostante i primi siano abbastanza capaci di mostrare reazioni negative e talvolta anche positive in occasione dell'essere oggetto dell'attenzione altrui (come riferito dai genitori), davanti al proprio sé riflesso allo specchio non mostrano nessuna di queste due tipologie di reazione. Il test dello specchio non permette di distinguere tra bimbi con autismo e con SD e non sembra ci possa dire molto della presenza e consapevolezza del senso di sé come invece è in grado di farlo il *modo* in cui questi piccoli trattano lo specchio. Stando ai risultati di questo test, i bambini autistici erano chiaramente in grado di riconoscere se stessi come oggetti. La differenza tuttavia sembra essere relativa al *tipo di oggetto* che essi considerano di essere – oggetto in quanto percepito da un altro soggetto psicologico *vs* oggetto in quanto esistente di per sé. Sembra dunque che mentre i bambini con autismo non incontrino problemi con un orientamento in terza persona verso il sé, presentino invece difficoltà con un orientamento in seconda persona. Questi risultati supportano l'idea che nell'autismo vi sia una dissociazione tra due aspetti dell'autoconsapevolezza – quello emotivo e quello concettuale.[44]

Implicazioni per le teorie delle emozioni autoconsapevoli: una prospettiva alternativa

Innanzitutto cerchiamo di vedere se le reazioni di ritrosia a due mesi possano essere definite affetti autoconsapevoli. Sia funzionalmente sia strutturalmente queste reazioni sono più semplici e più limitate (ossia, si presentano in contesti più ristretti e secondo configurazioni meno differenziate) di quelle suscitate nei bambini più grandi o negli adulti. L'assenza del controllo del sorriso fino ai diciotto mesi – da quel che sappiamo – sembra indicare che le reazioni di ritrosia dei piccoli di due mesi non siano di per sé tentativi deliberati di nascondere il sorriso. Sono reazioni globali e impulsive all'essere oggetto dell'attenzione positiva degli altri. Anche la natura dei movimenti grossolani delle braccia supporta tale interpretazione; questi riflettono una reazione globale dell'intero corpo piuttosto che essere indirizzati a coprire una specifica parte del sé. Ciò nonostante, sono comunque tentativi di nascondersi brevemente dallo sguardo degli altri. La somiglianza che presentano rispetto a risposte che compaiono in anni successivi e l'evidente continuità nel corso dello sviluppo sono sorprendenti e non possono essere trascurati come fattori irrilevanti o insignificanti nelle manifestazioni di autoconsapevolezza. Dunque si tratta di una risposta di natura emotiva? Non è un riflesso né una configurazione fissa di azioni, e neppure una risposta appresa di evitamento. *Si tratta* di una reazione con una specifica tonalità emotiva. Probabilmente la soluzione più semplice è descriverla come appartenente alla famiglia delle reazioni di imbarazzo/vergogna/ritrosia piuttosto che chiamarla emozione; ha il vantaggio di consentirle un confine e un contenuto più vago senza disconoscerne la componente affettiva.

L'ipotesi che l'"idea di me" sia il prerequisito necessario alla manifestazione delle reazioni emotive autoconsapevoli non può spiegare la loro evidente continuità – al di là di qualsiasi *décalage* supposto nello sviluppo. Un modo per spiegare questi dati e il loro cambiamento con l'età è rifiutare l'ipotesi che occorra avere una "idea di me" a livello concettuale perché questo tipo di reazioni emotive si presentino. Potremmo invece sostenere che esse esistano a partire almeno dai due mesi e che non riflettano il sé come concetto, quanto piuttosto un diverso tipo di consapevolezza di se stessi come oggetto dell'attenzione altrui. Il sé come oggetto qui è un sé percepito attraverso l'esperienza, compreso solo in-relazione-all'altro. A partire dai quattro-cinque mesi, l'uso non impulsivo delle risposte per dare inizio a un'interazione con gli estranei mostra come esse siano già differenziate a un certo livello, il che suggerisce una consapevolezza differenziata del sé che si imbarazza/vergogna nell'essere disponibile-per-l'interazione-e-attenzione-con-l'altro. Sviluppi paralleli a questa età – una capacità di raggiungere gli oggetti più calibrata, un più chiaro e continuativo interesse nel guardare le mani e una flessibilità maggiore delle azioni attentive – supportano questa interpretazione.[45] La consapevolezza del sé-come-oggetto-esperito gradualmente si differenzia per includere una gamma di situazioni più ampie nelle quali la visibilità del sé viene direttamente percepita, così come si sviluppa una comprensione più differenziata di quegli aspetti specifici che sono accessibili agli altri.

E per quanto riguarda il mettersi in mostra? Anche questo comportamento è connotato emotivamente. L'emozione coinvolta è simile all'orgoglio che si prova per un successo o una lode conseguiti o prefigurati? Nonostante per i semplici successi che i piccoli esibiscono non si possa parlare di consapevolezza di standard sociali di natura più generale che, come afferma Michael Lewis, compaiono verso i tre anni d'età, si tratta comunque di conquiste riconosciute dai piccoli come tali sia ai propri sia agli altrui occhi (nel caso si tratti di azioni "difficili"). Per i bambini che non abbiano ancora raggiunto i tre anni in effetti possono non essere ancora disponibili standard riferiti a criteri esterni che indichino ciò che è buono o cattivo. Ma almeno a partire dalla seconda metà del primo anno, sembrano esserci indicatori delle conquiste *all'interno del coinvolgimento*, nella forma di apprezzamenti da parte degli altri per azioni specifiche o per il successo in seguito al superamento di una difficoltà. Quando ci si occupa dello sviluppo del sé che cerca di presentarsi in un certo modo, non si può ignorare l'utilizzo di questo tipo di azioni per suscitare ancora apprezzamenti come questi. Stando a ciò, si potrebbe sostenere che il mettersi in mostra – o l'effetto simil-orgoglio – sia presente all'interno delle interazioni interpersonali a partire dalla seconda metà del primo anno di vita.

Esiste una forma di continuità tra queste precoci reazioni emotive e forme successive di emozioni autoconsapevoli come la vergogna e l'orgoglio. La precoce timidezza positiva e il mettersi in mostra assolvono a funzioni regolatorie di tipo comportamentale (aumentano o diminuiscono la distanza dall'agente dell'attenzione e l'"esposizione"), sociale (comunicano una immagine del sé come vulnerabile e attraente o dominante e competente) e a funzioni regolatorie interne (modulano l'attivazione, favorendo l'acquisizione di una conoscenza del sé in relazione agli altri). Esse rivelano che il sé è consapevole di essere oggetto dell'attenzione altrui e capace di richiamare quest'ultima e ottenere l'apprezzamento di chi è interessato al sé con un atteggiamento positivo. Mostrano inoltre la presenza di reazioni tipicamente comportamentali e potenzialmente fisiologiche. La differenza tra le forme precedenti e quelle successive sta nella misura in cui il sé pensa a se stesso in termini riflessivi. Tuttavia, l'esistenza di questa continuità suggerisce che queste stesse emozioni siano già presenti in larga misura nella primissima infanzia, nonostante debba ancora svilupparsi il concetto del sé (e dell'altro). Esse sono radicate nella percezione di essere oggetto delle emozioni e delle attenzioni dirette degli altri, piuttosto che trovarsi nei pensieri formulati sul sé. Sembra che a partire dalla fine del primo anno, i bambini diventino consapevoli di queste percezioni non solo quando dirette verso il sé globalmente, ma anche quando indirizzate alle cose *fatte* dal sé.

Finché non vi sono evidenze che dimostrino l'esistenza della concettualizzazione del sé prima dei diciotto mesi, deve essere messa in discussione la direzione degli effetti proposta dalla teoria dello sviluppo cognitivo. Le emozioni "secondarie" non sembrano essere tali dunque né rispetto all'età di sviluppo in cui compaiono; né rispetto alla loro derivazione. È molto probabile che si tratti piuttosto di una inversione degli effetti – ossia, gli affetti autoconsapevoli *portano* allo sviluppo del concetto del sé, invece che *esserne il risultato*, come sostenuto da alcuni psicologi dell'età evolutiva quali Carroll Izard e Peter Hobson.[46] Questo ridirezionamento degli effetti significa che l'occorrenza e la significatività di queste emozioni deve essere cruciale nella formazione della autoconsapevolezza. In che modo funziona tutto questo? La risposta sta nel coinvolgimento in seconda persona e nel fare esperienza dell'altro.

È comune che nelle interazioni interpersonali precoci (e anche in quelle successive!) vi sia una continua situazione fluida di aumento e diminuzione di visibilità di uno o dell'altro dei partecipanti. Molti di questi cambiamenti di visibilità coinvolgono un qualche livello minimo di affetto. Alcuni di loro, però, coinvolgono manifestazioni di affetti evidenti, come l'imbarazzo nell'essere lodati, la vergogna nell'essere salutati, il piacere nell'essere apprezzati o l'orgoglio nel superare una difficoltà. Si considerino i seguenti episodi:

> Lei si avvicina e mi dice ciao, io alzo lo sguardo e le sorrido, lei si complimenta per il mio aspetto, io abbasso lo sguardo, e lei cambia argomento.
>
> Lui le va vicino e la saluta sorridendo, lei sobbalza, solleva lo sguardo, sorride e per un attimo si volta, fa un passo indietro e si mette a parlare del tempo.
>
> Lui sorride e si volta timidamente quando lei gli parla, lei resta affascinata dalla reazione e ride sommessamente.
>
> Lei coglie nel suo sguardo un'aria di apprezzamento e fiduciosa prova a scherzare, lui ride, lei ci prova di nuovo.
>
> Lui lotta per chiudere la valigia, ci riesce e solleva lo sguardo guardandola, lei alza le sopracciglia in segno di apprezzamento e lui resta in piedi, compiaciuto.

Questi scambi connotati affettivamente rendono molto chiaro un punto: la consapevolezza che la persona ha di sé è inestricabilmente connessa a quella che ha dell'altro. Le manifestazioni affettive positive di timidezza e del mettersi in mostra, quindi, comportano la consapevolezza del sé-in-relazione-all'-altro e potrebbero essere meglio definite come affetti auto-etero-consapevoli. Questi affetti concorrono sia nel determinare sia nel regolare le relazioni con gli altri. Sono chiaramente funzionali a raggiungere un equilibrio adeguato delle tensioni affettive sia all'interno dell'individuo sia tra gli individui, e contribuiscono a definire e ridefinire chi li prova. Momento dopo momento mutano all'interno del coinvolgimento interpersonale la natura degli scambi e degli individui stessi, e cambia di conseguenza il processo della consapevolezza di sé e dell'altro. Per prima cosa, per diventare consapevoli di sé (o dell'altro) il bambino deve diventare consapevole anche degli aspetti emotivi. Detto in altre parole, il sé (e l'altro) devono riconoscersi reciprocamente come creature dotate di affettività. Secondo, aspetto ancora più importante, è *attraverso* la mediazione di questi stati affettivi che il piccolo diventa consapevole del proprio sé (o di quello degli altri). Così, la percezione che egli ha delle altre persone è data "dai sentimenti che prova per loro", e la percezione del proprio sé avviene grazie a "ciò che gli altri provano per lui". Questo è vero per ogni stato affettivo in cui il bimbo stesso si trovi, o in cui percepisca che le persone si trovano, durante un'interazione. Ma è particolarmente vero soprattutto nel caso degli stati affettivi autoconsapevoli: essere felicemente consapevoli dell'apprezzamento di qualcuno o timidamente consapevoli della sua attenzione influenza direttamente la coscienza che sviluppiamo del sé o dell'altro in interazione. In altre parole, il sé (e l'altro) viene conosciuto attraverso l'esperienza degli affetti. Il neonato quindi si confronta con il compito di diventare consapevole di un sé e di un altro che spesso manifesta reazioni affettive e con cui reciprocamente si influenza, *mentre* sperimenta questi affetti. Sostenere l'idea che lo sviluppo degli affetti autoconsapevoli sia possibile solo in seguito alla formazione del concetto del sé e grazie a questo, è come mettere il carro davanti ai buoi. Non abbiamo bisogno di adottare questa posizione né dal punto di vista cronologico né nei termini di un'interpretazione esplicativa. Una spiegazione più semplice e che sembra più calzante potrebbe essere quella che vede gli affetti autoconsapevoli come ciò che porta (sia nei termini della sequenza cronologica sia per la loro influenza su questo) allo sviluppo del concetto del sé.

A ogni modo, cosa si può dire a proposito dell'autismo? Questi bambini mostrano di possedere un concetto di sé; passano il test di autoriconoscimento allo specchio, sanno utilizzare l'autoriferimento (anche se con qualche confusione linguistica nell'uso dei pronomi), ma non mostrano quel tipo di autoconsapevolezza degli affetti che abbiamo descritto. A prima vista si potrebbe interpretare questo dato come un'evidenza che mette in discussione l'inversione nella direzione degli affetti che abbiamo appena argomentato. Altrimenti, il loro senso del sé potrebbe essere visto come la dimostrazione dell'inadeguatezza del percorso di sviluppo delineato dalla teoria dello sviluppo cognitivo. In effetti questi bimbi sviluppano un concetto del sé, ma con alcuni aspetti deficitari. Se, come spesso si verifica nei casi di autismo, si sviluppa un senso del sé senza la possibilità di sperimentare gli affetti autoconsapevoli che abbiamo menzionato (relativi a un incremento o a una riduzione positiva della visibilità del sé), esso non potrà comprendere queste esperienze al suo interno e si svilupperà senza l'apporto derivante dall'averli sperimentati. Il concetto del sé che maturano questi bambini viene a essere, rispetto a questi affetti, il concetto di un osservatore esterno; essi concepiscono il sé e l'altro senza il vantaggio di sentire cosa se stessi e l'altra persona provano l'una nei confronti dell'altra, come accade nello sviluppo tipico. L'aumento o la riduzione della visibilità del sé non rappresentano un problema per questi bambini – è ben documentata in letteratura la loro attrazione per il cucù accompagnata da dimostrazioni affettive. È altrettanto ben documentata la presenza di autoconsapevolezza negativa, ossia il loro evitare con disagio lo sguardo o l'attenzione degli altri. Ciò sembra indicare come non si tratti di un problema legato a un puro senso del sé compromesso o a una mancanza globale della consapevolezza di sé come oggetto dell'attenzione altrui. Ciò che appare compromessa è la capacità di sperimentare affetti autoconsapevoli nel coinvolgimento positivo. Un concetto del sé può così essere sviluppato con o senza l'esperienza precedente di affetti autoconsapevoli; tuttavia, vi saranno profonde differenze tra l'uno e l'altro.

William James ha scritto che la sua ricerca della consapevolezza lo lasciava solo con gli oggetti di cui diventava consapevole. Più cercava di catturarla, meno ci riusciva (nonostante la fiducia cartesiana sul fatto che non si potesse dubitare dell'esistenza separata del mondo interno). "Ogni volta che cerco di divenire cosciente della mia attività del pensare in quanto tale, ciò che afferro è un aspetto del corpo, un'impressione che proviene dalla mia fronte, o dalla testa, dalla gola o dal naso".[47] In maniera analoga, essere autoconsapevoli non ci lascia con le immagini del sé, ma piuttosto con le immagini delle cose e delle persone che agitano i sentimenti e i pensieri "autoconsapevoli", o con le loro attitudini corporee e riflessive verso il sé. Sarebbe perciò meglio parlare di affetti sé-altro-consapevoli sia riferendosi ai bambini sia agli adulti.

"Veniamo visti quando i nostri sentimenti sono compresi, o quando qualcosa che per noi è significativo viene empaticamente percepito da un'altra persona [...] Toccare l'esperienza che l'altro percepisce", suggerisce il manuale della relazione, può disarmarci.[48] Nella timidezza, il bambino piccolo svela di essersi sentito toccato dal fatto di essere visto. E il destinatario della timidezza è colui che tocca, la persona che osserva ma che poi viene a sua volta toccata dalla timidezza del bambino. All'interno di una relazione sensibile, la timidezza positiva può funzionare in modo decisivo per accrescere l'intimità. Il mettersi in mostra, dove la vulnerabilità è presente in misura minore, spinge meno in direzione dell'intimità e non la accresce in maniera equivalente. Eppure, anche questo comportamento può toccare la sensibilità dell'adulto nel mostrargli che all'altro importa essere approvato. In un altro senso, tuttavia, il mettersi in mostra è autenticamente l'altra faccia della medaglia della timidezza: rivela la sicurezza nel correre il rischio di essere rifiutati. Perché è così importante che i bambini piccoli siano capaci di gestire l'intimità e la forza di attrarre nelle relazioni con gli altri fin dalle prime fasi di vita? Chiaramente, è importante per la sopravvivenza. Il fascino che i bimbi piccoli esercitano per gli adulti è evidente non solo nelle immagini statiche dei volti infantili; per tenerci lì i piccoli devono anche fare qualcosa. E questo qualcosa potrebbe essere non solo l'essere coinvolti con noi, ma anche il fatto di mostrarci di essere coinvolti attraverso manifestazioni di timidezza positiva o attraverso la volontà di impressionarci – con le loro esibizioni.

Sintesi e conclusioni

Questi dati relativi al primo anno di vita lanciano una sfida alla convinzione che quelle che vengono chiamate emozioni autoconsapevoli siano il risultato dello sviluppo del concetto del sé. Reazioni di simil-imbarazzo sono evidenti molto precocemente in contesti appropriati e si sviluppano differenziando in maniera così sistematica le manifestazioni e i contesti, da non poter essere liquidate come semplici fenomeni biologici. Allo stesso modo, manifestazioni simili all'orgoglio e al pavoneggiarsi sono evidenti ben prima della fine dell'anno di età. Sembra che le emozioni tipicamente chiamate autoconsapevoli si fondino sulla percezione dell'attenzione e delle emozioni degli altri piuttosto che non sui pensieri formulati riguardo al sé. Dal momento che non ci sono evidenze che supportino lo sviluppo della concettualizzazione del sé prima dei diciotto mesi, va messa in discussione la direzione degli effetti proposta dalle teorie dello sviluppo cognitivo. È più plausibile pensare che le cosiddette emozioni secondarie siano il motore primario che permette lo sviluppo della concettualizzazione del sé, come hanno sostenuto alcuni psicologi dello sviluppo quali Carroll Izard e Peter Hobson.[49] È probabile infatti che la presenza e la significatività di queste espressioni emotive negli scambi interpersonali sia cruciale per dare forma all'emergente "idea del me" così come al continuo sviluppo di queste stesse emozioni.

Si può sostenere che emozioni autoconsapevoli di questo tipo, quindi, esistano in forma semplice già molto precocemente. Questa posizione consente di comprendere meglio non solo i dati sulle manifestazioni di simil-imbarazzo e sul mettersi in mostra qui presentati, ma anche quelli sulla precoce comprensione della corrispondenza tra sé osservato e sé esperito sul piano cinestetico.[50] La visione dello sviluppo che ne deriva sottolinea gli aspetti di continuità legati alle emozioni autoconsapevoli e non gli aspetti di discontinuità implicati nello sviluppo del concetto di sé.

È importante sottolineare che, anche se accettiamo che queste emozioni "autoconsapevoli" sono evidenti molto più precocemente di quanto non sostenga la teoria dello sviluppo cognitivo, non abbiamo ancora affrontato il tema del loro significato per la consapevolezza del sé. Le emozioni espresse nella prima infanzia possono ben essere il motore primario per lo sviluppo della consapevolezza del sé, ma mostrano davvero una autoconsapevolezza oggettiva? Le azioni e le emozioni dei bambini piccoli sembrano più facilmente descrivibili come il risultato della consapevolezza dell' *altro,* piuttosto che del *sé.* Tutti i casi discussi qui, quali la vergogna, il mettersi in mostra, nonché le evidenze di una precoce empatia e gelosia, mostrano che non è il *sé* a essere oggetto dell'attenzione infantile, ma l'altro. Le risposte infantili potrebbero meglio essere ridefinite come "emozioni eteroconsapevoli". L'emergere della consapevolezza del sé come oggetto potrebbe dunque essere lasciata dove generalmente collocata, ossia nel secondo anno di vita, se non che lo sviluppo della consapevolezza del sé e dell'altro sono pressoché universalmente ritenuti elementi inseparabili.[51] Cosa significa questo? Significa che il sé è un punto di flusso costantemente in movimento e intangibile; nel suo processo di costante movimento e coinvolgimento con il mondo delle altre persone è continuamente rimodellato come un'entità in relazione, la coscienza di esso è costruita in queste interazioni. Il sé è un'entità dialogica, esiste solo all'interno della relazione ed è quindi conoscibile unicamente come una relazione.[52] La coscienza dell'altro è quindi inseparabile da quella del sé, e per questo forse entrambe andrebbero rinominate come coscienza-sé-altro.

8

Giocare con le intenzioni

> Riuscire a comprendere la qualità dell'azione di una persona significa pure avere la comprensione della qualità dei suoi sforzi e dei suoi pensieri. [...] Il fatto di maggiore importanza circa l'interazione sociale è questo: i partecipanti si trovano su di un terreno comune, si rivolgono l'uno verso l'altro, i loro atti si compenetrano e quindi sono l'uno dall'altro regolati.
>
> SOLOMON ASCH, *Il problema dell'interazione umana*[1]

Stavo cercando del materiale per vivacizzare il mio corso sullo sviluppo del linguaggio, quando per puro caso ho ripreso con la videocamera quest'interazione. Shamini all'epoca aveva quasi nove mesi, e da due settimane circa aveva iniziato a offrire e a dare (di fatto a distribuire) delle cose agli altri. In questo scambio di piccoli oggetti lei (e la famiglia) si divertivano davvero molto; si trattava di un grande passo in avanti, sempre accompagnato da "ta", espressione molto usata da chi parla inglese. In quel periodo questo modo di interagire era frequente in famiglia, ma ha cambiato il mio modo di vedere le cose, rispetto non solo a come avviene la comprensione delle intenzioni, ma anche al ruolo che la dimensione ludica assume negli scambi umani.

> Di nuovo allunga la mano verso suo padre porgendogli un piccolo biscotto, fissando il suo volto con sguardo vigile e l'accenno di un sorriso sul volto. Lui, ubbidiente (probabilmente in realtà voleva continuare a mangiare il dolce), allunga la mano verso di lei per prenderlo. Appena lo fa, la piccola ritrae la sua con un gran sorriso, arricciando il naso. Lui rimane sorpreso e si mette a ridere dicendo "Dammelo, dammi, dammi!" e si allunga verso il biscotto. Lei ritrae ancora di più la mano, sorridendo. Lui ritrae la sua e si volta. Gli occhi della piccola non hanno mai perso di vista il volto del padre. Lei di nuovo allunga la mano verso di lui, offrendogli il biscotto, guardandolo in viso con un sorriso a metà, e velocemente lo ritrae appena lui si avvicina per prenderlo.[2]

Sembrava che la piccola non solo stesse anticipando le intenzioni del padre – ossia di prendere l'oggetto quando lei glielo avesse offerto – ma era lei stessa a *invitarlo* a quell'azione intenzionale, in modo deliberato, *cercando di trarlo in inganno* ritirando l'offerta non appena lui cercava di raggiungere il biscotto. Stava divertendosi di proposito con l'aspettativa del padre, che attendeva fiducioso che la piccola glielo avrebbe dato. Era come se la bambina non avesse alcuna difficoltà nell'anticipare e manipolare le intenzioni paterne; piuttosto, era lui a essere tratto in inganno dall'intenzione di *lei*! Come ci era riuscita? Non è sempre così semplice cogliere quali sono le intenzioni degli altri e coordinare di conseguenza le proprie azioni con una tale destrezza.

Temple Grandin, una donna ingegnere autistica di notevole talento e creatività, in una conversazione con Oliver Sacks aveva descritto se stessa dicendo di sentirsi come un'antropologa su Marte. Della sua infanzia riferiva di sentire che "fra gli altri bambini c'era qualcosa di rapido, sottile, in continuo cambiamento: uno scambio di significati, una contrattazione, una velocità di comprensione talmente eccezionale che a volte Temple si chiedeva se non fossero tutti telepatici". Da adulta era diventata consapevole dell'esistenza di questi segnali sociali, ma poteva solo inferirli, non era in grado di percepirli effettivamente o di partecipare realmente a questa "comunicazione magica".[3] L'esperienza che aveva dell'intenzionalità e della comunicazione, per lei incomprensibili, costituisce per la maggior parte di noi un mistero. Come poteva *non* riuscire a percepire i significati e i segnali inviati dagli altri e *non* essere in grado di entrarvi in comunicazione? Probabilmente, l'esperienza più simile che molti di noi possono aver sperimentato è stata quella di trovarsi da bambini in una nuova scuola dove tutte le regole sono diverse, o in vacanza in una cultura molto distante dalla propria dove numerosi gesti e azioni delle persone non hanno per noi alcun senso.

Sembra che il mondo interpersonale dei bambini con sviluppo tipico, anche nei primi mesi di vita, non sia per niente simile a questa condizione: non solo i bimbi *non* trovano enigmatiche o estranee le azioni delle altre persone, ma sono capaci di rispondervi in modo piuttosto fiducioso senza pensarci su. Anche i neonati (quando stanno bene e sono vigili) sono capaci di trovare nelle azioni degli altri un *qual*cosa che per loro ha un significato tale da potervi rispondere. Non sembra che il mondo della gravità, della solidità e dell'energia, né quello delle azioni, delle emozioni e della comunicazione interpersonale sia opaco alla vista o estraneo, neanche per i bambini molto piccoli. Com'è possibile? Come fa il bimbo ad attribuire un senso a ciò che le persone fanno, alle loro intenzioni? Perché per alcuni è così semplice comprendere le intenzioni e per altri è invece così difficile? E per quale motivo la psicologia ha considerato i quesiti sulle intenzioni così problematici?

In questo capitolo approfondirò questi argomenti considerando cosa effettivamente *fanno* i bimbi piccoli con le intenzioni degli altri, sia nella vita di tutti i giorni sia nelle condizioni sperimentali. Prima di tutto ci chiederemo cosa siano le intenzioni, ossia come possiamo considerarle. In psicologia è comune pensare che esse siano sottese alle azioni e che costituiscano piani mentali funzionali al raggiungimento di determinati obiettivi. Una definizione di questo tipo è problematica, non solo perché continua a essere dualistica, ma anche perché rende difficile spiegare come le persone possano stabilire una forma di coinvolgimento attivo con le intenzioni altrui se ogni volta devono formulare "attribuzioni" e avanzare ipotesi al riguardo. Sosterrò al contrario come sia meglio ritenerle immediatamente percepibili all'interno della partecipazione attiva agli scambi interattivi. Suggerirò che adottare una definizione dell'intenzione come "diretta all'oggetto" sia utile per considerare tre caratteristiche che essa possiede: la si può percepire nel movimento, ha un significato all'interno di un contesto, possiede la capacità-di-coinvolgere attraverso l'azione. Secondo, mi chiederò cosa *fanno* i bambini con le intenzioni delle altre persone e descriverò l'ampia diffusione di cinque tipi di azioni-con-le-intenzioni-degli-altri che sono comunemente osservabili durante il primo o il secondo anno di vita: imitarle, aiutarle, obbedirvi, individuarvi una rottura o provocarla in modo deliberato. Terzo, mi chiederò come si sviluppi la consapevolezza delle intenzioni altrui. Quello che voglio suggerire è che questo sia possibile solo attraverso la partecipazione a momenti di interazione e per mezzo dello scambio ludico – un'abilità di cogliere le intenzioni che non si interrompe nella prima o seconda infanzia, ma continua per tutta la vita. Considerare le intenzioni come schemi concettuali – un approccio in terza persona – può risultare funzionale a spiegare azioni che non riusciamo a capire, ma non rappresenta il modo attraverso cui tipicamente e con immediatezza i bambini piccoli o gli adulti afferrano le intenzioni altrui.

In che modo dovremmo pensare alle intenzioni?

In che modo dovremmo dunque pensare alle intenzioni? Le definizioni al riguardo sono numerose. La tendenza dominante in psicologia, facendo riferimento a filosofi quali Brentano, è stata di definirle in relazione alla direzionalità verso un obiettivo. Le intenzioni sono viste come le rappresentazioni mentali individuali dirette a situazioni desiderate (e quindi non presenti). Questa definizione piuttosto individualistica, nonostante sia ampiamente utilizzata, non è né l'unica né è priva di problematicità. Una difficoltà ovvia che a essa si associa è che ritenendole non trasparenti, come è stato fatto, le intenzioni diventano in gran parte inosservabili (e in definitiva non conoscibili), con il rischio di adottare termini quasi-teologici per discutere quale sia il momento evolutivo di inizio della loro sperimentazione propriocettiva o della loro consapevolezza a livello mentale. Focalizzarsi su una definizione delle intenzioni nei termini di rappresentazione comporta una difficoltà ulteriore, poiché rende più complesso spiegare come queste si *sviluppano* e, ancora di più, come si sviluppa la *consapevolezza* delle intenzioni altrui.[4] Molti psicologi condividono l'idea che avere delle intenzioni ed essere consapevoli che queste esistono anche negli altri sono due aspetti interconnessi. David Olson, commentando questo collegamento individuato già da Mark Baldwin oltre un secolo fa, a introduzione di un recente volume sulle teorie formulate riguardo alle intenzioni in età evolutiva, suggerisce come la loro comprensione coinvolga una dialettica tra la consapevolezza delle proprie intenzioni e la consapevolezza di quelle degli altri. Tuttavia, in questa argomentazione, la dimensione sociale che viene riferita al processo sembra essere più di tipo interpretativo: gli aspetti esteriori del comportamento delle altre persone assumono significato attraverso la proiezione, attribuendo all'altro l'esperienza del sé. Nelle parole utilizzate da Olson, "in questo modo l'approccio al comportamento in prima e terza persona si trovano riuniti in una sintesi".[5] Probabilmente le azioni intenzionali definite nei termini di obiettivi rappresentati mentalmente possono essere colte dagli altri solo in questo modo.

Un'alternativa meno disincarnata e individualista sviluppata nell'ambito dell'approccio fenomenologico francese e favorita da approcci più sistemici ed ecologici, si focalizza sul concetto di direzionalità verso un *oggetto*. Questo approccio permette di spiegare come l'"organismo" percepisca le azioni intenzionali *in quanto* tali e quindi vi si possa coinvolgere senza che sia necessario formulare delle "attribuzioni" o proiettare delle intenzioni su "aspetti esteriori del comportamento". Per riuscire a essere consapevoli delle intenzioni diventa cruciale considerare seriamente il concetto di socialità e di "altro". Ma, come ho già sostenuto, l'"altro" non è un'entità al singolare: per poter spiegare lo sviluppo della consapevolezza delle intenzioni, analogamente a quanto abbiamo visto per ciò che riguarda lo sviluppo della consapevolezza dell'attenzione, è necessario distinguere tra il coinvolgimento in seconda persona e l'osservazione in terza. All'interno di una condizione di coinvolgimento diretto è possibile percepire le intenzioni altrui per mezzo della percezione/propriocezione/emotiva delle loro intenzioni in seconda persona, e non attraverso una mera sintesi dell'esperienza in prima persona con la percezione in terza.

È frequente in psicologia dello sviluppo considerare le intenzioni come qualcosa di simile a dei "piani" di natura mentale, che vengono successivamente tradotti in azione e sono finalizzati alla soddisfazione di desideri e al raggiungimento di obiettivi. La ragione per cui le consideriamo in questo modo è evidente: nelle intenzioni c'è qualcosa che riguarda la dimensione del futuro – una qualità non-ancora, che il concetto di piano sembra catturare. Ma focalizzarci su questo può trarci in inganno. Per cominciare, può essere assai complicato comprendere dei piani: anche i piccoli di tre anni possono sbagliare se viene posta loro una semplice domanda su quale sia la differenza tra "aver intenzione di fare" e "fare" effettivamente qualcosa.[6] Per esempio, mostrando un semplice cartone animato di un bambino sull'altalena e di un altro che vi corre incontro, o di un bambino che disegna e di un altro che si sta avvicinando a un cavalletto, i bambini di quell'età (ma non quelli di quattro) sbagliano nel rispondere alla domanda: "Quale bambino ha intenzione/vuole andare sull'altalena (o disegnare)?". Sembra che (in questi esperimenti) in età prescolare sia molto difficile cogliere l'idea di un'intenzione di un'azione che non ha ancora avuto luogo. Si tratta, ovviamente, di un risultato che contrasta nettamente con le competenze che i piccoli mostrano nelle forme d'interazione quotidiane dove, come tutti noi possiamo ben vedere, sembrano capaci, e con una certa facilità, di anticipare e manipolare le azioni intenzionali che ancora non si sono manifestate. C'è qualcosa che non quadra in queste apparenti contraddizioni. Probabilmente l'aspetto più problematico sta nel fatto che pensare alle intenzioni come a dei piani porta a considerarle come piuttosto separate dalla loro implementazione – ossia l'intenzione è distante rispetto all'azione. Ma le intenzioni spesso emergono *durante* le azioni (quindi, dal punto di vista delle origini e delle cause, risultano inestricabilmente connesse) e spesso vengono negoziate *tra* le persone (quindi escono dalla testa di ognuno). Inoltre, nemmeno i piani sono necessariamente opachi: anche qualcosa di oscuro come il progetto di una proposta di matrimonio, per esempio, è potenzialmente percepibile da altre persone se queste possono vedere anche solo l'acquisto dell'anello, la prenotazione del ristorante, l'andatura ansiosa prima dell'evento ecc. (almeno nelle proposte che si facevano un tempo).

Una volta stabilito che il nostro interesse è rivolto alla consapevolezza precoce delle intenzioni delle altre persone, ho scelto volutamente di optare per una definizione in termini di direzionalità verso un oggetto e di considerare l'*azione* intenzionale. Questo rende le intenzioni non solo *percepibili* e fondamentalmente contestuali, ma anche qualcosa cui gli altri possono partecipare attivamente. Prima di tutto, cominciamo a occuparci del *perché* le intenzioni dovrebbero essere percepibili e di *come* potrebbero esserlo.

Percepibilità

Le intenzioni *dovrebbero* essere percepibili nelle loro configurazioni di movimento. Perché? Per due ragioni tra loro connesse. Primo, in qualunque modo le si consideri, sia come rappresentazioni mentali che portano all'azione o come azioni in sé, le intenzioni sono soggette ai vincoli dettati dal corpo, dall'ambiente circostante e dagli oggetti verso cui sono dirette. L'intenzione di avvicinarsi a qualcuno, come quella di dare un bacio o di voltarsi o anche di lanciare un'occhiata, coinvolge necessariamente un particolare insieme di azioni che modifica la distanza tra i due. L'intenzione di raggiungere, dare o prendere qualcosa, a meno che non si stia deliberatamente ingannando, consiste di una relazione sistematica tra la persona che ha quella intenzione, l'oggetto a cui è diretta, e il destinatario. Questo tipo di relazioni legittime che intercorrono tra l'azione intenzionale e il suo oggetto possono essere direttamente percepite, e non hanno bisogno di essere inferite. Se siano o meno percepite in modo accurato e dotate di un significato dipende dalla rilevanza che esse hanno per il corpo di chi le percepisce, dalle sue capacità e dall'esperienza. Secondo, se vogliamo spiegare come emergono nello sviluppo e anche nel corso dell'evoluzione della specie, le intenzioni interpersonali devono essere – e devono essere state – percepibili dagli altri come capaci di suscitare una risposta. Se gli altri membri della specie non potessero in alcun modo percepirle, sarebbe un mistero riuscire a comprendere come esse si siano potute evolvere. E se vogliamo spiegare come i bambini piccoli possano molto presto (come vedremo più avanti nel capitolo) attribuire un significato o rispondere e giocare con le azioni intenzionali altrui, non possiamo non assumere che le intenzioni siano percepibili.

Ma le intenzioni sono davvero percepibili? E in che modo? Cosa sappiamo delle forme e delle legittime relazioni che intercorrono tra le azioni intenzionali e il loro carattere di percepibilità? Come fanno a essere evidenti nelle configurazioni dei movimenti e a essere trasparenti alla percezione? Le cinque caratteristiche delle azioni intenzionali che ho identificato come particolarmente rilevanti si sovrappongono ad alcuni dei criteri utilizzati per definire le intenzioni come dirette-allo-scopo (quali la persistenza, l'attesa di una risposta, l'uso di mezzi razionali o diretti per raggiungere una meta, il segnale di sorpresa, di preferenza, la distinzione tra mezzi e fini nel gioco e nel *problem solving* e così via). Vorrei focalizzarmi sulla percepibilità delle azioni intenzionali e su tutte quelle caratteristiche che spesso vengono trascurate dagli studi che ne adottano una definizione orientata a uno scopo. Non si tratta di descrittori esaustivi né esclusivi delle azioni intenzionali, ma si riveleranno utili per pensare all'esperienza che il bambino piccolo ha delle azioni dell'altro e per provare a identificare la distinzione tra quello che lui (o noi) riesce a percepire o meno in momenti diversi dello sviluppo.

Le cinque caratteristiche delle azioni intenzionali sono *direzionalità*, *singolarità*, *forma*, *volontarietà* e *aspettativa di cambiamento*.

La direzionalità verso gli oggetti

In filosofia spesso le intenzioni vengono definite come "riguardo" a qualcosa; ossia esse hanno un "oggetto" intenzionale (cioè mentale). Gli oggetti visibili delle azioni intenzionali (ossia gli oggetti nel mondo piuttosto che gli oggetti "intenzionali" dei filosofi) possono essere cose inanimate, altre persone, o il sé.[7] Potrebbe essere una buona partenza, per comprendere una azione intenzionale, riconoscerne l'oggetto, come abbiamo fatto per quanto riguarda l'argomento dell'attenzione nel capitolo 6; altrimenti, come nel caso dell'attenzione, separare l'intenzione dal suo contenuto, il suo *che* dal suo *cosa*, rischia di farci finire su un terreno piuttosto scivoloso. Infatti, gli oggetti potrebbero essere necessari non solo per elicitare le azioni intenzionali, ma anche per renderle comprensibili agli altri. Il movimento del "raggiungere" nello spazio può essere avvertito come qualcosa di strano e incomprensibile (come *può* avere un significato il *raggiungere* in sé?) finché non si vede che c'è qualcosa da raggiungere. Gli oggetti, allo stesso modo in cui ci rendevano consapevoli della direzione dell'attenzione altrui, possono darci informazioni sulle intenzioni degli altri.

Infatti vi sono prove che i bambini, almeno a partire dai dodici mesi, mostrano differenti risposte affettive quando le azioni sono eseguite senza "oggetti". In un esperimento che utilizza un paradigma piuttosto tipico in cui vengono presentate ai bambini azioni direttamente rivolte a un oggetto e altre di tipo indiretto, Henry Wellman e i colleghi hanno osservato come i bambini che rimanevano sorpresi osservando la condizione in cui si cercava di raggiungere un oggetto in un modo divertente e con dei giri tortuosi (aggirando una barriera immaginaria) *non* lo erano se la stessa azione era svolta senza alcun oggetto! In qualche modo, il riconoscimento di una relazione tra il movimento del raggiungere e il suo oggetto sembrava specificare (l'assurdità) dell'intenzione di raggiungere, mentre quando non c'erano oggetti, l'azione non era più ridicola o sorprendente per il bambino. Tutto ciò (nella sua tortuosità) ha perfettamente senso.

La percezione della connessione psicologica tra un'azione e una "cosa" sembra essere presente piuttosto precocemente nello sviluppo. In una serie di straordinari studi Amanda Woodward ha mostrato come questa relazione esista già quando il bambino ha tra i cinque e i sei mesi, ben prima della comparsa del linguaggio. Posti di fronte a video in cui compare una mano (senza il corpo) che raggiunge un oggetto, i bimbi osservano più a lungo se la mano raggiunge un nuovo oggetto (anche se nello stesso *posto* del precedente), mentre non lo fanno se la mano raggiunge lo stesso oggetto ma collocato in un *posto* diverso. In quest'ultimo caso la considerano la medesima azione e non la osservano più come prima. Un dato ancora più interessante è che i piccoli, se hanno essi stessi *fatto* il gesto di raggiungere qualcosa (in uno studio venivano aiutati nell'eseguire l'azione mettendogli dei guanti con un supporto di velcro per farvi aderire sopra gli oggetti), sono in grado addirittura a tre mesi di distinguere tra queste diverse forme di direzione verso l'oggetto delle azioni degli altri.[8]

Se anche i bimbi di tre mesi (e in una condizione sperimentale strettamente controllata e senza connotazione sociale, dove nessun viso era visibile) possono non solo percepire il muoversi delle mani in una specifica direzione, ma anche il loro dirigersi verso un preciso oggetto, allora devono essere anche in grado di percepire la direzionalità delle azioni intenzionali degli altri verso differenti tipologie di oggetti, incluso se stessi e le altre persone. Ora riusciamo a comprendere meglio quelle ingegnose risposte di tipo comunicativo dei bimbi di due mesi che abbiamo visto nel capitolo 5. A questo punto diventa interessante e promettente il fatto che la maggior parte delle azioni intenzionali a cui i bambini sono esposti fin dalla nascita sia diretta *verso di loro.*

La singolarità

Le azioni intenzionali sono *singolari* perché l'atto del raggiungere, per esempio, costituisce una singola azione globale piuttosto che una serie di piccoli movimenti repentini. Essere in grado di percepire questa singolarità ovviamente è utile, altrimenti sarebbe difficile dire quando un atto iniziato viene interrotto da un'esitazione piuttosto che da un evento esterno. Per essere consapevoli che qualcuno si sta rivolgendo a voi, è essenziale vedere l'azione come un singolo atto, e non come una serie di passi disconnessi.[9] Gli adulti a cui venga chiesto di "segmentare" il flusso di un comportamento videoregistrato lo fanno piuttosto naturalmente, identificando le fasi iniziali, quelle finali e i movimenti non portati a termine nelle azioni quotidiane.[10] In uno studio progettato in maniera intelligente sul paradigma dell'abituazione, Dare Baldwin ha mostrato che anche i piccoli di dieci mesi sono capaci di "segmentare" le azioni videoregistrate in questo modo, il che suggerisce come questa abilità possa essere una semplice caratteristica percettiva.[11] Ancora non sappiamo se anche i bimbi più piccoli ne siano capaci. Probabilmente sono in grado di farlo in modo diverso per differenti azioni (come abbiamo visto per i risultati di Amanda Woodward con i bimbi di tre mesi che guardano le azioni intenzionali appena compiute da loro stessi) o forse solo per quelle a loro dirette. Avrebbe certamente un senso se, oltre che percepire la direzione verso l'oggetto, il nostro piccolo di due mesi potesse percepire anche i ritmi delle intenzioni nelle azioni comunicative a lui dirette.

La forma

Il fatto che le azioni intenzionali abbiano una forma coerente rappresenta un'ulteriore caratteristica che le rende percepibili. La *forma* delle azioni intenzionali deve infatti apparire come non arbitraria (ossia, non solo certe forme di movimenti devono portare in modo sistematico alle stesse impressioni nelle diverse persone che le percepiscono, ma devono anche sembrare collegate in modo ragionevole alla struttura e alla cinematica del corpo). Per alcune azioni semplici questo è vero. Se si muovono due rettangoli lungo una linea in una particolare relazione temporale l'uno con l'altro, è possibile creare una impressione significativa di semplici azioni come il nuotare o lo strisciare e anche di azioni complesse come "inseguire", "unirsi e avvicinarsi a", "respingere", "deformare", "insistere ripetutamente", "andare a cercare e portare via", e così via.[12] Nell'ormai famoso studio di Fritz Heider in cui cerchi e triangoli si muovevano (come se davvero fossero animati) su di uno schermo, osservatori adulti avevano l'impressione che si trattasse di azioni come attaccare, difendere, provocare e inseguire.[13]

Esiste oggi un'enorme mole di evidenze a sostegno di come (almeno) gli adulti siano bravi nel fare le più sottili discriminazioni sul piano percettivo osservando movimenti filmati (spesso semplicemente guardando puntini luminosi messi strategicamente sulle articolazioni del corpo) e fotografie immobili dove, per esempio, si cerca di far credere che il peso di un oggetto che qualcuno sta sollevando è maggiore di quanto non sia effettivamente e così via. Gli esperti di robotica interessati a ri-creare questi effetti percettivi stanno sollevando interessanti interrogativi rispetto a cosa specifichi di fatto queste intenzioni. A oggi abbiamo poche conoscenze su quali siano queste caratteristiche nel caso dei bimbi piccoli, anche se sappiamo che essi sono in grado di rilevare il movimento biologico (che è intenzionale), distinguendo per esempio il camminare da un movimento automatico. Non sappiamo invece se i bimbi possano identificare il movimento o anche la sua tonalità affettiva osservando "immagini di punti luminosi" – qualcosa in cui è noto che i bimbi con autismo incontrano grandi difficoltà.[14]

La volontarietà

E cosa dire della componente della volontarietà, che è parte centrale dell'intenzionalità e della volizione? Possiamo utilizzare un vecchio metodo per definirla – quello dei contrasti, descrivendo questa caratteristica per ciò che non è. Tre confini si presentano come *non volontari* e quindi non intenzionali: le azioni *accidentali*, come far cadere o rovesciare una bevanda su qualcuno; i *riflessi*, come un singhiozzo; e le azioni *forzate*, come essere spinti da qualcuno a esibirsi in una particolare azione. Come possono essere distinti da ciò che è volontario? Si tratta di una domanda che concerne la causalità e la dinamica dell'azione.

Si può ritenere che qualsiasi movimento che sembri autoprodotto (come quello di una automobile) venga percepito dagli organismi viventi come intenzionale. Senza dubbio le risposte e i commenti offerti in proposito dai bambini prescolari sostengono questa posizione.[15] Ma mentre l'autoproduzione può essere la caratteristica chiave nella percezione della volontarietà, da sola non è sufficiente. Gli studi di Amanda Woodward mostrano che i bambini a cinque mesi distinguono un movimento della mano casuale e senza finalità (colpire con il dorso della mano un oggetto) dai movimenti diretti verso un oggetto (con il palmo orientato verso l'oggetto, e probabilmente con una tensione muscolare maggiore). Entrambi sono ovviamente autoprodotti, ma sembra che per i piccoli abbiano un diverso significato in termini di intenzione. E gli esperimenti di Michotte, a cui ci siamo precedentemente riferiti in questo capitolo, mostrano in modo convincente che i tempi e la velocità del movimento trasmettono l'impressione di una spinta esterna, di un tirare, del bussare e simili, tutte caratteristiche delle azioni forzate. Distinguere le azioni accidentali può essere un po' più complesso. L'origine della forza esterna quando fate cadere e rompete un bicchiere d'acqua può anche non essere visibile.[16] Analogamente, come nel caso dell'azione, anche per i riflessi deve essere disponibile un'informazione: il sussultare, il presentarsi all'improvviso, la velocità di risposta a un evento esterno, invariati e ripetuti pattern di risposta nel tempo ecc. Tuttavia, lasciando da parte i bimbi piccoli, non sappiamo molto su *come* gli adulti compiano queste discriminazioni sul piano percettivo, anche se siamo a conoscenza del fatto che i neonati sanno fare alcune discriminazioni di questo tipo e i bimbi più grandi e gli scimpanzé ne fanno altre.

L'aspettativa di cambiamento

L'ultima caratteristica della percettibilità che qui discutiamo è l'aspettativa del cambiamento che caratterizza un'azione. Le intenzioni riguardano anche il cambiare o il fare qualcosa nel mondo, che si tratti di sollevare un gioco, spingere qualcuno sul divano, spostare un cuscino o dire a qualcuno di togliersi le dita dal naso. Cercano di generare un cambiamento, anche se di lieve entità. Se posso rilevare questo aspetto delle tue azioni intenzionali, posso aiutarti a raggiungere ciò che vuoi – o al contrario impedirti di ottenerlo. Ancora di più, essere in grado di cogliere ciò che gli altri stanno cercando di fare mi permette di capire quando ciò che fanno chiama in causa la mia intenzionalità. Ossia, mi permette di cogliere ciò che tu ti aspetti che io faccia o non faccia, di conoscere le tue intenzioni per le mie azioni intenzionali, come esse sono; e quindi di assecondarti, prenderti in giro o sfidarti non collaborando in modo deliberato. Se non posso rilevare queste caratteristiche delle tue intenzioni, allora il tuo comportamento può restare una scena ben definita, coerente, direttamente visibile ma non mi dirà nulla del fatto che tu sei qualcuno che vuole che certe cose accadano nel mondo e che io faccia qualcosa. La tua cultura (con i suoi "si deve" e i "non si deve", le sue intenzioni per le mie intenzioni) mi sarebbe inaccessibile.

Nelle azioni l'aspettativa di cambiamento può essere ben riconoscibile. Guardando le azioni intenzionali altrui possiamo osservare la soddisfazione e l'interrompersi dell'azione quando l'oggetto viene raggiunto, o il persistere finché questo non accade, o la sorpresa quando l'oggetto scompare, o il correggere la direzione se l'oggetto si muove, e così via. Per esempio, se allungo il braccio verso lo schermo del computer con una leggera pressione, se lo schermo non scorre, o se si muove troppo rapidamente, o se non riesco a toccarlo, dalle mie reazioni è evidente qual era il mio scopo (a meno che io non le stia camuffando volontariamente). Posso apparire sorpresa, provarci di nuovo o in modo diverso, aspettare per vedere se lentamente inizia a muoversi, o alla fine anche rinunciare. Analogamente, se dico a mio figlio di pulire la sua stanza, la mia aspettativa che avvenga un cambiamento può essere evidente nella mia reazione di piacere (o, più spesso, di sorpresa e incredulità) se lo fa, nella mia blanda ripetizione del comando se non lo fa, nel mio guardare in attesa di vedere cosa mi dirà quando non risponde immediatamente, e così via. Il bambino è potenzialmente in grado di distinguere tra queste diverse reazioni, rispondendo in maniera distinta alle ripetizioni, all'attesa, magari anticipando, aiutando, magari assecondando o ostacolando deliberatamente il cambiamento che l'altro sembra aspettarsi dalle sue azioni. Infatti, se realmente il bambino si organizzasse, potrebbe prendere in giro l'altra persona anticipandone le aspettative d'azione e sventandone il piano, o ancora più subdolamente potrebbe invitare l'altro a una certa azione intenzionale, con le aspettative che a questa si associano, e poi farla fallire, come mostrano le osservazioni con cui ho iniziato il capitolo.

Dunque, è possibile percepire l'intenzionalità dell'azione attraverso la direzione in cui è orientata, la singolarità, la forma, la volontarietà, e l'aspettativa del cambiamento. Abbiamo inoltre visto come i bambini piccoli entro il primo anno riescano già a cogliere con successo alcuni aspetti delle azioni intenzionali: a partire dai tre o cinque mesi la direzionalità e dai dieci mesi la singolarità. È sufficiente questo per rendere le intenzioni trasparenti al percipiente in generale e al bambino piccolo in particolare? Non del tutto. Occorre che specifiche intenzioni abbiano un qualche tipo di significato. Due ulteriori aspetti dell'azione intenzionale – la collocazione in un contesto e il richiamare una partecipazione – permettono sia agli adulti sia ai bambini piccoli di percepire (piuttosto che di inferire) il loro significato.

Le intenzioni hanno bisogno di un contesto

I contesti in cui le intenzioni si esprimono ne chiariscono il significato. Tuttavia, in psicologia si tende a considerare il contesto in maniera separata rispetto alle azioni. Accade così che quando si teorizza che diverse intenzioni sono sottese alla stessa azione e perciò vadano inferite piuttosto che percepite, ciò che s'intende con "stessa" azione è molto limitato. Si consideri, per esempio, il paragrafo di apertura di un recente articolo di Mike Tomasello e colleghi: "Lo stesso esatto movimento del corpo può essere visto come l'atto di dare un oggetto, condividerlo, prestarlo, muoverlo, sbarazzarsene, riprenderlo, scambiarlo, venderlo, e così via – dipende dagli scopi e dalle intenzioni dell'attore".[17] L'implicazione è che per comprendere quale tra queste azioni sia coinvolta nello stesso atto del dare, occorre un qualche tipo di inferenza. Non basta percepire l'azione.

Ma in che punto dovremmo tracciare la linea che delimita l'azione intenzionale di dare un oggetto? Il luogo fisico in cui ha luogo l'azione – il registratore di cassa di un negozio, il tavolo da pranzo, l'angolo della strada – non è forse parte dell'atto? Probabilmente è solo l'abitudine di pensare al contesto come a una "variabile interveniente" che porta a escludere lo sfondo dall'azione. Gli eventi che precedono il gesto di dare un oggetto – il palmo disteso, la richiesta verbale, l'offerta fisica dell'oggetto – non sono forse parte di quell'azione? E che dire dell'oggetto in sé e per sé che viene consegnato – la barretta di cioccolato, il barattolo del sale, una busta bianca? O del modo in cui questo viene consegnato – con attenzione, in modo evasivo, casualmente, sorridendo? O degli eventi che seguono – un sorriso, una lode, un rifiuto, il passaggio di denaro? Se potessimo vederle, è difficile che questi diversi modi di dare possano continuare a essere definiti come lo "stesso atto". Una concezione più ampia e profonda sull'atto del dare – ossia considerare il suo contesto spazio-temporale – rende visibile qualcosa di più sul "significato" che hanno le specifiche intenzioni coinvolte.

Estrapolare dal contesto per identificare la pura azione fisica è paragonabile all'alterare una videoregistrazione relativa all'"azione del dare", omettere dalla stessa gli eventi che la precedono e quelli successivi, oscurare lo sfondo, rimuovere l'oggetto che si sta dando, e assicurarsi che il passaggio dell'oggetto avvenga in modo uniforme, senza alcuna "tonalità" espressiva. Questo modo di alterare l'azione è in realtà ciò che si insegna agli studenti di psicologia quando devono imparare come progettare un esperimento. Nella vita di tutti i giorni, tuttavia, raramente vediamo le espressioni del volto o le azioni intenzionali senza acquisire informazioni rilevanti dal contesto.

I contesti, piuttosto che essere un aspetto aggiuntivo, costituiscono parte integrante delle intenzioni che possiamo cogliere o meno. Quando ai piccoli di tre mesi si offre una bottiglia di latte o a quelli di cinque una macchinina, qual è il tipo di informazione contestuale saliente per capire se utilizzano il contesto per identificare l'intenzione specifica di quell'atto? I bimbi non hanno certo bisogno di conoscere cosa sia la cassa di un negozio o i traffici illegali che si svolgono per strada per capire le intenzioni implicate nell'atto del dare. Ciò che conta è il coinvolgimento attivo – le intenzioni si possono desumere dai contesti, se chi li percepisce fa esperienza di parteciparvi in maniera attiva. La terza e probabilmente più importante caratteristica delle intenzioni, è il fatto che esse richiedono un coinvolgimento. Le loro caratteristiche distintive, il loro rivolgersi verso qualcuno o qualcosa, la loro forma, o il contesto di riferimento possono essere compiutamente comprese nel loro significato solo quando il soggetto è direttamente coinvolto con esse. La percezione delle intenzioni deve essere una percezione coinvolta e, in particolare, deve implicare un coinvolgimento in seconda persona – lo sperimentare cioè le azioni intenzionali di qualcun altro come dirette nei propri confronti.

Le intenzioni sono strumenti per partecipare attivamente alle interazioni

Per capire la consapevolezza che i bimbi possiedono rispetto alle intenzioni esiste un terzo aspetto che svolge un ruolo essenziale ed è costituito dalla capacità di coinvolgere. C'è un'apertura – un'incompiutezza – nelle azioni intenzionali che invita gli altri alla partecipazione. Si può verificare nel caso di semplici azioni indirizzate a oggetti fisici (per esempio cercare di togliere una foglia appena caduta dalla faccia), ma ciò vale soprattutto quando si tratta di azioni intenzionali dirette ad altre persone (come dare un bacio o un gioco a un bambino). L'azione si considera aperta in quanto passibile di trasformazione in base al modo in cui vi partecipano gli oggetti coinvolti; nel nostro caso la foglia (che può muoversi ancora spostata dal vento appena cercate di raggiungerla) o il bambino (che può scoppiare in lacrime appena vi avvicinate); e in quanto capace di suscitare di per sé la partecipazione attiva se diretta verso entità animate. Talvolta questa apertura o incompiutezza e l'invito a partecipare vengono veicolati dalla semplice tensione muscolare. Sulla finestra della mia cucina c'è una piccola scultura in argilla: una donna con il corpo voltato di lato, una mano appoggiata sulla spalla e il volto con un'espressione rapita in ascolto, per quel che la statua mi comunica, di un invisibile suonatore di flauto. Guardandola, posso percepire nel mio corpo la sua stessa tensione di protendersi. La chiave per avere consapevolezza delle intenzioni può realmente consistere nello sperimentare emotivamente l'azione. Questa tesi è stata avanzata negli anni Cinquanta da Albert Michotte, che aveva individuato quattro livelli di coinvolgimento corporeo nel percipiente presenti persino durante la visione di un film; ed è stata ripresa da numerosi autori appartenenti alla prospettiva fenomenologica e, più recentemente, da Peter Hobson. Si tratta di un aspetto di primaria importanza anche certamente per la recente ricerca in ambito neuroscientifico, la quale afferma l'esistenza di una connessione di natura neuronale che collega il sé e l'altro.[18]

La partecipazione dell'"osservatore" richiamata da questa incompiutezza delle azioni intenzionali può essere di due tipi. Il primo sollecita una partecipazione nei termini di condivisione empatica, ossia implica l'adozione più o meno di un'analoga intenzione. Il secondo richiama una partecipazione nel senso di richiedere all'altro una risposta. Il completamento del primo tipo, attuato attraverso *l'adozione* dell'intenzione dell'altro, può verificarsi in modi piuttosto divertenti. C'è una storia, probabilmente non veritiera, che racconta di quando il filosofo Wittgenstein era andato ad accompagnare alla stazione un amico che doveva partire.[19] Dato che erano in ritardo, avevano iniziato a correre; Wittgenstein era arrivato per primo ed era saltato sul treno in corsa. Invece l'amico, che avrebbe dovuto prendere il treno, era rimasto fermo sul marciapiede, esterrefatto. In questo caso l'intenzione dell'amico era *diventata* quella di Wittgenstein. Nella vita di tutti i giorni si possono osservare esempi di questo tipo, magari meno eclatanti, riferiti al far proprie attraverso le azioni le intenzioni di un'altra persona. Si prenda l'esempio che riporta Adam Smith riferito alla folla che guarda un funambolo. I muscoli di ogni osservatore si contraggono in un sentimento di preoccupazione solidale. O si pensi a una madre che osserva il proprio bambino mentre cerca di mangiare da solo: dà consigli con la testa, la sua bocca si apre nel tentativo di accompagnare, amplificare e correggere l'azione del bimbo. È difficile immaginare che saremmo capaci di agire con una simile sintonia, manifestando l'intenzione dell'altro attraverso il nostro agire, se non sapessimo riconoscerla. Si potrebbe pensare che in questo processo entri in gioco il riconoscimento empatico in prima persona della somiglianza tra l'altro e il sé. Oppure pensare che si tratti di qualcosa di diverso. L'amico rimasto a terra o la madre che apre la bocca o il saltare sul treno di Wittgenstein potrebbero infatti essere un tentativo (inconsapevole) di aiutare l'altro, di completarne l'azione, piuttosto che non essere conseguenza del vedere nell'altro il proprio sé, o in alcuni casi dell'essere confusi sulla differenza sé-altro.

Per quanto riguarda il completamento del secondo tipo, siamo di fronte alla forma di impegno o coinvolgimento interpersonale di cui abbiamo a più riprese trattato nei capitoli precedenti; i segnali di richiamo che evocano una risposta, il braccio teso con un oggetto sul palmo della mano voltata verso l'alto che invita almeno a guardare, se non a "prendere". Le prime esperienze delle azioni intenzionali altrui che fa il neonato devono coinvolgere non solo una percezione del loro aspetto e la memoria del loro contesto, ma anche una motivazione e un sentimento. Il punto è questo: le azioni intenzionali dirette verso qualcuno invitano a una risposta, e rispondervi è cruciale per lo sviluppo.

Le intenzioni influenzano gli altri e dagli altri possono essere influenzate. È raro che vengano osservate passivamente. Qualcuno si allunga per prendere il sale e tu glielo avvicini. Qualcuno si avvicina per darti un bacio e invece tu gli prendi la mano per stringergliela. Tuo fratello si dirige verso la sedia comoda e tu ti affretti per arrivarci prima. È difficile vivere con le persone e non essere influenzati dalle loro azioni intenzionali, specie quando queste sono dirette verso di noi (ossia, quando noi siamo l'oggetto delle loro intenzioni). E nell'essere influenzati, inevitabilmente, influenziamo le azioni degli altri. La tua azione di aiutare a raggiungere il sale modifica in modo diretto il movimento di raggiungimento compiuto dall'altro. Il tuo porgere la mano cambia l'intenzione dell'altro di darti un bacio. Il tuo lanciarti verso la sedia comoda indubbiamente cambia le intenzioni di tuo fratello sia verso te sia verso la sedia. Ed è proprio perché possono influenzare *ed* essere influenzate che le intenzioni portano a forme di coinvolgimento attivo di questo tipo. Il coinvolgimento e l'influenza reciproca sono inevitabilmente connessi alla questione della consapevolezza. Sembra proprio impossibile capire cosa comprendono i bimbi piccoli se non considerando cosa essi *fanno* con le intenzioni degli altri.

Cosa fanno i bambini con le intenzioni degli altri

Dunque, cosa si *può* fare con le intenzioni altrui? Le si può copiare, aiutare, vi si può ubbidire, le si può disattendere, dirigere o controllare, superare in astuzia, dar loro dei nomi, parlarne, teorizzarci sopra, e così via – ci sono tante forme di coinvolgimento quante sono le relazioni (come afferma Wittgenstein nella sua critica della teoria degli atti linguistici). Nei prossimi paragrafi prenderò in considerazione alcune azioni infantili che giocano un ruolo cruciale rispetto alle intenzioni degli altri, e sintetizzerò le nostre conoscenze al riguardo. In particolare, mi focalizzerò sui tentativi dei bambini di interrompere le azioni intenzionali degli altri attraverso scherzi fatti per gioco.

L'imitazione dell'azione intenzionale

I bambini piccoli imitano chiaramente le azioni intenzionali degli altri, non solo tramite le imitazioni semplici del neonato (che abbiamo preso in esame nel capitolo 4), ma anche attraverso imitazioni diversificate e "selettive", che compaiono nei mesi successivi. L'imitazione ci dice qualcosa non solo delle motivazioni che spingono i bambini a coinvolgersi con le altre persone, ma risultano anche informative rispetto alla natura e all'estensione della consapevolezza che i piccoli hanno delle intenzioni degli altri. Ci sono buone ragioni per sostenere come non sia possibile imitare ciò che in qualche modo non viene "compreso".

Il neonato ha la consapevolezza che la protrusione della lingua e il movimento delle dita che l'altro fa sono azioni intenzionali? Quando si tratta di oggetti, come nel caso di una pallina da ping-pong che dondola davanti a loro, i piccoli di solito non "imitano" mettendosi a dondolare o a oscillare! Cercano piuttosto di raggiungerla, di colpirla, di afferrarla o voltano la testa per seguirla. I neonati sembra riconoscano con certezza che l'azione dell'adulto è diretta *nei loro confronti*, anche se non sappiamo se sia questo fatto a dare inizio all'imitazione o meno (se, per esempio, imiterebbero ugualmente la protrusione della lingua se il volto che fa da modello fosse voltato lateralmente). Dato che i piccoli di due mesi sono sensibili a spostamenti anche minimi dello sguardo, è probabile che la direzionalità sia una caratteristica alquanto semplice, che invita a una risposta. Considerando la natura conversazionale degli scambi imitativi, è probabile che l'imitazione neonatale coinvolga sia un sentimento in prima sia in seconda persona (ossia, io so quel che fai perché posso farlo io stesso, e so quel che fai perché mi sento di rispondervi). I neonati non solo percepiscono le azioni intenzionali, ma agiscono su di esse: vi rispondono, le richiamano o le provocano se l'adulto si blocca; non manifestano la reciprocità complessa dei bimbi di due mesi, ma sanno già abbozzare qualcosa.

Almeno a partire dai due mesi, i bimbi sanno differenziare tra le versioni meccaniche e intenzionali della stessa azione, imitando le azioni di un essere umano ma non quelle di un gioco meccanico.[20] Se mettiamo insieme questo dato con il fatto che a due mesi essi sanno dirigere le azioni comunicative (sorrisi, vocalizzi) prevalentemente verso le persone e rispondere invece con tentativi di *fare* qualcosa quando si tratta di oggetti (raggiungerli, afferrarli, toccarli), il fatto che l'imitazione si differenzi a seconda dei contesti diventa davvero interessante. Tuttavia, contrapporre gli agenti di natura meccanica rispetto a quelli di natura animata può rivelarsi una lama a doppio taglio (se utilizzato per dimostrarne la diversità): essi infatti sono diversi nella misura in cui voi li considerate tali! Gli studiosi di robotica, spiegando con puntualità quale informazione si utilizzi per identificare l'intenzionalità, potrebbero ribaltare completamente i termini della questione.

Prendiamo in considerazione l'importante studio di Andy Meltzoff, che mostra come i bambini di diciotto mesi imitino le intenzioni delle persone ma non le azioni meccaniche. A quest'età osservando l'intenzione di portare a termine un'azione da parte di un adulto (che fallisce nel tentativo di spingere un paio di manubri da ginnastica), la imitano senza problemi quando gli vengono presentati i soli manubri (pur non avendo mai visto davvero l'azione portata a termine). Sembra che siano capaci di cogliere l'intenzione a partire da un tentativo non andato a buon fine. A diciotto mesi questo non costituisce una novità. Ciò che rende questo studio interessante, tuttavia, è che quando veniva presentata una dimostrazione *meccanica* del tentativo di spingere i due manubri, con lo stesso identico setting sperimentale, i bimbi non la imitavano. Come mai accade questo? Sono forse i piccoli capaci di assumere che solo le azioni umane (o degli organismi) di quel tipo implicano un'intenzione? O semplicemente non comprendono l'"intenzione" dell'assistente meccanico? Lavorando con esperti di robotica in Giappone, Shoji Itakura e i suoi colleghi hanno sviluppato questo primo risultato. Nel loro esperimento presentavano ai bambini sia la condizione di successo sia la condizione di insuccesso di un'azione intenzionale svolta da un robot (un vero robot, con due braccia, un volto impersonale, e due occhi sporgenti). Per ciascuna condizione era prevista un'ulteriore variabile: il robot poteva voltarsi e guardare il bambino (dopo essere riuscito nell'azione o aver fallito) o meno. Quando l'azione era eseguita con successo, i bambini imitavano il movimento indipendentemente dal fatto che il robot si fosse voltato a guardarli. Quando invece il tentativo falliva, i bambini imitavano solo se, dopo il fallimento, il robot si voltava a guardarli! Innanzitutto, questo interessante studio suggerisce come sia gli oggetti inanimati sia quelli animati possano (e in questo caso in modo piuttosto accurato!) darci delle informazioni su quali siano le loro intenzioni. Ciò indica – anche se è necessaria una gran mole di lavoro per esplorare ulteriormente questo dato – che diversi aspetti delle azioni e della loro coordinazione (per esempio il fallimento e la direzionalità dello sguardo) possono costituire delle intenzioni ed esserne informativi.

Quali sono gli *aspetti* delle azioni intenzionali che i piccoli imitano? Tutto dipende, ovviamente, da cosa percepiscono come intenzionale e se ne sono infastiditi o meno. È sorprendente come i bambini di dodici mesi imitino preferibilmente cose "sensate". Per esempio, se osservano un adulto spegnere un interruttore con la fronte, ne "imitano" l'azione solo se non riescono a vedere il motivo per cui si è messa in atto quella particolare azione. Se invece c'è una spiegazione logica (per esempio, l'adulto sta trasportando qualcosa e quindi non ha le mani libere), i piccoli semplicemente spengono la luce con le mani. I bambini autistici, al contrario, non tengono in considerazione lo "stile" bizzarro con cui l'azione viene eseguita (anche quando non c'è alcun motivo per farla a quel modo). Peter Hobson e i suoi colleghi di Londra hanno scoperto che, mentre i bimbi con disturbi specifici del linguaggio imitano lo "stile" dell'azione, quelli autistici non lo fanno, anche quando imitano la sola azione.[21] I bambini con autismo non riescono a cambiare prospettiva; se siete di fronte a uno di loro e gli dite "fai come me" muovendo la mano destra, essi muoveranno quella che per loro è la mano sinistra! Hobson, per spiegare l'importanza dell'imitazione, chiama in causa l'identificazione con l'altro – nel bambino autistico l'incapacità di identificarsi si riflette nei deficit imitativi, sia che riguardino lo stile dell'azione, la postura o l'andatura (che porta a quell'eccentricità nel movimento spesso riferita come tipica) sia che tocchino l'imitazione di per sé.[22]

Aiutare le intenzioni degli altri

Colpiscono i tanti racconti sull'aiuto spontaneo che sanno dare i bambini. Per esempio, c'è quello che si accorge che il nonno ha dimenticato il bastone da passeggio e corre a prenderlo senza che qualcuno glielo abbia chiesto; per riuscire a farlo deve ricordarsi le abitudini del nonno, riconoscere che sono state disattese e identificare in questo una dimenticanza, quindi anticipare l'intenzione del nonno di porvi rimedio. Michael Tomasello e Felix Warneken, in una serie di ingegnosi studi mirati a elicitare azioni di questo tipo nei bambini piccoli, hanno dimostrato che a un anno e mezzo essi erano in grado di aiutare non solo i componenti della famiglia, ma anche persone del laboratorio a loro totalmente estranee, aprendo l'anta dell'armadio perché vi depositassero carichi pesanti se avevano le mani occupate, o recuperando oggetti che erano rotolati lontano dalla loro portata – tutto questo senza che nessuno glielo chiedesse.[23] Per questi bimbi sembrava facile come bere un bicchiere d'acqua anticipare ciò che gli altri cercavano di fare, o il fatto che stavano avendo problemi – o li stavano per avere. Da dove emerge questo insieme di competenze? Che cosa accade quando si tratta di bimbi ancora più piccoli, magari in situazioni e con azioni più semplici? E che dire del loro collaborare nei confronti di semplici azioni compiute dagli altri – e dirette verso di loro e non solo verso gli oggetti? Alcuni dati mostrano come già a partire dai tre-quattro mesi i piccoli riescano a cooperare con, o a regolarsi su, le azioni degli altri a loro rivolte, prima che queste vengano portate a compimento. Il classico esempio è quello dell'essere presi in braccio. Se ci si china per prendere un bimbo di quattro mesi dal seggiolino dell'auto, la sua schiena si inarca verso l'alto appena le nostre mani si avvicinano. Quando lo si prende il corpo è già in tensione ed è pronto per essere sollevato. I genitori riferiscono la comparsa di questo comportamento dopo i tre mesi circa e la sua familiarità ci autorizza a prenderlo in considerazione seriamente. Di che cosa ci informa questo tipo di comportamento? Che nell'anticipare l'azione prima che questa sia conclusa, il bimbo è in grado di rilevare che l'azione dell'adulto è *diretta* verso di lui e di riconoscere la *forma* che questa andrà ad assumere.

Si può obiettare che questo accomodamento del corpo costituisca semplicemente il riconoscimento della traiettoria, e che il piccolo abbia una tale voglia di essere preso in braccio che si avvicina per così dire a mezza strada. In questo caso il dato non avrebbe dunque nulla a che fare con le azioni dell'adulto ma, semplicemente, o prevalentemente, con i desideri del bambino stesso. Ci sono, tuttavia, due punti che confutano questa posizione critica, mostrando come questo tipo di accomodamento sia centrale rispetto alla consapevolezza dell'intenzionalità. Primo, i bimbi autistici nella stessa situazione non mettono in atto questi semplici accomodamenti, né fanno nulla di simile a ciò che i bimbi con sviluppo tipico sono in grado di fare già a un anno di età – sollevano le braccia per essere sollevati.[24] Questo può significare che non sono interessati alle persone e alle loro azioni e quindi non si preoccupano di perdere tempo ed energie anticipando e accomodandosi a ciò che fanno, o che non possono riconoscere l'intenzionalità delle azioni altrui e quindi sintonizzarsi con essa, o che non riconoscono la direzionalità delle azioni rivolte verso di loro. Da un punto di vista psicologico, anche semplici accomodamenti di questo tipo in relazione alle azioni degli altri possono essere significativi. Secondo, gli studi di Amanda Woodward hanno dimostrato che i bimbi di questa età sono in grado di rilevare la connessione tra un'azione e l'oggetto a cui essa è rivolta (anche a distanza). E lo fanno anche quando questa azione non ha nulla a che vedere con i loro desideri personali rispetto all'azione da realizzare. A questo punto l'idea che a quattro mesi i bimbi siano in grado di andare incontro alle intenzioni degli altri *aiutandole* non sembra più essere così bizzarra.

Obbedire (o meno) alle intenzioni altrui

A partire dagli otto o nove mesi i bambini iniziano a sviluppare una particolare sensibilità nei confronti delle intenzioni altrui di controllarli: cominciano ad accondiscendere ai comandi e alle proibizioni. Il dato più significativo – anche per la partecipazione infantile al contesto culturale – è che ora le intenzioni degli altri iniziano a essere colte attraverso le parole o il tono della voce, vengono percepite da una certa distanza fisica, al di fuori cioè del coinvolgimento immediato, e risultano funzionali a controllare i comportamenti infantili che si verificano nel corso del tempo. È chiaro come tali intenzioni non specifichino fino in fondo come debbano essere le azioni del bambino. Come già avevano messo in luce Colwyn Trevarthen e Penny Hubley nel loro primo studio sull'intersoggettività secondaria a Edimburgo, la madre è solita solo accennare alcune azioni – le svolge a metà e in maniera incompleta. È il bambino a cogliere il resto. La sua capacità di anticipare il completamento dell'azione suggerisce come egli sia consapevole della forma dell'atto incompleto o solo indicativo, della sua direzionalità congiunta verso il sé e l'oggetto, probabilmente del carattere deliberato che essa ha (non è né casuale né si tratta di un riflesso), e soprattutto della complessa aspettativa di cambiamento che vi si associa (l'intenzionalità materna rivolta all'intenzionalità del bambino). È interessante osservare come questa consapevolezza sia evidente non solo in condizioni di accondiscendenza, ma anche in quelle di evidente contrarietà, espresse in un atteggiamento caparbiamente provocatorio o anche in un lieve irrigidimento delle spalle con un fare di finto non ascolto!

Sappiamo ancora molto poco di come queste intenzioni di controllo (o meta-intenzioni se volessimo adottare un termine oggi in voga) siano negoziate tra genitori e bambini. Ciò che sembra chiaro è che i genitori scoprono che intorno a quest'età i figli diventano interessati e disponibili a seguire le loro "direttive", e iniziano a mettere in atto forme di controllo a distanza. Il cambiamento sostanziale consiste nel tentativo di portare avanti tale controllo utilizzando solo la voce. Perché adottano questa strategia? Pur nelle dovute differenze culturali, sono i bambini che offrono una risposta a questo cambiamento così diffuso e messo in atto spontaneamente. Qualcosa nel loro comportamento (sia che si tratti, come sostiene Colwyn Trevarthen, del fatto che il bambino è ora più interessato alle intenzioni del genitore volte *al suo bene*, o che si tratti di comportamenti infantili che casualmente facciano emettere ai genitori disposizioni disciplinari) porta i genitori a cercare di controllarne a distanza le intenzioni, piuttosto che intervenire fisicamente.

Dalle scarse evidenze empiriche disponibili sappiamo che l'accondiscendenza non si acquisisce d'improvviso né viene posseduta una volta per tutte. Se parlate con i genitori di bambini di nove mesi, vi potranno riferire che i loro figli sono diventati angeli capaci di ubbidire alle proibizioni delle azioni più allettanti come quella di tirare i capelli al fratello! Parlando con gli stessi genitori il mese successivo vi diranno: "Oh no, il 'no' davvero non lo capisce, non si accorge per nulla dei divieti ". Sembra essere anche diverso il grado di adesione a differenti divieti; i genitori riferiscono che i loro bimbi seguono facilmente il divieto di toccare la presa della corrente o il caminetto, ma si mostrano sordi a quello di non toccare il videoregistratore. È difficile sostenere che questa adesione sia il risultato di un progresso generale e di natura concettuale che segna il passaggio dal non riconoscimento al riconoscimento delle intenzioni di controllo dei genitori. Sembrano essere in gioco delle negoziazioni su aspetti più contingenti.

E nelle altre specie come si manifesta l'ubbidienza? Anche in questo caso i dati a disposizione sono pochi, ma sappiamo che negli animali domestici è necessario un serio addestramento per ottenerla, anche quando è presente un profondo desiderio di andare incontro alla volontà dell'uomo, come nel caso del cane pastore. L'ubbidienza sembra in questo caso venga raggiunta attraverso un rinforzo delle risposte piuttosto che grazie alla percezione delle intenzioni – o, almeno, più di quanto non accada nei cuccioli di uomo. Nei bambini autistici il pattern che si presenta è ancora differente. In loro sembra esserci scarso interesse per le intenzioni altrui (lasciamo da parte le intenzioni altrui per le azioni del bambino) e un'evidente difficoltà nell'ubbidire. Programmi di training intensivo per promuovere la loro collaborazione sono ampiamente basati su rinforzi e sulla negoziazione dei premi. Confrontarsi con un training e con il rinforzo comporta probabilmente un tipo di responsività e ubbidienza ben diverso rispetto a quella che si ottiene all'interno di un coinvolgimento interpersonale autentico – ossia meno flessibile e meno spontanea. Cathy Lord, una psicologa che per diversi anni ha lavorato con bambini autistici, ha individuato un'interessante differenza che qui vale la pena ricordare: quella tra i comportamenti sociali che si sviluppano normalmente "al di fuori delle routine" nel caso di bimbi non autistici (ossia, comportamenti che emergono in maniera "veramente responsiva" in relazione alle esigenze espresse dagli altri, fuori dalle routine) e comportamenti sociali che i bambini autistici sviluppano "come parte delle routine" (e restano di fatto tali).[25] Quest'ultimo caso comporta e richiede una scarsa consapevolezza delle intenzioni e dei sentimenti; i "comportamenti" vengono mantenuti grazie ai rinforzi e alle abitudini.

Scoprire le perturbazioni delle azioni intenzionali

Finora i dati sulle forme lineari di coinvolgimento sono frustranti. Ci dicono molte cose sui coinvolgimenti intenzionali e le coordinazioni, ma non sono sufficienti: c'è troppo d'altro implicato che non abbiamo considerato occupandoci solo di queste forme lineari d'interazione per rispondere in maniera esauriente alle nostre domande. La loro linearità può renderci meno evidente la consapevolezza che il bambino ha delle intenzioni altrui durante il corso di queste forme di coinvolgimento. I filosofi utilizzano a questo proposito l'esempio dell'uomo cieco con il bastone. Quando il cieco utilizza realmente il bastone per aiutarsi, questo tende a "scomparire": "Ha solo coscienza dell'ostacolo (o di qualunque oggetto tocchi il bastone) o, se tutto va per il verso giusto, nemmeno di quello, ma della sua libertà di camminare, o forse semplicemente di ciò di cui sta chiacchierando con il suo amico".[26] È solo quando avviene un qualche tipo di dissesto – se il bastone si rompe, o non riesce a toccare terra, o incontra un ostacolo inaspettato – che la consapevolezza si sposta sul bastone e sugli oggetti che ha incontrato. Analogamente, si potrebbe sostenere che per diventare consapevoli delle intenzioni altrui, o in effetti anche delle proprie, occorra incontrare interruzioni o deviazioni o problemi in quella che il filosofo tedesco Heidegger ha definito come l'"ovvia tranquillità" che caratterizza le nostre forme di interazione quotidiane.

Si consideri il seguente esempio, che tratta della risposta di un bambino di undici mesi a un movimento accidentale presentatosi nel corso di una sequenza ripetitiva di azioni:

> Adam e sua madre stanno giocando sul pavimento. Adam ha un grissino in mano e gli dà un morso, lo allunga verso la madre che fa lo stesso, poi lo riavvicina a sé, e quindi di nuovo lo offre alla mamma che lo morsica di nuovo; lentamente lo allontana dal genitore, poi glielo porge e lo offre nuovamente; lei gli sorride, ci appoggia sopra il volto ma non lo morde, e il grissino sobbalza leggermente. Adam la guarda e si mette a ridere. Anche la madre ride, e ridono anche tutti coloro che stanno guardando la registrazione.[27]

Anche se è difficile esserne totalmente certi basandosi su questo video, sembra che Adam rilevi qualcosa della qualità accidentale dell'azione di sua madre. Sappiamo troppo poco per poter dire se abbia riso solo per l'imprevisto e se lo abbia anche rilevato. L'unico studio finora condotto su questo argomento suggerisce che interpretare in questo modo il sorriso di Adam non è così esagerato. Mike Tomasello e colleghi hanno studiato le risposte dei bambini nei confronti di un adulto che giocava con loro porgendogli dei giochi in laboratorio. In alcune occasioni i giochi non venivano passati al bambino, o perché in modo volontario l'adulto sceglieva di scherzare con lui in questo modo o perché ci giocava da solo, o perché il giocattolo occasionalmente cadeva. Le reazioni dei bimbi di sei mesi non variavano in relazione alle diverse azioni, quelle dei bambini di nove, dodici e quattordici mesi sì. Fondamentalmente, mostravano più impazienza quando l'adulto non *voleva* passargli il gioco piuttosto che quando non *poteva*.[28] Ci si potrebbe interrogare su un aspetto analogo nel caso dei fraintendimenti comunicativi. La ricerca di Roberta Golinkoff ha dimostrato che a partire dai quattordici mesi i bambini hanno una consapevolezza di quella che è la "comprensione" degli altri sufficiente per correggere i fraintendimenti comunicativi. Il fatto che i bambini di nove, dodici e quattordici mesi non si arrabbino se un adulto fraintende le loro richieste o i loro desideri, implica una consapevolezza della natura non intenzionale dell'errore dell'altro? Le risposte che abbiamo sono ancora poche. Sappiamo, comunque, che a partire dagli otto-nove mesi, quando l'azione dell'altro si *interrompe* inspiegabilmente (per esempio, se dando da mangiare a un bambino improvvisamente vi bloccate, o mentre gli state allungando una palla e di colpo la ritraete) i bambini sollevano gli occhi verso il *volto*, e non guardano il cucchiaio, la palla o la mano che ha smesso di muoversi. Non fanno lo stesso invece i bambini autistici impegnati nello stesso compito sperimentale.[29] Continuano a guardare speranzosi la mano. Perché? È affascinante pensare che forse i bambini con sviluppo tipico, diversamente dai piccoli con autismo, stiano cercando nel volto l'informazione relativa a ciò che ha provocato quella azione. Questo risultato potrebbe rivelarsi utile all'area di studio sull'apprendimento delle espressioni del volto così come alla proposta di una "centralizzazione" della nozione di intenzione.

Perturbare le intenzioni degli altri

Molti anni fa alcuni etnometodologi – Harold Garfinkel, per esempio – hanno scoperto che per sapere quali fossero le aspettative delle altre persone, una strategia efficace era introdurre delle perturbazioni (ovviamente occorre prima sapere *cosa* si vuole perturbare). Così per diversi anni gli studenti di psicologia si sono messi all'opera con strane pratiche, come sedersi troppo vicino a degli estranei sulle panchine dei parchi o guardare con insistenza negli occhi una persona per osservarne poi la reazione (pratiche che oggi i vari comitati etici difficilmente approverebbero!).[30] Per confermarne l'esistenza si sceglieva di violare alcuni pattern di azioni sociali. Una strategia simile è stata adottata dagli psicologi dello sviluppo interessati alla consapevolezza infantile rispetto alle leggi fisiche: oggetti che scompaiono a mezz'aria o che svaniscono dietro schermi, forme che mutano in modo incomprensibile e così via. La reazione di sorpresa rilevata nei bambini osservatori era considerata indicatore del fatto che la loro aspettativa era diversa, e che quindi essi erano a conoscenza delle leggi che venivano violate. Per testare la consapevolezza che il bambino ha delle intenzioni altrui possiamo utilizzare questo "metodo" di rottura o anche sederci e aspettare che la perturbazione accada. I bambini, come altri primati, sembra si divertano nell'introdurre delle perturbazioni nelle interazioni intenzionali.

Prima della fine dell'anno di età, la presa in giro è assai diffusa nei bambini; già verso i nove-dieci mesi comincia a manifestarsi.[31] Nei nostri studi longitudinali abbiamo scoperto come azioni di provocazione o di interruzione, con sguardo giocoso o vigile rivolto verso il volto dell'adulto, fossero presenti in modo *chiaro* in meno di un quarto dei bambini di otto mesi, ma nei tre quarti di quelli di undici. I bambini piccoli non solo prendono in giro offrendo e poi ritirando gli oggetti (o in alcuni casi sottraendosi loro stessi a un abbraccio o a un bacio), ma anche introducendo perturbazioni in modo provocatorio, non collaborante e volontario nelle azioni intenzionali delle altre persone. (Tratterò ancora della dimensione ludica e del divertimento nella presa in giro nel prossimo capitolo, qui mi sto occupando delle implicazioni che queste hanno per la consapevolezza delle intenzioni.) Probabilmente, il tipo di provocazione più comune è lo "scherzare con non-collaborazione", con cui la maggior parte dei genitori di frequente fanno dolorosamente conoscenza. Ecco l'esempio di una situazione in cui il bambino non *vuole* in modo particolare toccare qualcosa, ma sa che sua madre non vuole che lo faccia, e "decide" di farlo per provocarla, richiamando ripetutamente la proibizione:

> La scorsa settimana sono stata da una mia amica, nella stanza di fronte aveva una pianta, e lei l'ha toccata, io le detto di no e lei si è allungata, non toccandola effettivamente, ma arrivandovi a un centimetro di distanza, e poi ritraendo la mano. In questa maniera sapeva che avrei detto no. Lei rideva, e continuava, continuava a farlo, continuava a guardarmi e a farlo. (Si è trattato di un episodio che poi non si è più ripresentato.) (Intervista alla madre di Melanie, undici mesi)[32]

Un'altra categoria di presa in giro comune è quella che potremmo definire "scherzare provocando". Ciò che è interessante in questo tipo di scherzo è che il bambino è fonte di iniziativa; si verifica anche quando non c'è alcun intervento intrusivo o contrastante a cui rispondere o resistere, né un gioco da mantenere. Utilizzato con malizia e con un interesse piuttosto chiaro per le azioni degli altri, anche quando non coinvolgono direttamente il bambino, questo tipo di scherzo rappresenta una chiara evidenza della consapevolezza e dell'interesse infantile per le intenzioni degli altri.

> Sua madre stava suonando il flauto, non in modo specifico per Rebecca, ma con la bambina accanto. Rebecca si allunga e le prende il flauto di mano. La madre lo lascia andare, non pensando a nient'altro. Rebecca si mette a ridere e lo ridà alla madre. La madre lo prende, anche lei ridendo, e riprende a suonare. Rebecca si allunga di nuovo verso il flauto e lo prende ridendo. La madre glielo lascia fare. La bimba lo restituisce alla madre con un'"occhiata birichina". La madre adesso scoppia a ridere perché "è così evidente che stava scherzando". Poi non è più accaduto, non è mai diventato un gioco. (Intervista alla madre di Rebecca, undici mesi)[33]

La presa in giro è un aspetto rilevante per capire le intenzioni solo se il bambino è effettivamente capace di mettere in atto le varie versioni dell'azione (per esempio, dell'offrire e del cedere poi l'oggetto, o dell'ubbidire ai comandi e alle proibizioni) e se è chiaro che l'azione non è accidentale, né è dovuta a un cambiamento di interesse, né si tratta di una azione desiderata o della semplice imitazione dell'azione di qualcun altro (anche se una inversione di ruoli e imitare lo scherzo di qualcun altro potrebbe essere più complesso e difficile dello scherzare in sé!). In generale, tuttavia, sembra che i bambini inizino a prendere in giro in modo particolare dopo che colgono qualche nuova interazione, sia che venga richiesta la capacità di lasciare un oggetto sia che venga richiesta quella di assecondare un comando. Ciò suggerisce che lo scherzo è direttamente collegato a qualcosa di nuovo che il bambino sta apprendendo, esplorando o scoprendo. Il significato che hanno le azioni di scherno è sempre molto fragile, anche negli adulti: si basa in larga misura sulla risposta che ottiene, e non resta uguale in tutte le occasioni. Nei bimbi piccoli i primi tentativi di scherzo spesso – ma non sempre – si trasformano in giochi e diventano routine differenti, e non più degli scherzi.

Rispetto alla consapevolezza che il piccolo ha delle azioni dell'altro, i primi incerti tentativi di scherzo sono i più interessanti. Spesso questi rivelano una chiara consapevolezza della direzionalità, della forma, e del proposito delle azioni degli altri. Nel ritirare un'offerta, per esempio, il bambino deve sapere che il movimento di raggiungimento dell'altro è diretto verso l'oggetto, che tale azione può essere sollecitata dal mostrare un oggetto, che il movimento del prendere ha un aspetto e una forma particolari così che appena esso ha inizio il piccolo possa cominciare a ritirare l'oggetto, e che in qualche modo l'altro intende influenzare l'azione del bambino, facendo sì che egli consegni a lui l'oggetto. Nell'azione provocatoria non collaborante, certamente, è più evidente il fatto che la consapevolezza dell'intenzione dell'altro influenza il comportamento del piccolo. Nel perturbare in modo scherzoso le azioni altrui, c'è una chiara evidenza del fatto che il bambino è consapevole della direzionalità delle azioni dell'altro verso qualcosa nella stanza o verso il proprio corpo, così come dell'aspetto e della forma dell'azione altrui (per permettere al bambino di anticiparla e perturbarla) e dello scopo che ha l'agire altrui – adesso in relazione a qualcosa nell'ambiente piuttosto che non verso le intenzioni del bambino.

Ovviamente si può anche sostenere che il prendere in giro sia "semplicemente" un'esplorazione di una reazione di tipo meccanico; che non implica alcuna consapevolezza delle intenzioni – solo contingenze e reazioni; che questo giocare con i limiti delle cose si applica non solo alle persone e agli oggetti legati alle persone, ma anche a oggetti meccanici – come, per esempio, guidare una bicicletta. Non appena i bambini imparano ad andare in bicicletta iniziano a dire "guarda, vado senza mani!" o mettono alla prova le loro abilità sterzando con ardite manovre. C'è certamente una somiglianza tra questo atteggiamento e il prendere in giro infantile che si manifesta poco dopo essere riusciti a padroneggiare una nuova abilità (impara a dare o diventa capace di obbedire), e che coinvolge inoltre l'introduzione spontanea di variazioni e difficoltà nell'interazione. E, anche nel caso della bicicletta, il bambino gioca non tanto con essa, bensì con i limiti delle sue abilità e il desiderio/intenzione di rimanere in piedi. Lo scherzo ha bisogno di un partner intenzionale, e nel gioco con una bici questo è rappresentato dal sé, anche se si tratta solo di un povero sostituto di un'altra persona. Tuttavia, quando osserviamo le espressioni emotive che accompagnano lo scherzare infantile rivolto agli altri, il paragone del giocare con una bici diventa sciocco. Il bambino nel primo esempio illustrato all'inizio di questo capitolo sorride all'altra persona, ma non solo per la felicità di essere riuscito a suscitare una reazione di interesse: il sorriso in due occasioni consecutive, precedente sia al ritiro sia alla reazione dell'altro, ha inizio prima come un sorriso-a-metà e vigile – che i genitori chiamano solitamente un sorriso insolente quando si associa con un occhio birichino – e poi varia con il progredire del gioco, aumentando quando gli altri si avvicinano per raggiungere l'oggetto. Non osserverete mai queste reazioni nel caso della bici!

Nondimeno *è* certo possibile prendere in giro una persona senza riconoscerne l'intenzionalità. Nel caso del bullismo, per citare un esempio, le reazioni della vittima possono essere trattate proprio come delle risposte meccaniche, e un interesse per l'aspetto interpersonale può trovarsi nelle reazioni di chi osserva o non esserci proprio. Ragazzini che legano i fuochi d'artificio alla coda dei cani, per fare un esempio, possono essere lontani mille miglia dal pensare ai desideri e alle emozioni del cane. Per capire come si riconoscono le intenzioni altrui è importante osservare il modo in cui si fa lo scherzo e come si sviluppano le azioni. Alcuni dati di ricerca mettono in luce come il bullismo si colleghi a esperienze precoci di insensibilità e non contingenza da parte del genitore, forse perché queste esperienze influenzano la consapevolezza che i bambini hanno delle intenzioni altrui in relazione alle proprie.

Che il prendere in giro sia indiscutibilmente collegato alla consapevolezza dell'intenzionalità trova ulteriore supporto nel fatto che i bimbi autistici non sappiano farlo molto bene. Partecipano infatti a giochi semplici, come quello del cucù, mostrando un qualche tipo di consapevolezza delle intenzioni. Tuttavia, non prendono in giro in quella maniera che tipicamente hanno i bambini che iniziano a coinvolgersi in questo gioco a partire dagli otto-nove mesi. Due studi hanno dimostrato che i bimbi autistici sanno prendere in giro, ma lo fanno con una frequenza minore e in modo abbastanza atipico.[34] Il gioco dell'offrire l'oggetto e poi ritirarlo è la forma di presa in giro meno frequente nei bambini con autismo: nel nostro studio che metteva a confronto questi bimbi con altri affetti da sindrome di Down (SD), solo un soggetto autistico su diciannove faceva questo tipo di gioco – e, anche lui, solo su richiesta e solo con oggetti tenuti in bocca. Al contrario, era comune tra i bambini Down appaiati per età: i tre quarti di loro giocava prendendo in giro spontaneamente ritirando quanto aveva offerto, molti lo facevano in contesti differenti e con diversi tipi di oggetti piuttosto che in un'unica situazione. Il gioco del non collaborare e della perturbazione si presenta in molti bambini con autismo, anche se non è molto comune né frequente (meno della metà dei genitori riferisce che i loro bambini fanno cose del genere). Ma quando accade, tipicamente le situazioni coinvolgono semplici violazioni e sono piuttosto convenzionali. Posso elencare solo cinque esempi riportati dai genitori di bimbi autistici: aumentano la velocità di un'azione quando gli viene detto di non farlo, sorridono con aria birichina quando gli si dice di smettere di fare rumore, colpiscono la sedia o la rivoltano per reazione, si tolgono i vestiti, e chiamano senza nessun motivo mettendosi poi a ridere. Al contrario, nei bambini con sindrome di Down, oltre alla maggiore frequenza con cui si presenta il prendere in giro (l'85% dei genitori riferisce che i loro bambini scherzano a questo modo), è ampia la gamma delle differenti azioni provocatorie e di perturbazione che i genitori descrivono. Posso elencare almeno venti diverse tipologie di azioni utilizzate per scherzare, che variano da quella molto complessa di offrire un bacio e poi allontanarsi ridendo quando l'offerta viene accettata, al semplice mettersi un dito nel naso e aspettare la reazione!

Queste azioni infantili indicano come già da molto precocemente nella vita si percepiscano differenti caratteristiche dell'azione intenzionale e come queste percezioni crescano in complessità durante il primo anno di vita. È inoltre evidente come fin dalla nascita i bambini piccoli non solo "percepiscono" le azioni intenzionali degli altri, ma vi si buttano dentro per imitarle, rispondervi, anticiparle o richiamarle, adeguarvisi e, prima della fine del primo anno, anche perturbarle in modo volontario. L'esperienza che il bambino fa delle intenzioni altrui è saldamente e primariamente collocata all'interno di una forma di mutuo coinvolgimento decisamente dotata di significato e "aperta". Cosa significa questo rispetto a come si sviluppa la consapevolezza delle intenzioni altrui?

Come si sviluppa la consapevolezza delle intenzioni?

Cosa c'è nel coinvolgimento interpersonale (al cui interno da qualche parte deve trovarsi la risposta) che porta al progressivo sviluppo della consapevolezza? Penso che il giocare e il prendere in giro, concetti che nel loro significato più ampio si sovrappongono, possano offrire una risposta paradigmatica a riguardo. In tutte le forme di coinvolgimento intenzionale e autentico (ossia aperto piuttosto che preordinato e routinario), ma soprattutto nel gioco e nella presa in giro, ogni partecipante porta l'altro *nelle* proprie intenzioni.

Si consideri un'intenzione naturalmente non comprensibile per un bimbo di due mesi, il cui significato acquisisca nel tempo maggiore chiarezza: il "fare bù" in modo scherzoso. Le madri iniziano a giocare al gioco del cucù con i loro bambini a partire circa dai tre mesi, in una varietà di modi differenti – nascondendosi il volto, coprendo il viso del bambino, nascondendo un pupazzo, semplicemente facendo delle apparizioni improvvise e così via. Da piccolino al bambino non è chiara l'intenzione implicita in questi strani comportamenti. Si consideri il seguente esempio di Rohan quando aveva due mesi e mezzo, dove si vede come non sono stata capace di stimare la sua risposta, cosa che ancora mi imbarazza:

> Dopo una lunga sequenza di intensi scambi vocali positivi con lui (registrati sulla videocamera), stavo quasi per mettermi a ridere per quanto era chiassoso e responsivo. Mi misi a sedere, e solo per introdurre un cambiamento nel dialogo mi sono chinata in avanti con fare giocoso – e piuttosto delicatamente – facendo "bù" proprio sulla sua faccia. Mi aspettavo che sorridesse ancora, che magari facesse quel sospiro simile a una risata in risposta alla mia azione inaspettata. Ma ha solo continuato a osservarmi – leggermente sorpreso, ma non del tutto allarmato – con lo sguardo immobile, serio, quasi come se stesse scrutandomi. Suppongo di essermi un po' imbarazzata – ero stata sorpresa a fare un passo falso nell'interazione. Ho provato a recuperare la situazione facendolo ancora – e di nuovo lui ha assunto quello sguardo fisso e misurato. (I miei studenti si sono divertiti a guardare questa situazione più di ogni altra mia interazione di successo!)

Aveva chiaramente percepito la direzionalità della mia azione così come la sua forma piuttosto inusuale (l'essere incombente sulla sua faccia) e probabilmente aveva capito a sufficienza anche me; il mio sorriso e la mia voce abbastanza intonata gli infondevano fiducia piuttosto che incutere spavento. Ma non era riuscito a coglierne l'intenzione ludica.

Nancy Ratner e Jerry Bruner, in uno studio longitudinale sul gioco del cucù, hanno dimostrato come le mamme, anche se non ne sono consapevoli, conducono i loro bambini a questo tipo di comprensione in modo piuttosto sistematico. Nei primi mesi, le diverse fasi del gioco (la preparazione, la scomparsa e la ricomparsa) sono pronunciate, rese salienti, esagerate, e sono prolungate. Sembrano usare qualcosa di simile a un "*motherese*" basato sul gioco per enfatizzare e rimarcare le azioni e le diverse fasi. La nozione proposta da Dare Baldwin di "*motionese*" coglie questo aspetto molto bene. Quest'autrice ha trovato come anche al di fuori dei giochi, per esempio negli usuali scambi in posizione faccia-a-faccia, le madri tendano a esagerare i loro comportamenti quando interagiscono con i bambini.[35] Ciò potrebbe contribuire a rendere chiaro ai piccoli, fin dalla nascita, le modalità particolari attraverso cui le azioni intenzionali iniziano, hanno una certa durata e terminano, e gli specifici contesti emotivi in cui hanno luogo. Nel gioco del cucù, l'enfasi o esagerazione dell'inizio scompare nel corso del tempo; man mano che il gioco diventa più familiare le fasi iniziano quasi in modo brusco. La frase "Se ne sta andando, se ne sta andando... oh... oh... è andato!" (riferito alla scomparsa di un pupazzo nella mano) può per esempio trasformarsi semplicemente in un "oh"! La ricomparsa può essere segnalata non da una lenta sequenza di azioni e parole, ma da un semplice e improvviso "boo!", introdotto senza preavviso. Questo cambiamento nel modo in cui avviene la "presentazione" materna dell'intenzione nel gioco è interamente basato sulla percezione della risposta emotiva del bambino a ogni fase.[36]

Sono tre le cose che fanno in questo caso le madri: iniziando il gioco con enfasi ed esagerazione segnalano che le azioni sono eventi salienti, ripetendo le azioni in sequenza le rendono familiari e, in qualche modo, trasparenti, per il bambino. Il terzo e più importante aspetto riguarda il fatto di coinvolgere il piccolo *nelle* proprie intenzioni. Un irrompere con la propria apparizione nel gioco che per il piccolo di due mesi è privo di un significato ludico acquisisce gradualmente senso non solo perché viene ripetuto in una sequenza prevedibile e quindi il suo formato viene appreso, ma perché la madre evoca e gradualmente gestisce con sensibilità le reazioni emotive del piccolo al suo agire. È attraverso *queste* reazioni che viene colta l'intenzionalità della madre. Il bambino ne *sperimenta* l'intenzione grazie al coinvolgimento, non per mezzo dell'imitazione, ma attraverso la sua propria *risposta*.

Un processo simile si verifica quando i bambini esplorano o giocano con le azioni dei genitori o in modo deliberato le provocano (anche se in questo caso senza alcuna finalità remota di insegnamento). I bambini li coinvolgono nelle *loro* intenzioni. Questo può accadere, ovviamente, solo se il genitore interagisce con il bambino in maniera genuina. Possiamo vederlo anche in un caso semplice come quello dell'imitazione neonatale (qualunque sia il giudizio che formuliamo sul significato che essa riveste per conoscere le intenzioni altrui). In un filmato facente parte dello studio di Emese Nagy sulle provocazioni neonatali, l'adulto-modello faceva il gesto di sollevare due dita di una mano (chiaramente non era inglese, dal momento che questo è un gesto considerato offensivo nel Regno Unito!) e poi andava lentamente a sistemare dei fili sulla testa del bambino. La videocamera che inquadrava il volto del bambino mostra che il suo sguardo concentrato fissava il volto di Emese. Dopo una lunga attesa, il piccolo sollevava anche lui le due dita, con gli occhi sempre fissi sull'adulto-modello, occupato in altro. Emese, sorpresa da questo comportamento aveva abbassato lo sguardo e in maniera curiosa e responsiva aveva a sua volta imitato il bambino. Questi allora aveva risposto imitando di nuovo anche lui, e ancora più velocemente. Emese lo aveva fatto ancora. Il bambino a quel punto si era fermato. Si tratta di uno scambio molto semplice, ma è parimenti semplice osservare che se Emese non fosse stata genuinamente coinvolta con le azioni del bimbo, non avrebbe utilizzato l'imitazione come risposta, e l'idea e gli esperimenti sulla provocazione non ci sarebbero stati. Il bimbo, in modo piuttosto elementare, ha coinvolto l'adulto *nella* sua intenzione. Molti studi in ambito psicologico hanno la stessa origine (per esempio i miei sulla presa in giro infantile): lo sperimentare a livello personale che il bambino mi stava prendendo in giro provocandomi è stato vitale per risvegliare il mio interesse su questo argomento in relazione al coinvolgimento intenzionale.

Lo scherzo ha bisogno di un partner. Il nostro cane da pastore, che di solito è incredibilmente obbediente e addestrato a sufficienza per non dare la caccia ai polli, improvvisamente aveva iniziato a provocarne uno in particolare. Si trattava di un pollo di una razza diversa, spavaldo e impavido. Il cane aveva scoperto che non correva via spaventato starnazzando, ma quando gli balzava quasi addosso provocandolo si girava ed era capace per un attimo di essere aggressivo. La presa in giro, che era davvero piacevole da vedere, quell'estate continuò per qualche settimana, ma solo con quel pollo! Ciò che voglio sottolineare è come sia centrale il modo in cui il genitore risponde affinché lo scherzo continui. Anche per gli uomini, non è possibile prendere in giro qualcuno che non "comprende" le intenzioni (ovviamente, nel caso la presa in giro sia malevola è la non-comprensione a essere auspicata). I genitori rispondono alla domanda se sono soliti prendere in giro i loro figli piccoli dicendo in genere di no, perché sarebbe troppo crudele (così almeno rispondono i genitori inglesi, in particolare le madri). Questo fino al momento in cui non sono i bimbi stessi che cominciano a prendere in giro *loro*. I genitori dei bambini autistici spesso riferiscono di non fare scherzi ai loro piccoli, neanche in modo giocoso, perché semplicemente non verrebbero compresi. Al contrario, ovviamente, genitori di bambini con altre disabilità, come la sindrome di Down, e che vengono presi in giro dai loro bambini, riferiscono di giochi divertenti di presa in giro reciproca. L'invito e la successiva sfida delle azioni altrui che osserviamo nello scherzo sembrano essere possibili solo se esiste una condizione di autentico coinvolgimento interpersonale e di risposta appropriata. Se si riesce a stabilire questa condizione, anche a livelli semplici, la strada per lo sviluppo della consapevolezza delle intenzioni altrui è aperta. Il coinvolgimento sta al cuore della questione su *come* avviene lo sviluppo. Le intenzioni hanno bisogno di qualcosa o di qualcuno con cui impegnarsi per esistere: emergono *solo* nel coinvolgimento interattivo. L'intenzione di dare cose alle persone dipende dalla loro disponibilità (e intenzione) a *prenderle*, così come l'intenzione di camminare dipende dall'esistenza di un solido pavimento su cui poggiare. Tutto questo lo possiamo dare per assodato. Ciò che è meno ovvio invece è che diventare *consapevoli* delle intenzioni, proprie o altrui, è *anche* totalmente dipendente dal coinvolgimento; ossia, può solo presentarsi nel coinvolgersi *con* le intenzioni. Non possiamo scoprire le intenzioni implicate nei comportamenti degli altri spiandoli passivamente, né stando seduti in solitaria riflessione e inventandoci quali siano le intenzioni per trovare soluzioni al problema di dare un senso al comportamento, né possiamo dotarci di regole o formule per comprenderle.[37]

Per concludere

Alla fine di questo capitolo ci ritroviamo con più domande che risposte rispetto al tema di come i bambini arrivino ad avere consapevolezza delle intenzioni. Alcuni aspetti richiedono ulteriori studi, e alcune ipotesi appaiono a oggi poco convincenti, ma non siamo ancora in grado di offrirne di alternative. Quali sono dunque le conoscenze a oggi disponibili?

Le intenzioni degli altri sono accessibili ai bimbi fin dalla nascita, in modo particolare quando riguardano azioni a loro rivolte. È evidente come i piccoli si impegnino rispondendo da subito nei confronti delle azioni altrui. Le intenzioni sono totalmente incarnate nell'azione, e rappresentano fenomeni fondamentalmente *inter*-attivi, e in questo senso si potrebbe dire che sono doppiamente incarnate.

Le intenzioni degli altri sono potenzialmente percepibili nelle azioni-nel-mondo, risultano chiare rispetto alla loro direzionalità, forma e singolarità, nella volontarietà e nell'essere finalizzate a uno scopo. Sono anche potenzialmente esperibili, attraverso la semplice risonanza nel corpo del bambino e attraverso le reazioni reciproche e la risposta emotiva nell'effettivo coinvolgimento interattivo. Il fatto che si possa (e spesso si *debba*) partecipare alle azioni intenzionali degli altri, mostra come queste siano aperte all'influenza e al completamento interpersonale. Ciò conferisce al piccolo un'occasione di padronanza; non collocandosi distanti a livello psicologico, ma all'interno del dominio delle sue risposte, risultano pronte per essere influenzate o manipolate.

Per spiegare "come" si arrivi ad averne consapevolezza la risposta più convincente sembra stia nella possibilità di intrattenere una qualche forma di gioco con esse. Questo gioco è sorprendentemente evidente nei bambini così come nelle azioni degli adulti con cui i piccoli entrano in interazione attiva. Ed è ben visibile anche nei neonati, in cui assume la forma dell'esplorare se le azioni altrui sono presenti o meno. Alla fine del primo anno di vita questa forma di interazione ludica si esprime in maniera più pronunciata e ovviamente più *giocosa* nello scherzare. Che il gioco costituisca un'importante cornice per scoprire le intenzioni è anche evidente in ciò che fanno i *genitori* con i bambini a partire dalla metà del primo anno di vita, durante i momenti di giochi e le azioni della routine quotidiana. Essi sembrano condurre il bambino *dentro* le loro intenzioni giocose alzando il tiro durante il gioco del cucù, per esempio, e grazie alla sensibilità per le reazioni emotive del piccolo. È a partire da questa base di "gioco" che le azioni intenzionali degli altri verso le altre cose nel mondo vengono gradualmente comprese: come azioni che risuonano e assumono un loro significato all'interno dei contesti, ampiamente connotate emotivamente ed elicitanti una risposta.

Da questo tipo di prospettiva, è più semplice ora rispondere alla domanda relativa al *come*. Le intenzioni degli altri vengono comprese dapprima sperimentandole in prima persona (sentendo la stessa azione nel proprio corpo), poi in seconda persona (percependole come a sé dirette e sperimentandole attraverso la risposta soggettiva evocata) e solo gradualmente infine in terza persona (come entità astratte denominabili concettualmente). L'esperienza diretta delle intenzioni (sia in prima sia in seconda persona) è fondamentale per ogni successivo sviluppo "normativo" della loro consapevolezza, in quanto ne determina il modo in cui si manifesterà la partecipazione attiva durante gli scambi interattivi della vita e servirà da base per l'elaborazione dell'astrazione e del repertorio concettuale connotato culturalmente tramite cui viene usualmente compresa.

L'autismo è un triste esempio delle difficoltà che si possono incontrare su questo livello esperienziale (in prima e seconda persona). Ciò cui assistiamo in questo caso è uno sviluppo della consapevolezza-dell'-intenzione inappropriato rispetto allo sviluppo normativo: i bambini con autismo non partecipano attivamente alle azioni intenzionali altrui come fanno i bambini con altre disabilità d'apprendimento della stessa età oppure quelli con sviluppo tipico. Né parlano delle intenzioni o vi pensano in maniera convenzionale. Il concetto di intenzione si può però sviluppare, come riferiscono in prima persona gli stessi soggetti autistici. Si possono avanzare ipotesi e formulare teorie su cosa porti questi ultimi a fare una cosa piuttosto che un'altra e sul significato che hanno diverse azioni e parole. Tuttavia, la base esperienziale di tali inferenze e teorie resta problematica, come le azioni che essi compiono in risposta alle intenzioni altrui.

Ma che cosa dire della domanda relativa al "cosa"? Cos'è che si sviluppa? Ci sono diverse risposte possibili. La maggior parte degli approcci considerano lo sviluppo nel primo e nel secondo anno di vita come una capacità progressivamente generalizzabile di cogliere l'intenzionalità. Qualcosa di paragonabile al costruirsi un'"idea" di quest'ultima. Alcuni autori delineano un percorso di sviluppo secondo il quale il bambino dapprima coglierebbe le pure azioni, poi il fatto che queste siano animate (chiamato senso di agentività), successivamente che siano orientate a uno scopo e infine che si basino su una formulazione di piani e una scelta degli stessi.[38] In altre parole, lo sviluppo è concettualizzato come una capacità progressiva di cogliere le componenti cognitive dell'azione intenzionale insieme ad alcuni aspetti osservabili, di cui alcuni rilevabili solo successivamente e altri unicamente per via inferenziale dopo il primo anno di vita. Altri autori lo vedono nei termini di un passaggio da una comprensione delle intenzioni di tipo comportamentale a una di natura mentalistica – dal "teleologico" all'intenzionale.[39] In questo caso il *cosa* soggetto a cambiamento non riguarda tanto la scoperta di nuove componenti dell'azione, quanto una rinnovata comprensione globale, attuata da una diversa posizione. Le componenti osservabili dell'azione intenzionale non vengono considerate come associate alle intenzioni; queste ultime sono viste fondamentalmente come esito di un processo di attribuzione. Altri ancora ritengono che il cambiamento comprenda il passaggio da un discernimento delle proprietà dell'azione – come era l'analisi dell'azione – a un'analisi strutturale più profonda dell'intenzionalità, analogamente a come Chomsky teorizzava essere lo sviluppo linguistico.[40] Poche voci, tuttavia, sostengono che le intenzioni vengono comprese al plurale, secondo una modalità *bottom-up* che parte dai casi individuali piuttosto che da idee di natura generale.[41] Questa spiegazione presta un'attenzione privilegiata al modo in cui l'intenzionalità viene compresa in contesti specifici e illustra come il bambino possa avere maggior consapevolezza di alcune intenzioni e non di altre (per esempio, quelle in cui partecipa in maniera attiva) e come forme di coinvolgimento interpersonale specifiche si presentino in alcune situazioni e non in altre.

La maggior parte di queste teorie è suffragata dai dati che abbiamo presentato fin qui, ed è in grado di spiegarne almeno alcuni aspetti. Alcune di esse, tuttavia, considerano che il perno centrale attorno a cui si sviluppa la consapevolezza sia l'esperienza emotiva che il bambino fa rispetto alle azioni intenzionali degli altri. In tutte queste forme di partecipazione attiva in cui i bimbi si immergono attivamente e con gioia fin dalla nascita, sembra che l'esperienza affettiva – in particolare l'esperienza delle intenzioni dirette verso il sé – sia centrale per la nostra comprensione non solo del *come* ma anche del *cosa*. Le "componenti" delle azioni intenzionali non possono essere unicamente di natura cognitiva. Accettare che nel processo di comprensione entrino a far parte anche la dimensione dell'affetto e del coinvolgimento interpersonale, sposta la prospettiva psicologica; se i bambini possono *esperire* le intenzioni attraverso le azioni a loro rivolte, non c'è bisogno di ricorrere a spiegazioni basate sull'analogia e sull'inferenza per comprenderne il meccanismo implicato, e non è inoltre più necessario – almeno per questo tipo di intenzioni – distinguere tra un livello superficiale e profondo di consapevolezza. Un approccio in seconda persona sembra essere essenziale per spiegare lo sviluppo della consapevolezza delle intenzioni.

L'obiettivo della parte finale di questo capitolo è stato quello di avvicinarci a comprendere "come" si sviluppa la consapevolezza-dell'-intenzione. E nel farlo abbiamo inevitabilmente dovuto affrontare il "perché" – il motivo – per cui i piccoli si occupano delle intenzioni altrui, si impegnano con esse, le sperimentano a livello corporeo e così via. La risposta è strettamente connessa al perché gli adulti hanno voglia di giocare con ciò che fanno i bambini, al perché vogliano rendere le azioni infantili più consapevoli, e al motivo per cui sono interessati a queste nel loro complesso. Non potrebbero esistere né le azioni intenzionali né la loro comprensione se non vi fosse un mondo in cui è possibile coinvolgersi con loro/essa. La reciprocità è fondamentale.

9

Condividere il divertimento

Il felice successo di una scherzosa battuta deriva dall'orecchio di chi la ascolta più che dalla lingua di chi la dice.

WILLIAM SHAKESPEARE, *Pene d'amor perdute*[1]

Il tragico (e il drammatico) sono universali. Invece il comico (è) [...] legato al tempo, alla società e alla antropologia culturale.

UMBERTO ECO, *Sette anni di desiderio*[2]

Ricordo che qualche anno fa Tom Shultz (un teorico dello sviluppo cognitivo dell'umorismo) mi aveva amichevolmente messo in guardia raccomandandomi di non basare la mia carriera sullo studio dell'umorismo. Se ne vale la pena, mi sento comunque di correre questo rischio per l'autorevolezza della mia immagine accademica. C'è qualcosa nel divertirsi (preferisco usare quest'espressione più colloquiale laddove possibile) che ha una maggiore salienza rispetto a quanto abbiamo visto fino a ora, qualcosa di piacevole e al tempo stesso psicologicamente importante, in cui il *dis*impegnarsi dalla relazione è funzionale ad accrescerla. Come ha scritto Umberto Eco, si tratta fondamentalmente di un fenomeno relazionale, vincolato alla cultura, al tempo, al luogo e alle relazioni interpersonali ricorrenti. Adotta, però, un modo particolare per ampliare e rendere più profonda la relazione, ossia vi inserisce una violazione della stessa. Essere in grado di trovare qualcosa divertente mostra un lato piacevole anche nelle circostanze meno amene, e *crea* tanta gioia quanta ne rivela. Lo scherzo inaspettato, la presa in giro amichevole, può alleviare la tristezza più profonda e mitigare l'umore più nero. Avere dei colleghi simpatici rende le riunioni universitarie di dipartimento qualcosa a cui valga la pena partecipare! Del divertimento si fa tesoro. Ci si innamora delle persone che ci fanno ridere, si esprime l'insulto peggiore quando si accusa qualcuno di non avere il senso dell'umorismo, e si paga persino per poter riuscire a divertirsi attraverso libri comici e commedie. La comprensione di ciò che accade nell'umorismo è potenzialmente una ricca fonte di conoscenza della mente (per gli psicologi *e* per i bambini): se non si avesse consapevolezza di quelli che sono i pensieri e i sentimenti degli altri, o se non vi fossimo interessati, non sarebbe possibile né scherzare, né unirsi a una risata, né far ridere. I comici hanno a questo riguardo un'abilità che probabilmente gli psicologi non sempre possiedono!

Sono pochi gli studi su questo argomento in ambito evolutivo, nonostante la risata e la comicità siano molto frequenti nella vita della maggior parte dei bambini e nonostante, come mostrerò, si tratti di eventi profondamente sociali e certamente istruttivi della comprensione infantile rispetto a interessi, divertimento e aspettative altrui. La letteratura che si occupa di come si sviluppi il senso dell'umorismo – nello studio dello "scherzo" o del "comico" – adotta un approccio in larga parte analitico e utilizza una prospettiva in terza persona per spiegare come fanno i bambini a comprendere ciò che gli altri trovano divertente. La posizione che sosterrò in questo capitolo è che gli "oggetti" dell'umorismo emergono all'interno delle relazioni sociali: il divertimento è decisamente un fenomeno in seconda persona. La relazione con un pubblico – il Tu – è cruciale per la definizione dell'"oggetto" dell'umorismo, per capire come inizino a manifestarsi i comportamenti divertenti e per riconoscerli. Mostrerò come i dati *sui motivi* del ridere infantile e *sulle azioni intraprese* per far ridere gli altri, suggeriscano come la comicità si basi su una consapevolezza di natura psicologica che si sviluppa molto precocemente all'interno delle interazioni emotive. Prima di prendere in considerazione queste forme di partecipazione interattiva del bambino, analizzeremo cosa si intenda per comicità secondo due recenti proposte cognitivo-evolutive sulla comparsa del senso dell'umorismo infantile, e ci occuperemo della natura e del significato della risata.

Che cosa è il divertimento?

Una delle ragioni per cui le origini dell'umorismo rimangono in parte misteriose è che risulta difficile trovarsi d'accordo, persino per gli adulti, su quali fattori siano coinvolti in esso. Sarebbe certamente azzardato cercare di individuarne una formula definitiva – si tratta di un'esperienza talmente sfaccettata e così a lungo fonte di interrogativi da non poter essere racchiusa in un'unica definizione. Se ci domandiamo quando e come si sviluppi il senso dell'umorismo otterremo descrizioni diverse che ne mettono in luce molteplici aspetti.

In generale, l'umorismo è concepito più come un *pensiero* che come un'emozione o un'azione. In quanto adulti è certamente vero che possiamo *pensare* a qualcosa di divertente (e riderne anche da soli) senza *fare* nulla in proposito. L'elemento che filosofi e psicologi hanno identificato essere cruciale nell'umorismo è quello dell'*incongruenza*.[3] Si tratta di qualcosa come un contrasto o una contraddizione – una cosa fatta in modo sbagliato, fuori luogo, in contrasto col proprio carattere, una giustapposizione di due aspetti che di solito non vanno insieme; un aspetto anomalo e inusuale che entra in netto contrasto con ciò che è normale o atteso. Corrispondono bene a questo pattern i giochi di parole come i seguenti esempi: la canzone riportata da Groucho Marx per prendere in giro alcuni club giovanili "se ti dico che hai un corpo bellissimo, me ne faresti una colpa?", oppure lo studente che innocentemente chiede quando il "dottor Virus" farà la sua prossima comparsa in dipartimento, e così via. Tutte queste affermazioni contengono una giustapposizione di due "piani di riferimento", come li ha chiamati Koestler, uniti con un criterio di congruenza che non ci si aspetta. La comicità, secondo questo modo di vedere, sta nella percezione individuale di un'incongruenza contenuta nel testo dello scherzo, interpretata in senso comico piuttosto che serio. Pensate, per esempio, a qualcuno che vi sta raccontando una barzelletta. Rimanete in ascolto, forse anche un po' annoiati, anticipando magari qualcosa rispetto a quale sarà il finale della battuta. Quando questo arriva, prima di comprenderne il senso rimanete per un attimo perplessi, vi stupite e rimanete sorpresi, e solo dopo aver elaborato la logica (e l'incongruità) della battuta, vi mettete a ridere. In questo caso è evidente e convincente il fatto che vi sia implicato un processo di natura intellettiva.

Una questione resta tuttavia aperta: fino a che punto lo si può considerare un atto intellettuale piuttosto che una risposta emotiva? Si può *pensare* il divertimento senza *sperimentarlo emotivamente*? L'umorismo è accompagnato da un'attivazione fisiologica che consiste in un aumento e un successivo calo di tensione, una cosiddetta "frastagliatura dell'attivazione". È proprio vero che, come sostiene il filosofo Henri Bergson, "l'ambiente naturale dell'umorismo è l'indifferenza", e il riconoscerlo richiede una "momentanea anestesia del cuore"? Quando qualcuno vi prende in giro sapendo che sta dicendo il contrario di ciò che è in realtà, come per esempio affermando: "Ok, quindi *non* vuoi parlarmi?", e voi ridete per essere stati colti in fallo, o quando imitano il vostro tono di voce eccessivamente serio e a voi viene da ridere, o quando siete alla ricerca di un complimento e vi sentite dire l'esatto contrario – in questi casi il vostro ridere è senza dubbio una chiara reazione al carattere inaspettato dello scherzo, ma la comicità sta nel gioco dei sentimenti tra voi e l'altro, e non solamente nel pensiero. In casi come questo, se sul piano emotivo vi fosse una condizione di indifferenza, l'umorismo non potrebbe esistere. Si consideri per esempio il caso dei robot (che non riescono a sperimentare il senso del comico) che possono apprendere – ma non raccontare – le barzellette: Marvin, l'androide paranoide che nel libro *Guida galattica per autostoppisti* si comporta in maniera comica ma non lo capisce; Crighton che in *Red Dwarf* racconta le barzellette ma non riesce a essere divertente; o Mike, nel romanzo *La luna è una severa maestra* scritto da Heinlein, che capisce un modo per interpretare l'umorismo, ma mestamente continua a chiedere "Quindi *non* è molto divertente?". Diversamente dai bambini, che sembra trovino le cose divertenti senza aver del tutto compreso lo scherzo, i robot pare facciano il contrario: conoscono le regole, ma non riescono a partecipare all'azione emotiva. Considerare l'umorismo come un'abilità di natura primariamente cognitiva risulta particolarmente problematico nel caso delle evidenze che ci provengono dagli studi sullo sviluppo precoce e sui soggetti adulti e bambini con disabilità.

C'è tuttavia una questione che ha un'importanza ancora maggiore. Potremmo realmente considerare divertenti le cose se non avessimo mai fatto esperienza di scambi di battute o di scherzi con gli altri né avessimo in mente un pubblico potenziale cui raccontare una barzelletta o con cui ridere? Alcuni hanno sostenuto che l'umorismo sia in primo luogo un *atto sociale*, ossia qualcosa che *si fa* rivolgendosi agli altri o con loro; che non possa essere cioè né un pensiero né un sentimento solitario. Questo che cosa significa? Come adulti, quando raccontiamo una barzelletta, quando scherziamo, ci uniamo alla risata generale di un gruppo, o ridacchiamo con un amico di nulla, stiamo fondamentalmente partecipando a un'azione sociale. Agiamo in questo modo per essere amichevoli, per impressionare, provocare, urtare, per essere gentili, per allentare la tensione, e così via. L'umorismo, anche quando ridiamo da soli a uno scherzo, è un atto comunicativo verso una platea, almeno potenziale o evocata. Come ha scritto Bergson: "Noi non gusteremmo il comico se ci sentissimo isolati dagli altri [...]. Il riso, per quanto schietto lo si creda, cela sempre un pensiero nascosto di intesa, direi quasi di complicità con altre persone che ridono, reali o immaginarie che siano".[4]

Per verificarlo ho provato a pensare alle ultime cinque occasioni in cui mi è venuto da ridere. Prima volta: la scorsa notte c'è stata una e-mail, insolitamente divertente, con una lista di barzellette che mi hanno fatto ridere da sola e ad alta voce nel mio studio. Seconda: ieri un collega ha fatto un commento non proprio gentile (ovviamente non in modo serio) sulla mia mancanza di stile. Tempo fa mio figlio, sdraiato sul letto accanto a me, aveva descritto scientificamente le onde che scorrevano sull'adipe della mia pancia mentre la toccava leggermente. Quarta: la risata di questa mattina quando ho mormorato una cosa a mio marito apposta a bassa voce, così che non riuscisse a sentirmi e lui, riconoscendo il mio intento, ha iniziato a farmi sobbalzare sulla sedia a dondolo. Quinta: la scorsa sera c'è stato quel momento in cui l'amica di mia figlia, sentendo squillare il telefono e pensando fossero i suoi genitori, si è diretta verso il cancello. In tutti questi casi l'umorismo proviene da ciò che le persone *hanno fatto* (attraverso le parole o altre azioni) le une alle altre, scherzando, sorprendendo, fingendosi timorosi, sfuggendo alla sgridata, prendendosi una rivincita; si tratta sempre di *azioni* sociali divertenti. Anche nel caso della e-mail che mi è arrivata con l'elenco di barzellette, queste erano divertenti perché le persone intendevano far ridere – si trattava di una lista di problemi di routine segnalati dai piloti della Qantas con trascritte le soluzioni correttive date da (quelli che dovrebbero essere) addetti alla manutenzione:

Pilota: L'aereo risponde male ai comandi.
Risposta: Aereo avvisato di rigare dritto, raddrizzarsi e comportarsi seriamente.

Pilota: Qualcosa di allentato in cabina di pilotaggio.
Risposta: Stretto qualcosa in cabina di pilotaggio.

Pilota: Pneumatico principale interno sinistro pressoché da sostituire.
Risposta: Pneumatico principale interno di sinistra pressoché sostituito.

Pilota: Segni di perdite nel carrello principale destro.
Risposta: Segni rimossi.

E così via! Sebbene si tratti di perfetti esempi di risposte incongrue e perciò divertenti, non sono riuscita a trattenermi dal ridere pensando alla figura del manutentore, di certo non insensato e piuttosto temprato, che prendeva in giro i piloti correndo il rischio che le sue risposte venissero registrate. L'aspetto umoristico preso di per sé potrebbe non essere per nulla divertente senza la funzione sociale/emotiva a cui assolve. (Ne sono prova, per esempio, le risposte davvero molto diverse che possiamo avere a un umore nero o a barzellette di discriminazione sessuale, o le terribili conseguenze di una battuta a sfondo politico e finita male, riportate nel libro *Lo scherzo* di Milan Kundera.) Sembra inoltre che la percezione del comico sia decisamente diversa a livello culturale, come potrà testimoniare chiunque abbia faticato – e poi non sia riuscito – a comprendere la comicità di Charlie Brown (io ce l'ho fatta!), gli interminabili giochi di parole inglesi, la stupidità di Goon, dei Monty Python,[5] o di un travestimento a una festa da studenti, o chi si sia stupito della apparente incapacità di alcune culture di cogliere la componente umoristica di quella forma di spirito più greve costituita dal sarcasmo!

In aggiunta, il modo in cui si vive l'umorismo cambia in funzione delle persone cui teniamo affettivamente; si comincia a trovare divertenti alcune cose perché le persone a noi vicine fanno lo stesso. Per quanto riguarda aspetti più transitori, diverse evidenze mostrano che ridiamo di più – e più forte – per cose divertenti quando siamo in compagnia. Quando siamo da soli invece il ridere tende a essere più simile al discorso: attutito, indistinto e debole piuttosto che chiaro e vigoroso.[6] La risata, probabilmente, considerando il suo carattere sonoro, è una riverberazione che ha bisogno di un compagno, di una voce di risposta per continuare, ha bisogno di un'eco, per citare ancora Bergson. Rispetto alla scelta del compagno essa è, tuttavia, esigente: se non conosciamo o non ci piacciono le persone che stanno ridendo di uno scherzo, è probabile che non vi troveremo nulla di divertente, mentre possiamo trovare le cose assolutamente esilaranti se è la persona giusta a dare il via. Lo illustra il fenomeno dell'"incontinenza dal ridere" (familiare almeno agli adolescenti!), dove è davvero difficile individuare la causa esterna di una comicità così intensa e spesso difficilmente gestibile. Sembra sempre che il ridere, oltre alla risata in sé, *contenga* al suo interno qualcuno. Non solo, come ebbe a dire il formidabile attore Michael Crawford (e Shakespeare), affinché uno scherzo sia tale occorre che almeno una persona ne rida, ma è probabile che se non ci fosse nessuno (reale o immaginario) con cui condividere il gioco, non sarebbe possibile fare esperienza del divertimento. La maggior parte degli approcci teorici tuttavia considera l'umorismo prevalentemente come un fenomeno analitico (individuale), non come una cosa *che si fa*. Cercare le origini dell'umorismo in ciò che fanno i bambini è un buon modo per rispondere a queste domande e portare chiarezza su questi processi (e capire cosa i bambini conoscano dell'altro).

Due prospettive cognitivo-evolutive sulla comparsa dell'umorismo

I tortuosi tentativi che fanno i bambini per costruire versioni alternative del gioco del fare "toc toc" o della domanda posta in forma di scherzo "perché il pollo ha attraversato la strada?",[7] dove le battute non sono poi così divertenti (anche se i bimbi smaniano nel sentire le risate) può portare a pensare che il senso dell'umorismo si sviluppi solo tardivamente. Di fatto è stata pressappoco questa la posizione sostenuta dall'approccio allo sviluppo di stampo cognitivo. Una teoria (che poi è quella di Tom Shultz) sostiene che, nonostante l'umorismo si sviluppi a partire dai diciotto mesi con la capacità di rappresentare simbolicamente due differenti versioni della realtà necessarie al riconoscimento dell'incongruità, è solo più tardi – verso i sei-sette anni – che i bambini riescono a "risolvere le incongruità" o a comprendere le battute – ossia non solo riconoscono la presenza di una assurdità, ma comprendono anche perché questa assuma un certo significato.[8] Questo è il motivo per cui, suggerisce la teoria, le battute dei bambini sono spassosamente non divertenti!

Battute spiritose a parte, che cosa è anzitutto necessario per percepire l'umorismo? Nelle prime fasi di sviluppo, sostiene la classica posizione cognitivo-rappresentazionale, occorrono due cose affinché l'incongruità sia percepibile e la si possa considerare divertente: primo, la capacità di *percepire il contrasto* tra ciò che è atteso e ciò che è "atipico" (ossia, l'incongruità in sé); secondo, l'abilità di *interpretarlo come divertente*, piuttosto che semplicemente come qualcosa di sbagliato. Per percepire un'incongruità è necessario avere in mente simultaneamente almeno due diverse rappresentazioni della realtà. Per esempio, per cogliere che l'inusuale camminata di John Cleese nello sketch dei Monty Python "The Ministry of Silly Walks" è atipica o in qualche modo sbagliata, non solo dovete poter vedere questi movimenti, ma anche confrontarli con una camminata "normale". Si tratta di una contrapposizione che coinvolge il riconoscimento dell'aspetto "eccentrico" e atipico della camminata, che non viene vista solo come originale; in altre parole essa non deve apparire solo nuova o inaspettata, ma *diversa* rispetto a ciò che era previsto. Ciò che occorre di preciso per poter percepire quest'aspetto non è chiaro – si assume che esista un concetto di un qualche tipo, un range di normalità in rapporto al quale giudicare per confronto l'evento. Altrimenti i nuovi eventi sarebbero semplicemente inaspettati.

Secondo Paul McGhee, a partire dai quattro mesi i bambini possiedono ciò che permette loro di percepire l'incongruità. Si mostrano sorpresi da eventi "bizzarri", per esempio un pallone che nel cadere si blocca a mezz'aria, o da oggetti in movimento che spariscono dietro uno schermo e non ricompaiono. Ciò indica che essi sono stati in grado di riconoscere che si tratta di qualcosa di diverso dalle loro aspettative di "normalità". Tuttavia, afferma McGhee, il bambino non percepisce questi eventi come divertenti, ma per lo più come qualcosa di sbagliato o di problematico. L'aspetto strano non risulta divertente per il bambino finché egli non può percepire la finzione e il far finta.[9] Prima di ciò l'andatura di John Cleese potrebbe essere interpretata come dovuta a un difetto fisico delle gambe o a un modo scorretto di intendere il normale camminare di Cleese! McGhee sostiene che prima dei diciotto mesi, a partire cioè da quando compare la capacità del far finta, il bambino non sia in grado di sospendere la realtà e di utilizzare l'atteggiamento del far finta per interpretare ciò che è strano o inusuale come qualcosa di divertente. Prima dei diciotto mesi il bambino, perciò, *non può* fare esperienza dell'umorismo.

Ma occorre davvero sapere utilizzare la dimensione della finzione per trovare divertenti le cose? Non la pensa così Mary Rothbart, secondo cui è necessaria una sospensione non della realtà, bensì della serietà. Ciò che occorre affinché le incongruità, le stranezze o le assurdità siano percepite come divertenti è un atteggiamento giocoso piuttosto che serioso. Il divertimento non ha bisogno della complessa macchina della rappresentazione simbolica e del far finta, ma molto semplicemente della capacità di porsi in un'attitudine giocosa verso le cose. Le cose sono divertenti, osserva Mary Rothbart, anche entro un contesto di realtà, e non solo in un contesto di finzione. Si consideri, per esempio, il divertimento che si prova nel vedere qualcuno che si mette un cappello troppo largo o che scivola su una buccia di banana. In questi casi non è necessario percepire la stranezza come finzione; semplicemente viene richiesto di percepirla come divertente, non seria e non minacciosa. E l'attitudine per la dimensione ludica, tutti concordano, emerge intorno ai quattro mesi. Così l'umorismo, secondo la Rothbart, può presentarsi già a partire da quest'età.[10]

Ci troviamo in un'impasse teorica all'interno degli stessi approcci cognitivi citati: o l'umorismo compare dai quattro mesi, oppure non compare fino ai diciotto. La soluzione sta nel cercare delle prove empiriche nell'età evolutiva. Siamo sicuri che questo ci permetterà di trovare una risposta definitiva al "quando"? La ricerca empirica fino a oggi è rimasta un po' in secondo piano. Molti studi si sono occupati dell'umorismo *verbale* e, in aggiunta, si sono focalizzati sulle *reazioni* dei bambini in età prescolare agli scherzi, piuttosto che sulle loro stesse produzioni umoristiche. Con queste limitazioni, sono pochi i dati che mostrano la possibilità che l'umorismo si presenti precocemente, intorno ai quattro mesi. Le prime affermazioni articolate relative alla *produzione* di umorismo nei bambini provengono dalle loro distorsioni verbali, attraverso cui essi creano spontaneamente delle occasioni di scherzo, come nel caso dei bimbi di due anni che ridono invertendo il proprio nome da Rosie in Sie-ro, o quelli di tre che si divertono riformulando le espressioni del "dottor Foster" e cantando seduti in bagno "il dottor Foster va a Gloucester sotto un acquazzone di pipì"! L'assenza di dati sull'esistenza di forme di umorismo precoce può essere dovuta al pregiudizio teorico per cui si crede che esso non possa esistere in quell'epoca dello sviluppo, e alla tendenza a focalizzarsi sull'umorismo verbale piuttosto che su una effettiva rilevazione delle abilità infantili. Ci sono dati che testimoniano una forma di umorismo preverbale negli esseri umani? I genitori dei bambini piccoli – che già fanno i primi passi o ancora più giovani – riferiscono usualmente che i loro figli riescono senza alcun dubbio a cogliere l'aspetto divertente delle cose; si divertono spesso per esempio nel fare apposta gli impertinenti e nello scherzare ben prima di saper parlare. Come possiamo considerare queste osservazioni che ci provengono dai genitori? Spesso si tratta di racconti riferiti alla risata – quel sussultare del corpo ripetuto e irrefrenabile che incarna il divertimento come nient'altro riesce a fare.

La natura e i significati del ridere

> Toglimi il pane se vuoi, toglimi l'aria, ma non togliermi il tuo sorriso [...]. Entrando il tuo sorriso sale al cielo cercandomi e apre per me tutte le porte della vita.
>
> PABLO NERUDA, *I versi del Capitano*[11]

Il ridere rappresenta qualcosa di speciale. Fa bene alla salute (da qui il recente diffondersi dei "club delle risate" in India!), è una gioia per lo spirito, e certamente è presente nei momenti quotidiani di scambio e condivisione, anche con i bambini. Contrariamente alla riflessione pessimista di Nietzsche, secondo cui si ride per alleviare il dolore ("L'uomo da solo soffre così atrocemente nel mondo che è stato costretto a inventare il ridere", aveva scritto), sembra che le risate si presentino fin dalla prima infanzia sotto forma di una felicità palpabile. Ma la risata in sé non può essere considerata un'evidenza dell'umorismo, anche se a esso si associa. Prima di tutto, possiamo apprezzare l'umorismo anche senza ridere, nonostante la "risata sia sempre in agguato".[12] Secondo, le risate non necessariamente costituiscono un indicatore di umorismo. L'epiteto di *homo ridens* (ossia il tentativo fatto da Aristotele di designare l'uomo come la scimmia che ride) non sembra avere basi molto solide: anche gli scimpanzé e i ratti "ridono" durante il solletico e il gioco, pur utilizzando un suono differente da quello degli uomini – ma non lo fanno durante un momento umoristico, come noi solitamente lo intendiamo.[13] Anche negli uomini adulti il ridere costituisce il più delle volte una strategia conversazionale, utilizzata per avanzare affermazioni, fare esclamazioni, porre domande e, solo meno frequentemente – circa il 10-20% del tempo delle interazioni quotidiane – esso è "causato" da eventi o enunciati di carattere umoristico.[14] Sorridiamo quando riusciamo a fare qualcosa di difficile, per il piacere del successo. Sorridiamo per la semplice soddisfazione di aver fatto esperienza di qualcosa, quando riconosciamo un amico che non vediamo da tempo, per il piacere o il sollievo di essere finalmente sull'aereo pronti per la vacanza dopo un viaggio da incubo verso l'aeroporto. Sorridiamo anche per l'imbarazzo, o in modo imbarazzante, quando sentiamo di tragedie (viene riferito, per esempio, di risate ascoltando gli eventi dell'11 settembre), o di amarezza e rabbia. La risata degli dei, secondo Omero, era "l'esuberanza della loro gioia celestiale dopo il banchetto quotidiano" e anche i bambini, di buon umore, spesso fanno "risate davvero senza senso".[15] Queste risate, anche se non possiamo definirle come un ridere senza un motivo, non necessariamente scaturiscono da qualcosa di spiritoso.

Quindi la sola risata non può essere un'evidenza di divertimento, ma trascurare del tutto questo aspetto sarebbe un errore. Solitamente non ci è difficile distinguere il ridere frutto del divertimento dalla risata di altro tipo, nonostante l'umorismo sia spesso unito ad altre emozioni. La risata in sé non è un'entità singola – le qualità acustiche ne distinguono diversi tipi; la risata soffocata ed esclamativa, per esempio, suona piuttosto diversa da una fragorosa o da una risatina. Queste differenze indicano immediatamente, quando le si ascolta, quale tipo di sentimento esse esprimano. Tali caratteristiche, e in particolare l'immediatezza, spesso sono indicative della genuinità del ridere e permettono di distinguere le risate di divertimento da quelle di gioia, successo, esuberanza, anticipazione e così via.[16] In aggiunta, i nostri giudizi solitamente si basano su informazioni contestuali. Il combinarsi di questi aspetti, quindi, dovrebbe permetterci di utilizzare la risata come indicativa dell'umorismo allo stesso modo in cui di fatto accade nella vita di tutti i giorni. Anche i genitori spesso utilizzano queste caratteristiche per distinguere tra i diversi tipi di risata del loro bambino. Primo, i bambini ridono, come gli adulti, in modi diversi e per una varietà di motivi. Durante il primo anno di vita cresce la gamma delle cose di cui ridono e, è interessante notare, i motivi per cui lo fanno sono simili a quelli degli adulti. Secondo, i genitori non trovano difficile identificare ciò per cui stanno ridendo i loro bambini. Questo è in netto contrasto rispetto a quanto accade nell'ambito di disturbi come l'autismo dove, nonostante la risata quotidiana sia presente in proporzioni considerevoli, è spesso incomprensibile e non condivisibile. Terzo, i segnali che sollecitano la risata nei bambini piccoli risultano fare completamente parte del loro essere coinvolti con le altre persone. Sembra esserci qualcosa di inestricabilmente sociale, e anche interpersonale, nelle nostre risate. Occupiamoci ora di alcuni dati empirici sul ridere dei bambini e pensiamo a come considerare questa forma di socialità.

Di cosa ridono i bambini? Differenti tipologie e contesti del ridere infantile

Per rispondere alle domande sollevate sul ridere e su come la comicità viene creata e percepita utilizzerò dati che provengono da tre diversi studi (che combinano interazioni videoregistrate, osservazioni fatte dai genitori e tratte da registrazioni, e interviste) condotti su bambini con sviluppo tipico, bimbi in età prescolare autistici e bambini con sindrome di Down. Madri di piccoli di otto mesi con sviluppo tipico riferiscono di riuscire a discriminare tra i differenti tipi di risate dei loro figli. Distinguono, per esempio, il ridere autentico da quello falso o forzato, e dalla categoria intermedia delle risate stentate o di cortesia. Riferiscono che il ridere *forzato* suona davvero diverso da quello autentico, ha una qualità poco convincente e i piccoli vi ricorrono di frequente per ottenere attenzione o "prendere parte a", quando gli altri stanno ridendo senza coinvolgerli nelle loro interazioni. Il ridere *di cortesia*, d'altra parte, viene riferito a contesti in cui il bambino può averne già abbastanza di un gioco o di uno scherzo, ma continua a ridere con tono blando e non sentito per soddisfare l'aspettativa del genitore e il suo entusiasmo! Si tratta di qualcosa di simile alle "risate di commento" individuate da Alan Fogel e Eva Nwokah in Utah.[17] Anche quando sembra che il bambino stia ridendo genuinamente, ci sono differenze prevedibili tra il ridere fragoroso, le risatine ripetute, un accenno di ridere soffocato, e lo "sbellicarsi dalle risa"! C'è la risata del *successo*, che spesso si traduce solo in una ridacchiata o un risolino soffocato quando il bambino è riuscito a padroneggiare qualcosa con un certo sforzo. C'è quella di *gioia/esuberanza*, solitamente espressa con una sequenza di risatine, spesso mentre si gioca a far la lotta. Poi c'è quella molto *fisica* dell'essere solleticati, o del prendersi le pernacchie sulla pancia o dell'essere inseguiti. Queste situazioni spesso portano alla grassa risata o a un incontrollabile sbellicarsi dalle risate.

Anche se possiamo pensare al gioco del fare la lotta come a una semplice, precoce e non particolarmente divertente tipologia di risata, ci sono buone ragioni per considerarlo seriamente. Shultz ha sostenuto come questi siano degli esempi interessanti di tendenze biologiche e primitive di affrontare cose un tempo vissute come pericolose per il bambino (e che potrebbero ancora esserlo), e che ora si presentano in un contesto di sicurezza. Il gioco del cucù, per esempio, rappresenta la storia della scomparsa della madre e genera nel bambino quel tormento delizioso del dover scegliere tra l'eccitamento e la paura, a condizione che tale scomparsa avvenga all'interno di un gioco familiare, e non costituisca mai un'esperienza di pura paura, né sia del tutto prevedibile o noiosa. Il solletico ripropone la storia del predatore che può colpire nel punto più delicato del proprio corpo – sotto le braccia, sulla pianta del piede, sulla gola. Anche il solletico, a condizione che sia fatto da una persona di fiducia che sta rispondendo alle reazioni di qualcuno, può mantenere quell'equilibrio tra il desiderio e la paura di essere travolti. Ovviamente, la forma più diretta di spavento e attacco da parte di un predatore è l'inseguimento, dove ancora una volta perché esso possa funzionare in senso ludico è necessario che si crei il giusto equilibrio tra la paura e il piacere. Per Shultz si tratta di forme di proto-umorismo che implicano ambiguità e un delicato equilibrio tra pericolo e sicurezza e che in maniera semplice anticipano quella giustapposizione di idee propria della percezione di incongruità. Anche Darwin pensava che il solletico del corpo fosse molto vicino nello spirito al solletico della mente proprio dell'azione divertente. Queste infatti non sono le prime ragioni del ridere dei bambini: anche il solletico ha bisogno di un certo lasso di tempo per dare origine alla risata. Il punto più importante è che, come vedremo tra breve, il solletico, il rincorrere e il gioco del cucù, come le altre azioni motivo di risata, sono di natura intrinsecamente sociale, e rientrano in un contesto di interazione partecipata, piuttosto che essere meri "stimoli" del ridere in sé.

Le risate descritte come *divertite* sembrano variare nella loro configurazione, e vanno dal ridere soffocato al ridacchiare, fino alla forma che alcuni descrivono come quella "normale". Possono presentarsi in risposta a una varietà di eventi, come suoni e azioni esagerate e improvvise, strane cose che il bambino stesso ha fatto con un oggetto, o azioni birichine rivolte verso altre persone. In generale, i bambini iniziano con una forma di umorismo grossolano di tipo visivo o uditivo (e con qualche contatto tattile del tipo pernacchie) e poi, verso la fine del primo anno, cominciano a ridere di quelle cose che sono socialmente inappropriate, e gradualmente si impegnano a creare incongruità piuttosto che solo osservarle. Tra le circa cinquanta azioni che Alan Sroufe e Jane Wunsch hanno chiesto alle madri di compiere in laboratorio per cercare di far ridere i loro bambini ce n'erano alcune "insolite" o incongruenti, come fare facce buffe (sebbene nelle interazioni quotidiane queste siano spesso accompagnate anche dal suono della voce), scuotere energicamente la testa, i capelli, fare una pernacchia o uno schiocco con la bocca, fare suoni di crescente intensità e poi bloccarsi di colpo e così via.[18] Si tratta di azioni semplici che sembrano strane per il contrasto che creano con le azioni o il tono ritenuti "normali", in termini tecnici perché percepite come incongrue, oppure più semplicemente per la forza o l'eccessivo vigore che vi è implicato. L'aspetto interessante è che queste azioni fanno ridere anche gli adulti. Anche noi ridiamo se qualcuno cammina con un'andatura a scatti, se le persone spalancano gli occhi e tirano fuori la lingua, se qualcuno parla con voce stridula, se sentiamo suoni che aumentano di velocità e poi si interrompono di colpo, o se guardiamo una videoregistrazione fatta scorrere a doppia velocità.

I nostri studi forniscono molti esempi del ridere infantile in seguito *a situazioni di farsa sperimentate da fonti visive o sonore*: rumori divertenti con un'accelerazione seguita da una brusca interruzione come quelli descritti da Sroufe e Wunsch, o persone che parlano con voci stridule e che fanno strane facce (anche se viene riferito che a otto mesi alcuni bambini reagiscono con perplessità – cioè quando non si definisce un contesto connotato in senso ludico e non ci sono suoni associati). Tutti i seguenti casi sono tratti da trascritti di uno dei nostri studi, in cui i nomi dei bambini sono di fantasia.[19] L'incongruità sul piano sensoriale (se vogliamo utilizzare questo termine) può provenire da fonti sensoriali diverse presentate dal genitore, come in questo esempio:

> Solo [...] se scuoti la testa così che i tuoi capelli si scompigliano balzando di qua e di là e fai "brrr", lui fa qualcosa come, lui si mette a ridacchiare. (Intervista alla madre di Adam, otto mesi)

Oppure possono essere organizzate dal bambino stesso come in questo caso:

> Mi si siede in grembo e [...] gioca con il mio reggipetto e lo tira verso di lei, anche se non sta cercando il seno per mangiare, lo tira soltanto verso di lei e io faccio un verso che fa "aaaah" e lei ride nel sentire il suono e continua a ridere [...] alla risposta [...] continua a tirarlo per ottenere una risposta. (Intervista alla madre di Vanessa, otto mesi)

In risposta a un evento imprevisto, come in questo caso:

> Sistemava questi vasetti piccoli piccoli in una specie di scatola lunga [...] mentre li metteva dentro, il fondo si era aperto ed erano caduti per terra [...] e il coperchio e la base si erano aperti [...] aveva sollevato la scatola guardando attraverso e si era messa a ridacchiare con piccoli gridolini [...] lo trovava incredibilmente divertente. (Intervista alla madre di Fiona, otto mesi)

O anche, meno frequentemente, nel caso di eventi meccanici:

> Oh, sembra sciocco [...] l'altra cosa che le piace davvero è ehm [...] lo sciacquone del bagno [...] e così lei [...] se cerca di tirare lo scarico [...] tiene girata la maniglia, e le piace vederlo, e questo la fa ridere e vuole farlo di nuovo. (Intervista alla madre di Fiona, undici mesi)

Nel caso del saltar fuori, o dell'inseguimento o del solletico fatto dai genitori, è coinvolta la percezione da parte del bambino del carattere improvviso dell'azione, l'esperienza di un'ambiguità rispetto a ciò che si aspetta, e non necessariamente un'incompatibilità (ciò che potrebbe essere definito anche come incongruità) tra un'azione e la sua configurazione attesa. L'incongruità, tuttavia, può essere interpretata come una questione di grado. Il saltar fuori in un punto insolito rispetto a quello atteso costituisce in una certa misura un'incongruità, ma non allo stesso livello del non saltar fuori per niente! L'esperienza che il bambino ha di questi eventi è chiaramente non seria, ed è spesso breve e immediata, consiste di risatine improvvise all'interno di un contesto ludico in corso, anche se più spesso si tratta di un'esperienza prolungata di divertimento e riso anticipatorio.

Cosa pensano gli adulti delle risate infantili

È interessante il fatto che quando nei nostri studi abbiamo chiesto ai genitori di bimbi con sviluppo tipico di cosa ridessero i loro figli, nessuno ha risposto di avere dubbi al riguardo. Solo uno aveva dichiarato di non essere riuscito a capire in un'occasione di cosa stesse ridendo la sua bambina:

> Qualche volta trova delle cose di cui ridere da sola, non so cosa sia, improvvisamente fa una piccola risatina tra sé e sé [...] e allora tu le chiedi "per cosa stai ridendo?" [...] alle volte può trattarsi solo di un gioco, o dello stare in piedi o appoggiata al divano di mia madre, sai, con quei disegni a fiori, si mette a giocare con quelli e qualche volta ride. Non so se si tratti dei fiori o del fatto di mettersi in piedi. (Intervista alla madre di Vanessa, otto mesi)

Nessuno dei genitori trovava la risata del bambino non appropriata o incomprensibile. Questo è importante per la semplice ragione che se per l'adulto a lui vicino risulta comprensibile, vuol dire che è anche condivisibile. Se non potete sintonizzarvi su ciò di cui qualcuno sta ridendo, è difficile che possiate condividerne il modo di rispondere. Ovviamente potrebbero esserci ragioni semplici e poco interessanti dietro le risposte dei genitori. Se un ricercatore vi chiede di cosa sta ridendo il vostro bambino, vi trasmette il presupposto implicito che *c'è* qualcosa di cui ridere! (Sarebbe come chiedere a un bambino con un pennello in mano "cosa stai dipingendo?"; la domanda invita a una risposta.) I genitori, come tutti, sono portati ad attribuire un senso alle azioni delle persone a loro vicine, e potrebbe perciò essere che cerchino di farlo anche là dove non c'è ragione. Spesso tuttavia, anche prima della risata, essi sanno ciò che sta cercando di fare – o sta facendo – il loro bambino, allo stesso modo in cui accade loro con gli adulti. È perciò poco probabile che le loro risposte risultino in qualche modo arbitrarie.

Una prova dell'importanza della fiducia con cui i genitori sembrano essere consapevoli dei motivi per cui ridono i loro bambini è il confronto con la diversità delle risposte ottenute dai genitori di bambini autistici. Questi non riuscivano *sempre* ad attribuire un senso al ridere dei loro figli quando non ve ne era uno certo. Le loro risposte spontanee erano molto diverse. Una madre commentava con tristezza il sentimento associato alla risata: "Lui ride... ma lo fa senza emozione". Anche se i bambini ridevano di molte cose che i genitori potevano identificare, e difatti lo facevano, c'erano volte in cui questi non riuscivano a capire di cosa stessero ridendo. Riferivano di trovare il ridere incomprensibile, e talvolta non "reale".[20]

> Lo fa parecchio (ride soltanto, senza guardare nessuno, e lo stava facendo proprio ora). Da qualsiasi parte si trovi. Prima sono andata per negozi, stavo camminando per il supermercato e lei era seduta nel passeggino e improvvisamente ha iniziato a ridere. E anche se non sembra esserci nulla di cui ridere, lei si mette a farlo. Non importa di che situazione si tratti, si mette a pensare a qualcosa e si mette a ridere senza che tu possa condividerlo con lei. Qualche volta ridiamo perché sembra felice, ma non sappiamo ciò di cui sta ridendo. (Intervista alla madre di Tara, bambina autistica di tre anni)

> Quando era piccola dicevamo che era strana, perché di sopra, nella mia camera da letto avevo mucchi e mucchi di cose da stirare [...] e Amanda era solita stare nell'angolo a osservare il mucchio di panni, e si sbellicava dalle risate [...] Questo è accaduto prima che le venisse fatta la diagnosi e di-

cevamo: "Caspita, è proprio strana". (Intervista alla madre di Amanda, bambina autistica di 3 anni)

Ma qualche volta l'ho anche visto semplicemente ridacchiare. Non sai di cosa sta ridendo [...] A volte sei sdraiata nel letto di notte e lo senti ridacchiare. È quasi come se ci fosse qualcuno in stanza con lui, sai, come se stesse intrattenendo una piccola conversazione. Alcune volte capita semplicemente per una parola pronunciata. Intendo dire, una volta abbiamo detto la parola "nero" rivolta a lui e stava quasi cadendo per terra a forza di risate. (Intervista alla madre di Tony, bambino autistico di cinque anni)

La stessa domanda posta ai genitori dei bambini in età prescolare con sindrome di Down raccoglie risposte molto diverse. Solo uno dei sedici intervistati ha riferito di non essere riuscito a capire di cosa ridesse il proprio bimbo per scarsa empatia nei confronti di ciò per cui il piccolo sembrava divertirsi: "Ride per cose terribili, per esempio quando qualcuno viene schiaffeggiato". Ma anche in questo caso era comunque chiaro il motivo e non c'erano dubbi al riguardo.

Il ridere dei bambini per le cose che anche gli adulti trovano divertenti

È particolarmente interessante il fatto che bambini e genitori trovino divertenti le stesse cose (in senso lato questo vale anche nel caso dei bimbi autistici e dei loro genitori). Il fatto che non ci siano relazioni che riferiscono di risate incomprensibili da parte dei bambini con sviluppo tipico e in quelli con sindrome di Down suggerisce che i genitori non si focalizzano semplicemente su ciò che loro riconoscono essere divertente. Inoltre, spesso in queste occasioni di divertimento che suscitano la risata è rilevabile un pattern di aspetti incongruenti: essi implicano una violazione della routine, accidentale o intenzionale, e l'alterazione dei normali movimenti facciali, vocali, o corporei. Una spiegazione più plausibile per capire come mai sia i bambini sia gli adulti ridano per gli stessi "motivi" è quella di ritenere che entrambi condividano analoghe abilità e un analogo modo di percepire *le occasioni di divertimento* (*affordances for funniness*) nelle cose che accadono. Il concetto di *affordance*, sviluppato da James Gibson quale spiegazione alternativa all'ipotesi rappresentazionale della percezione, denota le potenzialità per l'azione offerti agli animali dal loro ambiente di vita, una sorta di invito all'azione vincolato da ciò che l'ambiente offre in termini di caratteristiche distintive che possono essere percepite. Le specifiche caratteristiche percettive individuate da Daniel Berlyne rispetto agli stimoli definibili come "divertenti" – la novità, la sorpresa, l'ambiguità – potrebbero essere interpretate come le *affordances* ambientali per l'umorismo (che come tale non andrebbe considerato dipendente sempre da altri fattori).[21] Genitori e bambini abitano un mondo fisico simile (seppure non identico, date le differenze dei loro corpi) e possiedono abilità analoghe (di nuovo non identiche) di percepire alcune di queste caratteristiche. Ed è consolante osservare come anche i bambini autistici, quando ridono di fronte a manifestazioni evidenti di comicità, o quando rispondono alla sorpresa nel gioco del cucù e del solletico, condividano parte dello stesso ambiente percettivo.

> Adora che gli venga fatto il solletico [...] si diverte a essere rigirato e gli piace il pezzo dell'*Okey Cokey* quando si va tutti verso il centro insieme [...] lo trova davvero divertente. Se sta [...] gli piace [...] stava guardando in televisione Stanlio e Ollio, e quando cadevano o facevano qualcosa di buffo lui si metteva a ridere [...] se anche noi facciamo finta di cadere, si sbellica dalle risate. Lo trova molto divertente [...] e (alla fine dei TeleTubbies), ecco hai presente quando si sdraiano sulla schiena e agitano in aria le gambe e fanno tutte quelle altre cose? Pensa che sia una cosa divertentissima [...] quando lo abbiamo fatto anche noi. (Intervista alla madre di Jake, bambino autistico di quattro anni)

> Se per esempio siamo al parco e vediamo una papera che ne insegue un'altra. O un cane che insegue uno scoiattolo. Lui si mette a ridere, proprio da matti, lo trova molto divertente. (Intervista alla madre di Alan, bambino autistico di quattro anni)

Questa interpretazione suggerisce come non occorra che la comicità sia un'inferenza o un giudizio su un evento percepito, ma possa esistere nella forma di incongruità dell'evento in sé, e sia percepibile in quanto tale (considerata l'attitudine alla giocosità individuata da Mary Rothbart). I bambini possono quindi percepire queste caratteristiche prima dello sviluppo di un complesso sistema rappresentazionale e, dato un contesto e un umore giocoso, ridervi come fanno gli adulti. I dati sul ridere infantile legato a questi eventi strutturalmente incongrui indicano che ha poco senso continuare a tracciare la linea di confine per la comparsa dell'umorismo appena al di là dell'infanzia. Una visione più adeguata in termini evolutivi potrebbe consistere nel vedere lo sviluppo della comicità come un processo continuo che ha inizio precocemente nell'infanzia e che certamente ha uno sviluppo, ma questo avviene relativamente al suo *contenuto*, ossia rispetto ai suoi oggetti bersaglio e alla sua comprensione; non ci sarebbe perciò un tardivo passaggio evolutivo da un ridere non umoristico a uno di tipo umoristico.

Ma l'*affordance* dell'umorismo si trova davvero nello "stimolo"? La barzelletta sta davvero nel testo dell'evento raccontato? Sia le teorie rappresentazionali dell'umorismo sia quelle percettive possono cadere in questa trappola. L'*affordance*, tuttavia, è un fenomeno relazionale, "qualcosa che si riferisce sia all'ambiente sia all'animale in un modo in cui nessun termine preso isolatamente fa. Implica la complementarità dell'animale e dell'ambiente". Ciò comporta che le caratteristiche dell'essere sorpresi, per esempio, siano accessibili grazie al fatto che solitamente il mondo è regolare e *non* ci sorprende e poiché, basandoci su questa regolarità, possiamo rilevare la sorpresa e rispondervi attraverso il ridere. Immaginiamo vi siano degli alieni che provengono da un mondo caotico e non siano in grado di cogliere l'interruzione della regolarità, né siano capaci di rispondervi con sorpresa. La comicità, dunque, non è né in noi, né nell'evento, ma si trova nella relazione tra noi e l'evento. Anche questa spiegazione è tuttavia incompleta. Come si inseriscono le altre persone in tutto questo? Come si rapporta la comunità sociale rispetto allo sviluppo del senso dell'umorismo infantile?

Le incongruità-nel-coinvolgimento

Gli esempi fin qui riportati mostrano come la comicità sia qualcosa di molto più complesso della relazione che intercorre tra il bambino e le caratteristiche dell'ambiente. Le proprietà strutturali degli eventi che hanno suscitato le risate dei bambini erano in quasi tutti i casi percepite all'interno di uno scenario dato dalla partecipazione di altre persone che ridevano anch'esse. Questa partecipazione è così diffusa e sembra così essenziale al divertimento dei piccoli che è senza senso affermare che il "booh", o la "voce stridula" o l'improvviso cadere del coperchio dal retro della scatola di cartone siano divertenti solo per il modo in cui i bambini percepiscono come sono fatte strutturalmente le cose. Le proprietà strutturali acquisiscono un significato solo in relazione all'utilizzo che se ne fa e alla risposta che evocano. Tutte le cose che abbiamo menzionato sono, fin dall'inizio, *utilizzate* dalle persone per divertire e fare ridere, e anche i genitori vi ricorrono *perché* esse suscitano il riso infantile. Se si prende l'esempio del bambino che ride in seguito a un'azione fatta dal genitore, sia il primo sia il secondo sono portati a continuare mantenendo reciprocamente ciò che stanno facendo; il genitore per via della risposta del bambino, il bambino per ciò che sta facendo il genitore. L'*affordance* per l'umorismo si deve trovare in qualche modo in un triplo set di relazioni bi-direzionali tra il bambino, il genitore e l'evento. Il divertente del "booh", quindi, è nel "booh" in sé, nell'individuo *e* nella comunità sociale di riferimento. Non c'è una reale possibilità di separarli. Questo è vero per molte cose divertenti – fare facce spiritose, suoni insoliti, e simili. Se si prendono in considerazione forme di divertimento che presentano una complessità maggiore, come la presa in giro, diventa ancora meno possibile separare l'aspetto strutturale da quello individuale e sociale. Esse sono basate su aspettative e norme, prevedono una reazione di sorpresa, e non possono esistere al di fuori del riconoscimento sociale. Se siete coinvolti in una presa in giro e nessuno ride, la cosa non è certo divertente. Non si può quindi avere una visione del divertente che sia del tutto strutturale o puramente sociale. Il divertente non è né un fenomeno arbitrario, relativistico e privo di fondamenta, né un fenomeno puramente strutturale e "oggettivo".

Anche il ridere più precoce, che si sviluppa a partire dai tre-quattro mesi, emerge nell'ambito di forme di coinvolgimento sociale faccia-a-faccia. Darwin mostra dall'accurata descrizione delle precoci risate dei suoi figli, che le prime forme si sviluppano a partire dai sorrisi.[22] Esse appaiono, rispetto sia ai contesti di ricorrenza sia in relazione alla forma che di fatto assumono, come sorrisi più intensi e lasciano perciò, nei primi mesi di vita, i genitori perplessi a chiedersi se quel leggero singhiozzo o quel suono simile al singhiozzo nel mezzo di un sorriso sia realmente una risata.[23] Questi primi sorrisi-risate non si presentano in solitudine, ma durante le "chiacchierate" con le altre persone, come estensione del sorriso sociale.

"Non ridacchia mai delle cose quando è solo, ma sempre quando giochiamo con lui, e stiamo cercando di farlo ridere", dice la madre di un bimbo di dodici mesi, Ben, riferendosi alle prime tre settimane di comparsa di questa risata precoce. Quattro settimane circa dopo la sua prima risata, tuttavia, è stato sentito ridere da solo giocando con una tenda mobile sopra di lui. La seguente descrizione tratta da un video sul riso precoce di Ben (a dodici mesi) mostra l'intenso coinvolgimento faccia-a-faccia, le aspettative, e le motivazioni al dialogo implicate in ogni risata del bambino e in ogni azione elicitante-la-risata compiuta dalla madre. È lunga, e per alcuni versi anche scontata, ma illustra bene come la risata sia interamente inglobata all'interno dello scambio sociale:

Ben è sdraiato sul pavimento, Lucy è china su di lui e gli sta chiedendo (fingendo di fargli domande da grandi) della sua giornata.
Ben la guarda intensamente e la osserva con un sorriso.
"Che sorriso delizioso" dice Lucy.
Ben continua solo a sorridere a Lucy.
Lucy ripete con una voce più profonda "Che sorriso delizioso!".
Ben fa un suono quasi come di risata "Hmmmh, hmmmh!", continuando a osservare Lucy intensamente.

Lucy imita la risata, e dice "Ha ha! Che risata divertente!".
Ben fa ancora quel suono, più lungo "Hmmh, hmmh, hmmh, ha!" e termina con una risatina ben distinta!
"Che risata divertente!" dice ancora Lucy con voce profonda.
Ben fa almeno una risatina, ora rispondendo con aria più pacata, continuando a guardarla con intensità.
Lucy fa una risatina falsa, con quella stessa voce profonda, cupa.
Ben semplicemente la guarda, sorride, in maniera solo accennata.
Lucy dice "Che risata divertente!", ora la sua voce inizia ad assumere una tonalità meno marcata, con un tono più congruo a una conversazione, che corrisponde alla sobrietà del bimbo.
Ben semplicemente la guarda, fa un sorriso, poi non sorride più.
Lucy dice "Niente più?", ora con un timbro di voce normale.
Ben sorride.
Lucy dice "Niente più?", questa volta un po' più veloce.
Ben ora sembra stia conversando – mormora qualcosa, muove le braccia sussurrando vocalizzi, guarda intensamente Lucy, non sorridendo ma assumendo un'espressione amabile.
Lucy lo guarda, e sta tranquilla per un po'. Poi, a un nuovo tentativo di conversazione fatto da Ben, che non sorride, Lucy si sporge un poco in avanti facendo un "bubububububub!" come in risposta, in un tono pacato.
Ben la guarda per un secondo senza sorridere, poi d'improvviso ride di nuovo.
Lucy ripete il "ubububububub!", ora con voce più profonda e intensa.
Ben la guarda, sorride, poi erompe in un gridolino più acuto.
Lucy ride con lui, e dice "Che mamma divertente!".
Ben la guarda, ora di nuovo non sorride più.
Lucy ripete il "ubububububub!" di nuovo, riducendone l'intensità, come Ben che ora la guarda ma non sorride né ride.
Lucy si interrompe, lo guarda e inizia ora solo a chiacchierare, con la voce in un normale tono interrogativo e chiede "Sono abbastanza simpatica?", e così continua.

Ogni sorriso, gridolino o tentativo di suscitare un'azione o una risata era completamente inserito nella risposta dell'altro.

Secondo quanto riferiscono i genitori, anche qualcosa di apparentemente fisico come il solletico, almeno nei primi mesi, per essere divertente richiede una forma di co-costruzione, una dimensione di scambio sociale. Sembra che a quest'età il divertimento si trovi nella componente dell'*interazione sociale*, piuttosto che nel solletico in sé; in ciò che si crea insieme a livello vocale e gestuale, nel timore e nella sua anticipazione, piuttosto che nella pura sensazione fisica associata all'azione. Gli esempi che seguono provengono dal nostro studio longitudinale sullo sviluppo tipico dei bambini:[24]

[...] se gli solletichi la pancia e gli fai una specie di "ticka, ticka, ticka, ticka" così, lui la prende come una cosa divertente. Credo che sia anche la voce a farlo ridere. (Intervista alla madre di Adam, sette mesi)

Anche nell'inseguimento il divertimento sembra provenire dallo scambio sociale, non dal fatto in sé di farlo:

Cammina in modo pesante (lontano da suo padre), ondeggiando le braccia, emette piccoli urli ridendo e facendo dei da da da e allora lui la insegue, batte i piedi facendo rumore e lei urla ridendo e lui la prende in braccio e la fa volare in aria e poi la rimette giù [...] E ogni volta che si avvicina la bimba fa di nuovo così e allora lui fa un passo verso di lei e lei continua e pensa che sia incredibilmente divertente, si sbellica dalle risate e si mette come a barcollare per tutta la stanza, ridendo e rifacendo quei movimenti, ride così tanto che non sempre riesce a mantenere l'equilibrio. (Intervista alla madre di Fiona, undici mesi)

Ci sono inoltre alcuni casi di risate infantili suscitate da azioni sociali che non sono affatto incongruenti come, per esempio, quando qualcuno imita il bambino o questi fa a sua volta lo stesso:

Stuart stava facendo qualche strano brontolio sul passeggino, così io ho aspettato che smettesse e ho fatto lo stesso rumore. Mi ha guardato, ha riso, e ha ripetuto il rumore. (Intervista alla madre di Stuart, otto mesi)

Eravamo tutti nel letto, avevamo appena fatto colazione e Adam era abbastanza di buon umore. Aveva iniziato a tirarsi l'orecchio, e Graham aveva cominciato a fare lo stesso con il suo di orecchio. Adam ha pensato che fosse molto divertente, e così ha iniziato a tirarsi entrambe le orecchie [...]. Graham ha iniziato a fare lo stesso e ha fatto solo quello. Adam ha iniziato a fare delle cose, Graham a imitarlo, Adam si è messo a ridere e alla fine si sbellicava dalle risate. (Madre di Adam, undici mesi, registrazione)

In questo caso ciò che sembra essere cruciale non sono le incongruità di per sé – intese in senso astratto e decontestualizzato – ma le incongruità-agenti-nell'interazione. Le origini della risata umoristica si collocano all'interno del coinvolgimento interpersonale. Non sappiamo, ovviamente, se il bambino avrebbe riso ugualmente se non ci fossero state persone con cui condividere il suo divertimento. (Ciò sembra richiamare quella vecchia domanda – quale lingua parlerebbero i bambini se non fossero esposti a quella degli adulti? – che, si racconta, il re Giacomo cercò di affrontare facendo crescere un bambino con genitori sordomuti su un'isola vicino a Edimburgo.) Sappiamo che là dove i bambini vengono cresciuti in condizioni di disagio, come in Romania, con poca gioia nelle loro vite, la risata è pressoché assente dalla loro quotidianità. Non sappiamo quanto tempo trascorra tra il ridere in contesti interpersonali e il momento in cui i bambini iniziano a farlo da soli. È probabile, tuttavia, che queste risate solitarie siano rare, e ancora di più nei primi mesi che non nei successivi.[25] Le descrizioni del ridere solitario iniziano dalla seconda metà del primo anno di vita. Il padre di una bimba di sei mesi ne parla a proposito di un giorno in cui stava stendendo il bucato in giardino con la bambina seduta nel seggiolone lì accanto. L'aveva sentita ridere, e si era voltato a guardarla mentre lei osservava il cielo e le nuvole che si muovevano velocemente. A partire dagli otto mesi ci sono alcune descrizioni che riferiscono di risate infantili non connesse ad alcuna partecipazione sociale o emesse in relazione a eventi non animati. Ma si tratta di osservazioni sporadiche e lontane dall'essere concordi.

Nel nostro studio sull'autismo abbiamo riscontrato come questi bimbi ridano più frequentemente in solitudine rispetto a quanto facciano i bambini con sindrome di Down, e lo stesso accade nel caso della risata "solitaria", fatta quando bambini e genitori non si trovano insieme (ossia, quando il focus della risata non è condiviso).[26] Nel caso degli adulti, mentre possono capitare occasioni in cui ci si trovi a ridere da soli (ma c'è sempre un interlocutore immaginario o potenziale, giusto?), raramente la risata resta non condivisa se ci si trova in compagnia di qualcuno. Nei bambini autistici, il fatto che lo possa rimanere e che risulti incomprensibile lascia aperta l'ipotesi che il divertimento possa sperimentarsi, dal punto di vista evolutivo, in maniera indipendente rispetto alle relazioni interpersonali. Tuttavia, il fatto che ciò accada in un percorso di sviluppo atipico e sia concepito come una anomalia indica che si tratta di un processo non comune e inusuale.

La sensibilità alle risate degli altri

Interesse e desiderio di unirsi alle risate degli altri

Le risate delle altre persone suscitano interesse e possono essere la componente chiave che permette di condividere l'umorismo. Da adulti sappiamo quanto una risata nelle giuste circostanze possa essere contagiosa. Anche i bambini, a partire dai sei mesi di età, si mostrano non solo interessati al ridere altrui, ma anche motivati a prendervi parte e a condividerlo, pur senza sapere da cosa abbia origine. Questo tipo di risata non è come quella contagiosa; viene descritta essere molto meno "spontanea", come un atto comunicativo deliberato (piuttosto che non emotivamente incontrollato). La prima volta che ho sentito una risata di questo tipo (e non avrei mai considerato abbastanza seriamente il ridere forzato se ciò non fosse accaduto) ero andata a far visita a Colwyn Trevarthen nel suo studio a Edimburgo, con Shamini che all'epoca aveva cinque o sei mesi. Lei se ne stava sul suo seggiolino dell'auto al di là della vetrata, a circa cinque metri di distanza da dove noi stavamo parlando. Poteva sentirci ma non era in contatto faccia-a-faccia con nessuno di noi due. D'un tratto abbiamo avvertito che la bimba faceva un forzato "ha ha ha". Mi sono resa conto che poco prima che lei emettesse quel suono, noi avevamo riso di qualcosa. Sembrava avesse fatto anche lei un (povero) tentativo di unirsi a noi. I genitori riferiscono di frequente l'utilizzo di questo tipo di risata da parte dei loro bambini nella seconda metà del primo anno di vita.[27]

> Le piace sentire le altre persone ridere [...] ride insieme a loro [...] se tu, se fai finta e fai una risata, lei si siede lì e ridacchia con te, e anche se non c'è nulla di divertente, se non hai fatto nulla, anche se solo ti siedi lì e ridi, lei si mette a ridere con te. (Intervista alla madre di Melanie, undici mesi)

Non tutti i bambini mostrano quelle che i genitori chiamano false risate. Alcuni lo fanno, soprattutto per unirsi al ridere degli altri. Ma alcuni appaiono perplessi quando non capiscono perché la risata sia diretta verso di loro, e se ne vanno:

> Ora sembra che effettivamente si siano interrotte (le risate forzate) [...] aveva una specie di [...] risata fatta quasi perché tutti gli altri stavano ridendo. Ma a essere sinceri sembra che ora le abbia interrotte [...] Me ne sono accorta quando le bambine stavano ridendo di qualcosa [...] e lui avrebbe riso [...] ehm [...] ma ora lui si muove di più, non sembra [...] così [...] Penso non lo faccia più perché non si siede lì e sta a sentirle e guardarle per tutto il tempo, se ne va via di sua iniziativa. (Intervista alla madre di Stuart, undici mesi)

Nei bambini autistici, tuttavia, è meno evidente l'interesse per il ridere altrui. In un'analisi condotta su interazioni videoregistrate, con bambini, genitori e ricercatore presenti, abbiamo visto che in più di tre quarti delle occasioni in cui le altre persone ridevano in loro presenza, essi non alzavano lo sguardo. Con i bambini con sindrome di Down, invece, questo accadeva in media la metà delle volte. Stando ai genitori, era raro che i bambini autistici ridessero in risposta al ridere altrui. Anche nel caso di quei pochi che ridevano sentendo gli altri farlo (contro i tre quarti dei bambini con sindrome di Down), i genitori descrivevano queste risate come "ecoiche" o imitative, piuttosto che come dei tentativi di unirsi agli altri o attrarne l'attenzione.

Fare i clown: cercare di far ridere gli altri

Gli esempi di umorismo che abbiamo discusso fino a ora sono prevalentemente focalizzati sull'esperienza soggettiva che se ne ha quando si percepiscono cose che accadono attorno a noi. Come ho detto prima, non abbiamo ancora considerato l'umorismo generato direttamente dalla persona. Il clown, colui che racconta barzellette, che scherza o che fa il clown prova la stessa esperienza anche quando fa dell'umorismo? Freud ha osservato come sia possibile ridere tra sé e sé per qualcosa di divertente, mentre non sia possibile fare lo stesso facendo uno scherzo a se stessi; i processi coinvolti nel fare, ricevere o osservare uno scherzo sono lievemente diversi, anche se in entrambe le situazioni ci si diverte.

> [...] nessuno può ritenersi soddisfatto di aver coniato un motto per sé solo. L'urgenza di comunicarlo è indissolubilmente legata al lavoro arguto; è un'urgenza tanto forte che spesso si realizza passando sopra a scrupoli notevoli. Anche nel caso del comico la comunicazione a un'altra persona assicura il godimento; ma non è imperativa, perché chi s'imbatte nel comico può gustarlo anche da solo. Indispensabile è invece comunicare il motto a qualcun altro; il processo psichico che dà vita al motto non sembra concluso col sopraggiungere dell'ispirazione, resta un qualcosa, e lo sconosciuto processo del motto è portato a termine solo comunicando l'idea. [...] Quando m'imbatto nel comico, posso riderne io stesso di cuore; però mi diverto anche quando, comunicandolo, riesco a fare ridere un'altra persona. Invece, del motto che mi è venuto in mente, che ho fatto io, non riesco a ridere, anche se è innegabile il compiacimento che ne provo. È possibile che il mio bisogno di comunicare il motto a un altro sia in qualche modo connesso a questo effetto di ilarità che a me è negato ma è manifesto all'altro.[28]

Nell'atto di produrre qualcosa di divertente, lo scherzo sembra essere un atto a metà, che può essere completato solo dal ridere di un'altra persona. Nel caso in cui il divertimento viene prodotto direttamente dalla persona (piuttosto che essere una risposta ad azioni altrui), distinguere tra lo scherzare e il divertirsi può non essere così chiaro. Creare qualcosa che fa ridere sembra ancora più inevitabilmente un atto sociale. Cos'è che ci porta a diventare spiritosi? E come (e da quando) questo inizia?

I bambini piccoli, lungi dall'essere limitati dal non aver ancora sviluppato il linguaggio e le abilità rappresentazionali, non solo ridono delle azioni altrui, e talvolta in reazione a eventi meccanici, ma *fanno* anche cose in modo deliberato per far ridere gli altri. Lo scherzo, che può essere inteso come un *gioco* con i pensieri, i sentimenti e le azioni di qualcuno, può essere non verbale così come verbale. Inoltre, è possibile osservare bimbi che a partire dagli otto mesi partecipano a momenti di interazioni divertenti come agenti attivi, piuttosto che solo come osservatori e spettatori. Inizialmente, tuttavia, la comicità di un'azione infantile sta in genere nella *risposta* del genitore (e nella sensibilità del bambino *verso* questa risposta). La maggior parte delle situazioni ha inizio grazie al fatto che il piccolo mostra interesse nei confronti di alcune caratteristiche fisiche, sensoriali o di vigore di una certa azione, che diventa divertente (piuttosto che solo interessante) per il fatto che qualcuno ne ride. Il bambino, durante il suo primo anno, raramente sembra pianificare un'azione che faccia ridere; ci arriva per caso. Eppure, una volta che l'inaspettato accade e riesce a suscitare il riso degli altri, i piccoli ripetono di proposito quell'azione, solo poche volte oppure con un'insistenza tale che il divertimento degli altri e la loro risata diventa innaturale e stupida! Ecco a questo proposito un esempio di una bambina di undici mesi che fa il clown:

> Imitava la nonna che russava, guardandosi attorno. Tutti ridevano imbarazzati (perché la videocamera era accesa) e perché la sua faccia era veramente buffa. Lei osservava le loro facce e rideva (una risata sociale, quasi complice, non una risatina improvvisa) e poi lo faceva di nuovo, ora in modo deliberato, aspettando una reazione. Tutti ridevano, incapaci di resistere. Lei ripeteva quella buffa espressione, guardandoli. Ha continuato per diversi giorni a fare queste facce ogni volta che qualcosa (come uno sbadiglio) glielo faceva venire in mente, aspettando le risate. Dopo due settimane trascorse così, difficilmente il gioco poteva essere ancora divertente![29]

Proprio come i clown, impegnati a proporre cose divertenti e a portarle avanti giocando, così i bambini sono sensibili alle risate degli altri e a queste interessati, e sono motivati abbastanza da risalire alle loro cause per riprodurle. Le descrizioni di episodi in cui i piccoli fanno i clown sono chiare rispetto a un punto: all'età di otto mesi non sono loro a ridere per primi, ma lo fanno se gli altri iniziano a farlo. Sembrerebbe che le cose diventino divertenti attraverso il giudizio espresso dagli altri.

Il bambino, quindi, sta realmente facendo uno scherzo? Ci sono due motivi per rispondere affermativamente. Primo, questo è ciò che di norma accade agli adulti o ai clown di professione. Se cerchiamo di far ridere, cerchiamo di fare ciò che ci sembra funzioni. E a tutti può capitare che qualcosa che all'inizio sembra noioso poi appaia con "un lato divertente" osservando qualcuno (che ci piace) che ne ride. Secondo, le cose che fanno i bambini sono sorprendentemente simili (vedi la tabella 9.1) al tipo di cose che fanno i clown adulti per suscitare la risata nel pubblico – in effetti questo difficilmente deve sorprendere, dal momento che il pubblico in entrambi i casi è lo stesso! Le cose che vengono fatte per far ridere gli altri sono in tutti i casi incongrue sotto un certo punto di vista, dato che violano norme fisiche o sociali.[30] I bambini comprendono solo in minima parte quanto profondamente queste azioni violino la normalità, e il motivo per cui esse sono divertenti per gli altri, ma sembrano certamente cogliere che vi è una qualche violazione e che questa è associata al ridere.

Che cosa succederebbe se sfregarsi la testa fosse visto come qualcosa di molto divertente in una cultura in cui la testa è considerata una parte sacra del corpo? Indubbiamente, sia i clown adulti sia i bambini svilupperebbero l'idea che questo movimento è un "trucco" per far ridere le altre persone. La struttura dell'azione in sé non può essere del tutto separata dalle reazioni sociali. Il fare i clown nell'infanzia illustra meravigliosamente il modo in cui vengono a crearsi tradizioni di umorismo all'interno di forme di interazione interpersonale. Così come avvicinandosi a una nuova cultura si impara ad apprezzare un umorismo prima sconosciuto, così l'umorismo infantile mostra come i bambini dalla seconda metà del primo anno imparino cos'è divertente nel loro mondo. Inoltre, questo dimostra come le radici dell'umorismo non consistano solo nel modo in cui lo scherzo è organizzato, ma anche nel processo motivazionale/emotivo del provare interesse per le reazioni emotive altrui, in particolare in questo caso per il ridere.

Chiaramente, la sola analisi strutturale delle azioni o degli eventi non è sufficiente per spiegare l'umorismo, come non lo sarebbe assumere una prospettiva in terza persona. È necessario considerare l'umorismo come un processo sociale. La chiave per comprenderne l'essenza potrebbe consistere nel mappare il modo in cui si sviluppano questi processi di partecipazione interattiva piuttosto che nell'analisi degli elementi di cui si compone l'azione di per sé. Ciò che è divertente è l'attività che si sviluppa nel coinvolgimento e, nel caso del clown, essa si sviluppa semplicemente attraverso il ridere delle altre persone per comportamenti inusuali e scoperti per caso.

Ma non tutti i bambini colgono il legame tra le risate degli altri e le loro azioni. Si veda, per esempio, questa descrizione riportata dalla madre di una bambina autistica:

Tabella 9.1 Tipiche azioni ripetute per (ri-)elicitare la risata negli altri: adulti clown e bambini.

Adulti clown	**Bambini clown**
Movimenti insoliti del corpo: cadere; scivolare; camminare buffo; danzare insolito	*Movimenti insoliti del corpo*: ritrarre la testa nel collo; scuotere la testa; farla dondolare; camminare buffo; buttarsi da una parte all'altra
Espressioni facciali insolite: occhi strani; sorrisi pitturati; puntini sulle guance	*Espressioni facciali insolite*: smorfie; sporgere in fuori il labbro inferiore; far roteare gli occhi
Suoni insoliti o rumorosi: colpi; strilli; voci roche	*Suoni insoliti o rumorosi*: strilli acuti; strida rauche; urla; tosse simulata; risate finte; fare il verso "bèe bèe" *Azioni estreme*: digrignare i denti saltando e muoversi vigorosamente; suoni pronunciati con azioni impetuose; dare colpi sulla testata del letto; colpi, spruzzi
Azioni assurde: colpire se stessi; lanciare torte in faccia agli altri; spruzzare le persone con la canna ecc.	*Azioni assurde*: dare colpetti sulla testa della propria mamma; guardare da sotto le braccia; mordere le dita degli altri; mettere il ciuccio nella bocca della mamma; tirarle le calze, la pelle; sollevare i piedi maleodoranti; dare i baci alle ginocchia del fratellino; mettersi il pollice in bocca; toccare le dita dei piedi; mettersi la papera giocattolo in bocca con espressioni facciali divertenti; spruzzare gli altri
Azioni irriverenti, insolenti e ostili: violazione di tabù, comportamenti maleducati	*Mostrare parti del corpo solitamente nascoste*: sollevare il vestito e mostrare la pancia indicando l'ombelico *Violare le norme*: canzonare in modo deliberato senza accondiscendenza, canzonare offrendo e ritirando gli oggetti *Violare le costruzioni degli altri*: buttare per terra i giochi degli altri; far cadere le costruzioni di mattoncini; canzonare perturbando le intenzioni altrui attuali o future
Ridicolizzare ciò che è serio: fare satira su politici, e anche su eventi e oggetti religiosi *Canzonare*	*Imitare le azioni strane degli altri*: imitare la faccia della bisnonna mentre russa, imitare le facce strane della nonna, imitare il suono fatto dalla mamma

segue

continua

Adulti clown	Bambini clown
Assumere un aspetto grottesco: organi genitali maschili e femminili posticci (come nella popolazione degli Hopi), seni finti e travestimenti da uomini (come gli inglesi)	*Addobbarsi in modo strano*: mettersi il vestito da matrimonio, mettersi una tazza sulla testa
Azioni infantili, regressive: bere/mangiare l'urina, buttarsela sopra la testa (come gli Zuni) ecc.	*Azioni infantili, regressive*: fare le pernacchie con il cibo o l'acqua in bocca; fare suoni sputando l'acqua

> Non c'è niente che le faccia pensare "se faccio questo farò ridere mamma e papà e ci divertiremo" [...] Non le capita mai di fare qualcosa per farci ridere. Se ha fatto qualcosa in modo casuale, e come qualche volta è capitato la prendi in braccio e la metti sottosopra mentre sta facendo qualcosa e ti metti a ridere e vai avanti con un "Tara, cosa stai facendo?" non c'è da parte sua alcun riconoscimento di questo, o che lei pensi "oh, stanno ridendo perché io ho fatto questo", e si metta a farlo ancora. Questo è un aspetto evidente, che si nota, è mille miglia dagli altri bambini [...] Non mi viene in mente neanche una volta in cui lei abbia fatto qualcosa per farci ridere. (Intervista alla madre di Tara, bambina autistica di 3 anni)[31]

Fare i clown non solo rivela che ci si accorge dell'attenzione altrui (si veda la correlazione con il gesto di indicare proto-dichiarativo nel capitolo dedicato all'attenzione) ma ci dice molte cose anche dell'interesse che i bambini hanno per le reazioni emotive degli altri, e della loro abilità nell'influenzarle. I bambini autistici, rispetto ai bambini con sindrome di Down, mostrano un'evidente mancanza della capacità di scherzare. E i pochi che, come riferito, ripetono le azioni per far ridere le persone, solitamente ricorrono a frasi fatte e atti singoli. È difficile fare i clown utilizzando una formula stereotipata. Da questo punto di vista si può affermare che lo scherzare ci offre ancora maggiori conoscenze sulla consapevolezza che abbiamo della mente altrui.

Distanza e disimpegno nell'umorismo

Ma c'è un altro lato nella socialità implicata nel divertimento umoristico – un lato quasi paradossale. Mentre l'umorismo sembra richiedere stretto coinvolgimento nelle risposte del pubblico e una forte sensibilità per configurazioni e azioni sociali, spesso implica un simultaneo distacco e disimpegno da tutte queste cose. Gli umoristi sono persone "a latere": rivelano una capacità di camminare accanto agli altri evitandone pressioni e preoccupazioni, mostrando un deciso rifiuto per ciò che è comune, per un ovvio modo di coinvolgersi, di capire o accettare ciò da cui sono coinvolte le altre persone. È come se, per generalizzare un esempio di Bergson, si tappassero le orecchie mentre guardano gli altri ballare. Coloro che stanno ballando, con i loro movimenti intensi, assorbiti in se stessi, o teatrali, possono infatti apparire assurdi, divertenti o ridicoli. Ricordo un commento privo di tatto e mortificante fattomi da un'insegnante mentre a otto anni mi stavo esibendo in una danza su un palco all'aperto dove l'impianto acustico della scuola (a me sconosciuto) semplicemente non funzionava. "È così buffo vederti ballare senza musica" aveva esclamato la maestra! Ciò che fa sì che le azioni di un'altra persona sembrino divertenti è il fatto che la persona che osserva non si lasci coinvolgere (in questo caso letteralmente) dalla musica che anima l'altra.

Spesso creiamo di proposito questa condizione di non partecipazione e lo facciamo in modi molto diversi (alcuni di noi lo fanno più di altri), sminuendo per esempio una conversazione dal tono serio, violando le routine da cui siamo assorbiti, creando grandi occasioni di assurdità semplicemente rifiutando di stare al gioco o di accettare la serietà con cui gli altri prendono le cose. Conosciamo tutti la sensazione che si ha quando si riesce a ridere di qualcosa che era prima apparso come una disgrazia, o quel cogliere all'improvviso un aspetto di assurdità nel mezzo di una riunione, durante la quale le persone attorno al tavolo sembrano attori coinvolti in un'elaborata messinscena. Quando questo accade, stiamo rompendo la connessione che ci lega agli altri. Sembra essere precisamente una mancanza di empatia, un rifiuto di condividere gli umori, i pensieri e le preoccupazioni che può far nascere l'umorismo o che da questo può derivare. Al pari della relazione e della comprensione, la reciproca *in*-comprensione e *non*-relazione sembrano essere la casa naturale e natale dell'umorismo. In quanto partecipanti di un gruppo sociale, è necessario riuscire allo stesso tempo a unirsi a esso e restarne fuori.

I bambini riescono davvero a impegnarsi in questa forma di disimpegno? Se l'unica cosa di cui essi fossero capaci consistesse nel collaborare a ciò che è atteso e in semplici tentativi di suscitare la risata facendo qualunque cosa "faccia piacere agli altri", il loro umorismo sarebbe certamente impoverito. Ma non è così. I bambini mostrano anche la capacità di eludere ciò che è comunemente accettato e di compiere quanto è *in*-aspettato. Sanno prendere in giro.

Il disimpegno partecipe: il prendere in giro nell'infanzia e nell'autismo

A partire dai nove mesi circa, i bambini mostrano di essere capaci di violare le aspettative altrui. In due studi longitudinali condotti con bimbi nel loro primo anno di vita, i genitori hanno riferito tre tipologie di presa in giro. La più comune era il non accondiscendere fatto a fini provocatori, di cui abbiamo visto alcuni esempi nel capitolo sulle intenzioni. Le provocazioni non sono sempre fatte per il piacere di realizzare una certa azione: i casi che più colpiscono sono quelli in cui il bambino non ha alcun desiderio di compiere quella azione – l'obiettivo è la provocazione di per sé, come nel seguente esempio di Rohan a quattordici mesi:

> Lo stavo tenendo sulla mia anca sinistra mentre ero davanti ai fornelli e stavo rimescolando qualcosa nella pentola. Gli era capitato in precedenza di toccare accidentalmente un tegame caldo (ma molto leggermente) e si era quasi scottato. Sapeva che era doloroso, spesso commentava appropriatamente con "caldo" e si fidava non toccando le cose che gli veniva detto essere calde. Oggi gli stavo dedicando poca attenzione, e lui lentamente aveva allungato una mano verso il tegame (guardandomi con un sorriso accennato sul volto, che non ho visto subito perché avevo lo sguardo rivolto verso il basso); gli ho detto prontamente "no, caldo!", ma lui non l'ha ritirata. Ho alzato lo sguardo e ho visto che mi guardava con un accenno di sorriso giocoso. (Questo scherzo non si era mai presentato prima, e non si è più presentato.)

Altri tipi di presa in giro consistono nel semplice offrire e ritirare un oggetto o, e questo è ancor più interessante, il sé:

> Adesso si trascina per terra di più. È un nuovo gioco... intendo, la sto tenendo, e arriva mio marito per prenderla, e lei fa finta di voler andare da lui, e poi si ritrae. E questo capita con tutti; anche se arriva mia madre e io le dico "vai dalla nonnina", lei allunga le braccia come per andare da lei, e poi le ritrae [...] si mette a ridere, pensa che sia davvero divertente, perché loro fanno un "oh, um" e lei continua a farlo. (Intervista alla madre di Dana, undici mesi)[32]

Azioni provocatorie più generali che perturbano le attività degli altri:

> Holly (la sorellina di tre anni) è nel salotto in quel momento e sta giocando con il Lego, e Stuart sembra trovi molto divertente farli cadere. Ogni volta che lei mette insieme i mattoncini lui li butta giù e poi sta seduto lì e ti guarda ridendo. È quasi come se lui pensasse che da quello potrà trarne una grossa risata, anche se gli dici no, lui pensa semplicemente che sia divertente. (Intervista alla madre di Stuart, undici mesi, registrazione)[33]

Frequentemente queste azioni, che iniziano a presentarsi sotto forma di casi singoli talvolta rilevati dai genitori, si sviluppano in contesti di gioco, ma non sempre. Qualche volta, una singola azione di gioco dal carattere scherzoso non viene più ripetuta al di là dell'occasione immediata. L'aspetto che risulta chiaro in queste azioni è la reciprocità che caratterizza la presa in giro. Essa funziona poiché chi lo fa e l'altra persona considerano la cosa importante nell'interazione. (C'è, ovviamente, un prendere in giro non divertente, dove l'espressione di colui che prende in giro è vigile e la reazione che si vuole suscitare è negativa. Ma nel corso del primo anno queste forme sono meno comuni e non hanno un carattere umoristico.) La presa in giro richiede di essere riconosciuta in quanto tale e sopravvive solo se la si comprende. Non sembra trattarsi semplicemente di tapparsi le orecchie per la musica che l'altro sta ascoltando, ma anche di iniziare ad ascoltare *entrambi* una musica *diversa.*

Perché prendere in giro?

Perché i bambini prendono in giro? Cosa ci trovano di divertente? Perché mai decidere di interrompere l'ascolto della musica in corso (o iniziare con una musica diversa)? Il giapponese Shigeru Nakano afferma che la motivazione della presa in giro è un'"affinità-incidente" (o una "affinità indecente" come una volta l'ha definita!). Nakano ritiene, grazie ai suoi studi condotti con le madri e i loro piccoli tra i nove e dieci mesi d'età, che tramite la presa in giro i bambini creino un evento o una perturbazione della comunicazione in atto – come nel caso delle madri giapponesi che in maniera discreta sorprendono i loro piccoli balzando fuori all'improvviso o volutamente alterano il modo di battere le mani con ritmo, e così via. Introducendo una perturbazione nel fluire degli eventi, si viene attratti dagli eventi inattesi in quanto essi richiedono un nuovo e maggiore livello di impegno interpersonale per ripristinare lo stato precedente. Grazie a questo tipo di comportamento, rendono più profonda la comunicazione.[34]

Nella mia mente sono impressi in modo vivido due episodi dove degli adulti prendono in giro bambini più grandi:

> In India, durante un pomeriggio afoso, mia sorella era seduta a chiacchierare su un grande letto con un'amica. Il figlio di quest'ultima, di tre anni, stava seduto di fronte a giocare con un trenino. A un certo punto mia sorella, annoiata, aveva allungato il braccio e spinto in là il trenino con la mano. Il bambino aveva protestato per riavere indietro il giocattolo. Lei, impassibile, glielo aveva restituito. Dopo un attimo, di nuovo glielo aveva preso, lui aveva protestato, ancora più vigorosamente, e lei glielo aveva ri-

dato. Mia sorella aveva ripetuto questo comportamento di perturbazione ancora alcune volte. Nel giro di qualche volta, la protesta lamentosa del bambino si era trasformata in risata, e anche lei rideva e il gioco dell'afferrare il giocattolo si era interrotto.

Mio padre, infermo, era seduto sul letto mentre mio figlio di due anni giocava sul pavimento. Mio padre si era allungato per prendere il bastone da passeggio, e si era messo a pungolare mio figlio che si teneva in equilibrio sulle sue gambe. Lui si era sbilanciato un po' lateralmente e gli aveva lanciato uno sguardo accigliato, poi era ritornato in equilibrio sulle gambe continuando a giocare. Dopo un attimo mio padre aveva ricominciato a pungolarlo. Nel giro di un po' di volte, mio figlio aveva lasciato da parte i suoi giochi e aveva attaccato in modo giocoso mio padre – entrambi ridevano, e avevano iniziato a giocare insieme.

In questi episodi, sembra che il prendere in giro sia il risultato di un sentimento di noia, qualcosa che, è interessante notare, caratterizza anche in parte ciò che fanno gli scimpanzé, e dà senso anche a gran parte del prendere in giro umano nell'adulto.[35] Il prendere in giro crea degli "eventi critici" o dei disturbi nell'interazione che, quando fatti e accolti in modo giocoso (anche quando, come nelle situazioni prima riportate, l'evidenza dell'aspetto ludico è nascosta da un'espressione impassibile e celata al destinatario piuttosto a lungo) non solo illuminano per un momento l'interazione, ma possono creare un nuovo modo di relazionarsi gli uni con gli altri. La presa in giro scherzosa può ben essere una via per stabilire il contatto sul piano psicologico; un tentativo di toccare l'altro nel profondo e di creare con successo una condizione di positività. Ci sono, ovviamente, molte altre ragioni per scherzare. Come hanno osservato tempo fa gli antropologi, e come descritto dalla maggior parte degli studi al riguardo, esso può essere una forma di bullismo o di controllo sociale dissimulato sotto forma di umorismo. Il fatto che venga utilizzato da gruppi di scimpanzé e nei cortili delle scuole (dove le differenze di status sono molto evidenti tra chi prende in giro e chi subisce) mostra come possa effettivamente trattarsi anche di questo. Tuttavia, il prendere in giro può essere un potente mezzo per sollecitare forme di coinvolgimento positive e creare un livello più profondo di intimità. Funziona perché colui che prende in giro riconosce le intenzioni dell'altro e le "tocca" inaspettatamente; offre un accenno di qualcosa che è nascosto alla persona cui si rivolge. Funziona come gioco se questi riconosce quali sono le intenzioni dell'altro nei confronti della relazione, e ne è rassicurato. E se funziona, la presa in giro giocosa non solo testimonia il carattere intimo della relazione, ma addirittura lo crea, a qualunque età si presenti.[36]

Per concludere

La partecipazione rappresenta l'alfa e l'omega dell'umorismo. Umberto Eco ha sostenuto che diversamente dalla tragedia, che è universale, la comicità è in relazione al tempo e alla antropologia sociale. Ciò che la rende particolare è che la sua origine e il suo significato si trovano all'interno della relazione in seconda persona. Analogamente al processo dinamico di creazione culturale, il processo attraverso cui si crea e si negozia il divertimento rivela sia un intenso impegno, sia un disimpegno. Le basi culturali dell'umorismo sono chiare, a partire dalle evidenze empiriche che testimoniano forme di coinvolgimento umoristico presenti fin dall'infanzia. La condivisione delle *affordances*, che danno accesso alla percezione della comicità, ne crea di nuove che consentono a loro volta nuove condivisioni. Il gioco autentico, puro, secondo Johan Huizinga, è una delle basi principali della civiltà, non porta *a* essa, *lo è*: "La civiltà non *proviene* dal gioco come un bambino che si distacca dall'utero: vi cresce *dentro come* gioco e non l'abbandona mai".[37] In senso più ampio, l'umorismo è gioco e divertimento (anche se diversamente dal gioco, che può essere serio, questi è l'antitesi della serietà). Nondimeno si può sostenere che l'umorismo, con la sua incorreggibile dissacrazione di qualunque cosa sia cara al sé e all'altro, con la sua capacità di creare ciò che è in-atteso attraverso un pensare/percepire le cose da lontano, e con la gioia e i profondi legami che può creare nel mezzo di una tragedia, è lo spirito che forgia, è la colla che unisce non solo le culture (per non dire la nobile "civiltà", riprendendo Huizinga), ma anche le famiglie. L'umorismo ha *sempre* a che fare con la comprensione della mente dell'altro. Non saremmo capaci di unirci al sentimento che prova l'altra persona nel suo ridere, né di comprendere il senso di uno scherzo se non potessimo cogliere qualcosa dei suoi pensieri o sentimenti. A un livello più semplice, la risata incarna una forma paradigmatica di coinvolgimento interpersonale efficace e ben-sintonizzato. Condividere una risata con un'altra persona può permettere di stabilire un'intimità e una comprensione reciproca che sono difficili da raggiungere in altro modo. Adottare un approccio alla comicità in prima o terza persona non renderebbe possibile questo tipo di reciprocità.

Contrariamente a quanto sostenuto dalle teorie che datano ai diciotto mesi l'emergere dell'umorismo infantile, in corrispondenza allo sviluppo delle abilità rappresentazionali di natura simbolica, i dati attestano che i bimbi con sviluppo tipico ben prima di quest'età sono in grado di ridere delle stesse cose degli adulti, sono interessati in modo attivo a suscitare il riso negli altri e sono anche capaci di farlo. Il fatto che adulti e bambini ridano per gli stessi motivi ci dice che esistono *affordances* condivise per la comicità, grazie alla similarità della fisiologia e dell'ambiente che condividiamo. È nella condizione di condivisione che si pre-figura la capacità di comprendersi l'un l'altro. L'interesse che i bambini mostrano per il ridere degli altri e la loro evidente voglia di prendervi parte anche senza comprenderne la causa, rivelano la motivazione a condividere il mondo emotivo degli altri. La comicità è imperniata sulle forme di coinvolgimento interpersonale attivo. I bimbi ridono di ciò che diverte l'adulto perché quest'ultimo fa lo stesso in momenti di interazione in posizione faccia-a-faccia. Viceversa, l'adulto ride guardando il bambino perché questi fa lo stesso rivolgendosi direttamente a lui. Già molto precocemente i bambini non sono solo soggetti che *percepiscono* ciò che accade durante momenti di interazione emotiva, ma vi *partecipano* attivamente. Inoltre, essi *creano* l'umorismo. L'interesse e la motivazione di rielicitare la risata altrui ripetendo le azioni già fatte mostrano come i piccoli colgano negli altri un pubblico sensibile alla comicità. Il fare i clown rivela in modo affascinante come essi comprendano il fatto che l'attenzione sia diretta verso specifici aspetti del sé (come abbiamo visto nel capitolo 6) e mostra quale sia il processo precoce attraverso cui le culture relative al divertimento si sono sviluppate. Il prendere in giro, una forma più paradossale di umorismo, mette in luce la sensibilità che i bambini hanno nel cogliere aspettative e intenzioni altrui (discusse nel capitolo 8) e il loro interesse nel perturbare momenti di coinvolgimento interpersonale per creare un contatto comunicativo più intimo. Dunque l'esperienza della comicità sembra essere uno strumento significativo per forgiare una mutua comprensione e, si direbbe, essere anche un utile indicatore della comprensione esistente. I momenti di in-comprensione e disarmonia sembrano possibili in questo caso solo quando esistono le basi per la comprensione.

In tutti i fenomeni di interazione umoristica è chiaro come esista una forma di circolarità: i bambini non prenderebbero in giro né farebbero i clown se gli altri non lo trovassero divertente, e gli adulti non risponderebbero a questo modo se i primi non si comportassero così. Sembra più plausibile offrire una spiegazione del fenomeno dell'umorismo a partire dai processi che vi sono coinvolti piuttosto che partendo dall'analisi delle sue caratteristiche strutturali. L'aspetto essenziale riguarda infatti la presenza di un'interazione partecipata tra (almeno) due persone affinché la comicità inizi a esistere. Rappresentare questo fenomeno in senso letterale – evidenziandone primariamente gli aspetti strutturali – è poco costruttivo, non solo rispetto alla sua comprensione nel corso dello sviluppo, ma anche in riferimento all'adulto. Il divertirsi in modo umoristico esiste solo all'interno della relazione.

10

Comunicare in maniera non veritiera

> In tal senso la semiotica, in principio, è *la disciplina che studia tutto ciò che può essere usato per mentire*. Se qualcosa non può essere usato per mentire, allora non può essere usato per dire nulla. La definizione di "teoria della menzogna" potrebbe rappresentare un programma soddisfacente per una semiotica generale.
>
> UMBERTO ECO, *Trattato di semiotica generale*[1]

Per molto tempo gli psicologi hanno osservato come l'inganno abbia uno sviluppo di tipo paradossale: un progresso sul piano cognitivo si associa a una regressione sul piano morale. Come se allo sviluppo cognitivo si accompagnasse una perdita di integrità morale. In ambito evoluzionistico saper ingannare costituisce il marchio distintivo dell'intelligenza sociale.[2] Questo tipo di abilità viene considerata, sia per lo sviluppo filogenetico sia per quello ontogenetico, come la prova più stringente del fatto che si è arrivati a comprendere la mente dell'altro. L'ingannare in modo deliberato implica, come minimo, la capacità di disimpegnarsi in modo netto dall'interazione in cui si è direttamente coinvolti. *Come* inizia quest'abilità? E, aspetto ancora più importante, *perché* inizia?

In questo capitolo mi occuperò di analizzare il fenomeno dell'inganno in età precoce. Mostrerò come, contrariamente alla posizione teorica che colloca nell'infanzia avanzata lo sviluppo di quest'abilità – intorno ai quattro anni –, anche i bimbi più piccoli sono in grado di mentire e lo fanno in modo flessibile, senza ricorrere a frasi fatte e per ragioni "psicologiche" di loro interesse. Le radici di queste forme di inganno si collocano prima della comparsa del linguaggio, entro la fine dell'anno di età, quando i bambini, nelle loro interazioni non verbali, si mostrano reticenti, mentono, sviano e fingono. La comunicazione ingannevole rappresenta, secondo la mia posizione, la prima e fondamentale forma di comunicazione e, come ogni altro fenomeno sociale e comunicativo, si sviluppa attraverso un processo di natura dialogica. L'ingannare richiede che esista un partner cui rivolgersi, che si coinvolga nell'azione e *sia* ingannato. Ritengo sia proprio l'esperienza dell' "ingannabilità" dell'altro in interazione con il sé – un'esperienza in seconda persona – a offrire la spiegazione del perché quest'abilità si sviluppi. Vorrei innanzitutto occuparmi brevemente delle ragioni per cui la psicologia ritiene che la capacità di ingannare sia un fenomeno a sviluppo tardivo, e mostrare come quest'ipotesi non si adatti facilmente ai dati che abbiamo sulla comunicazione precoce sia veritiera sia ingannevole.

Comunicazione ingannevole, comprensione delle credenze e comunicazione veritiera

Secondo alcune posizioni teoriche i bambini riuscirebbero davvero a mentire solo dopo aver acquisito una "teoria della mente" che permette loro di interpretare il comportamento altrui nei termini delle sottostanti rappresentazioni mentali. In base alla logica della *theory-theory*, termine utilizzato per denotare questo tipo di posizione, affinché i bambini riescano a far pensare a qualcuno qualcosa di diverso da ciò che davvero è (ossia per ingannarlo), devono in primo luogo essere capaci di comprendere che gli altri *possono* pensare qualcosa di diverso rispetto a ciò che è effettivamente reale. Devono capire che le persone possiedono delle credenze sulla realtà piuttosto che averne una conoscenza automatica, e quindi essere in grado di elaborare la conclusione che queste credenze possono anche essere false. La comprensione della falsa credenza – come dimostrano i risultati delle diverse versioni esistenti del compito di falsa credenza – non compare di fatto prima all'incirca del quarto anno d'età.[3] Di conseguenza, stando alla logica di quanto proposto, i bambini non sarebbero in grado di mentire prima di allora. Un importante sostegno a tale teoria è stata la scoperta che i bambini autistici ad alto funzionamento,[4] evolutivamente ben più avanzati dei bambini di quattro anni, non superavano questo compito e non erano in grado di dire bugie. La logica alla base della teoria sembra solida e sono anche notevoli i risultati raggiunti. Tuttavia, essa adotta ciò che potremmo definire un approccio alla comunicazione in terza persona, ossia tratta tale abilità focalizzandosi sulle capacità individuali nel formulare proposizioni sulla mente e sulla realtà, piuttosto che considerarla un processo emotivo e interpersonale.[5]

Ci sono due problemi di ordine empirico rispetto ai risultati attesi grazie a essa. Primo, come considerare la comunicazione veritiera? Se per dare deliberatamente informazioni sbagliate agli altri i bambini dovessero prima sapere che questi hanno delle credenze sulla realtà (piuttosto che delle conoscenze automatiche), cosa dire della comunicazione veritiera? Se ai bambini non importasse di mentire se non a condizione di sapere che la realtà può essere diversa dalle credenze che se ne possono avere, perché mai essi dovrebbero preoccuparsi di comunicare sinceramente informando gli altri della verità? Eppure i bimbi *lo fanno*.

A partire dai dodici-diciotto mesi i piccoli comunicano con padronanza, in maniera selettiva e appropriata ciò che è vero; spesso riferendosi a cose che gli altri non sembrano conoscere o hanno "bisogno" di sapere. Sappiamo che, almeno dai dodici mesi, essi offrono spontaneamente informazioni, non solo per il desiderio di condividere i loro interessi, come abbiamo visto nel capitolo 6 parlando del gesto dell'indicare proto-dichiarativo, ma anche per il desiderio di comunicare ciò di cui sembrano essere consapevoli, per mezzo dell'"indicare proto-informativo" (termine coniato di recente), tramite cui esprimono la voglia di informare l'altro di qualcosa di cui non sembra essere a conoscenza, indipendentemente dal fatto che l'argomento sia in sé interessante e sulla base di un desiderio epistemico piuttosto che di apprezzamento.[6] Grazie alle osservazioni di Roberta Golinkoff sappiamo che dai quattordici mesi i piccoli riescono piuttosto bene, sia in contesti di richiesta sia in contesti conversazionali, a correggere ciò che gli altri fraintendono rispetto a quanto intendono esprimere. A questo si aggiungono gli interessanti risultati cui è arrivata Cintia Rodriguez rispetto ai gesti proto-interrogativi dei piccoli di dodici mesi (ossia, gesti che cercano la conferma dell'adulto).[7] Sappiamo inoltre che a partire dai diciotto mesi i bambini si dimostrano capaci di comprendere gli "intenti referenziali" altrui – ossia, di inferire di cosa qualcuno sta parlando anche quando magari guarda altrove.[8] A questa età i bambini sono anche capaci di smentire – per esempio contraddicendo qualcuno che sta facendo un errore – commentando con un "no" l'azione dell'adulto che indica una palla dicendo "questa è una automobile" o che indica il disegno di un gatto chiedendo se "è una mucca".[9] E a questa età, o probabilmente anche prima, a partire dai dodici mesi, ripetono selettivamente un'informazione (riguardo a un nuovo gioco, per esempio) per un adulto che non lo abbia visto o non ne abbia sentito parlare, e identificano a quali adulti dire cosa.[10] Per esempio, immaginiamo che il bambino e la madre stiano seguendo dalla finestra un evento rumoroso ed eccitante che accade in strada, e il padre entri in quel momento nella stanza. Il bambino "racconterà" al padre (ma non alla madre) l'evento. O, in modo ancora più selettivo, se la madre esce dalla stanza e ritorna poco dopo con il padre, è probabile che il bambino racconterà l'evento a quest'ultimo (e non alla madre), anche dopo un intervallo di tempo. A partire dai due anni di età è possibile osservare una pianificazione esplicita nella scelta degli eventi da raccontare agli altri – per esempio, un bambino che abbia imparato ad andare in bagno si rifiuterà di far svuotare il vasino alla tata per "mostrarlo alla mamma" quando questa rientra alla sera. Dai due anni circa compare anche la capacità di modulare i dettagli informativi sui giocattoli da chiedere a seconda di dove si sa che l'adulto li potrà trovare.[11]

Considerata l'ampia varietà di situazioni in cui i bambini ben prima dei quattro anni forniscono agli altri informazioni veritiere, sembra strano che quelle ingannevoli non debbano comparire se non così tanto tempo dopo. Tutta questa comunicazione precoce sul mondo non è realmente tale? Oppure è il mentire che in realtà non compare così tardivamente come invece si ritiene? A questo proposito due recenti studi hanno mostrato come il mentire infantile sia di fatto praticato ben prima dei quattro anni.

Paul Newton, uno studente laureatosi a Portsmouth, ha condotto due studi longitudinali avendo come obiettivo di rispondere all'ultima delle questioni poste.[12] Ha individuato nei bambini di tre anni e in un bambino di due un'ampia varietà di bugie, che assolvevano a una gamma di funzioni simili a quelle utilizzate dai bambini più grandi. La prevalenza di quelle raccolte non era influenzata dal fatto di avere o meno passato la batteria dei compiti di "falsa credenza", e le bugie di ciascuno non sembravano cambiare in un periodo di sei mesi, misurato tra il "prima" e il "dopo" l'aver superato questi compiti. L'aspetto particolarmente interessante era che non tutte comportavano un guadagno di tipo materiale o l'evitare una punizione. Alcune venivano dette per motivi di natura puramente psicologica, come il salvare in diversi modi la faccia, mentre altre erano raccontate in contesti di gioco. Né gli stratagemmi né le bugie, ovviamente, avrebbero dovuto comparire prima dei quattro anni di età.[13]

Questi risultati sono stati supportati da un ulteriore studio svolto in Canada, questa volta analizzando osservazioni videoregistrate condotte in ambiente domestico su interazioni familiari tra due fratellini e almeno un genitore.[14] Anne Wilson e i suoi colleghi all'Università di Waterloo hanno scoperto che anche durante brevi visite come queste era possibile osservare il fenomeno in oggetto, e questo aumentava con l'età: circa il 95% dei bambini di sei anni e l'85% di quelli di quattro raccontavano bugie. Tuttavia, questo accadeva anche nel 65% di quelli di due anni – dato non previsto per la *theory-theory*. Si tratta di un fenomeno osservato poco frequentemente a ogni età (durante lo studio la frequenza è stata tra le due e le quattro volte) ma, ciononostante, il dato che vede mentire i due terzi dei più piccoli, troppo piccoli per passare i test della falsa credenza, richiede una spiegazione. I risultati di questi due studi sembrano confutare le affermazioni più importanti della *theory-theory*. Per mentire non sembra necessario che i bambini comprendano la falsa credenza. Eppure tutto questo non è sufficiente. Infatti dati come questi vengono comunemente rifiutati e interpretati come forme di pseudo-ingannevolezza. Cosa si intende con quest'affermazione?

Il mentire precoce costituisce uno pseudo-ingannare?

L'uccellino dal nome *corriere grosso* trae in inganno gli intrusi portandoli lontano dal suo nido edificato per terra e piuttosto a rischio, allontanandosi da questo con il battito di una sola ala come se l'altra fosse rotta. Il bambino piccolo ripete ostinatamente il suo "no!", negando una malefatta di cui viene accusato. La bambina di tre anni rovescia una tazza di cereali sulla testa del fratellino e si affretta a dire: "Non l'ho fatto apposta". Una di due anni dice: "Non sono stata io, è stata la mia bambola". Il bimbo ancora più piccolo, quando gli viene chiesto di fare qualcosa di cui non ha molta voglia risponde: "Male, male". In questi esempi di bugie c'è qualcosa che non convince: non sembrano essere in relazione con la conoscenza dei pensieri delle altre persone. Molti autori adottano la soluzione di liquidarle con il termine di *pseudo*-bugie: qualcosa che somiglia a una bugia ma non è realmente tale – di fatto un inganno ingannevole, una definizione elaborata dagli psicologi in riferimento a qualche processo evoluzionistico o per denotare un apprendimento condizionato.[15] In genere sono tre le motivazioni che vengono addotte da chi non ritiene ci possa essere un'abilità cognitiva nel mentire in età precoce: la bugia precoce è motivata da semplice difesa e da vantaggio materiale; il suo contenuto non è verosimile né appropriato; la sua forma è rigida e inflessibile.[16]

Di seguito descriverò alcuni esempi di bugie sfrontate, probabilmente la categoria più ricca tra le bugie verbali individuate dalla ricerca di Newton, che mettono in discussione queste svalutazioni critiche.

Le bugie sfrontate

Esistono quattro diversi tipi di bugie sfrontate, che implicano il nascondere un vissuto emotivo o il mostrarne uno diverso, dichiarare qualcosa di non vero su qualcosa appena accaduto o fare una falsa affermazione.

C'è la sfrontataggine del tipo "non mi hai fatto male", quella del "non importa", quella dell'affermare "avevo ragione io" e quella del falso vantarsi. È chiaro come in alcune di queste affermazioni sia in gioco un affascinante modo di gestire la propria forza da parte del bambino, quando per esempio questi nega di sentire un dolore intenzionalmente procuratogli dal genitore o di desiderare qualcosa che non sperava più di ottenere. Alcune evidenze riportate in questo studio, della tipologia "non mi fa male", sono commoventi (tutti i nomi sono abbreviati all'iniziale).[17]

> Puoi darle delle botte sulle gambe fino a farle diventare rosso vivo, e se lei si trova in uno di quei momenti di cocciutaggine ti dirà: "Non fa male!". Un paio di volte, quando ha preso delle botte sonore per essersi comportata male ha lasciato cadere i pantaloni apposta. L'altro giorno ha fatto così e poi ha detto "Non fa male!". (Intervista alla madre di L., tre anni e mezzo)

Di seguito riportiamo l'esempio lampante di un atteggiamento del tipo "non importa", tenuto da una bambina che aveva paura di un giocattolo a forma di ragno appena compratole, e non si voleva avvicinare. Una volta, quando stava facendo la birichina, suo padre l'aveva minacciata dicendole: "Se continui vado a prendere il ragno". Lei aveva risposto: "Non importa, tanto ci ho giocato tutto il giorno" (in realtà la madre aveva riferito che non ci si era nemmeno avvicinata). Nello studio di Newton, ognuna di queste tipologie di atteggiamento sfrontato compariva in un terzo dei bambini di quattro anni osservati in un periodo di sei mesi, senza presentare particolari variazioni in funzione dell'età. Le forme espresse nel "non importa" erano simili a quelle del tipo "avevo ragione io", come nel seguente esempio di un tentativo commovente e disperato di un bambino di nome R., quando aveva due anni e mezzo, tratto dallo studio longitudinale di Newton:

> Era mattina presto, e S. aveva passato la notte a casa di un amico. Ero ancora a letto quando R. era entrato in camera e mi aveva chiesto: "Possiamo andare a prendere S. tra un minuto?". Gli avevo riposto contraddicendolo con: "No. Non tra un minuto. Più tardi". R. aveva esclamato: "Ho detto possiamo andare a prendere S. più tardi, ho detto così". "Ho detto possiamo andare a prenderla più tardi." Questo evento mi aveva colpito, così dopo pochi minuti gli ho chiesto di nuovo "Cosa hai detto?", e lui ha risposto: "Ho appena detto 'possiamo andare a prendere S. più tardi?', ho detto". (Madre di R., due anni e cinque mesi, registrazione)

O quest'altro esempio, che ha quasi generato uno scandalo!

> Ero ritornata a casa con i bambini, dato che anche lo zio e la zia erano arrivati per il fine settimana. Dopo un breve scambio di parole, la zia aveva chiesto: "Dov'è il papà?". R. si era spontaneamente offerto di risponderle e aveva detto: "È di sopra". Poco dopo, si era sentita la voce del padre provenire dalla porta sul retro (e non da sopra le scale). R. aveva aggiunto immediatamente: "Il mio *altro* papà è di sopra". La zia (che si era scordata della precedente affermazione fatta dal bambino) era rimasta interdetta. Io, che avevo capito cosa R. intendeva fare (e sapendo che non c'era nessun altro al piano superiore!) sono scoppiata a ridere. (Madre di R., due anni e cinque mesi, registrazione)

Ci sono anche molti stratagemmi che non danno al bambino alcun vantaggio immediato, se non il piacere di prendere in giro l'altro. Dal modo in cui i bambini utilizzano questi trucchetti appare evidente come non si tratti solo di giochi appresi in precedenza – come quello del cucù – che rispetto al tema del "mentire" hanno un significato non del tutto chiaro. Generalmente questi stratagemmi sono caratterizzati da tre fasi: suscitare una falsa aspettativa, per esempio "suona il telefono" o "ho già finito" (quando in bagno); aspettare la reazione dell'altro (che corre giù per le scale o sale al piano superiore verso il telefono o il bagno); confessare infine lo scherzo con una risata o un esplicito "ci sei cascato, ci sei cascato". In realtà, nello studio di Newton questi stratagemmi aumentavano in frequenza con il passare degli anni, ma non erano sconosciuti nemmeno ai bambini di due anni e mezzo, come mostra il seguente esempio:

> In visita da una zia, R. aveva avuto il permesso di tenere le chiavi dell'automobile nella sua tasca. Al momento di andarcene, gli erano state richieste indietro. R. aveva iniziato a cercarle nella tasca, fermandosi di colpo (con la mano ancora dentro) e dicendo "Non sono qui, non so dove sono!", con aria di sfida, e aveva indicato la griglia del radiatore dell'auto, dicendo con un sorriso: "Sono lì dentro". Poi aveva comunque consentito alla madre di frugargli in tasca e recuperare le chiavi. (Madre di R., due anni e otto mesi, registrazione)

Guadagno materiale, inappropriatezza e inflessibilità?

Per confutare la posizione che sostiene come nelle bugie precoci si menta davvero vengono in genere addotte tre obiezioni: sono dette per ottenere un vantaggio materiale, sono inappropriate e risultano poco flessibili. Se il mentire precoce fosse limitato a pochi e semplici contesti e motivazioni, o a situazioni di evitamento e di intenso desiderio, sarebbe semplice liquidarlo come non affidabile. In tutti questi casi, stando alle posizioni sostenute dalla *theory-theory*, si tratterebbe infatti di strategie che permettono al bambino di trovare rapidamente un qualche modo per uscire da un problema o ottenere ciò che vuole.[18] Si potrebbe ovviamente affermare lo stesso nel caso degli adulti: la maggior parte delle nostre bugie si presenta in condizioni in cui navighiamo in acque agitate e vogliamo assolutamente uscirne. Comunque, se realmente le bugie in età precoce fossero state individuate solo in situazioni di questo tipo, sarebbe certamente giustificata una visione diversa che valuti quanto limitate possano essere le parole menzognere utilizzate e quanto le bugie raccontate siano o meno frutto di qualcosa di appreso in precedenza. Ma di fatto, nonostante la maggior parte delle bugie precoci abbia lo scopo di evitare una qualche punizione o un'accusa, il tipo di situazioni – e i motivi – in cui esse si presentano è diversificato, e molto simile a quello degli adulti. Nello studio di Newton, l'unica tipologia non presente nei bimbi di due-tre anni è quella della bugia detta a fin di bene, ed è possibile che in questo caso si tratti di qualcosa di diverso. In uno studio che stiamo attualmente conducendo, contrariamente alle aspettative della *theory-theory*, è interessante che sia emerso come anche i bambini autistici utilizzino tutte queste forme di bugie eccetto quest'ultima. D'altronde, la lista delle bugie esistenti spazia da quella semplice fatta per difendersi o ottenere benefici materiali, alla più comune falsa autoaccusa e al fingere di non sapere, fino alle affermazioni dell'aver concluso qualcosa o di avere ottenuto un permesso, per arrivare alle ancora più interessanti bugie sfacciate, salva-faccia, e alle bricconate illustrate prima. Il fatto che i motivi del dire bugie siano vari, e che siano simili nei bambini indipendentemente dal fatto di superare o meno i compiti di falsa credenza, così come sono analoghi tra adulti e bambini, suggerisce che i processi psicologici implicati non siano fondamentalmente diversi da quelli delle bugie che compaiono in epoca successiva.

Se le bugie precoci fossero ampiamente inappropriate, allora sarebbe facile non dar loro ascolto. Ma è piuttosto raro che le cose stiano in questo modo. Josef Perner, raccontando del figlio, riporta un classico esempio di bugia non appropriata: Jacob utilizzava la ben nota scusa del "sono tanto stanco" per evitare di andare a dormire, ma avrebbe dovuto dire esattamente l'opposto se avesse voluto avere almeno una chance di evitare il letto. Sia negli studi di Wilson sia in quelli di Newton erano pochi i casi in cui le bugie apparivano credibili, ma non è mai accaduto che queste fossero inappropriate. In uno degli esempi riportati, in cui Rohan cercava di salvare la faccia dicendo – con aria piuttosto impassibile – che il suo altro papà era di sopra, il bambino era chiaramente inconsapevole del fatto che la bugia non avrebbe *potuto* funzionare. Ma in relazione al suo obiettivo – salvare la faccia – questa era piuttosto appropriata. La non credibilità delle bugie costituisce un'evidenza a sostegno del fatto che i bambini possano non conoscere il confine che separa ciò che è credibile da ciò che non lo è, ma non rappresenta una evidenza contro l'intenzionalità che sottende l'ingannare.

Comunque, dire che si tratta meramente di strategie apprese equivale ad affermare che le bugie sono inflessibili e rigide? Spesso si dice che qualcosa è "meramente appreso" per sminuirne la complessità o liquidarlo come non "autentico" o non "sentito". Si tratta di un'insolita angolazione attraverso cui guardare molte cose, ma in modo particolare lo è in relazione al dire bugie. Dovremmo essere veramente dei folli per non imparare che alcune bugie funzionano e altre no. Le situazioni in cui i bambini cercano di mentire *devono* essere necessariamente apprese. È solo il fatto che la società accetti come adeguate, in linea di principio, scuse del tipo "papà ha detto che posso" e che le madri considerino sufficiente un "ti prometto che non lo toccherò più" a invitare i bambini a ricorrere a queste scuse e a fare queste promesse. Nelle loro bugie, bambini e adulti rivelano la conoscenza che hanno circa la *legittimità* delle scuse che è possibile dire nel loro contesto sociale. Occorre apprendere, nel senso più ampio del termine, dall'esperienza di interazione con gli altri cosa possiamo dire e non dire, cosa abbiamo bisogno di dire e cosa no, che impatto ha una informazione in circostanze diverse e così via. Se *non* si imparasse dagli effetti di una bugia, si avrebbero delle difficoltà nel comprenderne il significato.

Il dibattito circa le "strategie apprese" riguarda la questione se effettivamente questo sia *tutto* ciò che si può dire riguardo alla menzogna. La strategia adottata è meramente "cieca"? Secondo David Premack, l'inflessibilità nel mentire è di tipo robotico. L'uccellino della specie corriere grosso non è solo capace di proteggere dagli intrusi il suo vulnerabile nido costruito per terra mettendosi a zampettare come se avesse un'ala rotta ma sa anche, come ha mostrato Carolyn Ristau, distinguere gli pseudointrusi che vi camminano accanto (e che non si prende la briga di ingannare) dai reali predatori che mirano dritti verso il nido. Ciononostante Premack sostiene che "l'uccello è analogo all'uomo che riesce a raccontare solo qualche frottola, ma non riesce a raccontare bugie se sa di aver sporcato il tappeto, rotto la lampada, preso dei soldi dal borsellino della madre, o sul fatto di aver detto delle bugie in sé".[19] Sappiamo dalla varietà che caratterizza le bugie dei piccoli di due-tre anni che non è questa la tipologia del mentire infantile. E non è neanche vero che le bugie precoci si limitano a una sola parola di rifiuto o a espressioni e frasi fatte o mancano delle creative elaborazioni di cui sono capaci i bambini più grandi e gli adulti. Nello studio di Newton, nessuno dei piccoli si limitava a raccontare bugie di una sola parola e alcune erano anche piuttosto elaborate. L'affermazione falsa dell'esempio che segue era straordinariamente realistica: "Papà ha detto di sì, ma ha detto anche di chiedertelo" (quando il papà aveva in realtà detto un chiaro "no"). Si trattava di bugie che duravano per più scambi di battute nella conversazione, e resistevano all'incredulità altrui, come per esempio questa bugia apparentemente senza uno scopo, detta a un padre in attesa del postino che sta guardando fuori per vedere se arriva: "Il postino è appena passato", "No, non è vero", "L'ho visto passare", "No, non lo hai visto", "Sì invece, l'ho visto, l'ho visto mentre tu eri di sopra". Proprio nell'attimo in cui i genitori stavano per crederci, il bambino ha aggiunto tutto d'un fiato all'ultimo minuto: "Mi ha portato qualcosa". Certamente a questo bimbo non mancavano le parole! Anche se il livello di elaborazione aumenta con l'età, lo studio di Wilson ha dimostrato come non ci siano differenze tra piccoli e grandi nell'uso di semplici forme di negazione. E il dire dei no aumenta con l'età! Il fatto poi che le bugie vengano riformulate in frasi diverse e rielaborate a seguito delle sfide e dei dubbi avanzati dagli altri, costituisce un'ulteriore ragione per dubitare della loro supposta rigidità. I bambini certamente non rimangono vincolati a una risposta.

È comunque necessario considerare più a fondo la questione relativa all'apprendimento delle bugie precoci. Si tratta effettivamente di forme di "apprendimento" tramite semplice rinforzo? Certamente è sempre un problema capire perché le bugie abbiano successo (e ricevano un rinforzo tramite ricompensa), nel caso in cui tutti ci credano! Ma anche qui, il ripeterle in modo eccessivo comporterebbe comunque un veloce svelamento del loro carattere non veritiero. A parte questa evenienza, in genere i genitori non credono molto alle bugie che vengono loro raccontate, e lo dimostrano ribattendo cose diverse. Di norma, quando i bambini mentono, non vengono ricompensati dicendo loro che li si crede, né concedendo loro ciò che vogliono. I dati di Wilson hanno dimostrato come meno del 15% dei bambini venisse rimandato indietro con ciò che voleva o ottenesse una ricompensa grazie alla loro bugia. Quando le cose andavano in questo modo era perché i genitori credevano davvero alla bugia (in questo studio, la videocamera registrava effettivamente la verità) e incolpavano un altro bambino oppure davano una diversa interpretazione della bugia o della trasgressione. Un ulteriore 18% delle volte, la bugia veniva semplicemente ignorata. La maggior parte delle volte, invece, i genitori ribattevano o la riconoscevano/sanzionavano in qualche modo. È interessante notare tuttavia come i più piccoli si mostravano influenzati dalla reazione irrigidita dei genitori di fronte alle menzogne dei fratelli più grandi, in quanto loro stessi in seguito a ciò ne dicevano di meno.

Gli affascinanti e inaspettati risultati dello studio di Wilson rivelano due aspetti della bugia e del ruolo dell'apprendimento. Primo, non si apprende a mentire durante le interazioni domestiche (dato che nella maggior parte dei casi le bugie sono contraddette o non ricompensate e questi scambi non esistono). Secondo, i bambini osservando cosa accade in famiglia generalmente imparano il livello di tolleranza dei loro genitori rispetto al mentire. Non è possibile perciò sostenere che le bugie precoci rappresentino strategie rigide – ossia risposte apprese. Se le cose non stanno a questo modo, probabilmente allora i bambini sviluppano un'idea molto generale, e forse anche valida, circa il grado di accettazione che gli altri hanno del mentire. Non sembra che per dire bugie abbiano bisogno di rinforzi, né di apprenderne ciecamente il contenuto.

In generale, le bugie dei bambini piccoli non sono né semplici né mosse da motivi di guadagno materiale, non risultano poco flessibili o poco plausibili. Non sembrano nemmeno esprimere la difficoltà a cogliere la distinzione tra realtà e fantasia (come suggerito da Piaget con il termine di pseudo-menzogna), essere cioè frutto di "fabulazione". Se si considera l'intero corpus di dati dello studio di Newton, solo cinque di essi rientrano in questa tipologia. Nonostante ciò, queste prime forme di menzogna risultano meno precoci rispetto alla comunicazione veritiera: le bugie verbali più precoci riportate sono di bimbi di due anni, mentre abbiamo visto che a un anno si può essere già molto abili nel dare informazioni veritiere.

Nascondere, dissimulare, distrarre e far finta: forme precoci di inganno non verbale

L'inganno è qualcosa di molto più ampio del mentire. Si può farlo essendo evasivi, omettendo qualche informazione, distraendo l'attenzione altrui da un'evidenza che ci accusa, nascondendo l'evidenza prima che venga colta, dissimulando le espressioni emotive, utilizzando falsamente gesti dal significato convenzionale, e anche fingendo di non sapere. Le predizioni fatte dalla *theory-theory* si applicano a tutte le forme di inganno, verbale e non, ma potrebbe essere che i bambini, ben prima di saper parlare, siano in grado di ingannare usando il canale non verbale. Abbiamo una grande mole di dati riguardo a forme di inganno non verbale in primati non umani. Andy Whiten e Dick Byrne, non soddisfatti di ciò che molti primatologi "conoscevano" riguardo a questo argomento sulla base di casistiche isolate, hanno effettuato un'ampia raccolta di osservazioni sull' "inganno tattico" dei primati, provenienti da primatologi di diversi ambiti, e li hanno classificati in termini strutturali, funzionali e di affidabilità di ogni dettaglio.[20] Alcuni degli esempi più affascinanti di inganno – ovviamente non verbale – individuati da Whiten e Byrne coinvolgevano il nascondere e lo sviare l'attenzione. Si consideri il caso del babbuino che cautamente si sposta dietro una roccia per nascondere le sue intenzioni sessuali illecite, o quello che, inseguito da un gruppo di babbuini, si alza di colpo e si mette a fissare un punto in lontananza, in modo che anche gli altri si fermino e facciano lo stesso. Ma dato che non si vede alcunché, ognuno riprende ad andare per la sua strada scordandosi dell'inseguimento. Per quanto riguarda i piccoli di uomo, abbiamo un unico insieme di esempi di questo tipo, provenienti da dati raccolti attraverso tre studi.[21]

Sembra che i bambini si impegnino in molte di quelle forme di inganno tattico che mostrano altri primati (adulti). Nascondono le azioni proibite che fanno – aspettando di trovarsi da soli oppure celando in maniera attiva qualcosa dalla vista diretta degli altri. Nel primo anno di vita è comune il fatto di nascondere qualcosa in modo passivo. Philip, otto mesi, aveva la passione di tirare la tenda del salotto. Solitamente aspettava che sua madre andasse in cucina prima di avvicinarvisi: "Se solo vado in cucina per prendere qualcosa, lui corre dritto verso la tenda [...] lo puoi vedere che guarda oltre la spalla per vedere se lo sto guardando, e se dalla cucina gli dico "no" lui si ferma, ti guarda e sogghigna per un attimo [...] appena gli volto la schiena, fa un altro movimento in quella direzione".[22] Dal secondo anno di vita compaiono nei racconti episodi in cui il bambino cerca di nascondere attivamente qualcosa: un bambino stava giocherellando con uno spinotto dimenticato, controllando di dare le spalle alle altre persone in modo da continuare a farlo senza essere visto. Prima della fine dell'anno di età, i piccoli sanno sopprimere la risposta; mentre stanno facendo qualcosa che non dovrebbero fare, ignorano la chiamata della madre che sentono perfettamente non reagendo in alcun modo, e continuando con il corpo immobile e in tensione a fare quello che stanno facendo, un comportamento riscontrabile anche nei primati adulti – umani e non.

I bambini inoltre distolgono l'attenzione altrui dalle azioni proibite in un modo inizialmente subdolo, come negli esempi di seguito riportati, riferiti a una bambina di undici mesi e a uno di tredici.[23]

> Se le dai il suo pane tostato e lei non lo vuole [...] lei [...] diventa furbetta, diventa davvero furbetta, si mette a sedere e ti guarda negli occhi e ap-

pena si accorge che i tuoi occhi stanno guardando i suoi, lo prende e lo mette sotto il braccio, così, e lo butta alle spalle [...] e pensa che tu non la possa vedere. (Intervista alla madre di Anna, undici mesi)

[...] continua a sciogliere i nastri del pannolino [...] anche se ora lo fa meno. Fa questo giochetto quando lo cambio ed è sdraiato [...] vuole tirare la striscetta e allora ti guarda intensamente [...] e mi fissa proprio dritto negli occhi, ed è tutto serio, come se sperasse che guardandoti e facendo in modo che anche tu lo guardi fisso allora non ti accorgerai che lo sta sfilando [...] il nastro del suo pannolino. Effettivamente è piuttosto divertente, ma mentre lo fa lui è totalmente serio. Non è una cosa che si presenta a ogni cambio di pannolino, ma è capitato di certo almeno sette o otto volte. (Madre di Jonathan, tredici mesi, registrazione)

Non abbiamo attualmente dati a sostegno della capacità infantile di distogliere l'attenzione altrui nel corso del primo anno di vita utilizzando i modi complessi che abbiamo visto nel caso dei babbuini studiati da Whiten e Byrne, ossia distraendo l'attenzione altrui e indirizzandola verso un punto lontano. Negli esempi riportati i bambini hanno utilizzato comportamenti definiti da Whiten e Byrne come a "stretto raggio" – un distrattore prospiciente a chi inganna e a chi è ingannato. Esiste un esempio del distogliere l'attenzione indirizzandola verso un punto distale, messo in atto nel secondo anno di vita, e riportato da Sully un centinaio di anni fa. In quell'esempio un bambino di diciassette mesi, che era stato rimproverato più volte perché gettava i guanti fuori dalla carrozzina, aveva ottenuto che la madre si voltasse chiedendole il nome di un cane ed era riuscito così a farlo di nuovo.[24]

Un risultato simile si ottiene con un'altra tipologia di inganno strategico citata da Whiten e Byrne – la falsa attrazione – ossia, attrarre in modo falso l'attenzione dell'altro verso un certo luogo in modo da ottenerne qualcosa. Nel corso del primo anno di vita, i bambini non utilizzano degli stratagemmi ingannevoli per far sì che gli altri vadano verso un luogo da loro desiderato. Tuttavia, usano azioni ed espressioni ingannevoli per attrarre gli altri *verso di loro*. Il far finta di piangere, evidente a partire dagli otto-nove mesi, ne costituisce un buon esempio. È piuttosto semplice rilevare le differenze tra un pianto autentico e uno simulato, e le situazioni in cui quest'ultimo si presenta sono spesso facilmente svelabili. Una situazione comune è quella del bambino che si finge triste per essere stato sgridato:

Victoria sicuramente sa quando sta facendo qualcosa che non dovrebbe. Si dirige verso il video, si guarda attorno per vedere se c'è qualcuno che la può sgridare e poi [...] va a toccarlo. Quando Paul la sgrida, lei si siede e abbozza un inizio di pianto, ma semplicemente le lacrime non arrivano. (Madre di Vittoria, otto mesi, registrazione)[25]

Un'altra situazione è quella del bambino che vuole qualcosa e finge di piangere per ottenerlo. Guardando di nascosto Carla, di otto mesi, nel mezzo della notte, la madre la vede "strillare, in una specie di pianto, ma senza lacrime, per circa trenta secondi e poi fermarsi e mettersi in ascolto per vedere se mi sente arrivare o se mi sente muovermi [...] e poi ricomincia [...] sta solo sdraiata lì e fa quei versetti e poi si ferma e quando realizza che io non sono lì continua con gli urli, ma senza lacrime, neanche una, e continua, continua, continua".[26] Anche il ridere forzato, come abbiamo visto nel capitolo dedicato all'umorismo, può presentarsi dalla metà del primo anno, quando i bambini cercano di unirsi alle risate degli altri. Qualunque siano le basi di queste azioni, è evidente l'uso falso e manipolativo di un'espressione originariamente "naturale". L'aspetto interessante che questo tipo di azioni condivide con l'inganno attuato attraverso la "distrazione", che abbiamo appena discusso, è la presenza di un'azione a "stretto raggio", senza il coinvolgimento di alcuna postazione distale.

Lo sviluppo della capacità di ingannare presenta un importante parallelismo con lo sviluppo della consapevolezza dell'attenzione che abbiamo analizzato nel capitolo 6: gli esempi di inganno più precoci coinvolgono interazioni di natura diadica mentre quelli di natura triadica emergono solo successivamente. L'inganno in sé non appare un evento a occorrenza tardiva; piuttosto sono i suoi contenuti a mutare. La comunicazione ingannevole sembra esistere anche nel primo anno di vita, ma è di tipo semplice, e coinvolge primariamente il corpo del bambino e le azioni piuttosto che oggetti o obiettivi distali.

Fare finta è l'espressione che utilizzano spesso i genitori per descrivere queste dissimulazioni. Nella letteratura psicologica, questo termine è spesso riservato per le azioni immaginarie effettuate sugli oggetti. Un modo usuale per definire il gioco di finzione, per esempio, ne identifica tre tipologie: il simulare l'esistenza di un oggetto o di una sostanza non esistente, il far finta che un oggetto sia altro, e il fingere un'azione. Tuttavia, non c'è motivo di limitare il far finta ai significati degli oggetti e alle azioni su di loro. I significati dei gesti e delle espressioni, per esempio, e le azioni verso le persone, sono ugualmente cose di cui si può far finta. Difatti, ciò che è affascinante di questi esempi del far finta in contesti interpersonali, è il loro presentarsi almeno nove mesi prima di quanto accada per l'azione ben documentata del far finta in relazione a un oggetto.

Non solo i bambini di otto e nove mesi "fingono" di piangere, di ridere e di non sentire, ma anche “alterano” i significati di gesti e parole. Come abbiamo visto nei capitoli 8 e 9 rispetto al prendere in giro infantile, comportamenti quali l’offrire qualcosa con l’intento di ritirarla per gioco o di chiedere qualcosa per poi rifiutare sono già ben strutturati prima di festeggiare il primo compleanno. Anche in contesti più seri i gesti possono essere utilizzati in modo non corretto per “fingere” una diversa intenzione: un esempio è il bimbo di undici mesi che mentre sta per toccare una cosa sporca vietata solleva la mano “come se stesse salutando” facendo movimenti buffi, piuttosto che andare a toccare la sporcizia, e lo ripete ogni volta che sua madre dice un “no” di ammonimento.[27] Con queste nuove forme di gesti convenzionali si gioca – si “finge”, per utilizzare un linguaggio comune – allo stesso modo in cui lo si fa con una nuova abilità appresa con un oggetto; parlare nel registratore, per esempio, per un bambino di diciotto mesi può essere un gioco. Anche l’abilità di usare le parole può essere manomessa. Il poeta russo Chukovsky raccontava il caso (oggi divenuto famoso) di sua figlia che, avendo da poco imparato l’associazione tra il verso di “miao” e “bau-bau” e rispettivamente il “gatto” e il “cane”, un giorno era andata da lui con un risolino sul volto dicendo “cagnolino miao!”. Analogamente Anna di undici mesi, che aveva appena iniziato a indicare il suo corpo e a definire se stessa come una “bambina” (aveva già chiamato correttamente sua madre col nome di mamma e il padre con papà), improvvisamente aveva indicato la madre dicendo “papà”. L’intervento perplesso della madre ne aveva messo in luce solo la componente di “errore”, finché la bimba non le aveva lanciato una “occhiata birichina” con la “testa inclinata” e aveva dato così il via al gioco.[28]

Il primo fingere inizia in relazione ai significati di espressioni, gesti e parole piuttosto che verso gli oggetti. (È interessante osservare come in tutti i casi, quando il fingere è scherzoso, sembra che a essere manipolati siano i nuovi significati.) Anche quando il fingere riguarda l’esistenza e il significato degli oggetti, tuttavia, è nei contesti interpersonali che esso sembra acquisire il suo significato più precoce. Lo dimostra molto bene la breve e divertente osservazione di una madre – di Jonathan, dodici mesi – al momento del pasto.[29] Jonathan, seduto sul suo seggiolone, di buon umore nel corso dell’intero pasto, fingeva di prendere qualcosa dal tavolo e di offrirlo alla madre. Lei si avvicinava e allungava la mano per “quello” e lui glielo dava, guardandola con un sorriso. L’azione si era ripetuta tre volte ma, a parte la prima, il bambino aveva poi assunto un’espressione seria piuttosto che sorridente. È interessante osservare come in questa fase di sviluppo il fingere sembra funzioni solo una volta. Il “gioco” è continuato per poche settimane, dopo di che la madre ha cercato di iniziare lei il gioco: "Ora, piuttosto che prenderlo e basta, talvolta facevo finta io di mettere qualcosa sul tavolo, poi lo guardavo, lo sollevavo e glielo davo". Ma, stando al racconto della madre, quando aveva cercato di riottenere l'oggetto immaginario dal bambino questi non aveva partecipato: "Effettivamente lui pensa che questa cosa sia un po' troppo ridicola per continuare a giocarci". Il "fingere" a questa età è chiaramente troppo fragile per il bambino, non è basato sulla "comprensione" astratta dell'atto di finzione, o da questa "innescato", ma è in relazione allo specifico contesto dell'attività e a colui che compie l'azione. Nonostante questa fragilità, è difficile affermare che si tratti di qualcosa di diverso dalla finzione quando è il bambino a iniziare l'azione in cui finge di prendere qualcosa per offrirlo alla madre. In questo capitolo è per noi importante capire come tutto questo si associ all'inganno.

Il fatto che queste forme di dissimulazione non verbale, il nascondere e il distrarre, siano semplici e facciano la loro comparsa precocemente suggerisce due cose. Primo, le bugie verbali dei bambini di due anni e mezzo si basano su una lunga storia di manipolazioni di significati e rappresentazioni condivisi. Come le bugie verbali, queste forme di inganno non verbale possono presentarsi in più di un contesto e sono motivate da qualcosa di diverso dal semplice desiderio di sfuggire a una punizione o di ottenere una ricompensa. Il fatto che si presentino sia in contesti ludici sia seri, suggerisce come non si possa fraintendere il significato fuorviante che vogliono veicolare considerandolo un errore del bambino. Secondo, questi esperimenti di inganno precoce sembrano presentarsi più o meno simultaneamente con i primi tentativi di comunicare. Detto in altre parole, essi compaiono almeno tanto precocemente quanto il dare informazioni veritiere. Ma come e perché si sviluppa tutto questo?

Perché si sviluppa la capacità di ingannare?

Per quale motivo i bambini iniziano a ingannare? Kristine Onishi e Renée Baillargeon hanno condotto uno studio pionieristico, seguito da una serie di indagini analoghe, che mostrava, attraverso un compito di abituazione non verbale, come anche i bambini di quindici mesi fossero in grado di scoprire che gli altri possedevano false credenze.[30] I risultati che testimoniano di una precoce capacità di ingannare potrebbero dunque semplicemente essere attribuiti alla scoperta che, fin da piccoli, i bambini sanno che le altre persone possono avere delle credenze sulla realtà, e che queste possono essere diverse da come essa è di fatto. Ciò potrebbe certamente risolvere i dati contraddittori rispetto alle abilità del dire la verità o mentire – entrambe si baserebbero sulla stessa comprensione computazionale e teorica delle rappresentazioni della realtà possedute dagli altri. Alan Leslie, una voce isolata che per molti anni ha sostenuto come il momento cruciale nello sviluppo della conoscenza del mentale si collochi ai diciotto mesi con l'abilità del far finta, sostiene l'esistenza di un "meccanismo della teoria della mente" innato, in grado di spiegare il far finta così come l'ingannare.

Tuttavia, questa spiegazione non tiene in dovuta considerazione due aspetti. Non spiega il progressivo emergere e *sviluppo* di molte delle caratteristiche della comunicazione appena discusse e non affronta il *perché* di fatto l'inganno si manifesti.[31] L'ingannare del bambino non nasce tutto d'un tratto a una data età, che compaia ai quindici mesi, ai dodici, ai dieci o anche agli otto. Piuttosto sembra che a ognuna di queste età vi siano differenti tipologie di inganno, anche se le conoscenze che abbiamo sono ancora poche per poter dire con certezza se queste siano realmente connesse all'età o a variabili di tipo individuale. In ogni caso, ci sono così tante variazioni dell'ingannare che collegarle alla scoperta – sia pur implicita – delle false credenze richiederebbe di attribuire ai primi due anni di vita molti aspetti della scoperta della falsa credenza, non rispettando il principio della parsimonia. Né sembra ragionevole utilizzare un concetto messo a punto per i bambini di quattro anni (quello delle credenze altrui) ed estenderlo senza alcun adattamento a quelli di un anno. È possibile che l'idea infantile sulla credenza sia analoga a età così diverse? Comprendere *che* le altre persone hanno delle credenze non è forse in relazione ai cambiamenti nel loro *contenuto*? Se è vero che per riuscire a cogliere l'attenzione e l'intenzione, come abbiamo visto nei capitoli 6 e 8, così come nello sviluppo dell'autoconsapevolezza riportato nel capitolo 7, è essenziale la stretta connessione tra il che e il cosa (ossia tra la mente in quanto tale e gli oggetti a cui è diretta), tutto ciò potrebbe valere anche per cogliere le credenze.

Questa posizione *spiega* effettivamente perché i bambini si impegnano attivamente nell'ingannare? Come tutte le spiegazioni cognitivo-rappresentazionali può solo rispondere alla domanda sul "perché?" accada in questo modo: accade perché diventa possibile. Penso che si possa cercare di approfondire ulteriormente la risposta a questa domanda.

L'ingannare, come ogni altra forma di comunicazione, *è* prima di tutto una comunicazione. E, come ogni comunicazione, ha bisogno di un partner intenzionale perché possa presentarsi e *significare* qualcosa. Se un'azione di ingannare non fosse riconosciuta o non trovasse risposta a un qualche livello in quanto tale, che significato potrebbe avere per un bambino in sviluppo? Secondo, come ogni altra azione comunicativa, l'ingannare si presenta nel contesto di una conversazione aperta e senza un copione scritto. Frequentemente infatti emerge nel corso di uno scambio dialogico piuttosto che essere tipicamente pianificata come un atto individuale e perspicace. Le reazioni dell'altra persona, i suoi inviti, incoraggiamenti e la sua tolleranza *devono* influenzare il tipo di azioni ingannevoli a cui i bambini possono prendere parte. Non può essere il risultato di una sola testa.

La caratteristica cruciale che spiega l'emergere dell'inganno potrebbe essere la percezione che il bambino ha rispetto all'*ingannabilità* degli altri in quelle prime forme di interazione in cui vi è una particolare sensibilità per le risposte ricevute e una loro manipolazione, come abbiamo visto nei resoconti sui bimbi di un anno. Motivati all'interazione e in una condizione di reciproca responsività sul piano emotivo (entrambe dotazioni evoluzionistiche, almeno per la specie umana), i piccoli possono riuscire a trarre in inganno gli altri durante momenti di coinvolgimento reciproco. Il coinvolgimento – o il dialogo emotivo – spesso comprende azioni che sono per l'altro inaspettate; un dialogo che sia totalmente prevedibile difficilmente può essere realmente tale. Ciò che è imprevedibile genera sorpresa. Le reazioni di sorpresa, aria allarmata o fastidio con cui l'adulto può reagire in risposta a una azione del bambino, vengono percepite da quest'ultimo a livello emotivo grazie alla reazione che egli avverte in se stesso in risposta all'agire dell'adulto (per esempio, il bambino può essere contento per una reazione di sorpresa dell'altro oppure a disagio). Come abbiamo visto nel capitolo 3, si tratta di una esperienza possibile entro una relazione in seconda persona, che lega l'emozione all'esperienza propriocettiva e percettiva. In questo modo il bambino sperimenta l'*ingannabilità* dell'altro ed entra così all'interno del dialogo emotivo in contesti interattivi specifici.

Con l'età l'inganno infantile diventa maggiormente complesso e diversifica i suoi obiettivi – uno sviluppo evidente nel cambiamento dei contenuti oggetto dei comportamenti d'inganno (per esempio da elementi di distrazione prospicienti il soggetto fino ad altri distali). A ogni modo, le origini dell'inganno si trovano nell'esperienza che il bambino ha dell'*ingannabilità* degli altri. Anche in questo caso, come per lo sviluppo della consapevolezza dell'attenzione, è possibile predire che lo sviluppo dell'abilità di ingannare dipenda dalla capacità di *percepire* dentro di sé il processo della comunicazione prossimale vera o falsa con l'altro. Probabilmente, se il bambino non potesse ingannare in contesti di interazione diadica, non si svilupperebbero adeguatamente forme di inganno in contesti distali e, per utilizzare una formula convenzionale o esprimere la stessa cosa diversamente, queste sarebbero "inappropriate". Forme di coinvolgimento emotivamente connotate e dal carattere dialogico possono fornire il carburante necessario all'emergere di questa abilità e alimentare lo sviluppo in complessità degli oggetti e degli argomenti coinvolti dall'inganno nel corso del tempo.

11

Altre menti e altre culture

> [...] perché si è appreso soltanto a usare al meglio le parole per quello che non si ha più da dire, o nel modo in cui non si è più disposti a dirlo.
>
> T.S. ELIOT, *East Coker*[1]

In questo libro ho sostenuto che se la psicologia vuole comprendere come i bambini sviluppano la consapevolezza delle menti degli altri deve occuparsi di come essi si coinvolgono attivamente nelle interazioni interpersonali. Un'osservazione che non tenga conto di questo dato non realizza una piena comprensione del mentale. Per capire questo processo è essenziale adottare un approccio in seconda persona – il Tu – nel coinvolgimento dialogico. Sia l'approccio in prima persona (che parte dal sé attribuendo un ruolo di fondo alla simulazione o al modellamento) sia quello in terza persona (che deduce gli stati mentali traendo inferenze sulla base dell'osservazione distaccata dei comportamenti) offrono a chi percepisce diversi tipi di informazione sul sé e sull'altro. Entrambi tuttavia concepiscono fondamentalmente il bambino come un soggetto che percepisce, come uno spettatore esterno di qualcosa. Ambedue le posizioni, ognuna a suo modo, non spiegano come i bambini possano comprendere le altre persone in quanto *altre* e in quanto *persone*. Ho cercato di illustrare le mie argomentazioni prendendo in considerazione una gamma di domini in cui i piccoli si impegnano attivamente utilizzando le loro abilità mentali – imitando, comunicando, interagendo con l'altro tramite l'attenzione, giocando con le intenzioni, nascondendo o esibendo il proprio sé provando emozioni autoconsapevoli, condividendo con gli altri il divertimento e l'inganno.

Il partecipare a un coinvolgimento interpersonale permette al bambino di percepire che qualcuno lo riconosce e risponde al suo essere, consentendogli di sperimentare in sé la risposta indirizzata verso l'altro. Molti filosofi hanno sottolineato il ruolo fondamentale di questa esperienza. William James parla a questo proposito di "essere riconosciuti", Bachtin del riconoscimento di una "coscienza che si rivolge verso l'altro", Hegel della consapevolezza di essere riconosciuti e Buber dell'esperienza della relazione *Io-Tu*. Questi concetti si riferiscono a qualcosa di più del semplice riconoscimento della somiglianza che intercorre tra l'altra persona e il sé, e della sola inferenza a partire dall'osservazione delle diverse azioni.

L'approccio in seconda persona che ho sviluppato in questo libro sostiene come riconoscere ed essere riconosciuti da un *Tu* sia un aspetto essenziale per comprendere le altre persone, da un punto di vista sia evolutivo sia esperienziale. Gran parte della psicologia dello sviluppo ritiene che la comprensione degli stati mentali altrui possa avvenire attraverso processi di simulazione o di deduzione oppure attraverso l'unione di entrambi. Al contrario, l'approccio in seconda persona suggerisce che se il bambino non potesse sentire e rispondere emotivamente a quegli atti della mente diretti verso di lui, il coinvolgimento con essi e la comprensione che ne avrebbe sarebbero "diverse" e meno "appropriate" di ciò che tipicamente diamo per scontato nella quotidianità. L'assenza di un coinvolgimento partecipativo sembra portare a una comprensione delle persone più di tipo teorico, distaccato, basato su una regola, come appare evidente nei casi di sviluppo atipico quali l'autismo. I bambini iniziano in genere la loro vita con il dialogo, per quanto semplice, nell'ambito di scambi comunicativi in cui si utilizza l'imitazione, e in una condizione di agevole connessione emotiva con gli altri. Non solo l'approccio in seconda persona riesce a spiegare il comportamento infantile meglio di quanto non facciano gli approcci in prima o in terza persona, ma risulta anche capace di risolvere la questione relativa alle altre menti così come essa ancora si presenta, di frequente, nella letteratura psicologica – ossia, facendo riferimento a un processo di osservazione "da spettatore" del "mero comportamento", che presuppone l'esistenza di un gap. La differenza importante che intercorre tra questo e un approccio in prima persona sta nel fatto che l'enfasi qui non è posta sul riconoscimento della similitudine tra le azioni dell'altro e le proprie ma, aspetto decisivo, sull'*esperienza* di una risposta reciproca alle azioni dell'altro. In questa condizione di re-incarnamento e re-inserimento diventa difficile sostenere l'esistenza di un gap tra le menti.

I bambini appaiono capaci di sostenere un dialogo a un'età significativamente molto precoce. A partire dalla nascita, essi mostrano di preferire i volti che si rivolgono loro attraverso un diretto e reciproco scambio di sguardi, e sono capaci di coinvolgersi in scambi imitativi con gli adulti, che rivelano non solo la capacità di riconoscere la similitudine tra il sé e l'altro, ma anche la motivazione a invitare l'altro all'interazione. Entro i due mesi di vita i piccoli sviluppano una maggiore solidità nei propri scambi dialogici, mostrando di essere capaci di sostenere alternanze di turno prolungate, di cogliere con sensibilità le contingenze e la rilevanza delle risposte altrui e, inoltre, di avere sensibilità nel rilevare diverse sfumature della comunicazione emotiva. Prima ancora che ci sia un "argomento" di conversazione su cui comunicare, il dialogo funziona nella prima infanzia come uno strumento aperto, al cui interno il sé e l'altro si sviluppano. Ci accorgiamo del ruolo costitutivo giocato da queste forme di coinvolgimento interattivo quando l'apertura ne risulta perturbata, soprattutto per periodi prolungati.

È riguardo alla consapevolezza dell'attenzione che risulta evidente cosa significhi coinvolgersi in seconda persona – ossia l'idea che sia necessario sperimentare nel sé una risposta agli altri per "conoscerli" adeguatamente. L'attenzione degli altri assume significato poiché il bambino fa esperienza del proprio sé come il primo tra gli oggetti cui è possibile indirizzare l'attenzione. Il piccolo espande la propria comprensione del significato dell'attenzione altrui con l'ampliarsi della gamma di oggetti a cui gli altri pongono attenzione e con cui egli stesso può partecipare. Una simile argomentazione – ossia che il significato di un processo mentale sia dapprima esperito tramite la risposta del sé verso di esso – può essere avanzata non solo rispetto all'attenzione, ma anche in merito alla consapevolezza delle intenzioni, del divertimento e, è interessante notare, anche alla consapevolezza delle credenze altrui. Giocare all'interno (e sempre appena al di là) dei confini delle intenzioni altrui permette di condurre i bambini verso intenzioni ancora più complesse e verso una consapevolezza di queste. Il fare esperienza di come gli altri rispondono ai loro modi scherzosi o giocosi di provare a ingannare – sperimentare il loro "essere ingannabili" – può spiegare perché i bambini, in maniera naturale, iniziano a farlo. Analogamente gli affetti autoconsapevoli, meglio definibili come affetti auto-etero-consapevoli, possono fornire una spiegazione migliore dello sviluppo pre-concettuale dell'autoconsapevolezza e di vari modi in cui i bimbi al loro primo anno di vita risultano divertenti per le azioni che intraprendono. Fare esperienza di caratteristiche del funzionamento mentale altrui attraverso le proprie risposte può essere importante non solo per l'emergere della consapevolezza degli stati mentali, ma anche per il suo continuo sviluppo. Forme di coinvolgimento come queste portano il bambino verso ulteriori implicazioni e complessità, e verso una consapevolezza ancora maggiore – del sé e degli altri.

Stabilire un coinvolgimento in seconda persona con gli altri sembra quindi cruciale per diventarne consapevoli: l'informazione che ne deriva ha un significato e un'accuratezza maggiore, viene sperimentata piuttosto che solo simulata o inferita, e crea nuovi aspetti di cui *essere* consapevole. Da questa conclusione derivano due ulteriori implicazioni. Una di queste è già stata discussa nel capitolo 3: riguarda la questione relativa a come gli psicologi arrivano a comprendere le persone con cui lavorano – ossia i "partecipanti" ai progetti di ricerca. Se la conoscenza partecipativa rappresenta un aspetto cruciale per la comprensione del funzionamento mentale delle persone nuove con cui entriamo in contatto, questo deve valere anche per gli adulti e gli psicologi, così come lo è per i bimbi piccoli. Ciò sembra suggerire che alcune metodologie potrebbero essere più indicate rispetto a quelle comunemente considerate oggi valide in psicologia.

La seconda implicazione riguarda il comprendere persone che provengono da culture diverse, e i modi in cui noi, in quanto adulti, ci confrontiamo con quello che può essere spesso un compito difficile. Chiedersi come si possa "comprendere gli stranieri senza *essere* uno di loro" potrebbe sembrare un modo piuttosto obsoleto di affrontare il tema al giorno d'oggi, ma sotto diversi punti di vista la questione dell'inaccessibilità delle altre culture è sorprendentemente simile alla questione delle altre menti.[2] Concettualizzare il problema nei termini di aver bisogno di entrare nella pelle di qualcun altro per comprenderne la "cultura" richiama delle implicazioni di stampo cartesiano. Le culture, come le menti, sono considerate come ciò che sta all'interno dei corpi (forse in questo caso dentro un gruppo di corpi), non direttamente accessibili agli altri; di esse si può solo speculare dall'esterno, e non sono mai realmente comprensibili se non standovi all'interno. In entrambi i casi vi è una subdola implicazione di staticità – la cultura o la mente sono un qualcosa seduto lì che aspetta di essere conosciuto. Una prospettiva di questo tipo raffigura le culture come un prodotto piuttosto che come un processo: qualcosa che non si può "cogliere" se non lo si possiede e che dipende dal luogo di nascita.

Le risposte alle domande sulla cultura e sulle menti sono simili. Anche nel caso della cultura è possibile adottare o un approccio in prima persona (laborioso nell'utilizzo e nel fatto di richiedere una generalizzazione per analogia rispetto alla propria esperienza personale, e comunque sempre vincolato da alcuni limiti), o in terza (riflessivo, teorico, deduttivo, assolutamente razionale, ma emotivamente non convincente), o si può ricorrere a un approccio in seconda persona. Come le menti, anche le culture emergono ed esistono solo all'interno del coinvolgimento interpersonale.[3] La cultura ha bisogno del dialogo e del coinvolgimento per continuare a *essere* in un certo modo. E il dialogo e il coinvolgimento, entità necessariamente aperte e senza un copione, *cambiano* alcune pratiche culturali e l'accento posto su di esse, così come ne affermano e sostengono altre. Se le cose stanno così, allora la cultura – in quanto pratica fluida e potenzialmente mutevole – è accessibile alla conoscenza di coloro che vi si coinvolgono. Lo sviluppo di significati condivisi può richiedere del tempo, ma non è inaccessibile agli estranei o ai nuovi arrivati, così come le menti degli adulti non sono opache nemmeno ai bambini appena nati. I significati smettono di essere segreti e opachi se li pensiamo come qualcosa che esiste nella partecipazione e nel dialogo, in pratiche pubbliche e condivise piuttosto che nella privatezza. Essi sono aperti proprio perché possono esistere solo nella pratica, e al suo interno vengono costantemente confermati e modificati. Il significato di un rituale o di un gesto, di una parola o di uno sguardo, di un urlo, di un sorriso, di un saluto, di un volto che guarda altrove – tutti esistono solo come espressione diretta a un altro o come risposta a quest'ultimo. Nessun dizionario delle menti e delle culture può mantenere immutati i suoi significati.

Sia nel caso delle altre menti sia delle altre culture sembra che la chiave stia nella partecipazione in una condizione di apertura emotiva nei confronti dell'"altro". Ovviamente però questa condizione può essere assente: essere negata in maniera deliberata in momenti di conflitto o di ritiro o laddove in modo involontario non si riesce a raggiungere un ritmo condiviso. In entrambi i casi, la partecipazione e la responsività emotiva hanno bisogno di un terreno comune per avere luogo. In cosa consiste tale terreno? Esso coinvolge il corpo, il mondo, i bisogni psicologici, l'attrazione e la motivazione al senso di compagnia e alle attività da intraprendere. Questo è vero nel caso del bambino che si affaccia per la prima volta al mondo dell'adulto – entrambi condividono un corpo, un mondo comune, bisogni e motivazioni e, in epoca successiva, delle attività. Senza questo terreno condiviso, il processo potrebbe essere più complesso. Si tratta di un aspetto vero anche nel caso della conoscenza delle altre culture. Il terreno condiviso non rende solo possibile comprendere ciò che già è comune: esso fornisce la base per il dialogo all'interno del quale possono svilupparsi ulteriori significati condivisi. Ma quando questo viene a mancare, ecco che nascono i problemi.

L'essenza dell'approccio in seconda persona consiste nel fatto che il "conoscitore" deve *sperimentare* nel sé la risposta verso la persona o la cosa che vuol conoscere. Perché questo è necessario per conoscere le altre culture? Perché non possiamo sperimentare le altre culture e assumere i modi di fare e osservare cosa vi è implicato? Perché abbiamo bisogno di *sentire* che proviamo qualcosa per loro, e magari anche qualcosa di positivo? Il motivo è che i sentimenti per gli altri non solo colorano la percezione che ne abbiamo ma, aspetto cruciale, ci muovono all'azione e al coinvolgimento. E i sentimenti positivi aprono ancora di più i nostri occhi, rendendo possibile che accadano nuove cose, permettendoci di vederle e di darne un senso ancora migliore. Ci permettono di guardare al di là del nostro naso, delle nostre paure e dei nostri pregiudizi quando ci troviamo a confronto con culture diverse. La cultura non è un sistema chiuso come non lo è la mente; entrambe richiedono un coinvolgimento per esistere e sono quindi immediatamente aperte per essere conosciute, ma solo attraverso la partecipazione interpersonale attiva. È interessante notare come questa similarità accresca la possibilità di considerare la mente come una pratica culturale e di vedere i bambini come partecipanti attivi fin dall'inizio delle loro vite.

Note

Capitolo 1

1. J. Macmurray, *Persons in Relation*, Faber and Faber, London 1961, p. 28.

2. In relazione alla pluralità di termini inglesi denotanti il bambino, abbiamo scelto di tradurre con "bambino piccolo" o "bimbo" fino all'età di sei mesi e con "bambino" le altre età pre-verbali menzionate. [NdT]

3. Letteralmente "Attenzione al vuoto, al divario"; avvertenza utilizzata nelle metropolitane per segnalare ai passeggeri lo spazio vuoto che si crea tra la banchina e il treno. [NdT]

4. A. Clark, "Embodiment: From fish to fantasy", in *Trends in Cognitive Sciences*, 3, 9, 1999, pp. 343-351. Una valida rassegna sul tentativo di sviluppare una pinna blu robotica nel tonno in una vasca natatoria può essere trovata in M.S. Triantafyllou, G.S. Triantafyllou, "An efficient swimming machine", in *Scientific American*, 272, 3, 1995, pp. 64-74.

5. D.N. Stern, *Il momento presente. In psicoterapia e nella vita quotidiana*, tr. it. Raffaello Cortina, Milano 2005.

6. La celebre frase è tratta dalla commedia di W. Shakespeare, *Come vi piace*, tr. it. Mondadori, Milano 2009, atto II, scena VII, p. 81. [NdT]

Capitolo 2

1. Kalidasa, *Il riconoscimento di Sakuntala*, tr. it. Adelphi, Milano 1993, p. 171.

2. La teoria della simulazione sostiene che i bambini riescono a predire gli stati mentali altrui attraverso un processo di simulazione, che richiede un modello operativo dell'altro. L'abilità richiesta è quella di saper osservare il comportamento degli altri e rilevarne eventuali regolarità. Per un confronto tra teorie alternative si veda p. 22 in questo volume. [NdC]

3. La sigla "cvd" è un'abbreviazione della frase "come volevasi dimostrare", che si usa porre a conclusione della dimostrazione di un teorema matematico. [NdC]

4. L'accusa di dualismo avanzata nei confronti di Cartesio non è corretta. Egli scrive, per esempio, che la mente non sta al corpo come il pilota sta alla sua nave e, inoltre, in modo davvero anti-dualistico, dedica parte dei suoi scritti alle "passioni della mente". La questione filosofica circa le altre menti è pre-cartesiana, ma è solo a partire dal

XIX secolo, con il tentativo di John Stuart Miller di individuare una soluzione alla questione, che questa diventa un problema reale.

5. Per una discussione approfondita sul concetto di comportamento come fattuale e della mente come inferenziale si veda D.O. Hebb, *Manuale di psicologia*, tr. it. La Nuova Italia, Firenze 1970; si veda anche la discussione in A. Costall, I. Leudar, V. Reddy, "Failing to see the irony in 'mind reading'", in *Theory and Psychology*, 16, 2, 2006, pp. 163-167.

6. J. Coulter, *The Social Construction of Mind*, Macmillan, London 1979. Si veda inoltre D.C. Penn, D.J. Povinelli, "On the lack of evidence that non-human animal possess anything remotely resembling a 'theory of mind'", in *Philosophical Transactions of the Royal Society of London*, 362, 1480, 2007, pp. 731-744.

7. Un chiaro richiamo a questo stadio di sviluppo nella comprensione delle menti da parte dei bambini si trova in D. Olson, "On the origin of beliefs and other intentional states in children", in J.W. Astington, P.L. Harris, D.R. Holsono (a cura di), *Developing Theories of Mind*, Cambridge University Press, Cambridge 1988, pp. 414-426. Si veda anche D.L. Cheney, R.M. Seyfarth, "Attending to behavior versus attending to knowledge: Examining monkeys' attribution of mental states", in *Animal Behaviour*, 40, 1990, pp. 742-753.

8. A. Costall, "'Introspectionism' and the mythical origins of scientific psychology", in *Consciousness and Cognition: An International Journal*, 15, 4, 2006, pp. 634-654.

9. Si tratta di una posizione che postula l'elaborazione di una teoria della mente per comprendere la propria mente. [NdC]

10. Si veda I. Leudar, A. Costall, "On the persistence of the 'problem of other minds' in psychology: Chomsky, Grice and 'Theory of Mind'", in *Theory and Psychology*, 14, 2004, pp. 601-621.

11. La frase è tratta da W. Shakespeare, *Macbeth*, tr. it. Feltrinelli, Milano 2004, atto I, scena IV, p. 27. [NdT]

12. U.K. Le Guin, *The Lathe of Heaven*, Granada, London 1974, p. 153.

13. La frase è tratta da W.B. Yeats, *Poesie,* tr. it. Mondadori, Milano 1999, pp. 234-235. [NdT]

14. M. Merleau-Ponty, *Fenomenologia della percezione,* tr. it. Bompiani, Milano 2003, p. 459.

15. Si veda R. Hinde, "Was 'the expression of the emotions' a misleading phrase?", in *Animal Behaviour*, 33, 3, 1985, pp. 985-992. Secondo l'autore Darwin con il suo linguaggio – per esempio nel titolo del libro *L'espressione delle emozioni nell'uomo e negli animali* – ha di fatto perpetuato il dualismo in psicologia, sostenendo che espressioni ed emozioni siano due aspetti differenti.

16. Per una critica si veda R.P. Hobson, "Against a theory of the 'theory of mind'", in *British Journal of Developmental Psychology*, 9, 1991, pp. 33-51.

17. J. Perner, *Understanding the Representational Mind*, MIT Press, Cambridge, MA, 1991; J. Astington, *The Child Discovery of the Mind*, Harvard University Press, Cambridge, MA, 1994.

18. R.M. Diaz, L.E. Berk (a cura di), *Private Speech: From Social Interaction to Self-regulation*, Lawrence Erlbaum Associates, Hillsdale, NJ, 1992; B. Delgado, J.C. Gomez, E. Sarria, "Private pointing and private speech: Developing parallelisms", in *Private Speech, Executive Functioning and the Development of Verbal Self-regulation*, Cambridge University Press, Cambridge, MA, 2009.

19. N. Frijda, B. Mesquita, "The social rules and functions of emotions", in *Emotion and Culture: Empirical Studies of Mutual Influence*, American Psychological Association, Washington, DC, 1994, pp. 51-87.

20. M. Donaldson, *Human Minds: An Exploration*, Allen Lane, New York 1992. Qui è rilevante il concetto di "cura" che proviene dalla psicologia fenomenologica, dove l'"essere" non è mai oggetto di indifferenza ma implica sempre la dimensione dell'impegno e del coinvolgimento attivo nella vita.

21. Si veda J.W. Astington, A. Gopnik, "Theoretical explanations of the child's understanding of the mind", in *British Journal of Developmental Psychology*, 9, 1, 1991, pp. 7-31. Viene proposta una soluzione alternativa e significativa al concetto di divario: la "storia" alternativa (assumendo una posizione scettica sull'esistenza delle menti e focalizzandosi unicamente sul "parlare" delle menti) appare meno adeguata a esplorare lo sviluppo della consapevolezza delle altre menti, se applicata alla fase precoce e non verbale dell'infanzia. Tuttavia, se estesa alla narrativa non verbale, questa versione si avvicina all'approccio in seconda persona sostenuto nel libro.

22. In filosofia, argomentazione fondata sul principio che oggetti ed esseri simili hanno proprietà e comportamenti simili. [NdC]

23. Con questa espressione l'autrice fa riferimento al concetto di procedere per formulazione di ipotesi individuando quella che meglio si accorda ai dati osservati. [NdT]

24. Le origini dell'utilizzo del termine *prima persona* in questo contesto non sono chiare. Non ricorro qui a questo termine per riferirmi a qualunque teorico valorizzi il ruolo dell'esperienza che deriva dal proprio sé, ma piuttosto in riferimento a quanti sostengono che la consapevolezza del sé sia il punto di partenza per sviluppare la consapevolezza degli altri, e che considerano la somiglianza tra sé e il prossimo la via primaria e principale per avere accesso alle altre menti.

25. A.N. Meltzoff, M.K. Moore, "Infant intersubjectivity: broadening the dialogue to include imitation, identity and intention", in S. Braten (a cura di), *Intersubjective Communication and Emotion in Early Ontogeny*, Cambridge University Press, New York 1988, pp. 19-41.

26. M. Tomasello, "Social cognition before the revolution", in P. Rochat (a cura di), *Early Social Cognition: Understanding Others in the First Months of Life*, Lawrence Erlbaum Associates, Mahwah, NJ, 1999, pp. 301-314; M. Tomasello, M. Carpenter, J. Call, T. Behne, H. Moll, "Understanding and sharing intentions: The origin of cultural cognition", in *Behavioural and Brain Sciences*, 28, 2005, pp. 675-735.

27. A. Gopnik, A.N. Meltzoff, *Words, Thoughts and Theories*, MIT Press, Cambridge, MA, 1997.

28. V. Gallese, "Intentional attunement: A neurophysiological perspective on social cognition and its disruption in autism", in *Brain Research*, 1079, 2006, pp. 15-24.

29. Si veda A. Gopnik, H. Wellman, "Why the child's theory of mind really is a theory", in *Mind and Language*, 7, 1992, pp. 145-171, per la considerazione circa il fatto che la transizione dalla prima infanzia alla fanciullezza si associa a una accresciuta comprensione delle rappresentazioni. Altri, come Josef Perner, guardano allo sviluppo come a un momento di transizione dalla comprensione di tipo comportamentale a una di tipo mentalistico; J. Perner, *Understanding the Representational Mind*, MIT Press, Cambridge, MA, 1991.

30. G. Gergely, "The development of understanding of self and agency", in U. Goswami (a cura di), *Blackwell's Handbook of Childhood Cognitive Development*, Blackwell, Malden, MA, 2002, pp. 26-46.

31. Principio in base a cui, a parità di fattori, la spiegazione più semplice tende a essere quella esatta. [NdC]

32. E. Thompson, "Empathy and consciousness", in *Journal of Consciousness Studies*, 8, 5-7, 2001, pp. 1-32.

Capitolo 3

1. W. Shakespeare, "Re Lear", tr. it. in *Tutto il teatro,* Newton Compton, Roma 2009, atto IV, scena VI, p. 2318. [NdT]

2. Il termine compare frequentemente in discussioni filosofiche che trattano delle persone, come in Buber, ed è implicito negli scritti di Trevarthen e di coloro che hanno affrontato il tema dell'intersoggettività a partire dal 1970. Al 1989 risale il primo uso esplicito del termine, a opera di John Shotter, pur in un contesto leggermente diverso: J. Shotter, "Social accountability and the social construction of the You", in J. Shotter, K. Gergen (a cura di), *Texts of Identity*, Sage Publications, Thousand Oaks, CA, 1989. Nell'ambito del dibattito sulla "teoria della mente", il termine è apparso nel 1996: J.C. Gomez, "Second person intentional relations and the evolution of social understanding", in *Behavioral and Brain Sciences*, 19, 1, 1996, pp. 129-130; e in V. Reddy, "Omitting the second person in social understanding", in *Behavioral and Brain Sciences*, 19, 1, 1996, pp. 140-141. Entrambi gli articoli sono stati scritti in risposta a Barresi e Moore e alle loro teorizzazioni nel corso delle quali hanno affrontato il tema del problema delle altre menti considerando la contrapposizione tra prima e terza persona. Più recentemente, il termine è entrato in modo esplicito nei discorsi in ambito psicologico grazie agli scritti di filosofi che si sono occupati della disciplina psicologica: S. Gallagher, "The practice of mind: Theory, simulation or interaction?", in E. Thompson (a cura di), *Between Ourselves: Second-Person Issues in the Study of Consciousness*, Imprint Academic, Charlottesville, VA, 2001; e si veda anche V. Reddy, "On being an object of attention: Implications for self-other-consciousness", in *Trends in Cognitive Sciences*, 7, 9, 2003, pp. 397-402.

3. M. Buber, "Io e Tu", tr. it. in *Il pensiero dialogico e altri saggi*, Edizioni San Paolo, Cinisello Balsamo 1993; M. Bachtin, *The Dialogic Imagination*, University of Texas Press, Austin 1981; J. Macmurray, *Persons in Relation*, Faber and Faber, London 1961/1991, p. 71.

4. H.L. Dreyfus, *Being in the World: A Commentary on Heidegger's "Being and Time", Division 1*, MIT Press, Cambridge, MA, 1995.

5. J. Barresi, C. Moore, "Intentional relations and social understanding", in *Behavioural and Brain Sciences*, 19, 1, 1996, pp. 107-154. Gli autori suggeriscono come il concetto – lo schema intenzionale – si sviluppi nell'uomo a partire dalla fine del primo anno di età e costituisca il ponte tra i due.

6. D.N. Lee, "Body-environment coupling", in U. Neisser (a cura di), *The Perceived Self: Ecological and Interpersonal Sources of Knowledge*, Cambridge University Press, New York 1993.

7. J. Shotter, "Social accountability and the social construction of the you", cit.

8. Ivana Markova si oppone all'idea cartesiana della separazione tra chi conosce e chi è conosciuto facendo riferimento al concetto hegeliano di circolo dialettico; I. Markova, *Paradigms, Thought, and Language*, John Wiley, Chichester 1982.

9. Per una discussione sulla maggiore complessità che caratterizza il comportamento del neonato quando è in interazione con un adulto piuttosto che quando è da solo e per un modello che espanda il concetto di stati di consapevolezza diadica si veda E. Tronick, "Why is connection with others so critical?", in J. Nadel, D. Muir (a cura di), *Emotional Development*, Oxford University Press, Oxford 2005; M. Bullowa, "Prelinguistic communication: A field for scientific research", in M. Bullowa (a cura di), *Before Speech: The Beginning of Interpersonal Communication*, Cambridge University Press, Cambridge 1979.

10. D.A. Leavens, W.D. Hopkins, K.A. Bard, "Understanding the chimpanzee pointing: Epigenesis and ecological validity", in *Current Directions in Psychological Science*, 14, 2005, pp. 185-189; K.A. Bard, M. Myowa-Yamakoshi, M. Toonaga, M. Tanaka, A. Costall, T. Matsuzawa, "Group differences in the mutual gaze of chimpanzee *(Pan troglodytes)*", in *Developmental Psychology*, 41, 2005, pp. 616-624.

11. M. Bachtin, *Dostoevskij. Poetica e stilistica*, tr. it. Giulio Einaudi, Torino 1968, p. 331. [NdT]

12. E.M. Forster, *Notes on the English Character. Abinger Harvest*, Edward Arnold, London 1936.

13. David Bakan discute la teoria di Brentano, che si occupò di psicologia sperimentale nei primi periodi dello sviluppo della disciplina (1874), sostenendo come la psicologia, piuttosto che sperimentale debba essere empirica. L'esperimento è "troppo distante dall'esperienza per raccontarci qualcosa di ciò che è significativo. La reale distinzione – tralasciando il confronto – tra il concetto di empirico e di sperimentale è oggi per molti psicologi difficile da comprendere. Nella cultura della moderna disciplina psicologica le due parole sono impiegate come sinonimi" (p. XII); D. Bakan, *On Method: Towards a Reconstruction of Psychological Investigation*, Jossey-Bass, San Francisco 1967.

14. Con il termine "diagnosi tramite intuizione" si fa riferimento alla valenza conoscitiva che in ambito fenomenologico ha l'impressione immediata dell'altro all'interno della relazione [NdC]. I fenomenologi Ludwig Binswanger, Eugène Minkowski e H.C. Ruemke sono coloro che proposero questo "metodo". Si veda S. Lanzoni, "Diagnosing with feeling: The clinical assessment of schizophrenia in early twentieth-century European psychiatry", in F.B. Alberti (a cura di), *Emotions, Medicine and Disease*, Palgrave, New York 2006.

15. R.P. Hobson, *The Cradle of Thought,* Macmillan, London 2002, pp. 11-14.

16. C. de D. Rifelj, *Reading the Other: Novels and the Problem of Other Minds*, University of Michigan Press, Ann Arbor 1992.

17. M. Buber, "Io e Tu", cit., p. 71.

18. T.B. Brazelton, "The development of newborn behavior", in F. Faulkner, J.M. Tanner (a cura di), *Human Growth: A Comprehensive Treatise*, vol. 2, Plenum Press, New York, 1986; H.L. Bergson, *Laughter: An Essay on the Meaning of the Comic*, Macmillan, New York 1911.

19. Il riferimento è all'esperimento di psicologia sociale condotto dallo psicologo statunitense nel 1961, il cui scopo era quello di studiare il comportamento di soggetti a cui un'autorità (nel caso specifico uno scienziato) aveva ordinato di eseguire delle azioni in contrasto con i valori etici e morali dei soggetti stessi. I risultati ottenuti hanno mostrato che maggiore era la distanza tra soggetto e sperimentatore maggiore era la violazione di principi etici di base, come per esempio procurare volontariamente del dolore a qualcuno. [NdC]

20. W. Bateson, *The Method and the Scope of Genetics*, Cambridge University Press, Cambridge 1908, p. 19.

21. E.F. Keller, *In sintonia con l'organismo. La vita e l'opera di Barbara McClintock*, tr. it. La Salamandra, Milano 1988.

22. R.W. Byrne, "What's the use of anecdotes? Attempts to distinguish psychological mechanism in primate tactical deception", in R.W. Mitchell, N.S. Thompson, L. Miles (a cura di), *Anthropomorphism, Anecdotes and Animals: The Emperor's New Clothes?*, University of Nebraska Press, Lincoln 1997.

23. J. Piaget, *La formazione del simbolo nel bambino. Imitazione, gioco e sogno. Immagine e rappresentazione*, tr. it. La Nuova Italia, Scandicci 2000, p. 137.

24. J. Dewey, *Democrazia e educazione*, tr. it. La Nuova Italia, Scandicci 1992, p. 197.

25. "Se questo fosse fisicamente possibile, non si potrebbe immaginare una punizione più crudele che condannare un uomo a rimanere solo nella società e a rimanere assolutamente sconosciuto a tutti i membri di essa. Se nessuno si voltasse quando entriamo, ci rispondesse quando parliamo o facesse caso a quello che facciamo, se ogni persona che incontriamo ci 'sopprimesse' e agisse come se noi fossimo inesistenti, saremmo presi da una specie di rabbia e di disperazione in confronto della quale le più crudeli torture corporali sarebbero una liberazione: infatti esse ci farebbero sentire che, per quanto cattiva fosse la nostra sorte, non saremmo caduti tanto in basso da essere completamente indegni di attenzione" (W. James, *Principi di psicologia*, tr. it. Principato, Milano 1950, pp. 79-80).

26. B. Fredrickson, "Positive emotions", in C.R. Snyder, S.J. Lopez (a cura di), *Handbook of Positive Psychology*, Oxford University Press, New York 2002.

Capitolo 4

1. M. Friedman, *Martin Buber: The Life of Dialogue* (4th ed.), Routledge, London 1995, p. 70.

2. La Joseph Rowntree Foundation è una associazione che opera in Inghilterra nell'ambito della ricerca e del potenziamento di contesti di povertà e svantaggio socioculturale. [NdT]

3. Un approccio basato sull'intervento chiamato "Intensive Interaction" è stato introdotto da Geraint Ephraim: G.W.E. Ephraim, *Developmental Process in Mental Handicap: A Generative Structure Approach*, tesi di dottorato non pubblicata, Brunel University 1979. L'approccio fu poi sviluppato ulteriormente per soggetti in età adulta da Phoebe Caldwell e in modo indipendente anche da Jacqueline Nadel, una ricercatrice francese che lavora con bambini autistici: P. Caldwell, *Learning the Language*, Pavilion Publishing, Brighton 2002; J. Nadel, A. Fontaine, "Communicating by imitation: A developmental and comparative approach to transitory social competence", in B.H. Schneider, G. Attili, J. Nadel, R.P. Weissberg (a cura di), *Social Competence in Developmental Perspective*, Kluwer Academic/Plenum Publishers, New York 1989; J. Nadel, A. Peze, "Immediate imitation as a basis for primary communication in toddlers and autistic children", in J. Nadel, L. Camaioni (a cura di), *New Perspectives in Early Communicative Development*, Routledge, London 1993.

4. C. Darwin, *Viaggio di un naturalista intorno al mondo*, tr. it. Giunti, Firenze 2002, p. 256.

5. J. Nadel, comunicazione personale, aprile 1999.

6. M. Myowa-Yamakoshi, M. Tomonaga, M. Tanaka, T. Matsuzawa, “Imitation in neonatal chimpanzees (*Pan troglodytes*)”, in *Developmental Science*, 7, 4, 2004, pp. 437-422; K. Bard, “Neonatal imitation in chimpanzees (*Pan troglodytes*) tested with two paradigms”, in *Animal Cognition*, 10, 2007, pp. 233-242; P.F. Ferrari, E. Visalberghi, A. Paukner, L. Fogassi, A. Ruggiero, S.J. Suomi, “Neonatal imitation in rhesus macaques”, in *PLoS Biology*, 4, 9, 2006, pp. 1501-1508.

7. O. Maratos, comunicazione personale, settembre 1999 e marzo 2007; O. Maratos, “Trends in the development of imitation in early infancy”, in T. Bever (a cura di), *Regression in Mental Development: Basic Phenomena and Theories*, Lawrence Erlbaum Associates, Hillsdale, NJ, 1982.

8. J. Nadel, G. Butterworth, *Imitation in Infancy*, Cambridge University Press, Cambridge 1999. Gli autori indicano diverse ragioni per cui il fenomeno dell’imitazione, degno di attenzione, è stato trascurato (e occasionalmente denigrato) da parte della disciplina psicologica.

9. Citato in D. Edwards, “Imitation and artifice in apes, humans and machines”, in *American Behavioral Scientist*, 37, 6, 1994, pp. 754-771.

10. C. Darwin, *Viaggio di un naturalista intorno al mondo*, cit.

11. R.W. Byrne, “Object manipulation and skill organization in the complex food preparation of mountain gorillas”, in S.T. Parker, R.W. Mitchell, H.L. Miles (a cura di), *The Mentalities of Gorillas and Orangutans: Comparative Perspective*, Cambridge University Press, New York 1999; A. Whiten, R. Ham, “On the nature and evolution of imitation in the animal kingdom: Reappraisal of a century of research”, in P.J. Slater, J. Rosenblatt, C. Beer, M. Milinski (a cura di), *Advances in the Study of Behavior*, Academic Press, New York 1992; C. Heyes, “Causes and consequences of imitation”, in *Trends in Cognitive Sciences*, 6, 2001, pp. 253-261.

12. A.L.H. Van der Meer, F.R. Van der Weel, D.N. Lee, “The functional significance of arm and movements in neonates”, in *Science*, 267, 5198, 1995, pp. 693-695.

13. J.I.P. De Vries, G.H.A. Visser, H.F.R. Prechtl, “The emergence of fetal behaviour: II. Quantitative aspects”, in *Early Human Development*, 12, 1985, pp. 99-129.

14. S. Jacobson, “Matching behavior in the young infant”, in *Child Development*, 50, 2, 1979, pp. 425-430.

15. M. Anisfeld, “Only tongue protrusion modeling is matched by neonates”, in *Developmental Review*, 16, 1996, pp. 149-161.

16. G. Kugiumutzakis, “Genesis and development of early infant mimesis to facial and vocal models”, in J. Nadel, G. Butterworth (a cura di), *Imitation in Infancy*, cit.; G. Kugiumutzakis, “Neonatal imitation in the intersubjective companion space”, in S. Braten (a cura di), *Intersubjective Communication and Emotion in Early Ontogeny*, Cambridge University Press, Cambridge 1998; K.A. Bard, *Neonatal Imitation in Chimpanzees*, cit.; K.A. Bard, C.L. Russell, “Evolutionary foundations of imitation: Social cognitive and developmental aspects of imitative process in non-human primates”, in J. Nadel, G. Butterworth (a cura di), *Imitation in Infancy*, cit.

17. R. Fontaine, “Imitative skills between birth and six months”, in *Infant Behavior and Development*, 7, 3, 1984, pp. 323-333; M. Myowa, “Imitation of facial gestures by an infant chimpanzee”, in *Primates*, 37, 2, 2006, pp. 207-213.

18. E. Thelen, D.M. Fisher, “Newborn stepping: An explanation for a ‘disappearing’ reflex”, in *Developmental Psychology*, 18, 5, 1982, pp. 760-775.

19. G. Kugiumutzakis, "Intersubjective vocal imitation in early mother-infant interaction", in J. Nadel, L. Camaioni (a cura di), *New Perspective in Early Communicative Development*, Routledge, London 1993.

20. M. Heimann, E. Ullstadius, "Neonatal imitation and imitation among children with autism and Down's syndrome", in J. Nadel, G. Butterworth (a cura di), *Imitation in Infancy*, cit.

21. G. Butterworth, "Neonatal imitation: Existence, mechanisms and motives", in J. Nadel, G. Butterworth (a cura di), *Imitation in Infancy*, cit.

22. A. Vinter, "The role of movement in eliciting early imitations", in *Child Development*, 57, 1986, pp. 66-71.

23. S. Jacobson, "Matching behavior in the young infant", in *Child Development*, 50, 1979, pp. 425-430.

24. A. Meltzoff, M.K. Moore, "Imitations in newborn infants: Exploring the range of gestures imitated and the underlying mechanism", in *Developmental Psychology*, 25, 1989, pp. 954-962.

25. M. Meltzoff, M.K. Moore, "Imitation, memory and the representation of persons", in *Infant Behaviour and Development*, 17, 1994, pp. 83-99.

26. E. Nagy, P. Molnar, "Homo imitans or homo provocans? The phenomenon of neonatal imitation", in *Infant Behaviour and Development*, 27, 2004, pp. 57-63.

27. G. Kugiumutzakis, "Genesis and development of early infant mimesis...", cit.

28. M. Heimann, "Notes on individual differences and the assumed elusiveness of neonatal imitation", in A.N. Meltzoff, W. Printz (a cura di), *The Imitative Mind: Development, Evolution and Brain Bases*, Cambridge University Press, Cambridge 2002.

29. G. Kugiumutzakis, "Genesis and development of early infant mimesis...", cit.

30. M. Meltzoff, M.K. Moore, "Imitation, memory and the representation of persons", in *Infant Behaviour and Development*, 17, pp. 83-99.

31. S. Jones, "Imitation or exploration? Young infants' matching of adults' oral gestures", in *Child Development*, 67, 5, 1996, pp. 1952-1969.

32. V.S. Ramachandran, "Mirror neurons and imitation learning as the driving force behind 'the great leap forward' in human evolution", vedi sito internet: http://www.edge.org.3rd_culture, 28 novembre 2006.

33. G. Rizzolatti, M. Arbib, "Language within our grasp", in *Trends in Neurosciences*, 21, 5, 1998, pp. 188-194.

34. J.M. Decety, T. Chaminade, " Neural correlates of feeling sympathy", in *Neuropsychologia*, 41, 2003, pp. 127-138.

35. L. Fadiga, L. Craighero, G. Buccino, G. Rizzolatti, "Speech listening specifically modulates the excitability of tongue muscles: A TMS study", in *European Journal of Neuroscience*, 15, 2002, pp. 399-402; L. Fadiga, L. Fogassi, L. Pavesi, G. Rizzolatti, "Motor facilitation during action observation: A magnetic stimulation study", in *Journal of Neuropsychology*, 73, 1995, pp. 2608-2611; R. Hari, N. Forss, S. Avikainen, E. Kirveskary, S. Salenius, G. Rizzolatti, "Activation of human primary motor cortex during action observation: A neuromagnetic study", in *Proceedings of the National Academy of Sciences USA*, 95, 1998, pp. 15061-15065; S. Cochin, C. Barthelemy, S. Roux, J. Martineau, "Observation and execution of movement: Similarities demonstrated by quantified electroencephalography", in *European Journal of Neuroscience*, 11, 1999, pp. 1839-1842.

36. Concettualizzare l'imitazione come una serie di azioni indipendenti piuttosto che come un processo continuo di sovrapposizione è in sé problematico. Si veda anche G.

Rizzolatti, M. Arbid, "Language within our grasp", in *Trends in Neurosciences*, 21, 5, 1998, pp. 188-194.

37. A.N. Meltzoff, M.K. Moore, "Infant intersubjectivity: Broadening the dialogue to include imitation, identity and intention", in S. Braten (a cura di), *Intersubjective Communication and Emotion in Early Ontogeny*, cit.; A.N. Meltzoff, "Elements of a development theory of imitation", in A.N. Meltzoff, W. Prinz (a cura di), *The Imitative Mind: Development, Evolution and Brain Bases*, Cambridge University Press, New York 2002.

38. V. Gallese, "Intentional attunement: A neuropsychological perspective on social cognition and its disruption in autism", in *Brain Research*, 1079, 2006, pp. 15-24.

39. J. Decety, "Is there such a thing as functional equivalence between imagined, observed, and executed action?", in A. Meltzoff, W. Prinz (a cura di), *The imitative Mind*, Cambridge University Press, New York 2002.

40. Si veda anche G. Butterworth, "Neonatal imitation: Existence, mechanisms and motives", in J. Nadel, G. Butterworth (a cura di), *Imitation in Infancy*, cit. Si veda anche M. Merleau-Ponty, *Fenomenologia della percezione*, tr. it. Bompiani, Milano 2003. Merleau-Ponty vede l'imitazione come una risposta diretta alle intenzioni dell'altro (non solo come un movimento del corpo).

41. Il termine usato dall'autrice ha in italiano numerosi significati, di cui quelli che più si avvicinano al concetto sono: confrontare, trovare delle corrispondenze, abbinare. Si è scelto di lasciare l'espressione originale sia per il suo ampio utilizzo in psicologia sia per la non perfetta corrispondenza con un solo termine italiano. [NdC]

42. K. Bundell, *Infants, Action, Meaning, Others*, manoscritto non pubblicato, 2002.

43. Il termine *affordance* è stato introdotto dallo psicologo James Gibson per denotare un insieme di azioni che un oggetto "invita" a compiere su di esso. Il termine infatti può essere tradotto con "invito" e non appartiene né all'oggetto stesso né a colui che ne usufruisce, ma si definisce grazie alla relazione che si instaura fra di essi (per esempio, la forma della maniglia richiama l'azione di afferrarla per aprirla). [NdC]

44. Si veda M.S. Zeedyk, M. Heimann, "Imitation and social-emotional processes: Implications for communicative development and interventions", in *Infant and Child Development*, 15, 3, 2006, pp. 219-222.

45. J. Bruner, D.A. Kalmar, "Narrative and meta-narrative in the construction of Self", in M.D. Ferrari, R.J. Sternberg (a cura di), *Self-Awareness: Its Nature and Development*, Guilford Press, New York 1998.

46. Citato in M. Taussig, *Mimesis and Alterity: A Particular History of the Senses*, Routledge, New York 1993, p. 76.

47. *Ibidem*, p. 77.

48. G. Kugiumutzakis, T. Kokkinaki, M. Makrodimitraki, E. Vitalaki, "Emotions in early mimesis", in J. Nadel, D. Muir (a cura di), *Emotional Development*, Oxford University Press, Oxford 2004.

49. M. O'Neill, S. Zeedyk, "Spontaneous imitation in the social interactions of young people with developmental delay and their adult carers", in *Infant and Child Development*, 15, 3, 2006, pp. 275-282.

50. T. Farroni, G. Csibra, F. Simion, M.H. Johnson, "Eye contact detection in humans from birth", *Proceedings for the Natural Academy of Sciences*, 99, 14, 2002, pp. 9602-9605.

51. T.B. Brazelton, "The development of newborn behavior", in J.M. Tanner (a cura di), *Human Growth: A Comprehensive Treatise*, vol. 2, Plenum Press, New York 1986.

52. Qui l'autrice fa riferimento a una espressione utilizzata da D.N. Stern in *Il momento presente. In psicoterapia e nella vita quotidiana*, tr. it. Raffaello Cortina, Milano 2005. [NdT]

53. S. Zeedyk, "From intersubjectivity to subjectivity: The transformative roles of emotional intimacy and imitation", in *Infant and Child Development*, 15, 2006, pp. 321-344; J. Nadel, "Imitation and imitation recognition: Functional use in preverbal infants and nonverbal children with autism", in A. Meltzoff, W. Prinz (a cura di), *The Imitative Mind*, cit.

Capitolo 5

1. R. Tagore, "Broken song", in *Rabindranath Tagore: Selected Poems*, Penguin, London 1985, p. 55.

2. J. Dewey, *Esperienza e natura*, tr. it. Mursia, Milano 1973, p. 131.

3. Shirley Valentine, titolo di un film del 1989 e nome della protagonista, una donna casalinga che racconta ai muri di cucina i propri pensieri e vissuti; John Cleese, attore, produttore e sceneggiatore contemporaneo britannico. [NdT].

4. R.N. Emde, J. Robinson, "The first two months: Recent research in developmental psychobiology and the changing view of the newborn", in J. Noshpitz (a cura di), *Basic Handbook of Child Psychiatry*, Basic Books, New York 1979; D.N. Stern, *Le prime relazioni sociali: il bambino e la madre,* tr. it. Sovera, Roma 1989; C. Trevarthen, "Conversation with a two-month-old", in *New Scientist*, 5, 1974, pp. 230-235.

5.V. Reddy, K. Bundell, *Unpublished diaries*, 1986.

6. Per una descrizione di questa storia si veda C. Trevarthen, "The concept and foundations of intersubjectivity", in S. Braten (a cura di), *Intersubjective Communication and Emotion in Early Ontogeny*, Cambridge University Press, Cambridge 1998.

7. D.N. Stern, "A micro-analysis of mother-infant interaction: Behaviors regulating social contact between a mother and her three-and-half-month-old twins", in *Journal of the American Academy of Child Psychiatry,* 10, 1971, pp. 501-517; D.N. Stern, "The goal and structure of the mother-infant play", in *Journal of the American Academy of Child Psychiatry*, 13, 1974, pp. 402-421; H. Papousek, "Experimental studies of appetitional behavior in human newborns and infants", in E.H. Hess, H.L. Rheingold (a cura di), *Early Behavior: Comparative and Developmental Approaches*, John Wiley, New York 1967.

8. Il termine *intersoggettività* proviene dagli scritti di Jürgen Habermas nell'ambito della filosofia sociopolitica e fu poi importato in psicologia da Joanna Ryan nel 1974: J. Ryan, M.P. Richards (a cura di), *L'integrazione del bambino in un mondo sociale*, tr. it. Franco Angeli, Milano 1978. Fu quindi poi utilizzato da Trevarthen (in modo provocatorio per l'allusione marxista). In sostanza il termine si riferisce alla relazione tra due soggetti e non tra due oggetti, e alla relazione inter-mentale. Inizialmente Trevarthen si ritrovò di fatto solo nel sostenere il carattere "innato" dell'intersoggettività così come la sua presenza già a partire dai 2 mesi. Per un cambiamento di posizione si veda D.N. Stern, *Il mondo interpersonale del bambino*, tr. it. Bollati Boringhieri, Torino 1987.

9. I. Markova, *Paradigms, Thought and Language*, John Wiley, Chichester 1982.

10. Esperimenti che confrontano i contesti di comunicazione privati e pubblici at-

testano la salienza e la persistenza di tale questione: F. Franco, P. Perucchini, G. Butterworth, *Pointing for an age-mate in 1 to 2 year-olds*, Comunicazione presentata alla Sixth European Conference on Developmental Psychology, Sevilla, settembre 1993; B. Delgado, J.C. Gomez, E. Sarria, "Private pointing and private speech: Developing parallelism", in A. Winsler, C. Fernyhough, I. Montero (a cura di), *Private Speech, Executive Functioning and the Development of Verbal Self-Regulation*, Cambridge University Press, Cambridge 2009; M. Legerstee, "A review of the animate-inanimate distinction in infancy: Implications for models of social and cognitive knowing", in *Early Development and Parenting*, 1, 1992, pp. 59-67.

11. Tradotto anche come "sincronia dell'interazione", termine introdotto da W.S. Condon, W.D. Ogston, "Sound film analysis of normal and pathological behavior patterns", in *Journal of Nervous and Mental Disease*, 143, 4, 1966, pp. 338-347. Si riferisce alla sincronia tra la voce e i movimenti del corpo non limitati alla sola gestualità delle mani. [NdT]

12. K. Kaye, *La vita mentale e sociale del bambino*, tr. it. Il Pensiero Scientifico, Roma 1989; G.M. Collis, H.R. Schaffer, "Synchronisation of visual attention in mother-infant pairs", in *Journal of Child Psychology and Psychiatry*, 16, 4, 1975, pp. 315-320.

13. Per la prima volta descritto in C. Trevarthen, "Analisi descrittiva del comportamento comunicativo dei bambini", tr. it. in R.H. Schaffer (a cura di), *L'interazione madre-bambino: oltre la teoria dell'attaccamento*, Franco Angeli, Milano 1993. Si veda la rassegna di E.Z. Tronick, "Things still to be done on the still-face effect", in *Infancy*, 4, 4, 2003, pp. 475-482.

14. V. Reddy, K. Bundell, *Unpublished diaries*, cit.

15. Lynne Murray individuò un bambino che stranamente nel corso del paradigma sperimentale Still-Face sembrava essere più contento; successivamente si scoprì che la mamma di questo bambino presentava seri disturbi sul piano psicologico: L. Murray, *The Sensitivities and Expressive Capacities of Young Infants in Communication with Their Mothers*, cit. Tesi di dottorato presso l'Università di Edimburgo nel 1980. Tiffany Field osservò come i neonati di madri depresse non mostravano alcuna differenza nel battito cardiaco rilevato durante il paradigma dello Still-Face: T. Field, "Early interactions between infants and their postpartum depressed mothers", in *Infant Behaviour and Development*, 7, 1984, pp. 527-532.

16. L. Murray, *The Sensitivities and Expressive Capacities of Young Infants in Communication with their Mothers*, cit.; L. Murray, C. Trevarthen, "Emotional regulation of interactions between two-month-olds and their mothers", in T. Field, N. Fox (a cura di), *Social Perception in Infants*, Ablex, Norwood, NJ, 1985; L. Murray, C. Trevarthen, "The infant's role in mother-infant communication", in *Journal of Child Language*, 13, 1986, pp. 15-29; J. Nadel, I. Carchon, C. Kervella, D. Marcelli, D. Reserbat-Plantey, "Expectancies for social contingency in 2-months-olds", in *Developmental Science*, 2, 2, 1999, pp. 164-173.

17. P. Rochat, U. Naisser, V. Marian, "Are young infants sensitive to interpersonal contingency?", in *Infant Behavior and Development*, 21, 2, 1998, pp. 355-366.

18. J. Nadel, I. Carchon, C. Kervella, D. Marcelli, D. Reserbat-Plantey, "Expectancies for social contingency in 2-months-olds", in *Developmental Science*, 2, 2, 1999, pp. 164-173.

19. E. Tronick, "Emotions and emotional communications in infants", in *American Psychologist*, 44, 2, 1989, pp. 112-119; A. Gianino, E.Z. Tronick, "The mutual regula-

tions model: The infant's self and interactive regulation coping and defense", in T. Field, P. McCabe, N. Schneiderman (a cura di), *Stress and Coping*, Lawrence Erlbaum Associates, Hillsdale, NJ, 1988.

20. G. Gergely, "The development of understanding of self and agency", in U. Goswami (a cura di), *Blackwell's Handbook of Childhood Cognitive Development*, Blackwell, Malden, MA, 2003; G. Gergely, J. Watson, "Early socio-emotional development: Contingency perception and the social bio-feedback model", in P. Rochat (a cura di), *Early Social Cognition: Understanding Others in the First Months of Life*, Lawrence Erlbaum Associates, Mahwah, NJ, 1996; G. Gergely, "The role of contingency detection in early affect-regulative interactions", in *Social Development*, 13, 2004, pp. 468-488.

21. T.M. Field, R.W. Woodson, R. Greenberg, C. Cohen, "Discrimination and imitation of facial expression by neonates", in *Science*, 218, 1982, pp. 179-181; B. Lindy, T. Field, "Newborns of mothers with depressive symptoms are less expressive", in *Infant Behaviour and Development*, 19, 1996, pp. 419-424.

22. M. Dondi, F. Simion, G. Caltran, "Can newborns discriminate between their own cry and the cry of another newborn infant?", in *Developmental Psychology*, 2, 1999, pp. 418-426.

23. C.A. Nelson, F.D. Horowitz, "The perception of facial expressions and stimulus motion by two- and five-month-old infants using holographic stimuli", in *Child Development*, 54, 1983, pp. 868-877.

24. C. Izard, C.Z. Malatesta, "Perspectives on emotional development 1: Differential emotions theory of early emotional development", in J. Osofsky (a cura di), *Handbook of Infant Development*, John Wiley, Chichester 1987.

25. J.M. Haviland, M. Lelwica, "The induced affect response: 10-week-old-infants' responses to three emotion expressions", in *Developmental Psychology*, 23, 1, 1987, pp. 97-104.

26. M.S. Hamilton, "Maternal depressive affect: Its effect on infant affective regulation", in *Dissertation Abstracts International*, 50, 9-B, 1990, pp. 3919.

27. K. Hatzinikolaou, *The Development of Empathy and Sympathy in the First Year*, tesi di dottorato, Reading University, Reading, UK, 2002.

28. Si veda inoltre la discussione sulla creazione congiunta di significati in L.B. Adamson, *Communication Development During Infancy*, Westview Press, Boulder, CO, 1995.

29. M. Legerstee, J. Varghese, "The role of maternal affect mirroring on social expectancies in three-month-old-infants", in *Child Development*, 72, 5, 2001, pp. 1301-1313.

30. G. Markova, M. Legerstee, "Contingency, imitation and affect sharing: Foundations of infants' social awareness", in *Developmental Psychology*, 42, 1, 2006, pp. 132-141.

31. J.F. Cohn, E.Z. Tronick, "Three-month-old infants", in *Child Development*, 54, 1983, pp. 185-193.

32. T. Field, *Infancy*, Harvard University Press, Cambridge, MA, 1990.

33. S. Malloch, R. Crncec, B. Bradley, B. Adam, C. Dodds, B. Barnett, P. Tam, *Infant Social Behaviour in Peer-Only Trios and the Impact of Post-Natal Depression*, in corso di valutazione.

34. G. Gergely, "The role of contingency detection in early affect-regulative interactions", in *Social Development*, 13, 2004, pp. 468-488.

35. E. Tronick, "Why is connection with others so critical? The formation of dya-

dic states of consciousness and the expansion of individuals' states of consciousness: Coherence governed selection and the co-creation of meaning out of messy meaning making", in J. Nadel, D. Muir (a cura di), *Emotional Development: Recent Research Advances*, Oxford University Press, Oxford 2005.

36. J. Panksepp, M. Smith-Pasqualini, "The search of the fundamental brain/mind sources of affective experience", in J. Nadel, D. Muir (a cura di), *Emotional Development: Recent Research Advances*, Oxford University Press, New York 2005.

37. A.J. Fridlund, *Human Facial Expression: An Evolutionary View*, Academic Press, San Diego, CA, 1994. Per Fridlund l'espressione delle emozioni ha un valore sociale e relazionale; l'autore sostiene una posizione nota come *ecologia comportamentale*, in cui l'espressione delle emozioni manifesta le intenzioni del soggetto. La mimica del volto non riflette necessariamente stati emotivi interni discreti; piuttosto le espressioni facciali costituiscono dei semplici messaggi diretti all'altro e rivelatisi in precedenza adattivi. [NdC]

38. H. Kirschenbaum, V.L. Henderson (a cura di), *Dialoghi di Carl Rogers. Conversazioni con Martin Buber, Paul Tillich, Burrhus Frederic Skinner, Michael Polanyi e Gregory Bateson*, tr. it. La Meridiana, Molfetta 2008, pp. 35-36.

39. D.N. Stern, *Il momento presente. In psicoterapia e nella vita quotidiana*, tr. it. Raffaello Cortina, Milano 2005.

40. *Ibidem*.

41. B. Smuts, "Encounters with animal minds", in *Journal of Consciousness Studies*, 8, 5-7, 2001, pp. 293-309.

42. M. Tomasello, "Having intentions, understanding intentions, and understanding communicative intentions", in P.D. Zelazo, A.W. Astington, D.R. Olson (a cura di), *Developing Theories of Intention*, Lawrence Erlbaum Associates, Mahwah, NJ, 1999.

43. J. Shotter, "Agency and identity: A relational approach", in A. Campbell, S. Muncer (a cura di), *The Social Child*, Psychology Press, Hove, UK, 1998; A. Fogel, *Developing Through Relationships: The Origins of Communication, Self and Culture*, University of Chicago Press, Chicago 1993, p. 19.

44. A. Fogel, *Developing Through Relationships: The Origins of Communication, Self and Culture*, University of Chicago Press, Chicago 1993, p. 3.

45. W. Shakespeare, *Re Lear*, tr. it. Newton Compton, Roma 2009, atto I, scena I, p. 226.

Capitolo 6

1. M. Merleau-Ponty, *Fenomenologia della percezione*, tr. it. il Saggiatore, Milano 1980, p. 456.

2. W. James, *Principi di psicologia*, tr. it. Principato, Milano 1950.

3. M.I. Posner, Y. Cohen, "Components of visual orienting", in *Attention and performance* X, Lawrence Erlbaum Associates, Hillsade, NJ, 1984.

4. U. Neisser, R. Becklen, "Selective looking: Attending to visually specified events", in *Cognitive Psychology*, 7, 1975, pp. 480-494; D.J. Simons, C.F. Chabris, "Gorilla in our midst: Sustained inattentional blindness for dynamic events", in *Perception*, 28, 1999, pp. 1059-1074.

5. J. Duncan, "Selective attention and the organisation of visual information", in

Journal of Experimental Psychology: General, 113, 1984, pp. 501-517; R. Egly, J. Driver, R.D. Rafal, “Shifting visual attention between objects and locations: Evidence from normal and parietal lesion subjects”, in *Journal of Experimental Psychology: General*, 123, 1994, pp. 161-177.

6. B. Scholl, “Objects and attention: The state of the art”, in *Cognition*, 80, 2001, pp. 1-46.

7. J.J. Gibson, A.D. Pick, “Perception of another person’s looking behaviour”, in *American Journal of Psychology*, 76, pp. 386-394.

8. G. Butterworth, N. Jarrett, “What minds have in common is space: Spatial mechanism serving joint visual attention in infancy”, in *British Journal of Developmental Psychology*, 9, 1, 1991, pp. 55-72.

9. S. Amano, E. Kezuka, A. Yamamoto, “Infant shifting attention from an adult’s face to an adult’s hand: A precursor of joint attention”, in *Infant Behaviour and Development*, 205, 2003, pp. 1-17.

10. E. Bates, L. Camaioni, V. Volterra, “Sensorimotor performatives”, in *Language and context: The acquisition of pragmatics*, Academic Press, New York 1976, pp. 49-71.

11. G. Butterworth, N. Jarrett, “What minds have in common is space”, cit.

12. *Ibidem*; F. Franco, “Infant pointing: Harlequin, servant of two masters”, in *Joint attention: Communication and Other Minds*, Oxford University Press, Oxford, 2005, pp. 129-164.

13. *Cantico dei Cantici*, 6, 5.

14. Quando qualcuno ti guarda (e tu guardi gli altri) si crea una strana situazione in cui nessuno sta guardando lo stesso oggetto! Ma noi stiamo cercando di comprendere la consapevolezza che il bambino piccolo ha dell’attenzione altrui, non ciò che egli comprende circa l’avere un oggetto comune d’attenzione. La triadicità coinvolta nel concetto di attenzione condivisa su un oggetto esterno non è quindi per noi un aspetto cruciale – è la consapevolezza dell’attenzione a essere cruciale. La triadicità è solo una delle molte vie attraverso cui stabilirla.

15. A. Gale, G. Spratt, A.J. Chapman, A. Smallbone, “EEG correlates of eye contact and interpersonal distance”, in *Biological Psychology*, 3, 4, 1975, pp. 237-245; K.K. Kampe, C.D. Frith, R.J. Dolan, U. Frith, “Reward value of attractiveness and gaze”, in *Nature*, 413, 6856, p. 589, 2001. Lo sguardo reciproco tra adulti, specialmente se si ritiene che il volto dell’altro sia attraente, porta a una attivazione del giro cingolato anteriore destro e dello striato centrale.

16. T. Striano, F. Kopp, T. Grossmann, V.M. Reid, “Eye contact influences neural processing of emotional expression in 4-month-old infants”, in *Social Cognitive and Affective Neuroscience*, 1, 2, 2006, pp. 87-94.

17. T. Farroni, G. Csibra, F. Simion, M.H. Johnson, “Eye contact detection in humans from birth”, in *Proceedings for the Natural Academy of Sciences*, 99, 14, 2002, pp. 9602-9605; T. Farroni, M.H. Johnson, C. Gergely, “Mechanism of eye gaze perception during infancy”, in *Journal of Cognitive Neuroscience*, 16, 2004, pp. 1320-1326; T. Farroni, E.M. Mansfield, E.M. Lai, M.H. Johnson, “Infant perceiving and acting on eyes: Tests of an evolutionary hypothesis”, in *Journal of Experimental Child Psychology*, 85, 3, 2003, pp. 199-212. Si veda anche S.M.J. Hains, D.W. Muir, “Infant sensitivity to adult eye direction”, in *Child Development*, 67, 1996, pp. 1940-1951, in cui viene mostrato come lo sguardo reciproco porti il bambino piccolo a più scambi comunicativi.

18. V. Reddy, K. Bundell, *Unpublished diaries*, 1986.

19. T.B. Brazelton, "The development of newborn behavior", in F. Faulkner, J.M. Tanner (a cura di), *Human Growth: A Comprehensive Treatise*, vol. 2, Plenum Press, New York 1986, pp. 519-540. Per la difficoltà che presentano i bambini con autismo nel distogliersi da qualunque oggetto dell'attenzione si veda anche S.R. Leekam, B. Lopez, C. Moore, "Attention and joint attention in pre-school children with autism", in *Developmental Psychology*, 36, 2000, pp. 261-273; S. Fletcher-Watson, S.R. Leekam, M. Turner, L. Moxon, "Do people with autism spectrum disorders have normal selection of attention? Evidence from change blindness", in *British Journal of Psychology*, 97, 4, 2006, pp. 537-554.

20. V. Reddy, K. Bundell, *Unpublished diaries*, 1986.

21. T.B. Brazelton, "The development of newborn behavior", cit.; D.N. Stern, *Il bambino e le prime relazioni sociali: il bambino e la madre*, tr. it. Sovera, Milano 1988.

22. V. Reddy, "Coyness in early infancy", in *Developmental Science*, 3, 2, 2000, pp. 186-192. Videoregistrazioni tratte da una ricerca.

23. *Ibidem*; V. Reddy, "Positive shy! Patterns of continuity and change in the development of shyness, bashfulness and embarrassment", in *International Handbook of Social Anxiety*, John Wiley, Chichester, UK, 2001, pp. 77-99.

24. L. Adamson, R. Bakeman, "The development of shared attention during infancy", in R. Vasta (a cura di), *Annals of Child Development*, vol. 8, Jessica Kingsley Publishers, London 1991, pp. 1-41.

25. J. Atkinson, B. Hood, J. Wattam-Bell, S. Anker, J. Trickleblank, "Development of orientation discrimination in infancy", in *Perception*, 17, 1988, pp. 587-595.

26. A. Caron, R. Caron, J. Roberts, R. Brooks, "Infant sensitivity to deviations in dynamic facial-vocal displays: The role of eye regard", in *Developmental Psychology*, 33, 5, 1997, pp. 802-813; T. Farroni et al., "Infants perceiving and acting on eyes", cit.

27. B. D'Entremont, S.M.J. Hains, D. Muir, "A demonstration of gaze following in 3- to 6- month-old", in *Infant Behavior and Development*, 20, 1997, pp. 569-572; S. Hains, D. Muir, "Infant sensitivity to eye direction", in *Child Development*, 67, 1996, pp. 1940-1951; D. Muir, S.M.J. Hains, "Young infants' perception of adult intentionally", in P. Rochat (a cura di), *Early Social Cognition: Understanding Others in the First Months of Life*, Lawrence Erlbaum Associates, Mahwah, NJ, 1999, pp. 155-188.

28. V. Reddy, "Playing with others expectations: Teasing and mucking about in the first year", in A. Whiten (a cura di), *Natural Theories of Mind*, Blackwell, Oxford 1991, pp. 143-158.

29. V. Reddy, *Person-Directed Play: Humor and Teasing in Infants and Young Children*, Relazione numero R000235481, Economical and Social Research Council, Regno Unito 1998. Trascritti da uno studio, i nomi sono di fantasia.

30. La relazione tra queste due variabili era forte, ma non quando veniva tenuta sotto controllo la variabile età di sviluppo. Questo suggerisce come qualunque sia il collegamento, questo non supporta una spiegazione modulare. Dati da V. Reddy, *Person-Directed Play*, cit.

31. S. Baron-Cohen, J. Allen, C. Gillberg, "Can autism be detected at 18 months? The needle, the haystack and the CHAT", in *British Journal of Psychiatry*, 161, 1992, pp. 839-843.

32. V. Reddy, E. Williams, A. Vaughan, "Sharing humor and laughter in autism and Down's syndrome", in *British Journal of Psychology*, 93, 2002, pp. 219-242.

33. J. Perner, *Understanding the Representational Mind*, MIT Press, Cambridge, MA, 1991.

34. J. Nadel, H. Tremblay-Leveau, "Early perception of social contingencies and interpersonal intentionality: Dyadic and triadic paradigms", in P. Rochat (a cura di), *Early Social Cognition: Understanding Others in the First Month of Life*, Lawrence Erlbaum Associates, Mahwah, NJ, 1999, pp. 219-242.

35. E. Fivaz-Depeursinge, A. Corboz-Warnery, *Il triangolo primario. Le prime interazioni triadiche tra padre, madre e bambino*, tr. it. Raffaello Cortina, Milano 2000.

36. *Ibidem,* p.165.

37. *Ibidem,* p.163.

38. L. Adamson, R. Bakeman, "The developmental systems view of mothers, fathers, and infants", in R. Vasta (a cura di), *Annals of Child Development*, vol. 8, Jessica Kingsley Publishers, London 1991, pp. 1-41.

39. V. Reddy, *Person-Direct Play*, cit.

40. D.A. Leavens, B.K. Todd, *Audience Effects on Infant Communication*, dati grezzi non pubblicati, 2002.

41. Si veda anche V. Reddy, "On being an object of attention: Implications for self-other-consciousness", in *Trends in Cognitive Sciences*, 7, 9, 2003, pp. 397-402; V. Reddy, "Experiencing the social: A second-person approach", in U. Müller, J. Carpendale, N. Budwig, B. Sokol (a cura di), *Social Life and Social Knowledge: Toward a Process Account of Development*, Lawrence Erlbaum Associates, Mahwah, NJ, 2007.

42. T. Farroni et al., "Infants perceiving and acting on eyes", cit.

43. T. Grandin, "Teaching tips from a recovered autistic", in *Focus on Autistic Behaviour*, 3, 1, p. 8, 1988.

Capitolo 7

1. M. Buber, *Io e Tu. Il principio dialogico*, tr. it. Edizioni S. Paolo, Cinisello Balsamo 1997, p. 59.

2. M. Merleau-Ponty, *Fenomenologia della percezione*, tr. it. il Saggiatore, Milano 1980, p. 480.

3. W. Shakespeare, *Amleto*, tr. it. Tascabili Newton, Roma 1992, Atto I, Scena III, p. 24. [NdT]

4. M. de Montaigne, *The Complete Essays*, Penguin, London 1575/1991, p. 380. Più recentemente, U. Neisser ha affrontato questo tema in *The Perceived Self: Ecological and Interpersonal Source of Self-Knowledge*, Cambridge University Press, New York 1993.

5. M. Jackson, *Minima Ethnographica: Intersubjectivity and the Anthropological Project*, University of Chicago Press, Chicago 1998.

6. U. Neisser, *The Perceived Self*, cit.

7. W. James, *Principi di psicologia*, tr. it. Principato, Milano 1950.

8. M. Sheets-Johnstone, *The Roots of Thinking*, Temple University Press, Philadelphia 1990, p. 371.

9. C. Von Hofsten, "Eye-hand coordination in the newborn", in *Developmental Psychology*, 18, 3, 1982, pp. 450-446; C. Von Hofsten, "Studying the development of goal directed behaviour", in A.F. Kalverboer, B. Hopkins, R. Geuze (a cura di), *Motor Development in Early and Later Childhood: Longitudinal Approaches*, Cambridge University Press, New York 1993.

10. G.B. Martin, R.D. Clark, "Distress crying in neonates: Species and peer specifity", in *Developmental Psychology*, 12, 2, 1982, pp. 175-176.

11. A.L.H. Van der Meer, F.R. Van der Weel, D.N. Lee, "The functional significance of arm movements in neonates", in *Science*, 267, 5198, 1995, pp. 693-695.

12. P. Rochat, T. Striano, "Emerging self-exploration by 2-month-olds", in *Developmental Science*, 2, 2, 1999, pp. 206-218.

13. D.N. Stern, *Il mondo interpersonale del bambino*, tr. it. Bollati Boringhieri, Torino 1987.

14. P. Rochat, S.J. Hespos, "Differential rooting response by neonates: Evidence for an early sense of the self", in *Early Development and Parenting*, 6, 3-4, 1985, pp. 105-112.

15. A. Piontelli, *Twins: From Foetus to Child*, Routledge, London 2002.

16. A.H. Buss, *Self-Consciousness and Social Anxiety*, Freeman, San Francisco 1980; A.H. Buss, "A theory of shyness", in W.H. Jones, J.M. Cheek, S.R. Briggs (a cura di), *Shyness: Perspectives on Research and Treatment*, Plenum Press, New York 1986; M. Lewis, M.W. Sullivan, C. Stranger, M. Weiss, "Self development and self-conscious emotions", in *Child Development*, 60, 1, 1989, pp. 146-156; G.G. Gallup, "Absence of self recognition in a monkey (*Macaca fascicularis*) following prolonged exposure to a mirror", in *Developmental Psychobiology*, 10, 3, 1977, pp. 281-284.

17. M. Lewis, "Social cognition and the self", in *Early Social Cognition: Understanding Others in the First Months of Life*, Lawrence Erlbaum Associates, Mahawah, NJ, 1999.

18. R. Draghi-Lorenz, *Non-basic Emotions in Infants*, tesi di dottorato, Università di Portsmouth, 2001; S. Hart, "Jealousy in 6 month-old infants", in *Infancy*, 3, 3, 2002, pp. 395-402.

19. B. Amsterdam, "Mirror self-image reactions before age two", in *Developmental Psychobiology*, 5, 4, 1972, pp. 297-305; B. Amsterdam, L.M. Greenberg, "Self-conscious behaviour of infants", in *Developmental Psychobiology*, 10, 1, 1977, pp. 1-6; M. Lewis, J. Brooks-Gunn, *Social Cognition and the Acquisition of Self*, Plenum, New York 1979; M. Lewis, M.W. Sullivan, C. Stranger, M. Weiss, "Self development and self-conscious emotions", cit.; I. Bretherton, M. Ainsworth, "Response of one year-olds to a stranger in a strange situation", in M. Lewis, L.A. Rosenblum (a cura di), *The Origins of Fear*, John Wiley, New York 1974; M. Ricard, T.G. Decarie, "Distance maintaining in infants' reaction to an adult stranger", in *Social Development*, 2, 2, 1993, pp. 145-164; C.A. Stifter, D. Moyer, "The regulation of positive affect: Gaze aversion during mother-infant interaction", in *Infant Behaviour and Development*, 14, 1, 1991, pp. 111-123.

20. Si è scelto di tradurre il termine inglese *coyness* con il termine "ritrosia" per denotare un insieme di reazioni precoci non verbali che rientrano nell'area di significato della vergogna, intesa come emozione in cui ci si sottrae allo sguardo altrui. [NdC]

21. M. Lewis, "Embarrassment: The emotion of self exposure and evaluation", in J.P. Tangney, K.W. Fisher (a cura di), *Self-Conscious Emotions: The Psychology of Shame, Guilt, Pride and Embarrassment*, Guilford Press, New York 1995. Per una discussione della distinzione tra queste due tipologie di timidezza si veda V. Reddy, "Positively shy! Developmental continuities in the expression of shyness, coyness, and embarrassment", in R.W. Crozier, L.E. Alden (a cura di), *International Handbook of Social Anxiety: Concepts, Research and Interventions Relating to Self and Shyness*, John Wiley, New York 2001.

22. B. Amsterdam, "Mirror self-image reactions before age two", cit.; B. Amsterdam, L.M. Greenberg, "Self-conscious behaviour of infants", cit.

23. M. Lewis, M.W. Sullivan, C. Stranger, M. Weiss, "Self development and self-conscious emotions", cit.

24. J.B. Asendorpf, "The expression of shyness and embarrassment", in W.R. Crozier (a cura di), *Shyness and Embarrassment*, Cambridge University Press, Cambridge 1990; D. Keltner, "Signs of appeasement: Evidence for the distinct displays of embarrassment, amusement and shame", in *Journal of Personality and Social Psychology*, 68, 3, 1995, pp. 441-454.

25. J.B. Asendorpf, *op. cit.*

26. A.H. Buss, *Social Behaviour and Personality*, Lawrence Erlbaum Associates, Hillsdale, NJ, 1986; M. Lewis, M.W. Sullivan, C. Stranger, M. Weiss, "Self development and-conscious emotions", cit.

27. A. Buss, *Self-Consciousness and Social Anxiety*, Freeman, San Francisco 1980; M.R. Leary, T.W. Britt, W.D. Cutlip, "Social blushing", in *Psychological Bulletin*, 112, 3, 1992, pp. 446-460; D. Keltner, C. Anderson, "Saving face for Darwin: The functions and uses of embarrassment", in *Current Directions in Psychological Science*, 9, 6, 2000, pp. 187-192.

28. J. Shotter, "Agency and identity: A relational approach", in *The Social Child*, Psychology Press, Hove, UK, 1998.

29. I. Eibl-Eibesfeldt, *Etologia umana. Le basi biologiche e culturali del comportamento*, tr. it. Bollati Boringhieri, Torino 2001.

30. M. Lewis, "Embarrassment: The emotion of self exposure and evaluation", cit.; C.E. Izard, M.C. Hyson, "Shyness as a discrete emotion", in W.H. Jones, J.M. Cheeke, S.R. Briggs (a cura di), *Shyness: Perspectives on Research and Treatment*, cit.

31. M. Argyle, J. Dean, "Eye contact, distance and affiliation", in *Sociometry*, 28, 1965, pp. 289-304.

32. B. Amsterdam, L.M. Greenberg, "Self-conscious behaviour of infants", cit.; I. Bretherton, M. Ainsworth, "Response of one year-olds to a stranger in a strange situation", cit.; G. Young, T.G. Decarie, "An ethology-based catalogue of facial/vocal behaviour in infancy", in *Animal Behaviour*, 25, 1, 1977, pp. 95-107. I sorrisi infantili di cui si discute in questo libro si avvicinano alla descrizione dei sorrisi di vergogna, con le palpebre socchiuse e la bocca aperta piuttosto che non ai sorrisi intimiditi, con gli occhi aperti normalmente e il sorriso a bocca chiusa.

33. H. Oster, "The repertoire of infant facial expressions: An ontogenetic perspective", in J. Nadel, D. Muir (a cura di), *Emotional Development*, Oxford University Press, Oxford 2005.

34. D. Keltner, "Signs of appeasement", cit.; B.K. Amsterdam, L. Morton, "Consciousness of self and painful self-consciousness", in *Psychoanalytic Study of the Child*, 35, 1980, pp. 67-83.

35. Pochi sono gli psicologi che hanno descritto il fenomeno del "mettersi in mostra" nel primo anno di vita, da segnalare i nomi di Elizabeth Bates e i suoi colleghi in Italia e negli Stati Uniti e Colwyn Trevarthen e Penny Hubley, entrambi negli anni Settanta. E. Bates, L. Benigni, I. Bretherton, L. Camaioni, *The Emergence of Symbols: Cognition and Communication in Infancy*, Academic Press, New York 1979; C. Trevarthen, P. Hubley, "Secondary intersubjectivity: Confidence, confiding and acts of meaning in the first year", in A. Lock (a cura di), *Action, Gesture and Symbol*, Academic Press, London 1978.

36. V. Reddy, *Person-Directed Play: Humor and Teasing in Infants and Young Children*, Relazione numero R000235481, Economical and Social Research Council, Regno Unito 1998. Trascritti da uno studio, i nomi sono di fantasia.

37. V. Reddy, "Playing with others' expectations: Teasing and mucking about in the first year", in A. Whiten (a cura di), *Natural Theories of Mind*, Blackwell, Oxford 1991.

38. V. Reddy, *Person-Directed Play*, cit.

39. *Ibidem*.

40. V. Reddy, E. Williams, B. Lang, "Engaging with the self in a mirror: Preschool children with autism and with Down syndrome", in corso di valutazione.

41. *Ibidem*.

42. *Ibidem*.

43. G. Chidambi, *Autism and Self-Conscious Emotions*, tesi di dottorato non pubblicata, University College of London, 2003. Si veda anche R.P. Hobson, G. Chidambi, A. Lee, J. Meyer, "Foundations for self-awareness: An exploration through autism", in *Monographs of the Society for Research in Child Development*, 71, 2, 1996, pp. 1-188.

44. R.P. Hobson, "On the origins of self and the case of autism", in *Development and Psychopathology*, 2, 2, 1990, pp. 163-181.

45. B.L. White, *Human Infants: Experience and Psychological Development*, Prentice-Hall, Englewood Cliffs, NJ, 1971; C.B. Kopp, "The co-developments of attention and emotion regulation", in *Infancy*, 3, 2, 2002, pp. 199-208.

46. Si veda R. Draghi-Lorenz, V. Reddy, A. Costall, "Re-thinking the development of 'non-basic' emotions", cit.

47. W. James, *Textbook of Psychology*, Macmillan and Co., London 1905, p. 467.

48. J. Amodeo, K. Wentworth, *Being Intimate: A Guide to Successful Relationships*, Arkana, London 1986.

49. Per una rassegna critica delle teorie di quest'area, si veda R. Draghi-Lorenz, V. Reddy, A. Costall, "Re-thinking the development of 'non-basic' emotions", cit.

50. L.E. Bahrick, L. Moss, C. Fadil, "Development of visual self-recognition in infancy", in *Ecological Psychology*, 8, 3, 1996, pp. 189-208; A.L.H. Van der Meer, F.R. Van der Weel, D.N. Lee, "The functional significance of arm movements in neonates", cit.

51. D.N. Stern, *Il mondo interpersonale del bambino*, cit.; U. Neisser, "The roots of self-knowledge: Perceiving Self, It and Thou", in J.G. Snodgrass, R.L. Thompson (a cura di), *The Self Across Psychology: Self-Recognition, Self-Awareness and the Self-Concept*, vol. 818, annali della New York Academy of Sciences, New York 1997; G. Butterworth, "The self as an object of consciousness in infancy", in P. Rochat (a cura di), *The Self in Infancy: Theory and Research*, Elsevier, Amsterdam 1995; M. Lewis, "Social cognition and the self", cit.

52. Si veda U. Neisser, *The Perceived Self*, cit.; A. Fogel, *Developing Through Relationships*, University of Chicago Press, Chicago 1993; G. Butterworth, "The self as an object of consciousness in infancy", cit.

Capitolo 8

1. S. Asch, "Il problema dell'interazione umana", tr. it. in *Psicologia Sociale*, Società Editrice Internazionale, Milano 1958, pp. 180-185.

2. V. Reddy, "Playing with others'expectations: Teasing and mucking about in the first year", in A. Whiten (a cura di), *Natural Theories of Mind*, Blackwell, Oxford 1991.

3. O. Sacks, *Un antropologo su Marte. Sette racconti paradossali*, tr. it. Adelphi, Milano 1995, p. 364.

4. Per una discussione sui differenti approcci all'intenzionalità e sulla specifica difficoltà di spiegare lo sviluppo basandosi sulla direzionalità verso uno scopo, si veda M.S. Zeedyk, "Developmental accounts of intentionality: Towards integration", in *Developmental Review*, 16, pp. 416-461.

5. D.R. Olson, J.W. Astington, P.W. Zelazo, "Introduction: Actions, intention and attributions", in P.D. Zelazo, J.W. Astington, D.R. Olson (a cura di), *Developing Theories of Intention: Social Understanding and Self-Control*, Lawrence Erlbaum Associates, Mahwah, NJ, 1999.

6. J. Astington, "Intention in the child's theory of mind", in D. Frye, C. Moore (a cura di), *Children's Theories of Mind: Mental States and Social Understanding*, Lawrence Erlbaum Associates, Hillsdale, NJ, 1991.

7. D. Vedeler, "Infant intentionality as object-directedness: A method for observation", in *Scandinavian Journal of Psychology*, 35, 4, 1994, pp. 343-366.

8. A. Woodward, "Infants selectively encode the goal object of an actor's reach", in *Cognition*, 69, 1998, pp. 1-34; A. Woodward, "Infants' ability to distinguish between purposeful and non-purposeful behaviours", in *Infant Behaviour and Development*, 22, 2, 1999, pp. 145-160; A. Woodward, "Infants' developing understanding of the link between looker and object", in *Developing Sciences*, 6, 3, 2003, pp. 297-311; A.L. Woodward, J.A. Somerville, "Twelve-month-olds interpret action in context", in *Psychological Science*, 11, 1, 2000, pp. 73-77.

9. F. Heider, "Thing and medium", in *Psychological Issues*, 1, 3, 1959, pp. 4-6.

10. D. Newtson, "The dynamics of action and interaction", in L.B. Smith, E. Thelen (a cura di), *A Dynamic System Approach to Development: Applications*, Bradford Books/MIT Press, Cambridge, MA, 1993.

11. D. Baldwin, "Infants parse dynamic action", in *Child Development*, 72, 3, 2001, pp. 708-717; D. Baldwin, J.A. Baird, "Discerning intentions in dynamic human action", in *Trends in Cognitive Sciences*, 5, 4, 2001, pp. 171-178; R.J. Brand, D.A. Baldwin, L.A. Ashburn, "Evidence for 'motionese': Modifications in mothers' infant-direct action", in *Developmental Science*, 5, 1, 2002, pp. 72-83.

12. A. Michotte, *Percezione della causalità e linguaggio*, tr. it. CLUEB, Bologna 1999.

13. F. Heider, M. Simmel, "An experimental study of apparent behavior", in *American Journal of Psychology*, 57, 1944, pp. 243-259.

14. G. Johansson, "Visual perception of biological motion and a model for its analysis", in *Perception and Psychophysics*, 14, 2, 1973, pp. 201-211; D.G. Moore, R.P. Hobson, A. Lee, "Components of person-perception: An investigation with autistic, non autistic retarded and typically developing children and adolescents", in *British Journal of Developmental Psychology*, 15, 4, 1997, pp. 401-423.

15. D. Premack, "The infant's theory of self-propelled objects", in D. Frye, C. Moore (a cura di), *Children's Theory of Mind: Mental States and Social Understanding*, Lawrence Erlbaum Associates, Hillsdale, NJ, 1991.

16. S. Runeson, "Perception of biological motion: The KSD Principle and the implications of a distal versus proximal approach", in G. Jansson, S.S. Bergsson, W. Epstein (a cura di), *Perceiving Events and Objects*, Lawrence Erlbaum Associates, Hillsdale, NJ, 1994.

17. M. Tomasello, M. Carpenter, J. Call, T. Behne, H. Moll, "Understanding and sharing intentions: The origins of cultural cognition", in *Behavioral and Brain Sciences*, 28, 2005, pp. 675-735.

18. A. Michotte, G. Thines, A. Costall, G. Butterworth, *Michotte's Experimental Phenomenology of Perception*, Lawrence Erlbaum Associates, Hillsdale, NJ, 1991. Per pubblicazioni recenti sull'argomento si veda P. Hobson, "On being moved in thought and feeling: An approach to autism", in C. Nieto, J.M. Perez (a cura di), *New Developments in Autism: The Future is Today*, Jessica Kingsley Publishers, London 2007; S. Braten (a cura di), *On Being Moved: From Mirror Neurons to Empathy*, John Benjamins Publishing Company, Amsterdam 2007.

19. C. Becchio, C. Bertone, "Wittgenstein running: Neural mechanisms of collective intentionality and we-mode", in *Consciousness and Cognition*, 13, 1, 2004, pp. 123-133.

20. M. Legerstee, "The role of people and objects in early imitation", in *Journal of Experimental Child Psychology*, 51, 1991, pp. 423-433.

21. R.P. Hobson, A. Lee, "Imitation and identification in autism", in *Journal of Child Psychology and Psychiatry*, 40, 4, 1999, pp. 649-659.

22. Si veda C. Lord, "The complexity of social behaviour in autism", in S. Baron-Cohen, H. Tager-Flusberg, D. Cohen (a cura di), *Understanding Other Minds: Perspectives from Autism*, Oxford University Press, New York 1993.

23. F. Warneken, F. Chen, M. Tomasello, "Altruistic helping in human infants and young chimpanzees", in *Child Development*, 77, 2006, pp. 640-663.

24. A. Klin, F.R. Volkmar, S. Sparrow, "Autistic social dysfunction: Some imitations of the theory of mind hypothesis", in *Journal of Child Psychology and Psychiatry*, 33, 1992, pp. 861-876.

25. C. Lord, "The complexity of social behaviour in autism", cit.

26. H.L. Dreyfus, *Being in the world: A commentary on Heidegger's 'Being and Time' Division 1*, MIT Press, Cambridge, MA, 1995.

27. V. Reddy, *Person-Directed Play: Humor and Teasing in Infants and Young Children*, Relazione numero R000235481, Economical and Social Research Council, Regno Unito. Video tratti da uno studio, i nomi sono di fantasia.

28. T. Behne, M. Carpenter, J. Call, M. Tomasello, "Unwilling versus unable: Infants' understanding of intentional action", in *Developmental Psychology*, 41, 2, 2005, pp. 328-337.

29. W. Philips, S. Baron-Choen, M. Rutter, "The role of eye contact in goal detection: Evidence from normal infants and children with autism or mental handicap", in *Development and Psychopathology*, 4, 3, 1992, pp. 375-382.

30. W. Kohler, *The Mentality of Apes*, Kegan Paul, London 1925; O. Adang, "Teasing in young chimpanzees", in *Behaviour*, 88, 1-2, 1984, pp. 98-122; K. Gross, "The play of man: Teasing and love-play", in J. Bruner, A. Jolly, K. Sylva (a cura di), *Play: Its Role in Development and Evolution*, Penguin, Harmondsworth 1901/1976.

31. V. Reddy, "Playing with others' expectations", cit.

32. V. Reddy, *Person-Directed Play*, cit.

33. V. Reddy, "Playing with others' expectations", cit.

34. V. Reddy, E. Williams, A. Vaughan, "Sharing humor and laughter in autism and Down's syndrome", in *British Journal of Psychology*, 33, 1, 2005, pp. 55-68.

35. R.J. Brand, D.A. Baldwin, L.A. Ashburn, "Evidence for 'motionese'", cit.

36. N. Ratner, J. Bruner, "Games, social exchange and the acquisition of language", in *Journal of Child Language*, 5, 3, 1978, pp. 391-401.

37. T. Winograd, F. Flores, *Understanding Computers and Cognition*, Ablex, Norwood, NJ, 1986; E. Williams, "Who really needs a theory of mind", in *Theory and Psychology*, 17, pp. 704-724.

38. M. Tomasello, M. Carpenter, J. Call, T. Behne, H. Moll, "Understanding and sharing intentions", cit.

39. G. Gergely, "The development of teleological versus mentalising observational learning strategies in infancy", in *Bulletin of Menninger Clinic*, 67, 2, 2003, pp. 113-131.

40. D. Baldwin, J.A. Baird, "Discerning intentions", cit.

41. A. Woodward, "Infants selectively encode the goal object", cit.; A. Woodward, "Infants ability to distinguish", cit.; A. Woodward, "Infants developing understanding", cit.; A. Woodward, J.A. Somerville, "Twelve-months-old interpret action in context", cit.

Capitolo 9

1. W. Shakespeare, *Pene d'amor perdute*, tr. it. Newton Compton, Roma, atto II, scena V, p. 459. [NdT]

2. U. Eco, *Sette anni di desiderio*, Bompiani, Milano 1983, p. 253.

3. D. Berlyne, *Conflict, arousal and curiosity*, McGraw-Hill, New York 1960; "Humour and its kin", in J.H. Goldstein, P. McGhee (a cura di), *The Psychology of Humour*, Academic Press, Oxford 1972; A. Koestler, *The Act of Creation*, Dell, New York 1964; T.R. Shultz, "A cognitive-developmental analysis of humour", in A.J. Chapman, H.C. Foot (a cura di), *Humour and Laughter: Theory, Research and Applications*, John Wiley, New York 1976; P. McGhee, *Humour: Its Origin and Development*, W.H. Freeman Co., San Francisco 1979; "Development of the sense of humour in childhood: A longitudinal study", in P.E. McGhee, A.J. Chapman (a cura di), *Children's Humour*, John Wiley, New York 1980.

4. H. Bergson, *Il riso. Saggio sul significato del comico*, tr. it. Rizzoli, Milano 1991, p. 6.

5. Rispettivamente ciclo di incontri radiofonici a carattere comico e gruppo di attori satirici della Gran Bretagna, anni Sessanta. [NdT]

6. A.J. Chapman, W.A. Chapman, "Responsiveness to humour: Its dependency upon a companion's humorous smiling and laughter", in *The Journal of Psychology*, 55, 1974, pp. 245-252; A. Fridlund, "Sociality of solitary smiling: Potentiation by an implicit audience", in W.G. Parrott (a cura di), *Emotions in Social Psychology: Essential Readings*, Psychology Press, New York 2001; C. Hermann, *The Tongue Snatchers*, University of Nebraska Press, Lincoln 1989.

7. Forme di gioco tipiche dell'infanzia. Il bambino fa "toc-toc" rivolto al genitore; questi chiede "chi è?", e il bambino inventa frasi originali per far ridere il genitore; analogamente alla domanda scherzosa "perché il pollo ha attraversato la strada?", il bambino pensa ai motivi a suo parere più insoliti e bizzarri con l'obiettivo di far ridere l'altro. [NdT]

8. T.R. Shultz, "A cognitive-developmental analysis of humour", cit. Comunque si veda anche D. Pien, M.K. Rothbart, "Incongruity and resolution in children's humour: A re-examination", in *Child Development*, 47, 4, 1976, pp. 966-971.

9. P. McGhee, *Humour: Its Origins and Development*, cit.; "Development of the sense of humour in childhood: A longitudinal study", cit.

10. D. Pien, M.K. Rothbart, "Incongruity and resolution in children's humour: A re-examination", cit.

11. P. Neruda, *I versi del capitano*, tr. it. Passigli, Bagno a Ripoli 1995.

12. D.E. Berlyne, "Humour and its skin", cit.

13. S. Chevalier-Skolnikoff, "An exploration of the ontogeny of deception in human beings and nonhuman primates", in R.W. Mitchell, N.S. Thompson (a cura di), *Deception: Perspectives on Human and Nonhuman Deceit*, SUNY Press, Albany, NY, 1986; J. Panksepp, J. Burgdorf, "Laughing rats? Playful tickling arouses high frequency ultrasonic chirping in young rodents", in S. Hameroff, D. Chalmers, A. Kazniak (a cura di), *Toward a Science of Consciousness III*, MIT Press, Cambridge, MA, 1999.

14. R.R. Provine, "Laughter punctuates speech: Linguistic, social and gender contexts of laughter", *Ethology*, 95, 1993, pp. 291-298; R.R. Provine, "Laughter", in *American Scientist*, 84, 1996, pp. 38-45.

15. Citato in C. Darwin, *L'espressione delle emozioni*, tr. it. Bollati Boringhieri, Torino 1999.

16. D.E. Berlyne, "Humor and its skin", cit.

17. A. Fogel, K.L. Dickson, H.-C. Hsu, D. Messinger, G.C. Nelson-Goens, E. Nwokah, "Communication of smiling and laughter in mother-infant play: Research on emotion from a dynamic systems perspective", in K.C. Barrett (a cura di), *The Communication of Emotion: Current Research from Diverse Perspectives,* Jossey-Bass, San Francisco 1997.

18. L.A. Sroufe, J.P. Wunsch, "The development of laughter in the first year of life", in *Child Development*, 43, 1972, pp. 1326-1344.

19. V. Reddy, *Person-Directed Play: Humour and Teasing in Infants and Young Children*, Relazione numero R000235481, Economical and Social Research Council, Regno Unito. Video tratti da uno studio, i nomi sono di fantasia, 1998.

20. V. Reddy, E. Williams, A. Vaughan, "Sharing humour and laughter in autism and Down's syndrome", in *British Journal of Psychology*, 93, 2, 2002, pp. 219-242.

21. D.E. Berlyne, "Humor and its skin", cit.; J.J. Gibson, *Un approccio ecologico alla percezione visiva*, tr. it. il Mulino, Bologna 1999.

22. Si veda C. Darwin, *L'espressione delle emozioni*, cit.

23. Si veda anche A. Ambrose, "The age of onset of ambivalence in early infancy: Indications from the study of laughing", in *Journal of Child Psychology and Psychiatry*, 4, 3-4, 1963, pp. 167-181.

24. V. Reddy, *Person-Directed Play*, cit. Trascritti da uno studio, 1998.

25. A. Fogel, K.L. Dickson, H.-C. Hsu, D. Messinger, G.C. Nelson-Goens, E. Nwokah, "Communication of smiling and laughter in mother-infant play", cit.

26. V. Reddy, E. Williams, A. Vaughan, "Sharing humor and laughter in autism and Down's syndrome", cit.

27. V. Reddy, *Person-Directed Play*, cit.

28. S. Freud, *Il motto di spirito*, tr. it. Boringhieri, Torino 1975, pp. 166-167.

29. V. Reddy, "Playing with others' expectations: Teasing and mucking about in the first year", in A. Whiten (a cura di), *Natural Theories of Mind*, Blackwell, Oxford 1991.

30. V. Reddy, "Infant clowning: The interpersonal creation of humour in infancy", in *Enfance*, 3, 2001, pp. 247-256.

31. V. Reddy, *Person-Directed Play*, cit.

32. *Ibidem*.

33. *Ibidem*.

34. S. Nakano, Y. Kanaya, "The effects of mothers' teasing: Do Japanese infants read their mothers' play intention in teasing?", in *Early Development and Parenting*, 2, 1993, pp. 7-17.

35. O. Adang, "Teasing in young chimpanzees", in *Behaviour*, 88, 1-2, 1984, pp. 98-122.

36. J. Loudon, "Teasing and socialisation in Tristan da Cunha", in P. Mayer (a cura di), *Socialisation: The Approach from Social Anthropolgy*, Tavistock, London 1970.

37. J. Huizinga, *Homo ludens*, tr. it. Einaudi, Torino 2002, p. 204.

Capitolo 10

1. U. Eco, *Trattato di semiotica generale*, Bompiani, Milano 1975, p. 17.

2. A. Whiten, R. Byrne, "Tactical deception in primates", in *Behavioral and Brain Sciences*, 11, 1988, pp. 233-273; R.W. Byrne, N. Corp, "Neocortex size predicts deception rate in primates", in *Philosophical Transactions of The Royal Society of London B*, 362, 1480, 2004, pp. 621-637; R.W. Byrne, A. Whiten, "Tactical deception in primates: The 1990 database", in *Primate Report*, 27, 1990, pp. 1-101; R.W. Byrne, A. Whiten, "Cognitive evolution in primates: Evidence from tactical deception", in *Man*, 27, 1992, pp. 609-627; N. Humphrey, "The social function of intellect", in *Machiavellian Intelligence*, Clarendon Press, Oxford 1976/1988.

3. J. Perner, S. Leekam, H. Wimmer, "3 years olds' difficulty with false belief: The case for conceptual deficit", in *British Journal of Development Psychology*, 5, 1987, pp. 125-137.

4. Si tratta di una tipologia di soggetti autistici che non presenta deficit di natura intellettiva. [NdC]

5. I. Leudar, A. Costall, "On the persistence of the 'problem of other minds' in psychology: Chomsky, Grice and theory of mind", in *Theory and Psychology*, 14, 5, 2004, pp. 601-622. Si veda anche A. Fogel, *Developing Through Relationships: Origins of Communication, Self and Culture*, University of Chicago Press, Chicago 1993.

6. U. Liszkowski, M. Carpenter, A. Henning, T. Striano, M. Tomasello, "Twelve-month-olds point to share attention and interest", in *Developmental Science*, 7, 3, 2004, pp. 297-307; M. Legerstee, Y. Barillas, "Sharing attention and pointing to objects at 12 months: Is the intentional stance implied?", in *Cognitive Development*, 18, 2003, pp. 91-110.

7. R.M. Golinkoff, "'I beg your pardon?' The preverbal negotiation of failed messages", in *Journal of Child Language*, 20, 1993, pp. 199-207. Si veda anche C. Rodriguez, "God's eye does not look at signs: Early development and semiotics", in *Infancia y Aprendizaje*, 30, 3, 2007, pp. 343-374.

8. D. Baldwin, "Early understanding of referential intent and attentional focus: Evidence from language and emotion", in C. Lewis, P. Mitchell (a cura di), *Children's Early Understanding of Mind: Its Origins and Development*, Lawrence Erlbaum Associates, Hillsdale, NJ, 1994.

9. Questo è in contraddizione con la previsione formulata da Piaget secondo cui il linguaggio durante il periodo che va dai diciotto mesi ai quattro anni è "pre-concettuale" e "aspira al successo piuttosto che alla verità". Si veda lo studio di riferimento di Pea: R.D. Pea, "Origins of verbal logic: Spontaneous denials by two- and three year-olds", in *Journal of Child Language*, 9, 1982, pp. 597-626. E la revisione del metodo utilizzato da Pea che si basa su domande piuttosto che su frasi affermative, ha permesso di ottenere successi in età ancora più precoci: P. Hummer, H. Wimmer, G. Antes, "On

the origins of denial negation", in *Journal of Child Language*, 20, 1993, pp. 607-618. Si veda anche D. Sharpe, L. Eakin, C. Saragovi, J. Macnamara, "Resolving apparent contradictions: Adults' and preschoolers' ability to cope with non-classical negation", in *Journal of Child Language*, 23, 1996, pp. 675-691.

10. V. Reddy, L. Simone, *Acting on Attention: Towards an Understanding of Knowing in Infancy*, Relazione presentata alla conferenza annuale di psicologia dello sviluppo della British Psychological Society, Strathclyde 1995; M. Tomasello, K. Haberl, "Understanding attention: 12- and 18- month-olds know what is new for other persons", in *Developmental Psychology*, 39, 5, 2003, pp. 906-912.

11. D. O'Neill, "Two-year-old children's sensitivity to a parent's knowledge state when making request", in *Child Development*, 67, 1996, pp. 659-677.

12. P. Newton, *An Investigation into the Cognitive Prerequisites for Deception*, tesi di dottorato, Università di Portsmouth, 1994.

13. D. Olson, "On the origins of beliefs and other intentional states in children", in J. W. Astington, P.L. Harris, D.R. Olson (a cura di), *Developing Theories of Mind*, Cambridge University Press, Cambridge 1988.

14. A.E. Wilson, M.D. Smith, H. Ross, "The nature and effects of young children's lies", in *Social Development*, 12, 1, 2003, pp. 21-45.

15. Il termine fu prima utilizzato da Clara e William Stern nei primi anni del Novecento. C. Stern, W. Stern, *Monographien unter die seelische Entwicklung das Kindes 2. Band: Erinnerung, Aussage und Luge in der ersten Kindheit*, Barth, Leipzig 1909. Il termine fu poi utilizzato da Piaget nella metà dello scorso secolo: J. Piaget, *Il giudizio morale del bambino*, tr. it. Giunti, Firenze 2009; e poi in modo più o meno compatibile dai sostenitori della *theory-theory*.

16. J. Perner, B. Sodian, "The development of deception in children", in *British Journal of Development Psychology*, 9, 1991, pp. 173-188; B. Sodian, "The theory of mind deficit in autism: Evidence from deception", in S. Baron-Cohen, H. Tager-Flusberg, D.J. Cohen (a cura di), *Understanding Other Minds: Perspectives from Autism*, Oxford University Press, Oxford 1993; B. Sodian, "Early deception and the conceptual continuity claim", in C. Lewis, P. Mitchell (a cura di), *Children's Early Understanding of Mind: Origins and Development*, Lawrence Erlbaum Asociates, Hove, UK, 1994; B. Sodian, C. Taylor, P.L. Harris, J. Perner, "Early deception and the child's theory of mind: False trails and genuine markers", in *Child Development*, 62, 1991, pp. 468-483.

17. Tutti gli esempi presentati in questa sezione sono tratti da P. Newton, *An Investigation into the Cognitive Prerequisite for Deception*, cit. Si veda anche P. Newton, V. Reddy, R. Bull, "Children's everyday deception and performance on false belief tasks", in *British Journal of Developmental Psychology*, 18, 2000, pp. 297-317.

18. J. Perner, *Understanding the Representational Mind*, MIT Press, Cambridge, MA, 1991.

19. D. Premack, "Does the chimpanzee have a theory of mind", rivisitato in R. Byrne, A. Whiten (a cura di), *Machiavellian Intelligence: Social Expertise and the Evolution of Intellect in Monkeys, Apes and Human*, Clarendon Press, New York 1988; C. Ristau, "Before mindreading: Attention, purpose and deception in birds?", in A. Whiten (a cura di), *Natural Theories of Mind*, Blackwell, Oxford 1991.

20. R.W. Byrne, A. Whiten, "Tactical deception in primates: The 1990 database", cit.

21. V. Reddy, "Getting back to the rough ground: Deception and social living", in *Philosophical Transactions of the Royal Society of London B*, 362, 1480, 2007. Uso di da-

ti da J. Dunn, *The Beginnings of Social Understanding*, Basil Blackwell, Oxford 1988. V. Reddy, "Playing with others'expectations: Teasing and mucking about the first year", in A. Whiten (a cura di), *Natural Theories of Mind*, Blackwell, Oxford 1991; V. Reddy, *Person-Directed Play: Humour and Teasing in Infants and Young Children*, relazione numero R000235481, Economical and Social Research Council, Regno Unito 1998. Trascrizioni tratte da uno studio, i nomi sono di fantasia.

22. V. Reddy, "Playing with others' expectations: Teasing and mucking about the first year", cit.

23. V. Reddy, "Getting back to the rough ground: Deception and social living", cit.

24. Riportato in J. Dunn, *The Beginnings of Social Understanding*, cit.

25. V. Reddy, *Person-Directed Play*, cit.

26. V. Reddy, "Playing with others' expectations: Teasing and mucking about the first year", cit.

27. V. Reddy, *Person-Directed Play*, cit.

28. *Ibidem.*

29. *Ibidem.*

30. K. Onishi, R. Baillargeon, "Do 15-month-old infants understand false beliefs?", in *Science*, 308, 2005, pp. 214-216; H.J. Song, *Infant's Reasoning about Others' Misperceptions and False Beliefs*, Relazione presentata alla Fifteenth International Conference of Infant Studies, Kyoto 2006.

31. Per una riflessione sui domini specifici di apprendimento coinvolti in questo meccanismo si veda A.M. Leslie, T.P. German, P. Polizzi, "Belief-desire reasoning as a process of selection", in *Cognitive Psychology*, 50, 1, 2005, pp. 45-85.

Capitolo 11

1. T.S. Eliot, *La terra desolata. Quattro quartetti*, tr. it. Feltrinelli, Milano 2003, p. 121.

2. C. Geertz, *The Interpretation of Culture*, Fontana, London 1993.

3. M. Carruthers, *Why Humans Have Cultures*, Oxford University Press, New York 1992.

Indice analitico